COLLECTION
FOLIO ACTUEL

Michel Barnier

La grande illusion

Journal secret du Brexit
(2016-2020)

Gallimard

Très tôt élu de la Savoie, Michel Barnier organise en 1992 avec Jean-Claude Killy les XVIe Jeux olympiques d'hiver à Albertville. Avec ses expériences de ministre, puis de Commissaire européen, il devient en 2016 le négociateur de l'Union européenne pour le Brexit.

À Oriana et Théodore,
Tous deux nés pendant cette longue négociation,
Et qui ont bien voulu partager leur grand-père
avec les Britanniques...

« Faites entrer la Folie, bannissez la Raison ! »

SHAKESPEARE,
Le Roi Lear

La grande illusion est un magnifique film de Jean Renoir, sorti en 1937. C'est aussi le titre d'un essai de Norman Angell (*La grande illusion : étude sur la relation entre la puissance militaire des nations et leur avancement social et économique*), paru en 1910, dans lequel l'auteur anglais juge la guerre impossible du fait des liens économiques et financiers qui unissent les nations. Si cette prédiction s'est révélée fausse, Norman Angell démontre bien dans son livre que la guerre est un affaiblissement, dont tous les protagonistes, qu'ils soient proclamés vainqueurs ou vaincus, sortent perdants. Enfin, *La grande illusion* est le titre d'un ouvrage publié par Alain Minc en 1989.

Présentation des principaux personnages

Du côté du Royaume-Uni

DAVID CAMERON — Premier ministre (mai 2010 — juillet 2016), il s'engage, en janvier 2013, à organiser un référendum sur l'appartenance de son pays à l'Union européenne.

THERESA MAY — Première ministre (juillet 2016 — juillet 2019). C'est sous son autorité qu'ont été conduites, côté britannique, la plus grande partie des négociations sur le retrait du Royaume-Uni de l'Union européenne et sur le cadre de notre relation future. L'accord de retrait trouvé avec elle le 14 novembre 2018 n'a cependant jamais été ratifié par la Chambre des communes.

BORIS JOHNSON — Figure de la campagne en faveur du Brexit et Premier ministre du Royaume-Uni depuis juillet 2019. C'est sous son autorité que sont conclus la version finale de l'accord de retrait et l'accord de commerce et de coopération, sur la future relation entre l'Union européenne et le Royaume-Uni.

DAVID DAVIS — Secrétaire d'État à la sortie de l'Union européenne (juillet 2016 — juillet 2018). Il est le premier des quatre négociateurs qui se succéderont du côté britannique. Il démissionne le 8 juillet 2018.

DOMINIC RAAB — Secrétaire d'État à la sortie de l'Union européenne (juillet — novembre 2018). Deuxième négociateur du Brexit. Il démissionne le 15 novembre 2018.

STEVE BARCLAY — Secrétaire d'État à la sortie de l'Union européenne (novembre 2018 — janvier 2020). Troisième négociateur du Brexit. Sa fonction est supprimée le 31 janvier 2020 au moment où le Royaume-Uni quitte l'Union européenne.

OLLY ROBBINS — Conseiller Europe de la Première ministre Theresa May, il est le négociateur permanent du Royaume-Uni et le principal interlocuteur de l'équipe européenne pendant toutes les négociations sur le retrait du Royaume-Uni, jusqu'à l'arrivée de Boris Johnson en juillet 2019.

DAVID FROST — Conseiller Europe du Premier ministre Boris Johnson, il succède à ce titre à Olly Robbins. Le 31 janvier 2020, jour de la sortie du Royaume-Uni de l'Union européenne, il est nommé chef de la nouvelle *task force* Europe, et conduit à ce titre l'équipe de négociation britannique pendant les négociations sur la relation future.

MICHAEL GOVE — Figure de la campagne en faveur du Brexit, ministre d'État dans le gouvernement de Boris Johnson, il est notamment chargé de la mise en œuvre de l'accord de retrait et du protocole sur l'Irlande et l'Irlande du Nord.

DOMINIC CUMMINGS — Artisan de la campagne du *Leave*, partisan d'un Brexit dur, il est le principal conseiller de Boris Johnson à son arrivée au 10 Downing Street, qu'il quitte brutalement le 13 novembre 2020.

TIM BARROW — Représentant permanent du Royaume-Uni auprès de l'Union européenne, il fait partie pendant quatre ans de l'équipe de négociation britannique.

Du côté de l'Union européenne

JEAN-CLAUDE JUNCKER — Président de la Commission européenne (novembre 2014 — novembre 2019), luxembourgeois, c'est sous son autorité qu'ont été négociés, côté européen, l'accord de retrait et la déclaration politique fixant le cadre de la future relation entre le Royaume-Uni et l'Union européenne.

URSULA VON DER LEYEN — Présidente de la Commission européenne depuis décembre 2019, de nationalité allemande, c'est sous son autorité qu'a été négocié l'accord de commerce et de coopération avec le Royaume-Uni.

DONALD TUSK — Président du Conseil européen (décembre 2014 — novembre 2019), de nationalité polonaise, il a mené à ce titre de nombreuses discussions entre les 27 chefs d'État ou de gouvernement de l'Union européenne sur le Brexit.

CHARLES MICHEL — Président du Conseil européen depuis décembre 2019, de nationalité belge, il a présidé aux discussions entre les 27 chefs d'État ou de gouvernement sur la future relation entre le Royaume-Uni et l'Union européenne.

MARTIN SCHULZ, ANTONIO TAJANI ET DAVID SASSOLI — Présidents successifs du Parlement européen de 2014 à 2021.

GUY VERHOFSTADT — Député européen, de nationalité belge, il a suivi de près la négociation pour le compte du Parlement européen, en tant que président du *Brexit Steering Group*.

MARTIN SELMAYR — Haut fonctionnaire européen, de nationalité allemande, il a suivi de très près les négociations avec le Royaume-Uni en tant que chef de cabinet de Jean-Claude Juncker, puis secrétaire général de la Commission européenne jusqu'en août 2019.

DAVID MCALLISTER — Député européen de nationalité allemande, il préside le groupe de coordination sur le Brexit au Parlement européen pendant la seconde négociation.

SABINE WEYAND — Haute fonctionnaire européenne, de nationalité allemande, elle est négociatrice en chef adjointe du Brexit jusqu'en mai 2019. Elle devient ensuite directrice générale du Commerce au sein de la Commission européenne.

STÉPHANIE RISO — Haute fonctionnaire européenne, de nationalité française, elle est directrice de la *task force* chargée de la négociation jusqu'en septembre 2019. Elle devient ensuite cheffe de cabinet adjointe de la présidente de la Commission Ursula von der Leyen.

CLARA MARTÍNEZ ALBEROLA — Haute fonctionnaire européenne, de nationalité espagnole, elle devient négociatrice en chef adjointe du Brexit en janvier 2020. Elle était auparavant cheffe de cabinet du président de la Commission européenne Jean-Claude Juncker.

PAULINA DEJMEK HACK — Haute fonctionnaire européenne, de nationalités suédoise et tchèque, elle devient directrice de la *task force* chargée de la négociation en 2019. Elle était auparavant directrice au sein du cabinet du président de la Commission européenne Jean-Claude Juncker.

MAROŠ ŠEFČOVIČ — Vice-président de la Commission européenne, de nationalité slovaque, il a notamment la charge de l'application de l'accord de retrait et du protocole sur l'Irlande et l'Irlande du Nord.

UN AVERTISSEMENT

« Nous vibrons avec les Britanniques qui ont saisi cette opportunité extraordinaire de sortir de la servitude. » C'est ainsi que Marine Le Pen salue le résultat du référendum du 23 juin 2016 sur le Brexit. Et, de manière opportuniste, elle demande aussitôt le même référendum en France.

À coup sûr, les peuples ont leurs raisons. Et le sentiment qu'ils expriment doit être écouté et respecté. Je n'ai jamais confondu le sentiment populaire et le populisme.

Mais il y a aussi un devoir de lucidité. Où se trouvent aujourd'hui, dans notre XXIe siècle, les risques de servitude et comment s'en protéger ? La grande illusion est de penser que l'on peut s'en sortir seuls face aux transformations du monde, souvent brutales. Face aux nouveaux géants politiques, économiques et financiers. Et de croire à la promesse d'une identité et d'une souveraineté solitaires plutôt que solidaires.

Je comprends et je partage l'attachement de chacun à son pays. À sa patrie. Je sais aussi qu'on a besoin des nations pour combattre le nationalisme. Mais cet enracinement peut, doit aller de pair avec l'engagement européen.

Toute ma vie, je me suis fait une certaine idée de l'Europe. Jamais cette idée n'a remplacé ou affaibli ma fierté d'être français ni la force de mon patriotisme. « Patriote et européen », voilà comment se résument le mieux mon engagement politique et mes convictions.

C'est pourquoi, tout au long de ces quatre ans et demi, j'ai cherché à comprendre les raisons qui ont poussé 17 410 742 citoyens britanniques à voter contre l'Union européenne. Nous savons tous qu'un tel vote reste possible dans d'autres pays européens, dont le mien.

Dans *Le Monde*[1], qui lui consacre un portrait, un grand reporter-photographe britannique explique pourquoi il a voté pour le Brexit. Enfant d'une famille pauvre de Finsbury Park à Londres, Sir Donald McCullin a été anobli en mars 2017, et il dit : « On n'a pas rejoint l'Europe pour être asphyxiés, pour qu'on malmène notre souveraineté… On a adhéré à l'UE pour des raisons économiques, pour la défense et la sécurité, pas pour que Bruxelles me dise ce que je dois mettre dans mes poubelles. »

Ainsi, ce serait le rejet d'une Europe qui se mêle du tri des déchets et imposerait trop de contraintes environnementales « d'en haut » qui expliquerait ce vote ?

Il y a évidemment d'autres raisons, dont certaines sont propres au Royaume-Uni.

D'abord le sentiment, comme le dit encore Sir Donald, que « l'Europe continentale est un autre monde dont l'Angleterre ne fait pas partie ». L'Europe serait ainsi trop différente du Royaume-Uni. Ce pays insulaire, tourné vers le « grand large », puise dans son passé glorieux l'idée qu'il vaut mieux être seul.

1. *Le Monde*, 17 août 2018, « Sir Donald McCullin en son pays », par Michel Guerrin et Alain Frachon.

Ensuite, il y a des raisons liées au système politique britannique. Fortement bipartisan, il empêche une grande partie des forces politiques et des préoccupations citoyennes d'être vraiment représentées à Londres. C'est alors naturellement dans un référendum ou dans une élection européenne qu'elles trouvent à s'exprimer.

Enfin, il y a au Royaume-Uni un empire de tabloïds qui font quotidiennement commerce du dénigrement de l'Union européenne, à grand renfort d'arguments simplistes et de fausses histoires. La campagne du référendum de 2016 a été nourrie de ces caricatures et de ces contre-vérités. Ainsi, à peine le résultat proclamé, les animateurs de la campagne du *Leave* reconnaissaient que quitter l'Union européenne ne rapporterait pas au système de santé britannique, le NHS, les 350 millions de livres sterling par semaine pourtant promis sur leur fameux bus rouge. De même, l'image de Nigel Farage, le leader du UKIP, posant devant une affiche représentant une foule de migrants, de Syrie et d'ailleurs, sur les routes, restera comme un summum de cynisme et d'amalgame, rappelant les caricatures outrancières de la propagande d'un autre temps.

Mais admettons-le, la faiblesse du débat public européen n'est pas seulement britannique. Il y a chez nous aussi trop d'hommes et de femmes politiques qui rasent les murs, qui ont l'Europe honteuse, qui n'expliquent rien et n'assument pas. Je suis depuis longtemps convaincu que c'est le silence, l'arrogance, la distance des élites qui nourrissent les peurs et encouragent la démagogie.

Et puis il y a une dernière raison, bien plus grave encore et que l'on retrouve dans tous nos pays et dans tant de régions françaises. C'est le sentiment que l'Europe, ses gouvernements et ses institutions ne répondent pas aux préoccupations légitimes des gens. La colère sociale contre une Union qui ne protège pas des dérives de la mondialisation. Une Europe qui a trop longtemps prôné la dérégulation et l'ultralibéralisme, sans se préoccuper suffisamment des conséquences sociales et environnementales.

La crise financière de 2008 a failli tout emporter. Elle est venue d'une caricature du libéralisme et d'une concurrence « pure et parfaite » à laquelle Londres d'abord et l'Europe ensuite avaient fini par se conformer. Cette crise a creusé des sillons de pauvreté, d'exclusion et souvent de désespoir qui expliquent aussi le sentiment antieuropéen au Royaume-Uni et ailleurs.

La même colère s'exprime contre une Europe qui n'a pas su maîtriser ses frontières extérieures ni se montrer solidaire. Une Europe qui n'a pas su protéger son industrie, ni anticiper la révolution numérique qui s'immisce aujourd'hui dans toutes les dimensions de nos vies. Une Europe vue comme trop complexe et pas assez démocratique. Et surtout, pour tout dire, une Europe qui ne serait plus porteuse de progrès ni de l'espérance d'un futur meilleur pour tous.

Quelle était, et que reste la raison d'être du projet européen ? Depuis les années 1950, l'Europe, c'est avant tout le choix de faire face aux grandes transformations du monde et de les maîtriser plutôt que de les subir. D'être acteur de son propre destin plutôt que spectateur. D'affirmer une souveraineté partagée, là où la nation seule n'est plus suffisante. Enfin, de mutualiser des ressources à l'échelle du continent, pour définir des biens communs. Et réaliser des projets qui sont plus grands que chacun d'entre nous.

La CECA, la Communauté européenne du charbon

et de l'acier, décidée en 1951, au lendemain d'une guerre qui a laissé notre continent en ruine, avait engagé la reconstruction industrielle de l'Europe et, par cette « solidarité de fait », fait la promesse d'une paix durable entre nous.

La PAC, la politique agricole commune, lancée en 1962, a permis de retrouver collectivement une souveraineté alimentaire, de préserver la diversité des territoires, la traçabilité, la qualité des produits.

La politique de cohésion, développée depuis 1988 sous l'impulsion de Jacques Delors, a permis le rattrapage progressif des régions les plus défavorisées, au fur et à mesure des élargissements de notre Union.

Le passage d'une somme de marchés nationaux à un marché unique, en 1993, a favorisé l'essor de nos entreprises, et en particulier de nos PME et de nos ETI, tout en donnant plus de choix aux consommateurs.

Et, depuis 1999, la monnaie unique facilite le commerce entre nous et nous préserve du risque de change. En nous protégeant de l'hégémonie monétaire américaine, l'euro, nous l'oublions trop souvent, est aussi un instrument d'émancipation. Dans les crises récentes — celle des dettes souveraines puis celle de la crise sanitaire actuelle —, ce sont bien l'euro et la politique monétaire de la Banque centrale européenne qui nous ont tenus éloignés du précipice.

Tous ces biens communs, nous pouvons en être fiers ! Et nous pouvons être fiers de les avoir renforcés et partagés au fil du temps, notamment depuis le 1er mai 2004, lorsque la Pologne et neuf autres pays ont rejoint l'Union européenne pour ce grand moment de réunification du continent européen. En quinze ans, nous avons accueilli — et ce ne fut pas facile ! — plus de cent millions de nouveaux citoyens européens qui avaient quitté la misère et la dictature pour une promesse tenue de progrès partagé. Quel autre ensemble de nations, quel autre continent a accompli autant de réalisations collectives ? Aucun.

Mais depuis quinze ans au moins, l'Europe n'a pas su mobiliser les Européens autour de projets collectifs qui répondent aux grandes transformations du monde. Des transformations face auxquelles nos nations, seules, ne font pas le poids : le changement climatique et les pandémies, les mutations industrielles et technologiques, les défis de la migration, de la puissance invisible des marchés financiers ou du terrorisme, les tentations unilatérales des États-Unis, l'affirmation de la Chine ou encore l'influence russe.

Si nous voulons relever ces défis, nous devons retrouver l'ambition qui a porté la construction européenne et bâtir de nouveaux biens communs, à 27. Pour être juste, la Commission a pris ces dernières années des initiatives utiles. Pour la protection de notre environnement, à travers le Pacte vert pour l'Europe, pour une politique industrielle adaptée aux enjeux du numérique, de l'intelligence artificielle et de l'énergie durable, pour une véritable défense européenne, ou encore pour le contrôle de nos frontières extérieures. Et pour toujours maîtriser, par la supervision et la régulation, par plus de transparence, la puissance des marchés financiers et des nouveaux géants de l'économie numérique. Tout cela, nous le devons aux générations qui viennent. Ce que nous ne ferons pas pour l'Europe, personne ne le fera à notre place.

Il y a quelque temps, dans un train, j'ai rencontré Mark, un professeur britannique qui travaille à Amsterdam sur la politique spatiale européenne et qui résume son regret face au Brexit en une phrase, huit mots de rêves et de regrets : « *Only together can we explore the Solar System*[1]. »

Ce qui est vrai pour le Système solaire l'est aussi pour les autres défis. Dans le monde qui vient, un monde fait d'États-continents et de multinationales de plus en plus puissantes et hors sol, aucun pays de l'Union européenne, du plus grand au plus petit, n'a la moindre chance de sauvegarder sa souveraineté sans l'associer à celle de ses voisins.

Et dans l'autre sens, nous ne relèverons pas ces défis si l'Union européenne cherche à se développer depuis Bruxelles contre les identités et la souveraineté des peuples qui la composent.

Nous ne sommes pas un peuple européen. Nous ne voulons pas être une nation européenne. Nous sommes aujourd'hui 27 peuples, qui s'expriment dans 24 langues officielles. Nous formons 27 nations et nous avons 27 États qui tiennent, chacun, à leurs différences, à leurs traditions, à leurs cultures.

Nous avons tous nos regrets et nos rêves. Ce dont je suis sûr, c'est que chaque citoyen est nécessaire. Chacune et chacun d'entre nous a un rôle à jouer pour entretenir le rêve européen en même temps que le rêve national.

Au terme de cette longue négociation, c'est le message que j'avais choisi aussi de faire passer en répondant en ce début d'année 2021 à l'invitation du Mouvement européen d'Irlande : « *Ní neart go cur le chéile*[2]. »

L'Union européenne ne sera jamais la réponse

1. « C'est seulement ensemble que nous pouvons explorer le Système solaire. »

2. En gaélique : « Il n'y a pas de force sans unité. »

à tous les problèmes. Elle ne peut pas l'être ; elle ne doit pas l'être. Elle doit même refluer là où le poids de ses normes a étouffé les initiatives locales et enflammé les rancœurs nationales.

Mais en travaillant ensemble à tous les niveaux, nous pouvons construire une Europe qui nous protège et nous inspire. Une Europe que les Européens ne voudront pas quitter. Une Europe qui nous permette d'être à nouveau plus forts ensemble dans le monde. Ce monde-là, qu'il faut regarder les yeux ouverts, sans nostalgie pour nos gloires passées, ne sera plus sûr que s'il est plus juste.

Il est bien tard. Mais il n'est pas trop tard.

A voté !

C'était un référendum, un autre référendum, et mon tout premier vote de jeune citoyen français... Le 23 avril 1972, au début de la matinée, dans cette salle municipale du Val des Roses, à Albertville, si familière.

C'était autrefois une église. Désormais affectée à un usage plus républicain, les réunions publiques y sont fréquentes et les jours d'élection, on y organise un bureau de vote.

Ce jour-là, la question soumise au peuple français par le président de la République Georges Pompidou est simple : « Approuvez-vous, dans les perspectives nouvelles qui s'ouvrent à l'Europe, le projet de loi soumis au peuple français par le président de la République, et autorisant la ratification du traité relatif à l'adhésion de la Grande-Bretagne, du Danemark, de l'Irlande et de la Norvège aux Communautés européennes ? »

Pour le parti gaulliste, la réponse à cette question n'allait pas de soi. Quelques années plus tôt, en 1963 et en 1967, le général de Gaulle, à deux reprises, avait mis son veto à l'adhésion du Royaume-Uni. Les temps avaient changé. Le président français aussi.

Et le jeune militant gaulliste que j'étais n'a pas eu d'états d'âme pour répondre « oui » à cette question.

C'était d'ailleurs la première fois que les citoyens de mon pays étaient directement consultés sur la construction européenne. Je me souviens que cette question divisait aussi les dirigeants socialistes, et surtout que Georges Pompidou, qui avait noué avec le Premier ministre britannique de l'époque, Edward Heath, une relation constructive, trouvait là, avec le référendum, le moyen de sortir par le haut du double veto de son illustre prédécesseur.

Je n'ai jamais regretté ce vote.

AUX ORIGINES DU RÉFÉRENDUM

Mercredi 23 janvier 2013. David Cameron, 46 ans, est Premier ministre conservateur du Royaume-Uni depuis 2010. Avec les libéraux-démocrates, il a constitué le premier gouvernement de coalition du pays depuis l'après-guerre. La politique d'austérité menée tambour battant a permis d'améliorer les finances publiques. La croissance revient peu à peu. Mais le gouvernement est confronté à la montée du Parti pour l'indépendance du Royaume-Uni, UKIP, anti-immigration et eurosceptique.

Ce jour-là, dans un discours donné à l'agence de presse financière Bloomberg[1], le Premier ministre choisit de parler du futur de son pays dans l'Union européenne. David Cameron commence par rappeler les spécificités des Britanniques dans l'Union : « Nous avons le caractère d'une nation insulaire : indépendants, francs, passionnés dans la défense de notre souveraineté. Nous ne pouvons pas changer cette sensibilité britannique, pas plus que nous ne pouvons vider la Manche. Et du fait de cette sensibilité, nous venons dans l'Union européenne avec

1. https://www.gov.uk/government/speeches/eu-speech-at-bloomberg

un état d'esprit qui est plus pratique qu'émotionnel. Pour nous, l'Union européenne est un moyen pour atteindre une fin — la prospérité, la stabilité, l'ancrage dans la liberté et la démocratie, pour l'Europe et au-delà de ses côtes —, pas une fin en soi. »

David Cameron liste ensuite trois grands défis qui touchent l'Union européenne : la crise de la zone euro, la crise de compétitivité et l'écart entre l'Union européenne et ses citoyens. « Si nous ne répondons pas à ces défis, le danger est que l'Europe échoue et que le peuple britannique dérive vers la sortie. »

Le Premier ministre affirme qu'il ne souhaite pas cette issue, et propose des pistes pour une Europe compétitive, flexible, juste, qui rende le pouvoir aux États membres et rende des comptes aux peuples. Et David Cameron de proposer un référendum sur l'appartenance de son pays à l'Union, non pas immédiatement, mais après avoir tenté de remettre à plat la relation dans un « nouvel arrangement » entre l'UE et le Royaume-Uni.

Beaucoup a été écrit sur les raisons et le moment de cette annonce, qui a permis de donner des assurances aux électeurs tentés par le UKIP de Nigel Farage, plaçant ainsi David Cameron sur la voie d'un deuxième mandat, qu'il obtiendra en 2015.

Toujours est-il que, une fois David Cameron réélu au poste de Premier ministre, la Commission européenne a créé en son sein une première *task force*, sous l'autorité de Jonathan Faull, directeur général de nationalité britannique, et chargée des « questions stratégiques liées au référendum au Royaume-Uni ».

Le 19 février 2016, les discussions avec le Royaume-Uni permettent d'aboutir à ce « nouvel arrangement » qui répond aux préoccupations exprimées par David Cameron trois ans plus tôt, notamment en reconnaissant que le Royaume-Uni ne sera pas tenu par l'objectif d'une « union sans cesse plus étroite entre les peuples de l'Europe ».

Sur la libre circulation des personnes, le Royaume-Uni obtient le droit de limiter l'accès aux prestations sociales des travailleurs d'autres États membres nouvellement arrivés, pendant une période pouvant aller jusqu'à quatre ans. Il obtient également la possibilité d'indexer les allocations familiales accordées aux parents qui travaillent au Royaume-Uni, mais dont les enfants sont restés dans leur pays d'origine, sur le niveau de vie de ce pays d'origine.

La suite est connue : ces mesures, d'ailleurs discutables du point de vue de la justice sociale, n'auront pas permis d'éviter que les Britanniques décident de quitter l'Union européenne.

JOURNAL

Vendredi 24 juin 2016 — réveil brutal

Pour tous les Européens, le réveil est brutal en ce matin de début d'été. Nous nous sommes endormis hier soir avec la certitude que les Britanniques avaient voté pour rester dans l'Union européenne. Les premiers commentaires allaient tous dans ce sens. Et même Nigel Farage, l'un des plus ardents militants du *Leave*, semblait avoir reconnu sa défaite.

Ce matin, stupeur générale. Le comptage précis des voix est terminé. 52 % des Britanniques qui ont voté ont choisi de quitter l'Union européenne !

C'est un séisme. Pour la première fois, un pays de l'Union choisit de la quitter.

Le hasard fait que j'ai rendez-vous ce matin avec François Hollande à l'Élysée. Il est aussi choqué que je le suis. C'est un changement géopolitique profond qui se prépare en Europe. Pour le président français, pour la chancelière allemande, pour nous tous, c'est une interpellation, un échec collectif dont il faudra que nous tirions les leçons.

Dimanche 26 juin 2016
— Trois clivages britanniques

La stupeur passée, vient le temps de l'analyse.

En réalité, le vote de jeudi met en évidence un triple clivage au sein de la société britannique.

Un clivage géographique, d'abord. Si l'Angleterre et le Pays de Galles ont voté pour quitter l'Union européenne, le camp du *Remain* a fédéré 62 % des électeurs dans le Grand Londres et en Écosse, 56 % en Irlande du Nord. Dans cette cartographie d'un « royaume désuni », je note avec attention la situation des grandes villes industrielles travaillistes, touchées par la désindustrialisation et dont le vote *Leave* s'explique en partie par un rejet de la politique d'austérité du Premier ministre.

Le deuxième clivage est très nettement social, entre les diplômés et travailleurs aisés, qui ont voté pour rester dans l'Union européenne, et les travailleurs pauvres et les chômeurs, qui, pour beaucoup, ont voté *Leave* en signe de rejet d'une Europe associée à la mondialisation, et notamment à l'arrivée de travailleurs venus de l'Est, accusés de prendre les emplois et de faire baisser les salaires.

Enfin, il y a derrière ce référendum un clivage générationnel, entre les jeunes, qui voient leur avenir dans l'Union européenne — c'est le choix exprimé à plus de 70 % par les 18-24 ans — et les plus âgés, qui ont majoritairement voté pour quitter l'Union. Dans cette opposition entre générations, les plus anciens ont disposé d'une arme non négligeable : celle de la participation. Ainsi, 83 % des plus de 65 ans se sont rendus aux urnes, contre seulement un jeune sur trois…

Jeudi 7 juillet 2016 — Dans l'avion, avec Jean-Claude Juncker

Jean-Claude Juncker rejoint Varsovie cet après-midi pour participer au sommet de l'OTAN et signer un protocole de coopération entre l'Union européenne et l'Alliance atlantique aux côtés de Donald Tusk, président du Conseil européen.

Depuis dix mois, à sa demande, je suis le conseiller spécial du président de la Commission pour les questions de défense et de sécurité. Ces sujets m'ont toujours intéressé et j'avais même, en 2002, présidé le groupe de travail de la Convention européenne sur la défense. Ce qui à l'époque avait été proposé par mon groupe pour renforcer la coopération en matière de défense au sein de l'Union européenne se retrouve aujourd'hui dans le traité. Tout y est : le rôle renforcé du haut représentant pour les affaires étrangères et la politique de sécurité, l'Agence européenne de défense, la clause de solidarité et la possibilité pour un groupe de pays de partir en « éclaireurs » au moyen d'une « coopération structurée ».

Au-delà de l'intérêt que je porte au sujet, la proposition de Jean-Claude Juncker d'être à ses côtés m'avait touché puisque nous avions été en compétition deux ans plus tôt devant le congrès du PPE pour mener les listes européennes du centre droit et, au bout du compte, être choisis pour présider la Commission européenne. Il avait gagné, avec le soutien déterminant de la CDU-CSU. J'avais perdu avec les honneurs, c'est-à-dire 40 % des suffrages exprimés.

En cet après-midi ensoleillé, je suis donc avec le président de la Commission dans l'avion qui vole vers Varsovie. Il m'a fait l'amitié de m'associer à l'entretien restreint qu'il doit avoir le lendemain avec le président Obama et plusieurs de ses ministres.

Tout à coup, Jean-Claude Juncker se tourne vers moi, demande à son jeune conseiller diplomatique Richard Szostak de ne pas écouter et me dit : « Michel, j'ai une question de confiance à te poser. Accepterais-tu de revenir à la Commission, dans un poste permanent, pour diriger à mes côtés la négociation avec le Royaume-Uni qui vient de décider de quitter l'Union européenne ? » Je suis naturellement surpris de cette question. À vrai dire, au lendemain du vote britannique sur le Brexit, je me suis simplement interrogé sur la façon dont je pourrais me rendre utile, plutôt dans mon pays, dans cette phase à la fois historique et périlleuse.

Depuis quinze ans, à différents titres et dans des moments différents, j'ai eu à traiter des grands sujets qui seront au cœur de la négociation du Brexit : d'abord comme commissaire à la politique régionale et aux questions institutionnelles de 1999 à 2004. Un peu plus tard, en 2008, en présidant le conseil des ministres européens de l'agriculture. Et surtout, de 2010 à 2014, comme commissaire au Marché intérieur et aux Services financiers.

Ma réponse à Jean-Claude Juncker est donc immédiate et positive. « Je dois vérifier que cette idée est bien soutenue dans certaines capitales, me dit-il en souriant. Tu ne dis rien et nous nous reparlons... »

Le soir même, nous partageons une bière au restaurant de l'hôtel devant le match entre la France et l'Allemagne en demi-finale de l'Euro de football. La France l'emporte 2 à 0. C'est une belle journée !

Mercredi 13 juillet 2016
— Theresa May entre en scène

Après quinze jours de crises politiques à rebondissements, Theresa May succède à David Cameron au 10 Downing Street. Fille de pasteur, comme Angela Merkel, elle a la réputation d'être une femme tenace et déterminée. Elle s'appuie sur l'expérience acquise dans le gouvernement de David Cameron, comme ministre de l'Intérieur. Elle est la deuxième femme Première ministre du Royaume-Uni après Margaret Thatcher. Comme la « Dame de fer », elle n'a pas hésité en tant que ministre à prendre des positions très dures, assumant vouloir créer un « environnement hostile » pour décourager l'immigration illégale. Et elle a plaidé pour le retrait du Royaume-Uni de la Convention européenne des droits de l'homme. Durant la campagne référendaire, elle a soutenu le *Remain* du bout des lèvres, en laissant planer une certaine ambiguïté. La nouvelle Première ministre entend désormais « faire du Brexit un succès ». Elle se prononce pour une rupture nette : « Il n'y aura pas de tentatives de rester dans l'UE, pas de tentative de la rejoindre par la porte de derrière, et pas de second référendum. »

Le gouvernement s'enrichit d'un nouveau portefeuille : le secrétariat d'État à la sortie de l'Union européenne. Il est attribué à David Davis, conservateur bon teint que je connais puisqu'il fut comme moi ministre des Affaires européennes entre 1995 et 1997. À l'époque, nous participions ensemble au « groupe Westendorp », chargé de préfigurer le traité d'Amsterdam. David a un côté assez truculent, même chaleureux, faisant preuve de beaucoup d'assurance. Il est devenu depuis un eurosceptique convaincu, partisan d'un Brexit « dur ». La partie s'annonce serrée.

Theresa May paraît d'ailleurs consciente du défi qui l'attend : « Notre pays a besoin d'une direction forte et expérimentée pour le conduire à travers cette période d'incertitude économique et politique, pour négocier le meilleur accord pour la Grande-Bretagne alors que nous quittons l'UE, et nous forger un nouveau rôle dans le monde. »

Mercredi 27 juillet 2016
— Une provocation ?

C'est à l'occasion de la dernière réunion du collège des commissaires européens, avant la pause du mois d'août, que Jean-Claude Juncker propose ma nomination. En vingt jours, aucune fuite n'a eu lieu. De son côté, Jean-Claude Juncker s'est assuré du soutien d'Angela Merkel, de François Hollande et de Donald Tusk. C'est par un communiqué de presse que la Commission européenne rend public le nom de son « négociateur en chef » pour les discussions qui devront s'ouvrir avec le Royaume-Uni.

Le président prend soin de préciser quelques points d'organisation interne : « Michel aura accès à toutes les ressources de la Commission dont il pourrait avoir besoin pour exécuter sa mission. Il me rendra compte directement et je l'inviterai à informer régulièrement le collège afin que mon équipe puisse suivre l'évolution des négociations. Je suis certain qu'il se montrera à la hauteur de ce nouveau défi et qu'il nous aidera à mettre en place un partenariat nouveau avec le Royaume-Uni après son retrait de l'Union. »

Cette annonce trouve un grand écho dans les médias. Ainsi la Commission se met-elle en ordre de marche derrière un homme politique, ancien commissaire européen, et entend avec lui tenir sa place, jouer son rôle. Et travailler évidemment avec les États membres de l'Union et leur Conseil d'un côté, et le Parlement européen de l'autre.

De l'autre côté de la Manche, la surprise est complète. Et comme toujours, les tabloïds et les médias conservateurs, qui m'avaient déjà qualifié d'« homme le plus dangereux d'Europe » au moment de ma nomination comme commissaire chargé de la régulation financière, se déchaînent. « La nomination de Michel Barnier est un acte de provocation de la part de Jean-Claude Juncker », écrit même *The Independent*.

Lundi 8 août 2016 — Premiers noms

C'est sur la terrasse d'une villa sicilienne, où je passe quelques jours de vacances avec mon épouse Isabelle et des amis, que je commence à constituer mon équipe.

Il me faut à mes côtés un ou deux adjoints compétents et respectés par tous les services de la Commission. Mon ancien chef de cabinet, Olivier Guersent, me recommande une jeune Française, économiste, qui a fait partie de plusieurs cabinets de commissaires sur les questions monétaires et budgétaires. Stéphanie Riso, que j'appelle, me donne un accord de principe. C'est une femme vive et directe, qui ne mâche pas ses mots et qui m'aidera en particulier sur toute la partie explosive du règlement financier avec les Britanniques.

Évidemment, je ne veux pas constituer une équipe purement française. Nous nous donnons rendez-vous le 31 août à Bruxelles pour nous mettre en ordre de marche. Nous rejoindra le Norvégien Georg Riekeles, appelé pendant l'été. Fidèle parmi les fidèles, je lui ai tout de suite proposé de m'accompagner dans ce nouveau projet.

Mercredi 31 août 2016 — Trio

Avec Stéphanie et Georg, nous préparons l'entretien que je dois avoir avec le chef de cabinet de Jean-Claude Juncker, Martin Selmayr, plus tard dans l'après-midi. L'enjeu est évident : être force de proposition, sous peine de se faire imposer la structure et le personnel de mon équipe d'« en haut ».

Première priorité, trouver mon adjointe. Nous établissons une *short list* dont le premier nom est une haute fonctionnaire européenne, de nationalité allemande, reconnue et respectée, ancienne conseillère de Pascal Lamy avec laquelle j'ai beaucoup travaillé durant mon premier mandat de commissaire, de 1999 à 2004 : Sabine Weyand. Sabine est depuis peu directrice générale adjointe du Commerce.

À 17 h 30, je monte « au treizième », l'étage présidentiel du Berlaymont, le siège de la Commission européenne, voir Martin Selmayr. Avec, dans mon dossier, quelques premières *slides* esquissant les grands enjeux de la négociation, le mandat de la *task force* et sa structure. L'entretien est direct et efficace. J'évoque en particulier le nom de Sabine pour le poste d'adjointe. La réponse de Martin Selmayr est immédiate : « Très bonne idée. Mais elle ne viendra pas. Elle est très utile là où elle est. »

Malgré ce refus, je téléphone le soir même à Sabine, qui me dit être naturellement attirée par cette mission hors norme du Brexit. Je l'informe des réserves de Martin Selmayr en lui demandant de faire jouer son réseau. J'aurai dans les jours qui suivent Martin Selmayr au téléphone à plusieurs reprises et finalement, début septembre, il me donnera son accord pour recruter cette femme brillante, aussi politique que technicienne.

Ainsi, très vite se constitue un trio à la tête de mon équipe. J'aurai à mes côtés ces deux femmes fortes qui ne se ressemblent pas, au caractère et aux convictions différents mais complémentaires, et qui imposent toutes les deux le respect. Sabine sera mon adjointe et Stéphanie notre directrice de la stratégie, chargée du secteur juridique et budgétaire et des relations avec les autres institutions et le Parlement européen. Le signal immédiatement donné au sein de la Commission et à l'extérieur sera celui d'une équipe professionnelle et très compétente.

Mercredi 28 septembre 2016 — VGE

À 17 heures précises, Valéry Giscard d'Estaing me reçoit rue Bénouville.

Le protocole est toujours le même. Une brève attente dans un salon chargé de meubles d'époque et de bibelots précieux puis une discussion en tête à tête autour d'une table basse dans une pièce attenante qui s'ouvre sur un jardin privé.

Combien d'hommes et de femmes politiques, français ou étrangers, ont-ils eu l'occasion d'une telle « audience » autour d'un café ou d'un thé avec cet homme d'État qui vieillit sans doute mais ne faiblit pas ?

Déjà durant les deux années que dura la convention européenne pour préparer ce qui aurait dû être sa grande œuvre, la Constitution européenne, j'avais eu tant de raisons d'admirer sa vigueur et sa rigueur.

Et comme toujours, du haut de son expérience, VGE continue de donner des leçons tout en posant de bonnes questions.

D'emblée, je m'enthousiasme : « Monsieur le

Président, je suis heureux de vous voir en bonne forme et de vous parler de cette mission que Jean-Claude Juncker m'a confiée pour conduire la négociation avec le Royaume-Uni... »

Il me coupe aussitôt : « Vous pensez que vous allez conduire la négociation ! Vous ne la conduirez pas. C'est le Conseil qui la conduira. Vous ne négocierez rien du tout ! C'est le Conseil qui négociera. »

Je n'ai jamais oublié l'audition du nouveau ministre des Affaires étrangères que j'étais en 2004 devant la commission parlementaire qu'il présidait alors à l'Assemblée nationale. J'avais eu le malheur d'évoquer le dernier « sommet européen ». Le président me coupa alors d'un ton sec : « Vous voulez parler, Monsieur le Ministre, du Conseil européen. Je vous remercie d'être précis », très attaché qu'il était et qu'il est resté à la création et au rôle de ce conseil permanent des chefs d'État ou de gouvernement.

Il m'aura fallu une bonne demi-heure pour rappeler à ce grand Européen nostalgique de l'époque où, avec Helmut Schmidt, il était à la manœuvre, pourquoi la Commission européenne est irremplaçable dans la conduite quotidienne et technique de la négociation avec le Royaume-Uni. Je m'efforce ce jour-là de le rassurer sur le rôle central du Conseil européen et des ministres à qui revient de toute façon la décision de fixer le cadre et les lignes directrices de la négociation et d'en approuver le contenu. Tout comme le Parlement européen, qui devra lui aussi approuver l'accord final.

Peine perdue ! Quelques jours plus tard, dans un dîner d'anciens combattants du « cercle des centristes disparus » au Sénat, VGE, invité vedette et créateur de l'UDF, redit son opinion : « C'est le Conseil qui doit conduire la négociation, pas la Commission. »

Dimanche 2 octobre 2016 — Birmingham, Theresa May en vedette

Tout se bouscule !

Au lendemain de ma prise de fonction, Theresa May parle devant le congrès du Parti conservateur à Birmingham et dévoile une partie de sa stratégie en même temps qu'elle donne des gages aux plus durs des partisans du Brexit.

La Première ministre insiste sur sa vision des relations futures entre l'Union et le Royaume-Uni, appelant de ses vœux un accord de libre-échange agrémenté d'accords sectoriels. Cette stratégie pourrait permettre au Royaume-Uni d'avoir une ligne de communication positive vis-à-vis des citoyens britanniques, en respectant le désir exprimé de retrouver une entière souveraineté quant à la législation future, de pouvoir limiter l'immigration et de former de nouvelles alliances commerciales.

Vis-à-vis de l'UE, elle permettrait de respecter l'intégrité du marché intérieur, et des quatre libertés de circulation des personnes, des biens, des services et des capitaux, qui lui sont associées tout en maintenant des relations commerciales et une coopération étroite sur certains secteurs.

Mais ne soyons pas naïfs : cette négociation ne doit pas se traduire par un accès au marché intérieur à la carte, sans les obligations associées, notamment en termes de liberté de circulation des personnes. Nous serons vigilants !

Enfin, la Première ministre fait une annonce importante : elle précise que le Royaume-Uni activera avant la fin mars 2017 l'article 50 du traité de Lisbonne, déclenchant ainsi la période de deux ans prévue pour négocier le retrait d'un État membre, en tenant compte du cadre de ses relations futures avec l'Union européenne : « J'avais une bonne raison de dire, juste après le référendum, que nous n'invoquerions pas l'article 50 avant la fin de l'année. Cette décision veut dire que nous avons le temps de développer notre stratégie pour les négociations et nos objectifs. »

Comme le dira le président du Conseil européen Donald Tusk dans la foulée, cette annonce apporte « une clarté bienvenue sur le démarrage des discussions sur le Brexit ».

Lundi 3 octobre 2016 — Crémaillère

La *task force 50*[1] ouvre ses portes.

Pour l'instant, notre équipe est réduite.

Sabine Weyand, Stéphanie Riso et moi avons choisi chacun un assistant pour nous aider dans toutes les tâches de préparation, d'organisation et de planning.

À mes côtés, Barthélemy Piche, jeune élu de la Savoie, qui travaillait jusqu'à présent comme assistant parlementaire au Sénat. Justyna Lasik, jeune femme polonaise extrêmement dynamique et efficace, qui a participé avec succès à la négociation commerciale avec le Japon, assistera Sabine. Marco Abate vient quant à lui seconder Stéphanie. Il a lui aussi une longue expérience, beaucoup d'humour, et un talent pour raconter les petites histoires, ce qui ne gâche rien.

L'indispensable Isabelle Misrachi rejoindra notre équipe pour la renforcer. Elle m'accompagne depuis 1999, lorsque je suis devenu commissaire européen

1. En référence à l'article 50 du traité sur l'Union européenne, qui prévoit le cas du retrait d'un État membre.

chargé de la politique régionale. Tour à tour assistante et cheffe de mon secrétariat, elle a fait preuve d'une ténacité, d'une volonté et d'un sens de l'organisation hors norme.

Et puis Georg Riekeles prendra en charge aux côtés de Stéphanie les relations avec les 27 pays de l'Union et le Parlement européen en tant que conseiller diplomatique. Cela fait près de quinze ans que nous travaillons ensemble. En 2004, il était étudiant à Sciences Po Paris et m'avait interpellé à la fin d'une conférence sur la défense européenne. Il avait ensuite rejoint mon équipe au Quai d'Orsay comme jeune chargé de mission. Norvégien, et donc issu d'un pays qui n'est pas membre de l'Union européenne, j'ai pleine confiance en lui. Toujours créatif et curieux des gens et des idées, ce Nordique, méditerranéen par alliance, apporte un regard différent et connaît bien le Royaume-Uni pour y avoir également étudié.

Enfin, la directrice générale des Ressources humaines, Irene Souka, m'a recommandé de choisir comme secrétaire une jeune femme belge, flamande, Claire Saelens, avec laquelle le contact passe bien immédiatement.

Grâce à l'efficacité des services techniques, en poussant dans les couloirs, et parfois même à l'extérieur du bâtiment, quelques services de la direction générale de la Communication et du secrétariat général — j'en suis sincèrement désolé — nous occupons une partie du cinquième étage du Berlaymont.

Les cloisons mobiles sont assez sonores. Mon bureau a la taille standard des bureaux des directeurs généraux. J'y installe d'emblée une grande table ovale en verre qui doit être mon principal outil de travail pour les négociations à venir. Et surtout j'accroche au mur un certain nombre de photos auxquelles je tiens et qui créent aussitôt une ambiance plus familière.

La photo fétiche d'Albertville le 17 octobre 1986, jour où les Jeux olympiques nous ont été attribués par le CIO. Belle image des jeunes Savoyards portant leur drapeau et s'enthousiasmant pour le projet des Jeux.

Le portrait de Nelson Mandela, à l'occasion d'une brève rencontre lors du dixième anniversaire de la fin de l'apartheid. Celle du pape polonais Jean-Paul II, qui nous a reçus avec Jean-Claude Killy pour une audience privée.

Et puis, juste au-dessus de ma tête, je place une affiche qui m'a été offerte il y a bien longtemps par l'un des leaders de Solidarność, Bronisław Geremek. Cette affiche symbolise à mes yeux tout le projet européen, celui de la liberté reconquise et de la réunification.

Dans ce bureau, je réunis une première fois notre petite équipe appelée à grandir très vite. Il nous faut recruter des experts pour chacun des sujets, nombreux et complexes, de la négociation. Nous élaborons avec Stéphanie et Sabine un premier organigramme. Pour la Commission, cette négociation est à la fois complexe et unique. Beaucoup ont envie d'y participer et nous n'aurons, j'en suis sûr, pas de difficulté pour constituer la meilleure équipe possible.

Dès le début, j'indique cependant, et je le répéterai à chacun de nos nouveaux coéquipiers, que nous devons être à la fois « pros et sympas ». Professionnels et compétents, c'est la moindre des exigences pour une tâche aussi historique et grave. Sympas, c'est aussi une clef pour démultiplier l'efficacité collective. Sympas au sein de l'équipe. Sympas avec les autres services de la Commission. Sympas vis-à-vis de l'extérieur. J'ai en tête une phrase de Georges

Pompidou, qui évoquait dans toute équipe politique la nécessité d'une « morale de l'action »...

Mardi 4 octobre 2016 — La Haye

Ce matin, nous prenons un train, omnibus, entre Bruxelles et La Haye — le temps de discuter à quatre, avec Sabine, Stéphanie et Georg. C'est le début de notre pérégrination dans l'ensemble des pays de l'Union, la première halte dans notre grande tournée des capitales européennes.

Je m'étonne de la durée du trajet. Si nous voulons mener à bien notre mission, tambour battant, il faudra quand même penser à prendre des trains qui ne s'arrêtent pas à toutes les gares... Mais il faut bien reconnaître qu'en quelques jours et nuits, et avec peu de moyens, l'équipe a mis en place un programme exceptionnel. Cette petite équipe « commando » a en effet pour mission de parcourir en quelques semaines les 27 pays de l'Union, d'établir des liens personnels avec les ministres et Premiers ministres, de vérifier où se trouvent les lignes rouges de chacun et au total de construire notre propre ligne de négociation avec quatre *a priori* que je répéterai désormais à chacun de mes interlocuteurs.

Le trajet laisse au moins le temps d'affiner les messages à passer au Premier ministre Mark Rutte.

D'abord, il ne peut pas y avoir de négociation sans notification du gouvernement britannique. Au sein du Conseil, les 27 ont été très clairs sur ce point.

Deuxièmement, nous ne réussirons cette négociation qu'en construisant et en maintenant une unité très forte des 27 États membres.

Troisièmement, aucun pays de l'Union ne peut se retrouver dans une situation moins favorable qu'un pays tiers.

Et enfin, aucun pays tiers ne doit obtenir un droit de veto ou même d'intervention dans le processus de décision des 27.

Ce sont ces lignes de force que nous suivrons tout au long de notre travail et qui en sont la condition de réussite.

Mark Rutte est très direct et amical. Je suis impressionné par la manière dont il délègue et gère son cabinet dont il a réuni les principaux membres. Avec ses ministres, il exprime son plein soutien à notre équipe et dit que pour lui les intérêts et l'unité des 27 seront primordiaux tout au long des négociations, malgré les relations fortes que son pays a avec le Royaume-Uni.

Mercredi 5 octobre 2016 — Bucarest

De La Haye nous filons directement vers Bucarest. Je retrouve dans la capitale roumaine mon ami Dacian Cioloş, aujourd'hui Premier ministre de ce grand pays appelé à devenir la sixième puissance économique de l'Union, lorsque le départ du Royaume-Uni aura été acté.

C'est une longue relation qui nous lie depuis l'époque où, jeune fonctionnaire du ministère roumain de l'Agriculture, Dacian fut chargé de suivre le projet de coopération décentralisée avec la région d'Argeş, que j'avais lancé en 1996, lorsque je présidais le conseil général de la Savoie.

En 2007, nous nous retrouvons l'un et l'autre ministres de l'Agriculture de nos pays respectifs, avec pour mission de réussir la réforme de la PAC, qui ne sera conclue qu'au petit matin d'une longue nuit de négociations que les Britanniques s'efforçaient de faire dérailler.

Et dans la foulée, j'ai naturellement suivi avec

attention la candidature de Dacian Cioloş à la fonction de commissaire européen pour finalement obtenir le poste stratégique de l'Agriculture.

Tout au long de ces cinq années au sein de la Commission Barroso 2, notre amitié et notre solidarité ne se sont jamais démenties. Ni lorsque nous avions besoin, avec Antonio Tajani et d'autres, de soutiens au sein du collège pour faire passer des textes de régulation ou de politique industrielle qui heurtaient les convictions libérales ou ultralibérales de certains collègues et de quelques hauts fonctionnaires. Ce fut le cas en particulier de ma proposition d'instituer dans chaque pays l'accès pour tous à un compte bancaire de base.

Ni lorsque lui-même s'est heurté aux mêmes résistances idéologiques au moment de proposer en 2010 un mécanisme pour que les éleveurs puissent enfin se regrouper pour négocier leurs prix avec les industriels !

Dacian Cioloş nous a invités à dîner dans une résidence du gouvernement roumain, une ancienne *datcha* à l'écart du centre-ville. Les ministres « techniques » qu'il a réunis autour de lui ont du sens politique et de bons réflexes.

Le ministre roumain du Travail, Dragoş Pîslaru, me dit : « Nous serons plus forts dans cette négociation si nous sommes réellement unis. Et cette unité, cette cohérence ne peuvent pas être seulement cimentées par des réactions ou la défensive. Nous devons être ensemble à 27 dans un agenda positif et proactif pour avancer ensemble et pour retrouver ainsi la confiance des citoyens. » Déjà au terme de ces premières visites se dégagent des lignes de force pour notre négociation.

Jeudi 6 octobre 2016 — « Notre ennemi, c'est la Commission »

« Nous avons des alliés parmi les 27, nous devons les mobiliser. Notre ennemi, c'est la Commission qui veut se faire pardonner d'avoir fait perdre Cameron. Beaucoup des 27 ont besoin de nous. »

Ces propos, que l'on me rapporte, auraient été tenus la veille en privé devant un parterre de *businessmen* à Londres par le ministre du Commerce britannique, Liam Fox. Cet élu écossais, ancien ministre de la Défense de David Cameron et candidat malheureux à la direction du Parti conservateur face à Theresa May, est évidemment en première ligne, s'agissant d'imaginer le futur des relations commerciales entre le Royaume-Uni et l'Union européenne. Mais avant, il faut réussir le Brexit, et il est partisan d'un agenda accéléré. Ce n'est pas une raison suffisante pour affirmer de telles contre-vérités.

Ainsi la Commission aurait fait perdre David Cameron ! C'est passer un peu vite sous silence le « nouvel arrangement » conclu avec lui lors du Conseil européen des 18 et 19 février 2016, en pleine crise migratoire, qui renforçait encore le statut particulier du Royaume-Uni au sein de l'Union. Cela n'aura pas suffi à éviter le Brexit, mais ce n'est pas faute d'avoir essayé…

Et c'est aussi oublier que, si tous les dirigeants européens se sont volontairement tus durant toute la campagne du référendum, c'était à la demande expresse du Premier ministre britannique. À ses yeux, toute intervention des « technocrates bruxellois » et de dirigeants étrangers aurait immédiatement été exploitée par les *Brexiters*.

Quoi qu'il en soit, la déclaration de Liam Fox

renforce ma détermination : il faut bâtir et consolider au plus vite l'unité des 27.

Vendredi 7 octobre 2016 — Notre Europe

La fondation créée par Jacques Delors fête ses vingt ans !

C'est désormais de « Notre Europe » qu'il faut parler, présidée par mon ami Enrico Letta, ancien Premier ministre d'Italie, et gérée avec résolution par un jeune Savoyard, Yves Bertoncini.

Dans son discours, Jean-Claude Juncker reconnaît que « l'Union européenne doit être ambitieuse pour de grands projets et plus modeste sur les petits sujets ». C'est une autre façon de dire que les leçons du Brexit ne concernent pas les seuls citoyens britanniques. À coup sûr, l'Europe et Bruxelles ont fait depuis trente ans trop de lois et trop de règlements, encadrant et obligeant à l'excès la vie quotidienne des citoyens, des consommateurs et des entreprises.

La veille, le président François Hollande a lui aussi évoqué le choix britannique sur un ton plus vindicatif : « Il faut qu'il y ait une menace, un risque et un prix à la sortie de l'UE. »

Le soir même, en Savoie, dans le joli village de Domessin, dont mon assistant Barthélemy est conseiller municipal, j'honore une très ancienne promesse faite au maire Gilbert Guigue d'animer un débat public sur l'Europe. La salle est comble : 300 personnes ont sacrifié leur soirée pour débattre de l'Europe alors qu'on prétend que cela n'intéresse pas ! Décidément, je prendrai le temps d'aller dialoguer avec les citoyens quelle que soit la charge de travail de ma nouvelle mission.

Samedi 8 octobre 2016
— Theresa May parmi les siens

À Birmingham, les responsables du Parti conservateur se réunissent comme chaque année à pareille époque. Naturellement, cette année, le congrès prend un tour particulier avec le Brexit. Les chefs du parti y expriment les raisons qui ont pu expliquer le vote de leurs concitoyens en faveur du *Leave*. Dans son discours, Theresa May affirme sa volonté de bâtir, après le Brexit, une « *Global Britain* » et de lui forger un rôle nouveau sur la scène mondiale.

Il y a dans ces propos et ceux d'autres leaders du parti une part non négligeable d'idéologie, et de nostalgie pour un passé sublimé. Ainsi, David Davis décrit devant les militants l'avenir radieux qu'il prédit au pays en sortant de l'Union européenne : « En quittant l'Europe, nous acquérons un énorme avantage, la souplesse à un moment où s'adapter est déterminant. Nous avons déjà créé la langue du monde entier, le système légal du monde entier. Nous allons désormais embrasser le monde entier, commercer avec la planète, pour être plus grands. »

Dans les raisons qui ont poussé au *Leave*, il y a aussi un rejet de la libre circulation des personnes. Mais les politiciens font semblant d'ignorer que c'est le Royaume-Uni lui-même qui, au moment de l'élargissement à dix pays d'Europe centrale et orientale en 2004, a choisi de ne pas activer la clause qui aurait permis de limiter la libre circulation des travailleurs de ces pays.

Il y a également un besoin de protection, bien identifié par Theresa May : « Le référendum n'était pas seulement un vote pour se retirer de l'UE. Il a révélé le sentiment, profond et (...) souvent justifié, que beaucoup de gens éprouvent aujourd'hui, selon lequel le monde fonctionne bien pour quelques privilégiés, mais pas pour eux. »

La Première ministre a raison de soulever ce point. Mais face à la mondialisation, face aux États-continents comme la Chine et les États-Unis, un pays seul, fût-ce le Royaume-Uni, est-il mieux placé pour protéger ses citoyens que 28 pays agissant de concert ? Ou vaut-il mieux être ensemble, solidaires plutôt que solitaires ?

Lundi 10 octobre 2016 — Varsovie

Nous visitons notre quatrième capitale en dix jours. Il pleut à Varsovie, mais peu importe !

Le nouveau gouvernement polonais est dirigé par le parti PiS, « Droit et justice », de Jarosław Kaczyński. À propos de Bruxelles, le langage est le même qu'à Londres, et la méfiance aussi. C'est davantage d'un syndicat international que d'une communauté politique dont rêvent ces dirigeants.

Londres ne s'y est pas trompé en cherchant à Varsovie un soutien à l'intérieur même de l'Union européenne. On me dit que le nouvel ambassadeur britannique est ici à la manœuvre.

Cette méfiance à l'égard de la Commission pénètre jusque dans les détails de notre organisation, lorsque le ministre des Affaires étrangères Witold Waszczykowski affirme que notre équipe en cours de constitution ne compte pas encore de Polonais. Je cite pourtant le nom d'une des premières fonctionnaires à avoir rejoint notre équipe, de nationalité polonaise, proche conseillère de mon adjointe Sabine Weyand : « Elle est fonctionnaire internationale, elle n'est pas polonaise, me répond le ministre, il faut une approche moins cosmopolite dans la négociation. »

Il me faudra lui répéter avec force et à deux reprises : « Je serai votre négociateur, c'est une question de confiance ! »

Décidément, la confiance n'est pas spontanée... mais je me sens capable de l'obtenir de la part de ce gouvernement dont le souverainisme me rappelle tant ce que j'entends en France. Les entretiens que j'ai avec le vice-Premier ministre Mateusz Morawiecki et le ministre des Affaires européennes Konrad Szymański sont d'ailleurs déjà bien plus constructifs.

Lundi 17 octobre 2016
— Règlement financier

De retour à Bruxelles, une chose est claire : la question du règlement financier sera un point majeur de difficulté avec les Britanniques mais aussi d'unité des 27. Aucun des cinq Premiers ministres que j'ai déjà rencontrés ne veut payer un euro de plus, ni recevoir un euro de moins en raison du Brexit.

J'aborde aujourd'hui ce sujet avec le groupe de directeurs généraux, ces hommes et ces femmes parmi les plus expérimentés de la Commission, qui m'accompagnent dans cette négociation. Et je suis presque physiquement rassuré de partager avec eux mes réflexions, provoquer des réactions et écouter leurs avis.

Sur les sujets budgétaires, notre position est claire. Grâce à Philippe Bertrand, « savant fou » du budget européen, photographe et aviateur à ses heures perdues, nous avons une méthode et nous savons précisément ce que nous doivent les Britanniques, sur la base des comptes de l'Union. Ce qui a été décidé à 28 doit être payé à 28.

De premières estimations indiquent que, si le Royaume-Uni devait solder ses comptes avec l'Union européenne au 1er avril 2019, le passif brut serait de 50 à 60 milliards d'euros. Il faudrait bien sûr défalquer de ce montant les sommes dues au Royaume-Uni, notamment au titre de la politique agricole commune et des fonds structurels.

Dans le cadre du règlement financier, il y a aussi 10 à 15 milliards d'euros qui pourraient être mobilisés dans le futur si certaines garanties données par le Royaume-Uni avec les autres pays européens, par exemple dans le cadre de l'aide européenne à l'Ukraine, venaient à jouer. C'est ce qu'on appelle le passif potentiel.

Enfin, puisque le règlement financier avec le Royaume-Uni devra être global, nous travaillons sur les autres engagements, hors budget européen, tels que ceux pris par la Banque européenne d'investissement.

Même si nous raisonnons sur la base d'arguments logiques et rationnels, je pressens que les négociations sur ces questions budgétaires, à traiter en tout début de négociation, seront ardues.

Un paramètre important sera la date de sortie du Royaume-Uni : plus celle-ci sera tardive, moins le montant dû à la sortie sera important, puisque le Royaume-Uni aura déjà payé une part importante du montant en tant qu'État membre.

Au-delà de la question du règlement financier, le départ du Royaume-Uni se traduira par une diminution du budget européen. Cela peut être l'occasion de remettre à plat la structure de ce budget en l'orientant toujours plus vers l'innovation et les priorités politiques de l'Europe de demain. Et aussi de rouvrir le chantier important des ressources propres du budget, auquel Mario Monti réfléchit, à la demande de Jean-Claude Juncker.

Côté recettes, cela sera aussi l'occasion d'en finir

avec le rabais britannique âprement négocié par Margaret Thatcher au sommet de Fontainebleau de 1984, et de discuter des « rabais sur le rabais » négociés au fil des années par d'autres contributeurs nets au budget européen comme les Pays-Bas, l'Allemagne, l'Autriche et la Suède. « *I want my money back* », avait dit la Première ministre en 1984. La perspective est en quelque sorte aujourd'hui inversée, mais cette phrase célèbre me rappelle que les négociations financières avec Londres ne sont jamais simples.

Mercredi 19 octobre 2016 — Ljubljana

Notre petite équipe, professionnelle, arrive de bonne humeur en Slovénie. En quittant l'aéroport de Ljubljana, j'ai une étrange impression de « déjà-vu » ! Les montagnes toutes proches et les maisons bien rangées le long des routes dans ces villages me rappellent la Savoie.

Le Premier ministre Miro Cerar nous dit que son pays n'a pas de problème spécifique avec le Brexit, et nous témoigne sa confiance : « On sera avec vous ! »

Avant de retrouver le Premier ministre, nous avons partagé un repas avec la secrétaire d'État aux Affaires étrangères, Sanja Štiglic, qui nous accueille dans un chalet au bord d'un grand étang. Il fait froid et beau. Un feu de bois crépite dans la cheminée. Le moment est chaleureux et je retrouve le fil d'une longue relation avec ce pays, le premier sorti de l'ex-Yougoslavie.

C'était en 1993. Alors tout nouveau ministre de l'Environnement dans le gouvernement d'Édouard Balladur, j'avais dû rétablir le dialogue et la confiance dans le Haut-Béarn en révolte contre l'État et la création autoritaire de « réserves à ours ». À part quelques écologistes bien relayés à Paris et le militant écologiste Éric Pétetin, tous les élus, chasseurs, bergers du massif étaient alors entrés en résistance contre Paris. Il nous avait fallu beaucoup de visites, d'écoute et de dialogue pour rétablir le calme en créant l'Institution patrimoniale du Haut-Béarn.

Chasseurs et bergers rassurés sur leur place et désormais écoutés et respectés avaient notamment accepté la réintroduction de quelques ours pour recréer une chaîne de biodiversité sur le point de s'éteindre dans les Pyrénées françaises. Et voilà comment les ours de Slovénie — dont le biotope est le plus proche des ours pyrénéens — sont entrés en 1994 dans l'Union européenne, dix ans avant leur pays !

Mercredi 26 octobre 2016 — Zagreb

Nous arrivons ce matin à Zagreb où je suis heureux de rencontrer le jeune Premier ministre, Andrej Plenković, dont le nouveau gouvernement entend apporter une contribution positive à l'agenda des 27.

Pour ce qui est du Brexit, le Premier ministre se montre intéressé et attentif, en particulier s'agissant de la mobilité des citoyens, pour laquelle son pays est dans une situation particulière. Dernier pays à avoir rejoint l'Union européenne, le 1er janvier 2013, la Croatie est toujours sous le régime d'une période de transition pendant laquelle la libre circulation des citoyens n'est pas entière. Le Premier ministre se demande donc si les Croates bénéficieront de la protection des droits des citoyens garantie par le futur accord de retrait de la même manière que les autres citoyens de l'Union européenne.

Un autre sujet de préoccupation est naturellement la volonté de préserver les financements prévus pour la politique de cohésion sur la période budgétaire actuelle (2014-2020). Comme le dit à juste titre Andrej Plenković, la réduction des écarts de niveau de vie entre Européens est au cœur du projet de l'Union.

En faisant quelques pas dans les rues de la vieille ville après cette réunion, nous passons devant un immeuble baroque qui abrite le musée des Relations brisées. Avec de la bonne volonté, et même après une rupture douloureuse, il est parfois possible de bâtir une relation solide et harmonieuse.

Vendredi 11 novembre 2016 — Mise au point stratégique

Au retour d'Autriche, et d'une longue semaine où je visite également le Danemark et la Slovaquie, nous travaillons, Sabine, Stéphanie et moi, avec les collaborateurs de Jean-Claude Juncker. Pour la première fois je propose au président de la Commission une stratégie pour la négociation.

Premièrement, la négociation sur l'article 50 comporte un nombre limité de points sur lesquels un accord est indispensable, dont le règlement financier que le Royaume-Uni doit acquitter pour solder les comptes avec l'UE et la nécessité de trouver un accord sur les droits acquis des citoyens européens au Royaume-Uni et des citoyens britanniques dans l'Union européenne. Nous devons aussi travailler sur les questions des frontières, en particulier en Irlande, en trouvant le moyen de respecter, dans toutes leurs dimensions, les engagements du *Good Friday Agreement*, ou accord du Vendredi saint, signé le 10 avril 1998 pour mettre fin aux troubles qui ont déchiré l'Irlande du Nord pendant trente ans. Ces trois sujets doivent être traités dans une première phase.

Deuxièmement, l'article 50 prévoit que l'accord avec le pays qui souhaite quitter l'Union définisse les modalités de son retrait en tenant compte du cadre de ses relations futures avec les 27. D'aucuns voient dans les modèles existants — Norvège, Suisse, Canada et d'autres — des références. Ce qui est clair pour nous est que, en raison de l'intégration économique du Royaume-Uni avec l'Union européenne, tout futur accord devra établir des règles du jeu (un « *level playing field* ») exigeantes, notamment concernant les règles de concurrence et l'autorité juridictionnelle.

Troisièmement, une fois les contours de la nouvelle relation établis, il sera possible de réfléchir à une éventuelle période de transition, limitée dans le temps, qui visera à basculer de la manière la plus douce possible vers cette nouvelle relation. Cette transition devra être fortement encadrée et nécessitera probablement une prolongation d'une partie de l'acquis communautaire, et notamment du cadre réglementaire du marché intérieur, à savoir les standards, les normes, les diverses autorités de surveillance et, nécessairement, l'autorité de la Cour de justice européenne. Juridiquement, l'instauration d'une telle période de transition fera partie intégrante de l'accord de sortie.

Enfin, aussi important que les questions de fond, l'organisation des négociations. Quelques jours auparavant, Georg a porté à mon attention une réflexion d'Andrew Duff, ancien député européen britannique et fin connaisseur des arcanes européens. Il identifie les Conseils européens comme moments forts de la négociation. Il a raison ! Être maître du temps, fixer le tempo est la clef. La négociation, nous la structurerons autour de notre propre calendrier.

Lundi 21 novembre 2016
— Un verre de prosecco à la santé de Boris

Avec Sabine et Stefaan De Rynck, nous venons de rencontrer au palais Chigi, siège de la présidence du Conseil italien, le sherpa du Premier ministre Matteo Renzi. Il est tard et la foule est encore nombreuse dans les rues somptueuses de Rome aux alentours du palais Farnese.

Stefaan De Rynck et moi nous sommes connus en 1999, lorsqu'il devint mon porte-parole à la Commission pour les réformes institutionnelles. J'ai toujours été rassuré de pouvoir m'appuyer sur les analyses sages et subtiles de ce Belge, flamand. Il est désormais chargé de la communication et des relations avec les think tanks dans mon équipe, et suit attentivement le débat d'idées au Royaume-Uni.

Quelques jours plus tôt, le ministre britannique des Affaires étrangères, Boris Johnson, s'est engagé dans une mauvaise polémique avec le ministre italien de l'Économie Carlo Calenda, en menaçant de ne plus acheter de prosecco.

Nous prenons donc simplement un verre de prosecco en terrasse et ce moment, immortalisé sur Twitter par Stefaan De Rynck, aura un écho jusque dans la presse britannique… Le protectionnisme n'est pas la bonne attitude, ni le bon message !

Mercredi 30 novembre 2016
— Face aux journalistes

Pour la première fois depuis ma prise de fonction, je m'exprime ce matin devant la presse, après avoir été invité par Jean-Claude Juncker à présenter au collège des commissaires l'avancée de nos travaux.

La salle de presse du Berlaymont est comble. Les journalistes sont venus de toute l'Europe, et parfois de plus loin. Les flashs des photographes crépitent. Le porte-parole grec de la Commission, Margarítis Schinás, me passe la parole et je fais le choix d'ouvrir ce premier point presse en anglais.

Je reconnais que j'ai encore des progrès à faire dans cette langue. J'ai pourtant été à bonne école ! C'était à l'occasion d'une sorte de leçon d'anglais particulière reçue de la reine d'Angleterre elle-même. Nous sommes le mardi 6 avril 2004 et le Premier ministre Jean-Pierre Raffarin offre un déjeuner en l'honneur de Sa Majesté la reine Elizabeth venue marquer à Paris le centenaire de l'Entente cordiale.

Ministre des Affaires étrangères, j'ai l'honneur d'être assis à la droite de la reine qui s'exprime dans un français impeccable. Devant me rendre aussitôt après le déjeuner à l'Assemblée nationale pour les questions d'actualité, mon intention est de saluer de manière particulière une délégation de la Chambre des lords et de la Chambre des communes qui assistent un moment à cette séance, de la tribune.

« Madame, puis-je me permettre de vous demander comment dire en anglais "Vive l'Entente cordiale" ?

— Vous devez dire "*Long live the Entente cordiale*" », me répond aussitôt la reine.

Fort de cette leçon d'anglais très particulière, je prononçai quelques instants plus tard cette phrase devant l'hémicycle, en me retournant vers les élus britanniques, et à la surprise de certains députés français et de journalistes, dont beaucoup pensèrent que je m'étais trompé et que la formule correcte aurait dû être « *Long* life *to the Entente cordiale* ».

Cet épisode fit même l'objet d'un écho dans *Le Canard enchaîné*, soulignant à tort l'anglais approximatif du ministre des Affaires étrangères.

Je n'aurais cependant jamais pu rêver d'un professeur aussi éminent...

Cette rencontre avec les journalistes est un moment important, l'occasion de remettre quelques pendules à l'heure, face à la quantité de *fake news* que provoque le Brexit.

Aujourd'hui, cette intervention me fournit l'occasion de faire part à tous de mon état d'esprit : ni agressivité, ni naïveté, ni revanche. En toutes circonstances, je veux rester calme. Georg suggère la formule qui fera le tour des chaînes d'information : « *Keep calm and negotiate*[1] ». Une belle invitation, un brin taquine pour les Britanniques, à la table de négociation... Stefaan De Rynck en fera d'ailleurs plus tard un *mug* rouge que je garderai en évidence sur mon bureau.

Cette conférence de presse me permet aussi de faire de la pédagogie, en expliquant la différence entre le retrait — dont nous devons fixer les modalités dans une période de deux ans — et notre future relation, dont la négociation prendra assurément plus de temps.

J'en profite enfin pour alerter sur les conséquences du Brexit, qui sont innombrables : humaines, sociales, économiques et financières, techniques et juridiques. Et pour dresser la liste des principaux sujets sur lesquels nous allons devoir travailler dans la perspective du retrait : les droits des citoyens européens au Royaume-Uni et des citoyens britanniques au sein de l'Union ; le règlement des engagements financiers pris par le Royaume-Uni envers l'Union

1. En référence au plus britannique des slogans : « *Keep calm and carry on* », qui mobilisait les Britanniques à l'effort pendant la Seconde Guerre mondiale.

en tant qu'État membre ; l'avenir des nouvelles frontières de l'Union, notamment en Irlande.

Je me rends ensuite au Parlement européen pour rencontrer les présidents des groupes politiques, après m'être entretenu hier avec le président Martin Schulz et lui avoir expliqué la méthode de travail interinstitutionnelle que je souhaite mettre en place. Martin Schulz, toujours très européen et direct, m'a assuré de sa confiance. Autour de la table aujourd'hui, je retrouve d'autres parlementaires que je connais depuis longtemps : Guy Verhofstadt, Manfred Weber, Gianni Pittella, Philippe Lamberts, Gabriele Zimmer, Danuta Hübner...

L'accueil qu'ils me réservent est chaleureux et bienveillant. Tous savent combien j'attache de l'importance aux travaux du Parlement européen, dont j'ai toujours été convaincu, dans chacune de mes précédentes fonctions, qu'il joue un rôle central dans l'équilibre des institutions.

C'est d'autant plus vrai dans le cadre de cette négociation puisqu'il reviendra au Parlement européen de ratifier l'accord de retrait. Tous sont pleinement conscients de ces équilibres politiques et nous convenons de nous retrouver régulièrement pour affiner ensemble les positions qu'il me reviendra de défendre.

Jeudi 22 décembre 2016
— Avions cloués au sol ?

La direction générale des Transports me transmet une note relative à l'impact du Brexit sur les différents secteurs dont elle s'occupe dans l'hypothèse où nous ne parviendrions pas à conclure un accord avec le Royaume-Uni.

Le constat est plus que préoccupant, tout

particulièrement s'agissant du secteur de l'aviation. Dans ce domaine, la note prévoit une dégradation importante et immédiate des flux entre le Royaume-Uni et le continent : d'un point de vue juridique, l'absence d'accord équivaudrait au retour à la situation antérieure à 1992, date à laquelle n'existaient que des accords bilatéraux entre le Royaume-Uni et tel ou tel État membre.

La possibilité pour une entreprise britannique comme Easyjet d'opérer des vols entre la France et l'Allemagne, offerte par la réglementation européenne actuelle, prendrait par exemple fin du jour au lendemain. Tout le régime de sécurité aérienne applicable au Royaume-Uni — aujourd'hui assuré par l'Agence européenne de la sécurité aérienne — se trouverait également remis en cause. Je mesure une fois de plus l'incroyable complexité de l'accord que nous avons à négocier et la multiplicité des sujets qu'il recouvre.

2017

Mardi 17 janvier 2017 — Lancaster House, Theresa May abat ses cartes

Arrivés à Strasbourg ce midi, nous nous isolons avec mon équipe pour écouter le discours que prononce Theresa May au manoir de Lancaster House. Debout derrière un pupitre sur lequel est écrit « *Global Britain* », la Première ministre démarre son intervention d'un ton résolument optimiste, vantant les mérites d'un Royaume-Uni aux avant-postes du monde de demain, d'une « nation commerçante, importante et présente au niveau international, qui est respectée à travers le monde et forte, confiante et unie au niveau national ».

Je ne peux m'empêcher d'éprouver un sentiment paradoxal lorsqu'elle déclare que le vote du référendum « n'est pas le résultat d'une volonté de repli sur soi du Royaume-Uni », mais « au contraire le moment où nous avons fait le choix de construire une véritable *Global Britain* ».

Très vite, ce n'est toutefois pas ce message optimiste — et discutable — qui retient mon attention, mais trois phrases qui me laissent penser que ce discours est bien plus important que ce qui a été dit jusqu'à présent : « Il ne s'agit ni d'être un membre partiel, ni d'être un membre associé ou encore quelque chose qui nous laisserait un pied dedans, un pied dehors. Nous n'envisageons pas d'adapter un modèle dont bénéficient déjà d'autres pays. Nous n'aspirons pas non plus à nous accrocher à certains éléments propres aux États membres alors que nous sortons. »

En réalité, Mme May s'apprête à dévoiler rien de moins que l'ensemble de ses lignes rouges, alors même que nous n'avons pas commencé la négociation. Elle le fait de manière étonnamment précise : nous « mettrons fin à la juridiction de la Cour de justice européenne » ; nous mettrons fin à la libre circulation des personnes pour « pouvoir contrôler le nombre de personnes venant en Grande-Bretagne » ; « nous ne rechercherons pas l'appartenance au marché unique » ; « nous ne serons pas tenus de contribuer massivement au budget de l'Union européenne » ; « je ne veux pas que la Grande-Bretagne fasse partie de la politique commerciale commune et je ne veux pas que nous soyons liés par le tarif extérieur commun »... Je suis stupéfait de voir le nombre de portes qu'elle ferme, une à une, en égrenant ces différents points...

Les conséquences de chacune de ces décisions ont-elles été pleinement pensées, mesurées, discutées ? Réalise-t-elle qu'elle exclut ce faisant la quasi-totalité des modèles de coopération que nous avons bâtis jusqu'à présent avec nos partenaires, y compris les plus proches ? Est-on certain que le vote du référendum donnait au gouvernement britannique un blanc-seing pour une rupture aussi nette ?

De fait, dire cela revient à faire une croix sur l'appartenance à l'Espace économique européen — dont font partie la Norvège, l'Islande et le Liechtenstein —, mais aussi à un partenariat du type de celui que nous avons avec la Turquie — qui partage une union douanière avec l'Union européenne…

Les notes positives du discours tendent pourtant à confirmer ce constat. Au-delà de réassurances importantes et bienvenues — sur la transposition des normes européennes existantes, sur la préservation des droits des citoyens européens au Royaume-Uni, sur le maintien de la zone commune de voyage avec l'Irlande, sur la volonté de coopérer en matière de défense et de sécurité — Mme May énonce sans aucune ambiguïté son objectif majeur : négocier avec l'Union européenne un accord de libre-échange. En d'autres termes, le type d'accord que nous avons avec des partenaires importants, mais tout de même lointains, comme le Canada ou la Corée du Sud…

Certes, quelques phrases me laissent penser que les négociateurs britanniques vont en demander bien plus, puisqu'il est explicitement question de « reprendre des éléments des dispositions actuelles du marché unique dans certains domaines — par exemple les exportations d'automobiles ou de camions ou bien la liberté de fournir des services financiers au-delà des frontières nationales ». Mais comment imaginer un seul instant que l'Union européenne accepte d'accéder à de telles demandes, dont on voit bien qu'elles visent à avantager la City en échange de concessions offertes aux exportateurs allemands ?

Les objectifs fixés par Mme May en termes de méthode me laissent tout aussi sceptique : « Je veux que nous soyons parvenus à un accord sur notre partenariat futur d'ici à la conclusion de la procédure de deux ans de l'article 50. » Outre que cela méconnaît la lettre même de cet article, selon laquelle l'accord de retrait doit simplement tenir compte du cadre de notre relation future, il me paraît pour le moins ambitieux d'imaginer que nous parviendrons en deux ans à défaire quarante-quatre années de relations entre nous et à rebâtir, dans le même temps, notre relation future dans toutes ses dimensions, quand il nous a fallu pas moins de sept années de travail intense pour négocier avec le Canada un simple accord de libre-échange…

Je reste étonné devant la manière dont la Première ministre vient d'abattre ses cartes.

Jeudi 19 janvier 2017 — Paris, Assemblée nationale

Après une première tournée des capitales dans un calendrier resserré, pour prendre contact et poser les bases de cette négociation, je commence en ce début d'année un deuxième tour des 27 qui doit me permettre de rencontrer le monde politique, économique et social, au-delà des seuls gouvernements.

Et aujourd'hui, pour la première fois en tant que négociateur, je suis auditionné par la mission d'information de l'Assemblée nationale sur les suites du référendum britannique et le suivi des négociations.

C'est aussi l'occasion d'un premier déplacement

en tant que négociateur avec Tristan Aureau. Jeune maître des requêtes au Conseil d'État au moment où je m'y trouvais moi-même, il m'avait accompagné dans une mission à Washington auprès de la Banque mondiale. Précis et méthodique, il m'a dit très vite son intérêt pour rejoindre Bruxelles à mes côtés sur le Brexit.

Pour avoir longtemps été parlementaire moi-même, je sais toute l'importance du rôle joué par les Parlements nationaux dans le débat public. J'ai aussi en tête le précédent de l'accord de libre-échange entre l'UE et le Canada, le CETA, dont la ratification avait été mise en péril par le Parlement wallon en bout de course. Pour parer un tel écueil, la seule solution me paraît être d'impliquer ces Parlements aussi tôt que possible dans le processus.

Mardi 24 janvier 2017 — Parlement Britannique

Au Royaume-Uni aussi, le Parlement est important et bien décidé à se faire entendre.

Dans un arrêt très attendu, la Cour suprême britannique juge en effet que le gouvernement devra obtenir l'approbation du Parlement avant d'activer l'article 50 et de lancer les négociations de sortie de l'Union européenne.

David Davis annonce dans la foulée qu'un projet de loi simple sera présenté très vite au Parlement, afin de tenir les délais.

En revanche, la Cour estime que le gouvernement n'aura pas besoin de recueillir l'aval des Parlements d'Écosse, du Pays de Galles et d'Irlande du Nord, qui ne pourront donc pas opposer leur veto au Brexit.

Jeudi 2 février 2017 — White Paper

Notre représentation à Londres m'informe que le projet de loi d'activation de l'article 50 présenté par le gouvernement britannique vient d'être adopté au Parlement en deuxième lecture par 498 voix pour et 114 contre. Il est intéressant de relever que quarante-sept parlementaires travaillistes ont rejoint dans leur opposition au projet de loi cinquante députés du Parti national écossais (SNP), sept libéraux-démocrates, un Vert et... un conservateur, en la personne de Kenneth Clarke, ancien ministre des gouvernements Thatcher, Major et Cameron, qui reste fidèle à ses convictions proeuropéennes et estime que « le Royaume-Uni embarque pour un voyage vers un avenir inconnu qui sidère tous nos amis ».

Dans le même temps, je prends connaissance du *White Paper*, livre blanc que vient de publier le gouvernement britannique. Il est frappant de voir qu'il ne contient guère davantage que le discours prononcé par Theresa May à Lancaster House.

Je note que le gouvernement maintient explicitement son souhait de sortir du marché unique et de n'attribuer aucun rôle à la Cour de justice une fois le Royaume-Uni sorti de l'Union. Lors de la présentation du document, David Davis ajoute que le gouvernement souhaite un retrait de l'union douanière en déclarant que le Royaume-Uni ne « sera plus lié par le tarif extérieur commun de l'Union européenne et ne participera plus à la politique commerciale commune »... ce qui n'empêche pas le document de promettre une « sortie en douceur, au bénéfice de tous ».

En dépit de la confusion des dernières semaines, la ligne suivie par le gouvernement, si on le prend au mot, reste claire.

Mercredi 22 mars 2017
— Comité européen des régions

Voilà plusieurs semaines que nous préparons avec mon équipe le discours que je prononce aujourd'hui devant le Comité européen des régions qui comprend des représentants élus au niveau local et régional de l'ensemble des 28 États membres.

Notre but est, pour la toute première fois, d'exposer publiquement notre stratégie ou, plus exactement, ce que nous estimons être les conditions pour réussir la négociation.

Au fil de nos échanges à Bruxelles et dans les capitales, nous sommes parvenus à en identifier trois : préserver l'unité des 27, qui se fera dans le débat public et la transparence ; lever au plus vite l'incertitude, pour les citoyens, pour les bénéficiaires du budget européen et aux frontières de l'Union ; nous mettre d'accord sur les principes d'un retrait ordonné avant de commencer à discuter de notre future relation.

Mon but est aussi de faire part au gouvernement britannique de notre souhait de parvenir à un accord, alors que les appels à un « *no deal* » se font de plus en plus fréquents dans la presse britannique.

Mon discours expose ainsi plusieurs exemples des conséquences d'un tel scénario : « quatre millions de citoyens britanniques au sein de l'UE et de citoyens européens au Royaume-Uni confrontés à une incertitude totale sur leurs droits et leur avenir ; des problèmes d'approvisionnement au Royaume-Uni, qui perturberaient les chaînes de valeur ; la réintroduction de contrôles douaniers contraignants, qui ralentiraient inéluctablement nos échanges et engendreraient des files de camions à Douvres ; de très graves perturbations du trafic aérien vers et depuis le Royaume-Uni », etc.

Au moment même où je m'apprête à entrer dans l'hémicycle, Tristan m'apprend qu'une attaque terroriste est en cours devant le Parlement britannique. Les faits sont encore confus : une voiture aurait foncé dans la foule, le Parlement serait bloqué, de nombreux blessés seraient déjà à déplorer…

Mes premiers mots vont aux victimes. L'émotion est d'autant plus palpable que l'ensemble du personnel des institutions européennes consacrait ce matin une minute de silence en mémoire des attaques commises l'an dernier à Bruxelles. Et ces morts atroces rappellent combien, par-delà le Brexit, nous faisons face à des menaces communes.

Mercredi 29 mars 2017 — Notification

Le représentant permanent du Royaume-Uni auprès de l'Union européenne, l'ambassadeur Tim Barrow, apporte en mains propres à Donald Tusk la lettre tant attendue. Neuf mois après le référendum, Theresa May a notifié aujourd'hui la volonté de son pays de sortir de l'Union européenne, déclenchant la période de deux ans prévue à l'article 50 du traité sur l'Union européenne, pendant laquelle nous devons trouver un accord pour un retrait ordonné du Royaume-Uni et poser le cadre de notre relation future. La négociation va pouvoir commencer.

Vendredi 31 mars 2017
— Tristesse et regrets

Comme chaque semaine, je parcours le rapport hebdomadaire que m'adresse la direction générale de la Communication et qui recense les réactions au Brexit dans les 27 États membres.

Sans surprise, toutes portent aujourd'hui sur la lettre de notification de Mme May. La plupart des chefs d'État ou de gouvernement ont réagi officiellement. Leurs déclarations et leurs communiqués sont emplis de tristesse et de regrets, à l'image des gouvernements français, belge et polonais, qui disent regretter profondément cette décision, tout en respectant le choix effectué par les citoyens britanniques.

Dans le même temps, les appels à l'unité des 27 se multiplient, qu'ils proviennent du Premier ministre slovène Miro Cerar ou de Mariano Rajoy en Espagne. D'autres gouvernements, danois ou néerlandais, font explicitement référence à la défense de leurs intérêts nationaux.

De manière générale, je suis frappé par la convergence de ton qui prévaut. Les priorités affichées sont les mêmes de la Finlande au Portugal. Partout, il est question de garantir les droits des citoyens européens résidant au Royaume-Uni et de conserver, à l'avenir, de bonnes relations avec ce pays.

Derrière les discours des uns et des autres, je retrouve l'écho des échanges que nous avons eus jusqu'à présent dans chaque capitale. L'insistance de tous sur la nécessité de mettre les choses dans l'ordre — un retrait ordonné avant notre future relation — est symptomatique à cet égard.

Mardi 4 avril 2017
— Résolution du Parlement européen

Le Parlement européen vient de m'adresser le projet de résolution qui sera soumis au vote en session plénière demain à Strasbourg.

Ce texte de neuf pages reflète fidèlement la tonalité

des échanges que j'entretiens depuis des mois avec les membres du Parlement, et tout particulièrement avec Guy Verhofstadt en sa qualité de coordinateur du Parlement pour le Brexit.

Au fil des derniers mois, nous avons développé avec Guy Verhofstadt et les autres membres de ce groupe une vraie complicité, sans complaisance. Guy Verhofstadt est un homme chaleureux. Libéral, il a été pendant neuf ans le Premier ministre de Belgique, et malgré des déceptions sur le plan européen, il garde une part d'utopie et d'enthousiasme. Il est un militant fédéraliste, je ne le suis pas. Mais nous partageons le même sentiment d'urgence sur les réformes dont le projet européen a besoin. Et l'idée que ce projet doit se faire avec les citoyens et pas sans eux. Dans cette négociation nous sommes aussi d'accord : la clef passe par l'unité.

Il y a dans ce groupe d'autres députés de grande qualité, chacun avec son appartenance politique et ses convictions, et chacun suivra les négociations avec beaucoup d'exigence et sans complaisance au nom du Parlement et des citoyens européens. Je pense à Elmar Brok, député depuis trente ans et pilier de la CDU allemande, et négociateur pour le Parlement de plusieurs traités européens ; Roberto Gualtieri, socialiste italien, professeur d'histoire et président de la commission des affaires économiques du Parlement européen, toujours attentif aux détails ; Danuta Hübner, ancienne commissaire européenne à la politique régionale et membre de la Plateforme civique polonaise ; Philippe Lamberts, tenace et fougueux député belge, coprésident du groupe des Verts ; et Gabi Zimmer, députée allemande sincère et consciencieuse, qui préside au Parlement le groupe de la Gauche unitaire.

Ce *Brexit Steering Group* s'appuie aussi sur des

fonctionnaires de grande qualité, rassemblés par le prévoyant secrétaire général du Parlement européen Klaus Welle, et menés par son adjoint Markus Winkler.

Le texte du Parlement européen prend acte de la notification britannique, définit un certain nombre de principes généraux encadrant les négociations et émet le souhait que « l'accord de retrait et que toutes les modalités transitoires éventuelles, entrent en vigueur bien avant les élections européennes de mai 2019 ».

Sur les citoyens et le règlement financier en particulier, le texte définit des positions claires, comme autant de lignes rouges qui m'aideront le moment venu.

Mercredi 5 avril 2017
— Farage dans ses œuvres...

Pour l'occasion, les députés sont venus en nombre. La disposition des sièges est ainsi faite que je me retrouve assis à moins de deux mètres de Nigel Farage, ancien leader du UKIP, qui arbore une mine réjouie et... des chaussettes aux couleurs de l'Union Jack. L'occasion est trop belle et les journalistes ne manquent pas de multiplier les photos de notre poignée de main, courtoise à défaut d'être le signe de la moindre convergence de vues.

Le discours que le président du Parlement, Antonio Tajani, m'invite à prononcer à la suite de Jean-Claude Juncker, est volontairement court et incisif. Mon but est avant tout de saluer les positions prises par le Parlement dans son projet de résolution, dont je souligne qu'elle est « la première prise de position politique d'une institution européenne en réponse à la lettre de notification » et qu'elle permettra au

Parlement européen de « donner le ton » de la négociation qui s'annonce. Je rappelle ensuite les trois conditions du succès de cette négociation, et indique encore une fois que « nous ne chercherons jamais à punir le Royaume-Uni ».

S'ensuivent de très nombreuses prises de position venues de tous les bancs de l'hémicycle, l'immense majorité déplorant la décision britannique et appelant à la défense des intérêts européens, tandis que, avec le sens de la mesure qui le caractérise, Nigel Farage qualifie l'Union européenne de « mafia » et ses membres de « gangsters » voulant prendre le Royaume-Uni en « otage ». Chacun des membres de son groupe, et notamment les Britanniques, a placé sur son pupitre le drapeau de son pays, comme si la juxtaposition du drapeau national et du drapeau européen était une abomination. Le vote qui résulte de ce débat est sans appel : la résolution est adoptée par 516 voix pour, 133 contre et 50 abstentions.

Mardi 11 avril 2017 — Sherpas

Je rencontre ce matin les sherpas des 27 chefs d'État ou de gouvernement, en vue du Conseil européen du 29 avril qui devrait adopter les orientations qui constitueront ma feuille de route tout au long de la négociation.

Depuis des semaines, Sabine et une petite équipe de la *task force* travaillent dans la plus grande discrétion avec le secrétariat général du Conseil pour préparer les projets d'orientations qui seront présentés par le président Donald Tusk. Et aujourd'hui, les sherpas en discutent pour la première fois. J'en reconnais la plupart pour les avoir rencontrés un par un au cours des dernières semaines, à Bruxelles ou au fil de mon tour des capitales.

Je profite de cette réunion pour leur faire part de mon souhait de mener ces négociations de manière totalement transparente. Je sais les réticences de certains envers une telle approche sans précédent, mais je suis désormais convaincu qu'il s'agit de la meilleure façon de répondre aux attentes des citoyens et de contrer les risques de fuites.

L'accueil qui m'est réservé est chaleureux. Il me semble que nous sommes parvenus, au fil de nos efforts des derniers mois, à forger une unité plus forte qu'attendu.

Mercredi 12 avril 2017
— Tensions sur Gibraltar…

« Le diable est dans les détails. » En l'occurrence, il est à Gibraltar où personne n'avait réellement étudié de près les conséquences du Brexit. Or, Michael Howard, qui a appartenu à plusieurs gouvernements conservateurs, adopte sur Sky News ce matin un ton dramatique : « Il y a trente-cinq ans cette semaine, une autre femme Première ministre a envoyé l'armée à l'autre bout du monde pour défendre la liberté d'un autre petit groupe de Britanniques contre un autre pays hispanophone, et je suis absolument certain que notre Première ministre actuelle fera preuve de la même résolution. »

Le Brexit ravive les tensions autour de Gibraltar, ce territoire de six kilomètres carrés, britannique depuis le traité d'Utrecht en 1713, dont les 33 000 habitants ont voté à 96 % pour rester dans l'Union européenne.

Il s'agit bien sûr d'éviter le retour d'une frontière physique pour les 12 000 personnes qui circulent chaque jour entre l'Espagne et Gibraltar. Mais cette négociation constitue également un levier pour l'Espagne. Dans le débat public, certains voient dans le Brexit l'occasion de contester la souveraineté britannique sur le Rocher. D'autres s'en tiennent à vouloir régler certains contentieux vieux de quarante ans, notamment sur la gestion de l'aéroport de Gibraltar, et sur les contrôles douaniers sur ce territoire à la fiscalité très avantageuse…

Pour les 27, les choses sont claires : aucun accord entre l'Union européenne et le Royaume-Uni ne pourra s'appliquer à Gibraltar sans le feu vert de Madrid.

Mardi 18 avril 2017
— La surprise du chef…

Coup de théâtre à Londres ! Theresa May, de retour du week-end de Pâques, a décidé de convoquer des élections générales législatives anticipées, alors que son mandat court jusqu'en 2020. Elle fait ce pari dans l'espoir de renforcer la courte majorité (330 députés conservateurs sur 650) dont elle dispose. La date des élections est fixée au 8 juin. Son objectif est d'obtenir un mandat clair des électeurs pour assurer une sortie ordonnée de l'Union européenne.

Selon les projections, les conservateurs peuvent espérer une majorité confortable de plus de 50 sièges. Nous nous trouverions alors face à un gouvernement britannique disposant de marges de manœuvre accrues, mais aussi de plus de visibilité et de stabilité pendant cinq ans, ce qui serait objectivement utile pour notre négociation. Certains experts en sondages lui prédisent une majorité aux Communes d'au moins 130 sièges, le double de celle obtenue par Tony Blair en 2005.

Si elle réussit son pari, Theresa May « pourrait devenir le Premier ministre le plus puissant depuis la Seconde Guerre mondiale », écrit même le *Financial Times*.

Mais dans l'immédiat, les négociations, que nous espérions débuter, sont reportées d'au moins deux mois. Malgré cela, je sens chez les membres de la *task force* un engagement intact, et une détermination à mettre à profit ce nouveau délai pour bâtir avec les 27 des positions de négociation solides.

Mercredi 26 avril 2017
— Un dîner à Londres

Cet après-midi, nous embarquons avec Jean-Claude Juncker pour Londres, où nous attend un dîner de travail, avec Theresa May et son équipe. De notre côté, sont là Martin Selmayr, chef de cabinet du président de la Commission, et son adjointe Clara Martínez Alberola, mon adjointe, Sabine Weyand, et le conseiller diplomatique de Jean-Claude Juncker, Richard Szostak.

Côté britannique, je retrouve David Davis. Il n'a pas changé. Toujours le même *boyish smile* et le mot pour rire. Ce qui est clair, cependant, est que nous ne sommes pas sur la même ligne. Et aujourd'hui, il s'oppose frontalement à la stratégie de négociation que nous avons choisie, consistant à régler d'abord les conditions de la séparation avant d'envisager la suite. À la droite de Theresa May se trouve l'homme clef pour cette négociation, son sherpa, Olly Robbins, et l'ambassadeur Tim Barrow, représentant permanent du Royaume-Uni auprès de l'Union européenne.

Pendant le bref entretien que Jean-Claude Juncker aura avec Theresa May en privé, nous avons une conversation presque amicale avec David Davis. Il me rappelle qu'il est le seul ministre actuel à avoir, en tant que député, poursuivi devant les tribunaux

Theresa May quand elle était ministre de l'Intérieur, pour s'opposer aux projets gouvernementaux de surveillance d'Internet. Le cas a d'ailleurs fini par être tranché par la Cour de justice de l'Union européenne qui a donné raison à David Davis, en reconnaissant qu'un État membre ne peut forcer les entreprises d'Internet à conserver des e-mails sur une base générale et indiscriminée. Theresa May n'est donc pas rancunière, même si je pense qu'elle a de la mémoire…

C'est la première fois que je rencontre la Première ministre britannique. Cette femme très directe, convaincue de ce qu'elle dit, veut imposer son autorité, comme elle vient de le démontrer en provoquant des élections anticipées. Elle a une volonté de pouvoir, assez en tout cas pour vouloir négocier un Brexit en limitant la casse, alors qu'elle est convaincue que ce sera un événement négatif pour le Royaume-Uni. Elle me marque d'emblée par sa force, son élégance, mais aussi une certaine rigidité dans la silhouette et dans les attitudes. En la saluant, je ne peux pas m'empêcher de regarder ses chaussures. Cela fait maintenant des semaines que les femmes de mon équipe me parlent de ses escarpins aux motifs zèbre ou léopard.

Au début du dîner, pour ne pas aller droit au but, et casser la glace, j'évoque une passion commune, celle de la randonnée en montagne. Elle dans les Alpes suisses, et moi dans les Alpes françaises.

Autour d'un magret de canard, le contact est cordial et il me semble que le courant passe, que nous pourrons nous parler, y compris dans des moments où il faudra avoir confiance et être capables de trouver des compromis. Mais ce n'est qu'une première impression.

Sur le fond, Jean-Claude Juncker, qui joue la

franchise comme toujours, lui dira son inquiétude devant la distance qui sépare nos positions et celles de son gouvernement. Nous sommes à la veille d'une négociation qui n'a pas commencé. La distance est normale, légitime. Elle est cependant très grande.

Cette distance est particulièrement claire sur un des points que nous souhaitons régler en priorité dans cette négociation : celui des comptes qu'il faut solder, comme dans toute séparation. David Davis évoque autour de la table un rapport de la Chambre des lords qui indique que rien n'obligerait le Royaume-Uni à payer.

Pour tout dire, mon sentiment est que les Britanniques se parlent à eux-mêmes, comme ils l'ont fait dans la campagne du référendum, et qu'ils sous-estiment la complexité juridique de ce divorce et beaucoup de ses conséquences.

Une preuve de ce manque de réalisme a été apportée il y a trois jours à peine par David Davis lui-même. Dans une interview à la radio, il a affirmé que les agences européennes pour la supervision des banques et pour les médicaments basées à Londres pourraient éventuellement rester au Royaume-Uni après le Brexit et que ce serait un point à négocier avec les Européens. Il n'y a évidemment rien à négocier sur ce sujet. Le Royaume-Uni a choisi de quitter l'Union européenne et ces agences européennes vont quitter automatiquement son territoire.

Samedi 29 avril 2017 — Feu vert des 27 sur le cadre de la négociation

La vie politique de l'Union européenne est rythmée, chaque trimestre, par la réunion des chefs d'État ou de gouvernement réunis en Conseil européen. C'est l'ancien Premier ministre polonais,

Donald Tusk, qui préside ce Conseil. Jean-Claude Juncker, le président de la Commission européenne, en est membre, comme la haute représentante pour les affaires étrangères, Federica Mogherini.

Le Conseil européen qui se réunit aujourd'hui est décisif pour mon équipe et pour moi, puisqu'il s'apprête à adopter les orientations qui encadreront la négociation. Elles fixent les lignes rouges de la négociation et les objectifs politiques de l'Union. Elles ont été préparées au cours des derniers mois par le cabinet du président Tusk et la *task force* du Conseil chapeautée par le diplomate belge très compétent Didier Seeuws, en lien étroit et permanent avec mon équipe.

Ce travail porte enfin ses fruits : le texte proposé aux chefs d'État ou de gouvernement est adopté en quelques minutes, dans une rare démonstration d'unité. J'y vois le résultat de tous ces déplacements que nous avons effectués dans les capitales, de toutes ces rencontres pendant lesquelles nous avons affiné notre stratégie, précisé notre approche, enrichi son contenu.

Sur le fond, ces orientations formalisent les principes fondamentaux qui ont émergé depuis ma prise de fonction, au premier rang desquels figurent le maintien d'un équilibre entre droits et obligations, la préservation de l'intégrité du marché unique, l'indivisibilité des quatre libertés de circulation des personnes, des biens, des services et des capitaux, et l'autonomie décisionnelle de l'Union. Mais aussi le fait qu'un pays non membre de l'Union, qui n'a pas à respecter les mêmes obligations qu'un État membre, ne peut avoir les mêmes droits ni bénéficier des mêmes avantages qu'un État membre.

Les grandes lignes de notre méthode sont également rappelées : une négociation unique, menée dans la transparence et comme un tout avec des positions unifiées.

Les orientations sont ensuite très claires sur le séquençage de la négociation, qui sera organisée en deux étapes : une première consacrée à la définition des principes d'un retrait ordonné du Royaume-Uni ; une seconde au cours de laquelle seront précisés les détails du retrait et, en parallèle, le cadre — c'est-à-dire les contours, et non le contenu précis — de notre future relation avec le Royaume-Uni.

Les orientations adoptées aujourd'hui se concentrent donc sur les trois questions principales du retrait — citoyens, budget, frontières — en explicitant sur chacune d'elles nos positions, tout en restant peu disertes sur notre future relation.

À propos de celle-ci, il est indiqué qu'un accord de libre-échange ne saurait équivaloir à une participation à tout ou partie du marché unique, qu'il devrait « assurer des conditions équitables, notamment en matière de concurrence et d'aides d'État, et comprendre, à cet égard, des garanties contre des avantages compétitifs indus du fait, notamment, de mesures et de pratiques fiscales, sociales, environnementales et touchant à la réglementation ».

Ce sont ces lignes directrices que nous allons suivre scrupuleusement au cours des mois qui viennent, même si les Britanniques cherchent à nous en faire diverger.

Dimanche 30 avril 2017 — Fuites

Le dîner de jeudi avec Theresa May a été utile. Ce qui l'est moins, c'est que l'un des participants a cru bon de raconter dans le détail et de manière ironique ce dîner à un journaliste de la *Frankfurter Allgemeine Zeitung* (FAZ) qui évoque, sous le titre

« Le désastreux dîner du Brexit », « une collision de trains ». « Je quitte Downing Street dix fois plus sceptique qu'auparavant », aurait dit Juncker à May en partant, selon le FAZ. Beaucoup à Bruxelles ciblent Martin Selmayr, toujours soupçonné de tirer les fils dans l'ombre, même s'il s'en défend. Le résultat de cette fuite est en tout cas bien calculé : le *Financial Times* écrit que désormais « les couteaux sont tirés ».

Jean-Claude Juncker, à juste titre, est furieux de cette fuite qui le place en porte-à-faux vis-à-vis non seulement de la Première ministre britannique mais aussi des autres Premiers ministres européens qui peuvent désormais craindre que certaines conversations privées avec le président de la Commission se retrouvent dans la presse.

Mercredi 3 mai 2017
— Directives approuvées

Je présente ce matin au collège des commissaires la recommandation que prépare mon équipe depuis de longues semaines. Une fois adoptée par le collège, cette recommandation a vocation à être envoyée au Conseil pour devenir, s'il l'adopte à son tour, mon mandat en tant que négociateur.

Ce document, qui constituera ma feuille de route, découle en droite ligne des orientations du Conseil européen, dont il se borne à préciser la portée sur chaque sujet.

À l'issue du collège, je me rends en salle de presse. Les rangs sont bondés. Mon ton est grave. Je commence en déclarant que le référendum britannique a causé dix mois d'incertitude : « Nous devons lever cette incertitude. Il est temps de commencer les négociations. Plus tôt nous nous assiérons à une table, plus tôt nous trouverons un terrain d'entente avec le Royaume-Uni. Ce ne sera pas facile. Certains ont créé l'illusion que le Brexit n'aurait pas de conséquences et serait rapide. Ce n'est pas vrai. »

Vendredi 5 mai 2017
— Florence, Palazzo Vecchio

Hier soir, nous avons décollé de Bruxelles avec Jean-Claude Juncker pour rejoindre Florence, où se tient la conférence annuelle de l'Institut universitaire européen sur l'état de l'Union.

Dans le superbe *Salone dei Cinquecento* du Palazzo Vecchio, je suis invité à prononcer un discours sur la protection des droits des citoyens dans la négociation qui s'annonce.

Depuis le premier jour, je suis certain que ce sujet est celui qui retiendra, à juste titre, le plus l'attention des citoyens de part et d'autre de la Manche.

De fait, comme je le rappelle d'emblée, la libre circulation des personnes est à mes yeux l'une des plus grandes avancées que nous ayons accomplies. Elle est la preuve tangible de l'espace politique que nous avons créé. Des millions d'Européens en font chaque jour l'expérience, en se rendant dans un autre État membre, en y travaillant ou en y vivant parfois depuis des décennies.

Derrière les droits dont nous parlons, je pense chaque fois à toutes ces familles dont la vie sans l'Union européenne serait tout autre, ces familles composées de citoyens venus d'États membres différents, qui ont fait le choix de s'unir par-delà les nationalités et qui sont le visage de la citoyenneté européenne.

C'est en pensant à tous ces citoyens dont je reçois chaque jour tant de lettres que j'ai élaboré mon discours. Avec mon équipe, et notamment Stefaan

De Rynck et Marie Simonsen, chargés de ce sujet, nous avons fait le choix de recourir à de nombreux exemples, pour rappeler à tous que nous parlions de destins individuels et non de droits abstraits.

Ces droits, ce sont ceux dont jouissent aujourd'hui plus de trois millions de citoyens européens au Royaume-Uni et plus d'un million de citoyens britanniques au sein de l'Union européenne. Ils se posent légitimement des questions. Nous devons leur apporter des réponses.

Par exemple, qu'arrivera-t-il à un travailleur polonais employé au Royaume-Uni s'il perd son emploi ? Conservera-t-il le droit de toucher des allocations chômage du Royaume-Uni pendant quelques mois, même s'il retourne en Pologne pour chercher un emploi ? C'est ce que le droit européen prévoit aujourd'hui.

Que se passera-t-il si une photographe indépendante originaire d'Édimbourg et qui vit à Málaga, fait faillite ? Aura-t-elle toujours accès aux mêmes soins de santé, sous les mêmes conditions qu'un citoyen espagnol ? Si elle décide de retourner travailler dans son pays d'origine, pourra-t-elle demander que ses droits à la sécurité sociale acquis en Espagne soient pris en compte par le Royaume-Uni ?

L'accord de retrait doit fournir des réponses claires et affirmatives à ces questions.

Mon objectif est simple : permettre à tous ceux qui se sont établis au Royaume-Uni ou, pour les Britanniques, dans un État membre de l'Union, avant le retrait du Royaume-Uni, de continuer à bénéficier des droits dont ils bénéficient jusqu'à présent, pour toute la durée de leur vie.

Je sais que ce sera l'un des points les plus difficiles de la négociation. Car je sais combien la volonté de mettre fin à la liberté de circulation a joué un rôle dans le référendum britannique. Mais je sais aussi que nous trouverons une solution car les enjeux sont tels que nous ne pouvons pas échouer. Ce n'est ni dans notre intérêt, ni dans celui du Royaume-Uni.

Dimanche 7 mai 2017 *— Nouveau président de la République*

Avant les élections générales au Royaume-Uni, ce sont les Français qui se prononcent aujourd'hui, pour choisir leur président.

Même s'il n'appartient pas au parti gaulliste, pour lequel je me suis engagé en politique à l'âge de 14 ans, j'apporte ma voix, en ce second tour de l'élection présidentielle, à Emmanuel Macron, qui obtient un peu plus de 66 % des voix contre un peu moins de 34 % pour Marine Le Pen.

Après la défaite de Geert Wilders aux Pays-Bas en mars face à Mark Rutte, c'est un nouveau signe que les citoyens se reconnaissent davantage dans une vision positive et proeuropéenne que dans le discours des populistes. Peut-être y a-t-il d'ailleurs dans ces résultats un effet du Brexit, et aussi de l'élection de Donald Trump aux États-Unis. Le sentiment que, face à ces bouleversements, nous sommes plus forts ensemble, à 27.

Une chose est sûre : ce jeune président qui marche vers son destin au son de l'*Ode à la joie* suivra de très près la négociation avec le Royaume-Uni.

Jeudi 11 mai 2017 *— De Dublin à Dundalk*

Rencontre ce matin avec les responsables économiques et syndicaux de la République d'Irlande, pour un format d'échanges que j'organise désormais dans chaque capitale avec le patronat et les responsables socioprofessionnels et syndicaux.

Puis je me rends directement au Parlement irlandais, l'Oireachtas, pour un discours devant les deux chambres réunies. Privilège rare, puisque, avant moi, seuls John Kennedy, Bill Clinton, Ronald Reagan, Helmut Kohl, François Mitterrand et Tony Blair ont été invités à prononcer un discours dans les mêmes circonstances. Je n'en suis que plus humble. Mais cette invitation démontre clairement la gravité de la situation que crée le Brexit pour l'Irlande, et la sensibilité de ce débat pour les citoyens de ce pays.

L'ambiance est protocolaire, digne, simple. J'ai l'habitude des hémicycles, celui-ci est assez familial. Les deux *speakers*, côte à côte, sont au centre. Le gouvernement, et à sa tête le Premier ministre, qui porte en Irlande le nom de *Taoiseach*, mon ami Enda Kenny, est sur la droite. Derrière lui, les élus de son parti, le Fine Gael, en face, l'opposition, et en particulier le Fianna Fáil et les socialistes. Mon pupitre se trouve au centre. Derrière moi, à deux mètres, est assis Gerry Adams, président du Sinn Féin, devenu député irlandais en 2011.

Avec mon équipe, et notamment Nina Obermaier, chargée de la question irlandaise, et Dan Ferrie, notre jeune attaché de presse irlandais, nous avons pesé chaque mot de ce discours préparé par Matthieu Hébert, qui tient la plume.

Fonctionnaire européen français, Matthieu m'accompagne depuis 2011 et occupe avec talent le rôle de *speechwriter*. Souvent dans l'ombre, il façonne les messages que nous mettons ensuite en lumière pour expliquer les positions de l'Union et rendre compte de la négociation. J'ai confiance en lui et ainsi, il fait partie de la toute petite équipe avec laquelle nous parlons de politique et de stratégie.

Ensemble, nous avons choisi cette tribune exceptionnelle pour expliquer ce que veut dire être membre de l'Union européenne, en décrire quelques-uns des progrès et des avantages pour la vie quotidienne des citoyens, des consommateurs, des entreprises, et par effet de miroir, dire ce que l'on perd quand on quitte l'Union européenne.

Naturellement, dans ce discours je veux rassurer les Irlandais sur la stabilité de leur île, le maintien du dialogue avec l'Irlande du Nord, ce dialogue si fragile entre catholiques et protestants, depuis la tragédie des violences qui ont pris fin il y a à peine vingt ans.

En 2000, nouveau commissaire européen chargé des politiques régionales de l'Union, j'héritai dans mon portefeuille de la gestion d'un petit programme pour l'Irlande du Nord, PEACE, et beaucoup de mes premiers interlocuteurs souhaitaient que ce programme fût développé. Je me rendis alors à Belfast et j'eus la chance de rencontrer tour à tour les deux Irlandais devenus prix Nobel pour leur action personnelle en faveur de la paix : le catholique John Hume, alors député européen, et le protestant David Trimble. Et tous les deux, dans deux moments et deux endroits différents de la même journée, me dirent la même chose, avec les mêmes mots : « Ce qui nous a conduits autour de la table, ce n'est pas Londres, ce n'est pas Belfast, ce n'est pas Dublin, c'est Bruxelles et le programme PEACE. » Voilà comment nous avons soutenu et développé ce programme qui accompagne le dialogue et les échanges entre les deux communautés.

Évidemment, alors que la négociation n'a pas commencé, jamais je ne prendrais la responsabilité de fragiliser ce processus de paix et ce qu'on appelle en Irlande le *Good Friday Agreement*. Il faudra donc trouver des solutions pour préserver la liberté de circulation des personnes en Irlande, et permettre aussi celle des marchandises, tout en trouvant les moyens de contrôler les flux commerciaux physiques qui entreront dans le marché unique, et tout cela sans reconstruire de frontière dure. À mes interlocuteurs en Irlande, je rappelle ce qu'ils savent bien : nous aurons besoin de la coopération des autorités britanniques pour le contrôle des marchandises.

Le lendemain, j'ai choisi de passer un long moment sur la frontière elle-même, accompagné de Phil Hogan, « Big Phil » comme les Irlandais l'appellent, commissaire européen chargé de l'agriculture, et de Mairead McGuinness, très respectée vice-présidente du Parlement européen.

Sur une route modeste, dans le comté de Monaghan, ce qui sépare la République d'Irlande du Royaume-Uni et de l'Ulster est simplement la ligne jaune au milieu de la route. On voit bien là, mieux qu'ailleurs, que l'Union européenne, depuis qu'elle existe, a supprimé les frontières en son sein, construit des ponts et qu'elle a contribué à détruire des murs et des barrières. C'est cela qu'il faut, d'une manière ou d'une autre, préserver en Irlande.

Bien sûr, je me suis promis dans cette négociation de ne pas donner prise aux polémiques et aux attaques venant des tabloïds britanniques, de faire attention aux mots que j'utilise, de m'attacher aux faits, aux chiffres, aux bases légales, bref, de ne laisser que peu de place à l'émotion et aux sentiments, au bénéfice de l'objectivité. Mais là, en Irlande, où j'ai en mémoire les pages terribles du livre de Sorj Chalandon *Retour à Killybegs*, il est difficile de ne pas être touché par la sensibilité, l'émotion de ceux qui s'expriment, les souvenirs qui me rappellent cette tragédie.

Lundi 22 mai 2017 — Mandat officiel

Voilà une nouvelle journée a priori importante et même un peu historique pour toute mon équipe. Six mois après ma prise de fonction, le 1er octobre, le conseil « affaires générales », qui réunit les ministres des Affaires étrangères des 27, confirme officiellement, dans une belle unanimité, ma mission et mon mandat. Mais paradoxalement c'est une journée calme, comme les autres.

Ce mandat est pour moi la preuve, s'il en fallait, de l'importance d'un travail d'équipe et en confiance entre les institutions. Dans le cadre du dialogue avec le Conseil, mais aussi avec le Parlement européen, il a été amélioré et renforcé sur plusieurs points. Sur le règlement financier, par exemple, alors que notre projet, préparé avec la direction générale du Budget de la Commission européenne, consistait en une approche comptable jusqu'à la date de retrait, le Conseil a finalement retenu une approche plus politique fondée sur l'application de toute la programmation financière 2014-2020.

Comme je le dis à mon équipe, personne n'a la science infuse. Réussir le Brexit, c'est aussi une question de méthode où chaque maillon de la chaîne comptera.

Mercredi 24 mai 2017
— La bataille des drapeaux

La *task force* est aujourd'hui bien installée au cinquième étage du Berlaymont. L'espace est néanmoins limité et les membres de l'équipe ont dû accepter pour beaucoup de partager un open space. Nous sommes protégés par une porte vitrée qui ne s'ouvre qu'avec un badge spécial et l'empreinte digitale de chaque membre de l'équipe. À toutes fins utiles...

C'est là que bourdonne cette ruche qu'est la *task force* avec ses soixante collaboratrices et collaborateurs provenant de seize pays de l'Union, et de Norvège pour l'exception Georg Riekeles. L'équipe est plutôt jeune, et cela permet de faire une bonne moyenne avec l'âge du capitaine ! Ce sont des fonctionnaires européens pour la plupart, extrêmement motivés et compétents. Et nous sommes parvenus avec Sabine et Stéphanie à créer entre tous cette « morale de l'action », ce jeu collectif qui produit tant d'efficacité. Dans cette équipe, tout le monde parle à tout le monde et les échanges se font souvent au milieu des couloirs. Cette *task force* développe une forte capacité de réactivité et d'anticipation, clef essentielle dans cette négociation.

Symboliquement, et pour donner un peu de couleur aux murs blanc-gris ou gris-blanc, j'ai demandé aux services techniques de nous fournir vingt-huit drapeaux nationaux pour accueillir les nombreux visiteurs des États membres qui viennent chaque jour, y compris les Britanniques. La réponse a été sèche et immédiate, confirmée par le service du protocole : « Il n'en est pas question. Au Berlaymont, les seuls drapeaux sont ceux de l'Union européenne. » J'ignorais cette loi d'airain. Mais je persiste néanmoins dans ma demande. Je dois à la compréhension de Jean-Claude Juncker d'avoir arbitré dans mon sens et désormais, le couloir principal de la *task force* est à l'image de toutes les couleurs de l'Union européenne avec ses vingt-huit drapeaux. L'Union Jack est devant mon bureau. L'Europe unie, pas uniforme.

Lundi 29 mai 2017 — Malte

Retour à Malte, où se tient la Conférence des organes spécialisés dans les affaires communautaires (COSAC), qui réunit des représentants des 28 Parlements nationaux de l'Union européenne. C'est l'occasion d'insister sur la transparence sans précédent que nous avons voulue pour cette négociation, qui doit permettre aux Parlements nationaux, et parfois régionaux, de participer activement au débat démocratique suscité par cette négociation.

Nous retrouvons ensuite le Premier ministre Joseph Muscat, dont le pays assure depuis janvier la présidence de l'Union européenne. À ce titre, il a joué un rôle important dans l'adoption rapide et unanime par les 27 du mandat qui sera ma feuille de route dans cette négociation.

Malte a des liens anciens avec le Royaume-Uni, qui lui ont inspiré son système juridique de *common law* et la structure de sa fonction publique. Elle est aussi très liée au Royaume-Uni du point de vue économique, en particulier dans les secteurs du tourisme — environ 25 % des touristes qui visitent l'île sont britanniques — et des services financiers. Enfin, beaucoup d'étudiants maltais se forment au Royaume-Uni, et ils sont inquiets pour la reconnaissance de leurs diplômes.

Pas étonnant dans ces conditions que les représentants des entreprises plaident pour un Brexit le plus en douceur possible.

Mardi 30 mai 2017 — 759 accords…

Le *Financial Times* de ce jour a fait les comptes. En quittant l'Union, le Royaume-Uni sortira automatiquement de 759 accords différents signés par l'Union européenne, au nom des États membres, avec 168 pays, et que Londres devra renégocier s'il veut en conserver le bénéfice.

Parmi ces accords, 295 concernent le commerce, 69 la pêche, 65 les transports, 49 les sujets douaniers et 45 les questions nucléaires.

Comme le souligne dans son article le journaliste Paul McClean, cela fera beaucoup de négociations à mener de front avec très peu de négociateurs expérimentés. Sur ces sujets de compétence européenne, cela fait en effet des années que les spécialistes travaillent à Bruxelles, et négocient avec nos partenaires internationaux au nom d'une Union de 500 millions d'habitants... Londres devra tout réapprendre.

Dimanche 11 juin 2017 — Pari perdu...

La stratégie de Theresa May a été déjouée. Elle avait convoqué des élections générales pour conforter sa majorité et renforcer sa position dans la négociation du Brexit. C'est tout l'inverse qui s'est produit. Au lieu de gagner une cinquantaine, voire une centaine de sièges supplémentaires, son objectif, le Parti conservateur en perd treize. Le Parti travailliste en gagne trente et réalise son meilleur score depuis 2001. Les libéraux-démocrates progressent. Le UKIP est éliminé et il n'y a plus de majorité claire à la Chambre des communes. C'est un véritable choc politique à Londres. Certains commentateurs, dont le *Financial Times*, expliquent que c'est une « revanche des jeunes et des anti-Brexit ».

Quarante-huit heures plus tard, Theresa May annonce un accord avec une dizaine de députés du DUP, le parti unioniste d'Irlande du Nord, pour atteindre une majorité absolue à la chambre. Le DUP a été créé en 1971 et a été dirigé pendant près de quarante ans par Ian Paisley, leader unioniste bien connu. C'est désormais Arlene Foster, qui fut brièvement Première ministre d'Irlande du Nord, qui tient la barre. La position des unionistes est claire pour tout le monde : ils s'opposent à tout ce qui pourrait éloigner l'Irlande du Nord du Royaume-Uni. Quel prix devra payer Theresa May dans cette alliance ? Et quelles conséquences pour la négociation elle-même sur la question si sensible de la frontière entre l'Irlande du Nord et la République d'Irlande ?

Je lis sur Twitter que l'on se réjouirait à Bruxelles de l'affaiblissement de Theresa May, que je m'apprêterais à prendre quatre semaines de vacances et que j'offrirais le champagne à toute mon équipe. Franchement, je préfère garder le champagne au frais pour une autre occasion. Nous avons besoin pour mener et réussir cette négociation d'un partenaire stable et qui sait ce qu'il veut.

Lundi 12 juin 2017 — Talks on the talks

Je retrouve aujourd'hui Olly Robbins. Il est accompagné de son adjointe, Kay Withers, et de l'ambassadeur britannique à Bruxelles, Tim Barrow. Pour la première fois, nous détaillons ce que doivent être les cycles de la négociation. Nous voulons séquencer cette négociation en commençant par régler, au moins sur les principes, les points pour lesquels la décision britannique de quitter l'Union provoque la plus grande incertitude : les droits des citoyens, le règlement financier et la question des frontières, notamment en Irlande.

Il n'est pas clair du côté britannique si la délégation sera toujours conduite par un politique ou le plus souvent, pour les réunions elles-mêmes, par Olly Robbins qui se qualifie à tort de bureaucrate. En réalité, il connaît par cœur les arcanes de la politique britannique, pour avoir travaillé auprès de Tony Blair, de Gordon Brown et de David Cameron, qu'il conseillait sur les questions de sécurité. Olly Robbins est de la trempe des grands hauts fonctionnaires britanniques. Il y en a beaucoup. La plupart issus d'Oxford ou de Cambridge d'ailleurs. Mais peu avec une connaissance si poussée des enjeux de la sécurité intérieure et du renseignement. Il a l'assurance que lui donne sans doute sa haute taille, mais pas seulement. Au détour de plusieurs conversations, je comprends qu'il mesure mieux que d'autres les conséquences du Brexit et qu'il cherche à en limiter les effets négatifs.

De notre côté, nous sommes prêts à négocier mais nous voulons qu'il y ait un début officiel et public de cette négociation et nous voulons rendre compte de chaque round à la presse. Cette méthode heurte les habitudes et les traditions à Londres. Elle n'est pas si fréquente non plus à Bruxelles. Mais j'y tiens beaucoup. Je préfère la transparence aux fuites. Tous les documents relatifs à la négociation seront postés sur le site Internet de la Commission, ce qui est une première. C'est essentiel pour créer la confiance avec les États membres et montrer que je ne privilégie personne, ni aucun pays.

Au total, c'est une bonne discussion qui fixe aussi, dans le principe, que nous négocierons à Bruxelles dans les locaux de la Commission et pour les rounds officiels, en utilisant le français ou l'anglais. Je n'exclus pas, dis-je en réponse à Olly Robbins, de me rendre à Londres aussi de temps en temps pour faire avancer la négociation.

Dimanche 18 juin 2017
— Un grand bol d'air

Un grand bol d'air montagnard avant d'entamer le long chemin des négociations. Dès que l'actualité m'en donne le prétexte, je reviens en Savoie. Cette journée du 18 juin est magnifique. Le prétexte est celui du second tour des élections législatives françaises et rien ne peut m'empêcher d'aller gravir la montagne. Comme cela est devenu une tradition, je pars ce dimanche matin vers le lac du Lou, puis le lac de Pierre-Blanche, dans la vallée des Belleville. Il fait frais, il fait beau, les fleurs sont innombrables et les cris des marmottes aussi. Je viens puiser chez moi, dans mon pays, l'énergie et la force qu'exigent les grandes randonnées.

Lundi 19 juin 2017
— La première séance… enfin !

La grande marche commence ce lundi matin avec l'ouverture officielle de la négociation. Enfin ! Cela fait maintenant presque un an que 52 % des citoyens britanniques ont décidé que leur pays devait quitter l'Union européenne. Cela fait maintenant trois mois que Theresa May nous a confirmé cette décision en actionnant le fameux article 50. Il est vraiment temps que la négociation commence.

Après l'accueil protocolaire et une franche poignée de main avec David Davis devant les caméras, nous nous retrouvons au septième étage du Berlaymont, dans une salle un peu sombre. Les volets ont été baissés car, juste de l'autre côté de la rue, se trouve le bâtiment qui héberge la plupart des agences de presse. Je veux bien pratiquer la transparence mais sans doute pas au point de laisser les portes et les fenêtres ouvertes sur ces premiers moments de négociation !

Nous confirmons notre accord sur le calendrier des négociations, au rythme d'une semaine par mois, sur l'organisation de trois groupes de travail consacrés aux droits des citoyens, au règlement financier, à beaucoup d'autres questions liées à la séparation : Euratom, la gouvernance, la situation des biens mis sur le marché européen avant le Brexit. Nous décidons de confier à nos deux principaux collaborateurs, Sabine et Olly Robbins, la tâche de mener un dialogue politique sur le dossier singulier de l'Irlande. *De facto*, les Britanniques, qui voulaient absolument débuter aujourd'hui cette négociation, sont conduits à en accepter le séquençage. Comme les chefs d'État, les ministres, le Parlement européen l'ont demandé, nous devons d'abord régler les questions de la séparation avant de parler de notre relation future.

À 12 h 30, nous nous retrouvons David Davis et moi dans mon bureau. Il me remet un livre très émouvant, *Regards vers l'Annapurna*, qui illustre avec de belles photos l'aventure de Maurice Herzog et de Louis Lachenal. C'est une attention personnelle qui me touche même si cette conquête en 1950 ne s'est pas bien terminée… De mon côté, puisque David Davis aime aussi la montagne, et même l'escalade, je lui offre un bâton de randonnée acheté la veille à Saint-Martin-de-Belleville, sur lequel est gravé un bel edelweiss.

Au déjeuner, Jean-Claude Juncker vient nous saluer. C'est là encore un signe de sa confiance, la preuve s'il en était besoin que la Commission européenne marche du même pas. Au cours de ce déjeuner, je pose à David Davis, à dessein, cette question : « Peux-tu me confirmer que le Royaume-Uni veut quitter l'Union européenne et veut quitter aussi le marché unique et l'union douanière ? » À cette triple question, sa réponse est un « oui » clair et net. Au-delà de son souci de tenir les engagements du référendum, a-t-il bien conscience de toutes les conséquences de ce triple retrait ?

Autre question : dispose-t-il vraiment d'un mandat clair pour mettre en œuvre cette forme de « *hard Brexit* » ? Si j'en juge par le débat politique au Royaume-Uni, y compris à l'intérieur du gouvernement, entre Philip Hammond et Boris Johnson, je ne le crois pas. Mais aujourd'hui, c'est le choix qu'ils font. Nous allons donc le mettre en œuvre, même si certains plaident pour que la porte reste ouverte à un retour du Royaume-Uni sur sa décision. C'est ce que viennent de dire le nouveau président français, Emmanuel Macron, mais aussi Sigmar Gabriel, vice-chancelier allemand, et encore Wolfgang Schäuble, le ministre fédéral allemand des Finances.

Dans l'après-midi, les groupes de travail se mettent en place et nous nous retrouverons pour une vraie première semaine de négociations le 17 juillet.

Au moment d'aller rendre compte à la presse, je trouve David Davis un peu bougon, dans un coin. Il me dit qu'un passage du texte que je compte prononcer devant la presse, et que je lui ai transmis par courtoisie, lui pose problème. Il est d'accord sur le séquençage, mais il me demande de ne pas utiliser ce mot. J'évoquerai donc, puisque c'est une question de forme, une négociation par étapes, « *step by step* », et je préciserai bien que nous n'irons pas à la deuxième étape sans avoir trouvé un accord sur la première...

Avec mon équipe, nous avons longtemps discuté de ces conférences de presse conjointes, qui nous paraissent être le meilleur moyen d'ancrer les avancées que nous devons effectuer lors de chaque session. Elles nous semblent bien plus efficaces que de laborieux communiqués, dont l'élaboration absorberait à elle seule toute notre énergie pour un résultat probablement fort mince. Je doute toutefois que nos partenaires britanniques en acceptent le principe sur la durée…

Dans la salle de presse de la Commission, les journalistes sont très nombreux. Dehors, sur l'esplanade, toutes les chaînes de télévision britanniques se préparent à des directs.

Je veux leur adresser un message positif en qualifiant cette session d'« importante » et d'« utile », tout en rappelant les grands principes qui sous-tendent la position de l'Union et en insistant, une fois encore, sur le fait que notre souhait est d'aboutir à un accord et que le scénario d'un *no deal* n'est pas le nôtre.

Un journaliste du *Daily Telegraph* me demande avec une certaine véhémence s'il m'arrivera de faire des concessions lors de cette négociation. Comment me poser une telle question et espérer une quelconque réponse alors que la négociation n'a pas commencé réellement ? Sur le même ton, je réponds que c'est le Royaume-Uni qui quitte l'Union européenne, pas le contraire. Un autre journaliste me demande brutalement si je pense avoir toujours David Davis comme interlocuteur dans quelques semaines. Au fond, je n'en suis pas sûr mais je réponds tout à fait sereinement que je négocie aujourd'hui avec David Davis parce qu'il est le représentant du gouvernement britannique et que le gouvernement du Royaume-Uni restera mon interlocuteur.

Jeudi 22 juin 2017
— Conversation d'après-dîner

Comme Donald Tusk l'a décidé, et avec l'accord de Jean-Claude Juncker, je suis invité à rejoindre les chefs d'État ou de gouvernement qui sont réunis à Bruxelles depuis 17 heures, à la fin de leur dîner. La chorégraphie est très précisément réglée, peut-être un peu raide. Ils sont 28 autour de la table, discutent durant ce dîner de la Turquie, de la Russie. Il est prévu que Theresa May prenne la parole pour expliquer la situation politique à Londres au lendemain de son semi-échec aux élections générales, qu'elle évoque évidemment le Brexit et présente ses prochaines propositions sur les droits des citoyens.

Theresa May aura ainsi fait plusieurs tentatives pour ouvrir une forme de négociation directe avec ses collègues du Conseil européen. Elle sait que c'est impossible, qu'il y aura désormais une seule ligne de négociation — qui m'a été confiée — et donc, ce soir-là, après son exposé, aucun des 27 autres chefs d'État ou de gouvernement n'intervient et Donald Tusk provoque une suspension de séance pour lui permettre de quitter le dîner...

C'est à ce moment-là que je suis invité à rejoindre la table. À l'invitation de Donald Tusk, je résume en quelques mots la première journée de négociation. Mon message est simple : il n'y a pour l'instant aucun progrès sur le fond. Or, *the clock is ticking* ; il faudra, au prochain round de négociation, en juillet, provoquer un « moment de vérité », notamment sur le dossier du budget.

Les Britanniques ont clairement comme stratégie de pousser le sujet des citoyens et celui de l'Irlande pour laisser dans l'ombre la question financière et, comme me l'a dit le ministre des Affaires européennes d'Irlande Dara Murphy, acheter « à la carte » des morceaux du marché intérieur avec une dette du passé. Cette stratégie, pour être habile, est à mes yeux explosive. Il faut dédramatiser cette question financière, solder le plus vite possible les comptes de manière objective, sur des bases légales incontestables, pour passer à autre chose.

Autour de la table, la discussion sera finalement intense. Jean-Claude Juncker rappelle qu'il faut de bout en bout préserver une seule ligne de négociation et éviter des discussions parallèles mais aussi des prises de parole désordonnées. Emmanuel Macron s'inquiète de la relation future avec le Royaume-Uni et souhaite ouvrir assez tôt une discussion avec ses collègues sur ce sujet. Une telle réunion est nécessaire. Je vais la préparer. Mais elle ne peut pas remettre en cause le séquençage de la négociation. Nous devons en fin d'année pouvoir constater un « progrès suffisant » sur la première étape, celle de la séparation, sans doute l'étape la plus désagréable, avant d'ouvrir le débat sur nos futures relations avec le Royaume-Uni.

Vendredi 23 juin 2017 — Europe is back

« *Europe is back.* » Tel est en trois mots le constat que dressent l'ensemble des commentateurs au lendemain du Conseil européen. Qui eût imaginé un tel son de cloche il y a quelques mois…

Les médias ne cessent de faire l'éloge de l'unité des Européens, de la relance du couple franco-allemand, de « l'effet Macron » ! À la fin de l'année dernière, il n'était question que de retour du populisme, de délitement de la construction européenne à la suite du retrait britannique…

Aujourd'hui, avec François Arbault, chargé du pôle marché intérieur au sein de mon équipe, je m'accorde une respiration en visitant le salon du Bourget. François est un autre fidèle, ancien de mon cabinet de commissaire, et je suis content de faire enfin ce déplacement avec lui, qui s'intéresse comme moi à l'espace et à la défense. J'ai souvent eu l'occasion de mesurer sa solidité et son grand sens du service public européen.

Depuis toujours, je pense que la politique spatiale européenne est la plus belle preuve de ce que l'on peut faire ensemble et de ce que l'on ne peut plus faire seul. Pourquoi n'explique-t-on pas mieux à quel point cette politique européenne a des conséquences majeures dans la vie quotidienne des entreprises et des citoyens ? Le programme Galileo, porté à bout de bras au tout début par ma regrettée collègue et amie Loyola de Palacio, au sein de la Commission Prodi, permet aujourd'hui, grâce aux satellites européens, de ne plus dépendre des Américains pour les services de géolocalisation, de navigation et de mesure du temps.

Mardi 27 juin 2017 — David Davis calling

David Davis souhaite me parler au téléphone. Sans doute pour obtenir mes réactions sur un document publié il y a deux jours par le gouvernement britannique pour énoncer sa position sur les droits des citoyens. Il y a dans ce texte des éléments utiles et importants mais il n'est clairement pas à la hauteur de ce que souhaitent les 27, ni même les citoyens de toute l'Europe sur la réciprocité des droits, leur extension aux familles des citoyens concernés et surtout la sécurité durable de ces droits que les

Britanniques veulent garantir seulement dans le cadre de la loi britannique.

Il me demande comment je vois les choses sur le dossier irlandais, évite toute allusion au troisième grand dossier de cette négociation, les finances.

À deux reprises, j'insiste sur l'exigence qui est la nôtre, pour réussir cette négociation, d'avancer en parallèle sur les trois dossiers et pas seulement sur deux d'entre eux : « Je suis préoccupé, David, très préoccupé. Si nous n'enregistrons pas des progrès sur le dossier financier et si vous ne commencez pas la discussion sur le fond avec nous dès juillet, le risque est que je ne sois pas en mesure, en octobre, de constater des progrès suffisants.

— J'entends bien ce que tu dis », me répond-il, sans s'engager davantage.

Samedi 1er juillet 2017
— Hommage à Helmut Kohl

Emmanuel Macron m'a proposé de l'accompagner à Strasbourg pour l'hommage qui doit être rendu, dans l'hémicycle même du Parlement européen, à Helmut Kohl.

Il y a là dans l'avion Nicolas Sarkozy, Hubert Védrine, Élisabeth Guigou, Sylvie Goulard, qui vient tout juste de quitter, après trois semaines, le ministère de la Défense. Jacques Attali et l'éminent historien, spécialiste de l'Allemagne, le professeur Alfred Grosser sont aussi du voyage.

À Strasbourg, avant que la cérémonie ne commence, je vais saluer Theresa May, un peu solitaire. Elle m'accueille très cordialement d'un « *Hello Michel !* ». Je lui redis mon souci d'arriver à un accord avec elle, malgré la contrainte du temps qui passe et l'inconfort de sa situation politique à Londres.

La cérémonie est émouvante. Jean-Claude Juncker, qui est personnellement affecté par la disparition de son ami Helmut Kohl, lui rend un hommage juste et chaleureux. Bill Clinton sera lui aussi sincère et touchant. Emmanuel Macron, qui n'a sans doute pas connu Helmut Kohl, insiste sur les leçons qu'il faut tirer, pour l'avenir, des engagements du chancelier allemand. À mots voilés, il critique Bruxelles, l'excès de bureaucratie, l'éloignement des citoyens et il a cette belle formule : « Quel édifice ne perd pas son sens, et même sa beauté, s'il n'est plus habité ? »

Helmut Kohl, que j'ai rencontré plusieurs fois comme ministre et comme commissaire, et qui m'avait accordé plusieurs entretiens avec bienveillance, aura été un des rares chefs d'État ou de gouvernement de l'Union à toujours parler de l'Europe de manière humaine et avec son âme.

Jean-Claude Juncker a rappelé d'ailleurs avoir vu pleurer Helmut Kohl le 14 décembre 1997, jour où a été conclu le traité d'adhésion des dix pays d'Europe centrale, orientale et baltique, consacrant ainsi la « réunification » du continent européen. Je me souviens de mon côté de l'enthousiasme avec lequel Helmut Kohl évoquait une visite à Prague au moment de cette réunification et la joie communicative de la jeunesse tchèque dansant sur le pont Charles.

Au fil des discours, je glane quelques belles formules : « Il voulait une Allemagne européenne et non pas une Europe allemande », « il pensait qu'en Europe, la domination ne doit jamais l'emporter sur la coopération », « avec l'Europe, nous participons à quelque chose de plus grand que nous ». Je ne peux m'empêcher durant ces discours de jeter un regard régulier à Theresa May, qui doit se sentir bien isolée dans ce concert européen, en particulier lorsque

Bill Clinton explique les raisons pour les Européens d'être unis.

En concluant les interventions, Angela Merkel dit qu'Helmut Kohl « a changé la vie de millions d'hommes et de femmes », dont la sienne, au moment de la réunification allemande et de la chute du mur de Berlin.

Il restera cette formidable image d'Helmut Kohl et de François Mitterrand se tenant par la main à Verdun. Dans mon bureau au Quai d'Orsay, j'avais fait placer cette photo sur une table, à côté de celle, que j'ai toujours au Berlaymont, du général de Gaulle accueillant avec un respect infini le chancelier Adenauer sur le perron de l'Élysée en 1963. Et puis aussi celle de Jacques Chirac embrassant Gerhard Schröder en 2004, sur une plage du débarquement en Normandie.

Au retour, dans le Falcon du président de la République, Emmanuel Macron me propose de prendre place dans le carré, où se trouvent en face de lui Nicolas Sarkozy et à ses côtés Hubert Védrine.

Avec son assurance habituelle, Nicolas Sarkozy encourage le nouveau chef de l'État à se libérer des frilosités et du conservatisme du Quai d'Orsay et de Bercy : « On ne retiendra de votre mandat que ce que vous aurez imposé par vous-même à tous ces gens-là. »

Lundi 3 juillet 2017
— Pêche en eaux troubles

Beaucoup de bruit pour rien, ou mauvais présage à l'horizon ?

Le gouvernement britannique annonce avec fracas que le Royaume-Uni va quitter la convention de Londres sur la pêche de 1964 afin de reprendre le contrôle de ses eaux territoriales.

Dans l'immédiat, cela ne change rien. Au sein de l'Union européenne, les règles de non-discrimination permettent à tous les pêcheurs et à tous les navires battant pavillon d'un État membre de pêcher, dans les eaux, y compris territoriales, des autres États membres. La convention de Londres, que le Royaume-Uni entend quitter, est donc *de facto* en sommeil.

Mais évidemment, cela annonce aussi la couleur des positions britanniques à venir.

Mercredi 5 juillet 2017
— Hommage à Simone Veil

Le flot des témoignages et des articles qui accompagnent la disparition de Simone Veil est tellement justifié. Elle aussi, pour reprendre les mots d'Angela Merkel à propos d'Helmut Kohl, a changé la vie de millions de femmes.

Dans tous ses combats, elle aura été forte et magnifique. Aujourd'hui, devant son cercueil recouvert d'un drapeau tricolore, au milieu de la cour des Invalides, je n'oublie aucun des moments précieux passés avec elle.

En mars 1978, c'est elle qui vient spécialement à Ugine pour présider mon dernier grand meeting dans l'élection législative, à quatre jours du premier tour. Elle est alors ministre de la Santé et vient de faire voter, avec beaucoup de courage, la loi dépénalisant l'IVG. Il y a mille personnes dans la salle. Les syndicats hospitaliers sont mobilisés pour l'« accueillir ». Elle tient tête, elle fait front, elle convainc. Je suis sûr de lui devoir ce jour-là en partie mon élection, à 27 ans, comme député de la Savoie.

Jean d'Ormesson, que j'écoute à la radio, dit d'elle : elle était « au-dessus »… Tous ces hommages rappellent un point que j'avais oublié : c'est à 18 ans, à peine revenue de Birkenau, définitivement touchée par le décès dans ce camp de sa chère mère, qu'elle s'engagera pour la réconciliation des Français et des Allemands et pour rendre désormais impossibles ces guerres sur le sol européen dont Victor Hugo avait dit qu'elles étaient des « guerres civiles ».

Emmanuel Macron trouve les mots justes et conclut simplement son hommage : « J'ai décidé, en accord avec sa famille, que Simone Veil reposerait avec son époux au Panthéon. »

Jeudi 6 juillet 2017 — Zeebrugge

Journée intense. Je réponds ce matin à l'invitation du leader syndical grec Georges Dassis qui préside le Comité économique et social européen. C'est un homme chaleureux, clairement à gauche, passionnément européen. J'ai depuis longtemps noué avec lui une relation confiante et j'ai choisi sa tribune pour exprimer clairement un certain nombre de conditions et de conséquences du Brexit.

La salle est archicomble, et j'utilise ce forum pour alerter les acteurs économiques et sociaux sur la nécessité de se préparer. Quelle que soit l'issue des négociations, la sortie du Royaume-Uni signifie qu'il y aura des changements. Le Royaume-Uni a choisi de sortir de l'union douanière et des règles du marché unique dont seule la combinaison permet un commerce des marchandises « sans friction » entre nos États.

Le marché intérieur sans l'union douanière — c'est-à-dire le régime de l'Espace économique européen pour la Norvège, l'Islande et le Liechtenstein — implique quand même un régime de procédures et contrôles douaniers, entre autres pour vérifier la bonne application des règles d'origine préférentielle.

Et dans l'autre sens, un accord d'union douanière sans le marché intérieur — comme c'est le cas de la Turquie — ne permet pas non plus la libre circulation des biens puisqu'il implique aussi un régime de procédures et contrôles douaniers, y compris pour vérifier la conformité aux standards européens.

Naturellement, les conséquences de la sortie du Royaume-Uni pour les acteurs économiques et sociaux seraient bien pires en cas de *no deal*. Nous ne sommes pas dans une négociation classique, où le *no deal* reviendrait au statu quo. Dans le cas du Brexit, le *no deal* serait un retour à un passé lointain, et ferait reposer notre relation commerciale avec le Royaume-Uni sur le régime de l'Organisation mondiale du commerce, avec par exemple des droits de douane de près de 10 % sur les importations de véhicules automobiles.

Même si sortir de l'union douanière impliquerait de toute façon des formalités aux frontières, le *no deal* se traduirait par des procédures et des contrôles très lourds, sans aucune facilité, ce qui serait particulièrement dommageable pour les entreprises dotées d'une organisation « *just in time* ». Pour un équipementier sportif ou un fabricant de pièces industrielles basé au Royaume-Uni, dont la production est aujourd'hui immédiatement acheminée vers le marché unique, cela signifierait, très concrètement, la nécessité de garder les produits en stock pendant trois ou quatre jours au lieu de quelques heures, mais aussi d'investir dans la location d'entrepôts, et de subir des frais de transport en augmentation, avec un risque logistique accru.

En réalité, le *no deal* aggraverait la situation « perdant-perdant » qui résulte nécessairement du Brexit. Et le Royaume-Uni aurait encore plus à perdre que ses partenaires. Dès lors, je dis clairement ce matin qu'il n'y aurait à mes yeux aucune justification raisonnable pour le scénario du *no deal*.

Après cette intervention, plus de trente participants m'interrogent. Et, comme j'en ai l'habitude, je m'attache à répondre à chacun d'entre eux.

Ce Comité économique et social est en fait le premier lieu du débat public avec la société civile européenne. Je veux absolument que nous conduisions ce débat public sur le Brexit plutôt que de le subir et je continuerai, dans chacune de mes visites dans les capitales, à relayer ce même débat et à l'encourager.

Je veux aussi donner une dimension plus humaine, plus concrète à cette négociation. Voilà pourquoi je me rends dans l'après-midi à Zeebrugge, à l'invitation de Geert Bourgeois, ministre-président de la région de Flandre, comme je suis allé il y a quelques semaines sur le terrain à la « frontière » entre la République d'Irlande et le Royaume-Uni.

La Flandre entretient un lien économique majeur avec le Royaume-Uni. Ses seuls échanges sont équivalents aux deux tiers des échanges de la France avec le Royaume-Uni. Et le port de Zeebrugge, dont je rencontre les responsables professionnels qui ont préparé de manière claire et convaincante leurs arguments, est en fait le principal hub européen vers l'Irlande et le Royaume-Uni.

Un peu plus loin, le long de la mer, sont alignés dans un ordre impeccable 17 000 véhicules Toyota en attente d'être transférés vers ces deux pays, après avoir été fabriqués soit au Japon, soit dans l'usine de Valenciennes.

À partir de mars 2019, ces véhicules qui partent au Royaume-Uni seront exportés vers un pays tiers, et non plus transférés comme ils le sont aujourd'hui dans une autre partie du marché unique. Il faudra faire preuve de beaucoup de créativité pour éviter le poids des contrôles sur les normes, les règles d'origine, les taxations éventuelles.

Mon message est là encore de souligner l'urgence de se préparer dès maintenant : « La meilleure période de transition, c'est celle qui a commencé en mars 2017 et qui court jusqu'en mars 2019. Nous y sommes. Utilisez-la ! »

Mercredi 12 juillet 2017 —
No whistling, just the clock ticking

Nouvelle rencontre avec le collège des commissaires européens ce matin, où Jean-Claude Juncker m'accueille chaleureusement. À l'aide de plusieurs *slides*, je présente l'état de la négociation qui doit redémarrer la semaine prochaine. Depuis maintenant six mois, j'ai établi avec chacun des commissaires un contact direct et mon équipe entretient cette relation avec chacun des cabinets comme avec leurs directions générales. J'ai toujours pensé que la collégialité veut dire quelque chose, que chaque commissaire a sa propre valeur ajoutée dans cette institution où, collectivement et collégialement, ils jouent un rôle qui n'a jamais existé au niveau européen, celui de Premier ministre.

Tous suivent cette négociation avec l'attention et le caractère qui leur est propre. Frans Timmermans, polyglotte néerlandais qui m'apprend qu'il était élève à la Saint George's British International School de Rome et a un attachement sentimental au Royaume-Uni. Valdis Dombrovskis, ancien Premier ministre letton, toujours simple et direct, avec une attention particulière aux services financiers dont il a la charge.

Ce matin, l'un d'entre eux, l'Allemand Günther Oettinger, s'inquiète du rythme trop lent des négociations prévues une semaine par mois. J'en suis conscient. Il faut tellement de temps et d'énergie pour informer et écouter les 27 États membres, dialoguer avec les sherpas de chaque chef d'État ou de gouvernement, se concerter avec le Parlement européen, avant et après chaque round de négociation. Mais Günther Oettinger a raison, il faudrait accélérer le rythme des négociations — à condition d'être deux !

En descendant du collège, et avant d'entrer dans la salle de presse, où m'attendent 200 journalistes, je prends quelques instants pour me concentrer sur les messages à transmettre. Comme toujours, nous essayons d'anticiper… Que répondre à la petite phrase prononcée hier par Boris Johnson ? En pleine Chambre des communes, il a déclaré que si les leaders européens s'attendaient à ce que le Royaume-Uni paie sa « taxe de sortie », ils pouvaient toujours courir, « *go whistle*[1] *!* ».

Avec son sens de la repartie, Georg suggère une réponse du tac au tac : « *I don't hear any whistling, just the clock ticking*[2]. » La formule est à la fois percutante et amusante. Nous la travaillons avec Dan et Matthieu, qui insiste pour que je marque un temps, un peu théâtral, entre les deux parties de la phrase.

Quelques instants après la fin de cette réunion, j'entre en salle de presse. Et, comme j'ai choisi de le faire désormais à chaque fois, je parle sobrement et sincèrement. Chacun connaît nos positions de départ, établies dans neuf *position papers* qui sont désormais publics et approuvés par la Commission et les États membres. Nous attendons sur tous ces

1. Ce qui se traduit littéralement par « aller siffler ».
2. « Je n'entends pas de sifflement, juste l'horloge qui tourne. »

sujets du divorce que les Britanniques expliquent les leurs.

Sans surprise, la question arrive. Un journaliste irlandais me demande ma réaction à la petite phrase de Boris Johnson. Ma réponse fuse, directe et efficace : « *I am not hearing any whistling. Just the clock ticking.* » Elle fera le tour des dépêches — et aura certainement contribué à renforcer mon lien avec la salle de presse avant le début des négociations.

Jeudi 13 juillet 2017 — Journée porte ouverte pour les Britanniques

Une journée très britannique commence. Nicola Sturgeon, *First Minister of Scotland*, a fait beaucoup d'efforts pour être la première dans mon bureau. Je lui ai proposé un café à 9 heures du matin et son avion est en retard. Elle me rejoint à 9 h 45, bousculant ainsi tout le reste de mon agenda.

C'est une femme sympathique, qui sait ce qu'elle veut. Et après la déception qu'elle a encaissée lors des dernières élections générales, où son parti a perdu 21 sièges, ce qu'elle veut désormais c'est un *soft Brexit*, où le Royaume-Uni, et donc l'Écosse, qui a voté *Remain* à 62 %, resterait dans le marché unique.

Un peu plus tard dans l'après-midi, Carwyn Jones, *First Minister of Wales*, leader travailliste jovial et très direct, me dira la même chose à propos du Pays de Galles.

À l'heure du déjeuner, je suis intrigué de rencontrer Jeremy Corbyn, le chef du Parti travailliste. Il a tenu, devant la presse, à m'offrir le maillot de l'équipe d'Arsenal qui se trouve dans sa circonscription, floqué à mon nom. C'est une attention sportive qui me touche.

De mon côté, mon assistant Barthélemy a déniché une vieille affiche de promotion touristique de la Savoie, datant de 1948 et diffusée à l'époque par la SNCF. Je sais la passion de Jeremy Corbyn pour les services publics de chemins de fer. C'est pour moi l'occasion de lui dire que ma province doit beaucoup aux Britanniques, depuis la création entre les deux guerres de la station de Méribel par l'Écossais Peter Lindsay.

Jeremy Corbyn est entouré du *Shadow Secretary of State for Britain exiting the EU*, Keir Starmer, de la *Shadow Home Secretary*, Diane Abbott, et de son directeur de la stratégie et de la communication, Seumas Milne.

Au cours de cette réunion puis du déjeuner que j'ai organisé pour lui, il m'informe de la situation politique au lendemain des élections et du résultat assez impressionnant qu'il a atteint pour son parti en faisant mentir tous les pronostics.

J'ai à l'évidence en face de moi un homme qui pense être bientôt Premier ministre et se prépare. Naturellement, je lui dis que je ne négocie pas avec lui, pas davantage qu'avec l'Écossaise Nicola Sturgeon ni le Gallois Carwyn Jones, mais je veux comprendre ce qui se passe à la Chambre des communes et il me fait, dans le même esprit, expliquer nos positions.

Une fois encore, je dis à Jeremy Corbyn quelles sont les conditions pour réussir. Le séquençage que nous avons imposé dans la négociation entre les sujets du divorce lui-même et la future relation est finalement utile à la partie britannique puisqu'il lui donne le temps de choisir la route qu'elle veut prendre.

Jeremy Corbyn reste toutefois lui aussi, comme Boris Johnson, dans l'idée que le Royaume-Uni peut avoir le beurre et l'argent du beurre, « *have your cake and eat it* », selon l'expression britannique. Il me confirme que son parti a pris acte du référendum et veut mettre en œuvre la sortie de l'Union européenne. Je lui dis qu'il doit bien connaître l'équilibre des droits et obligations qui s'attachent à chacun des modèles de coopération avec les pays tiers. On ne peut pas avoir les avantages du modèle norvégien sans la liberté de circulation des personnes et avec la seule contrainte du modèle canadien.

Son équipe semble sympathique, sans doute plus technicienne qu'il ne l'est lui-même, et nous restons prêts à les informer.

Lundi 17 juillet 2017 — Deuxième round

C'est le deuxième round des négociations qui commence, non sans de longues et parfois complexes discussions préalables avec les Britanniques.

Jusqu'à vendredi tard dans la soirée, mon équipe a été mobilisée pour mettre au point les détails de ce round, la liste des participants, le sujet des discussions. Et il y a quelques jours encore, David Davis hésitait à venir lui-même pour l'ouverture de la semaine. J'ai dû lui expliquer que son absence poserait un problème non pas tant pour moi que pour lui, donnant une preuve de désinvolture qu'il aurait sans doute du mal à expliquer.

En vérité, au début de cette négociation, je me trouve devant une équipe britannique qui ne fonctionne pas comme la nôtre. D'un côté, un ministre officiellement chargé du Brexit, qui ne veut pas entrer dans le détail des négociations et s'estime chargé du débat politique dans son pays et de l'explication publique. De l'autre côté, l'homme clef pour les négociations, Olly Robbins, sherpa du Premier ministre et qui a clairement la confiance de Theresa May, mais qui ne veut pas et ne peut pas s'exprimer publiquement.

Je ne veux plus passer des heures à discuter de qui représentera le Royaume-Uni dans cette négociation. C'est à eux d'en décider. C'est une des conditions de la négociation, qu'il y ait de chaque côté de la table des négociateurs « stables, responsables, qui aient un mandat et qui rendent compte ». Du côté européen, c'est le cas.

Aujourd'hui, l'entretien porte sur notre agenda de la semaine. Je confirme à David Davis qu'il nous faut vraiment progresser sur tous les sujets en même temps pour que je sois en mesure, comme je le souhaite, au mois d'octobre, de proposer aux dirigeants européens d'enclencher, parallèlement au sujet du divorce, les négociations sur le cadre de la future relation. Je lui redis que je ne prendrai pas cette responsabilité si nous n'avons fait que des progrès de façade. J'espère que ce message est bien compris.

David Davis m'informe que le Royaume-Uni prépare plusieurs *papers* précisément sur cette future relation, sans doute pour nous bousculer et nous obliger à aller vite. Il se trompe. Nous avons le temps de notre côté. Je suis sincère quand je dis que le plus vite sera le mieux pour parler de l'avenir, mais nous ne pourrons engager cette discussion avec une chance de succès que si nous avons confiance les uns dans les autres. Et cette confiance exige de solder les comptes, de sécuriser les droits des citoyens et de régler les questions toujours désagréables du divorce.

Nous sommes six autour de la table. Et de notre côté, Sabine, Stéphanie et moi-même avons chacun devant nous un dossier. Étrangement, les trois négociateurs britanniques sont venus les mains vides. Et la photo qui est prise de cette réunion, à leur demande, fait déjà le tour des réseaux sociaux. Alex Barker, le perspicace journaliste du *Financial Times*, la reprend sur Twitter en titrant : « *Ha ! Very funny Michel. As if we would forget to bring our negotiating papers*[1]. »

Décidément, dans cette négociation, il faudra faire attention au langage des gestes tout autant qu'au langage des mots.

Mardi 18 juillet 2017
— Money, money, money…

Dans le bureau de Sabine, ce matin, Olly Robbins, avec son adjointe Kay Withers et le directeur général du Trésor chargé des questions internationales et de l'Union européenne, Mark Bowman, font un point sur le deuxième round qui vient de commencer. Stéphanie est là, encore frappée et marquée par la réunion bilatérale qu'elle vient de tenir avec la partie britannique sur le règlement financier.

« On ne peut pas continuer comme ça, dit-elle aux Britanniques. Pendant trois heures, j'ai réexpliqué nos positions, les engagements financiers qui de notre point de vue doivent être couverts par le règlement financier. Vous avez posé beaucoup de questions, contesté la plupart de nos demandes. Il y a eu trop d'agressivité et vous n'avez rien dit de votre côté. On ne peut pas avancer si vous n'expliquez pas votre position et les engagements que vous êtes prêts à couvrir. On ne peut pas se contenter de la seule affirmation que vous assumerez vos engagements sans dire lesquels… »

1. « Ah ! Très drôle, Michel. Comme si nous pouvions oublier d'apporter nos documents de négociation. »

Venant saluer l'équipe britannique, j'appuie Stéphanie et je rappelle que nous voulons enregistrer des « progrès suffisants » sur ce sujet-là comme sur tous les autres, en parallèle : « Ils sont inséparables. »

À ce stade, les Britanniques ont clairement instruction de n'engager aucune discussion sur les chiffres ni sur le détail des engagements. J'ajoute, sur un ton plus personnel : « Je vois bien la sensibilité de ce sujet dans le débat britannique mais il faudra bien qu'à un moment ou à un autre, vous acceptiez que l'on dise la réalité de vos engagements. Et plus tard vous accepterez de le faire, plus difficile ce sera, pour tout le monde. Et nous ne sommes pas décidés à mélanger les séquences. Le passé, c'est le passé. On peut le lier à la discussion sur la période transitoire mais l'avenir, c'est l'avenir. »

En vérité, j'ai de l'admiration pour ces hauts fonctionnaires britanniques dignes, compétents, lucides. Je ne les envie pas d'avoir au-dessus d'eux une classe politique qui, pour une part, refuse tout simplement d'assumer aujourd'hui les conséquences directes des décisions et des positions qu'ils ont prises il y a un an.

Jeudi 20 juillet 2017 — À l'Élysée

Le président de la République m'a proposé une heure d'entretien à midi avec mon équipe et la sienne. Il sera retardé par une réunion qui se tient dans son bureau avec la Confédération européenne des syndicats et son secrétaire général Luca Visentini.

La réunion est, en son absence, engagée par Alexis Kohler, secrétaire général précis et direct. Finalement, Emmanuel Macron nous rejoint et je peux en quelques minutes rappeler les conditions du succès de cette négociation et, en contrepoint, les risques d'échec. À l'issue de ce deuxième round de négociation avec les Britanniques, aucun progrès concret n'a encore été réalisé, ce qui est en fait assez préoccupant.

Le président, qui, au cours du dîner du Conseil européen, avait marqué son intérêt pour engager assez tôt la discussion entre Européens sur le futur partenariat avec le Royaume-Uni, confirme lui-même qu'il faut mettre les choses dans l'ordre et d'abord régler au moins en principe les questions du divorce, dont la plus sensible reste celle des engagements financiers que nous demandons au Royaume-Uni d'assumer. « S'ils ne payaient pas, dis-je au président, il y aurait deux options : soit les projets seraient interrompus partout en Europe, soit la France et quelques autres pays devraient payer à leur place. »

La réplique du président sur ce point est immédiate : « Nous n'avons pas besoin de ça ! »

Il reste qu'au-delà des questions toujours désagréables de la séparation, ce qui intéresse le plus Emmanuel Macron — et moi aussi — c'est bien la relation future avec le Royaume-Uni, mais aussi la réforme de l'Europe pour qu'elle protège davantage et agisse efficacement.

En tête à tête, à la fin de l'entretien, je peux vérifier, comme avec chacun des 26 autres chefs d'État ou de gouvernement, que le nouveau président français me fait confiance pour cette mission.

Nous établissons ce jour-là une relation essentielle et directe entre mon équipe et la sienne. Je ferai de même avec le Premier ministre Édouard Philippe, qui prend chaque sujet, l'un après l'autre, avec intelligence, dans une atmosphère de travail toujours amicale, ce qui ne gâche rien.

Jeudi 10 août 2017 — Imbroglio chypriote

Au 10 Downing Street, lors du dîner avec Theresa May et Jean-Claude Juncker, on nous a servi, outre une cuisse de canard confite, une salade verte à l'halloumi. C'est un fromage typique, mi-chèvre, mi-vache, fabriqué notamment dans la partie grecque de Chypre et dont 55 % des exportations sont destinées au Royaume-Uni… ce qui n'est pas le seul problème que nous devons résoudre à Chypre !

Colonie britannique depuis la fin de la Première Guerre mondiale, l'île de Chypre se trouve en 1959, après beaucoup de crises et de soubresauts, encadrée par une nouvelle Constitution aux termes de laquelle le Royaume-Uni, la Grèce et la Turquie renoncent à leur domination. Les Britanniques se réservent alors la souveraineté de deux bases militaires et en 1960, Chypre devient une République indépendante au sein du Commonwealth avec un président chypriote grec, l'archevêque Makários, et un vice-président chypriote turc, le docteur Fazıl Küçük.

Après le conflit de 1974, le leader des Chypriotes turcs, Rauf Denktaş, proclamera unilatéralement en 1976 la création de l'État fédéré turc de Chypre. Ainsi, l'instauration de deux États consacre la division de l'île, avec la mise en place d'une « ligne verte » et, tout au long, d'une zone démilitarisée contrôlée par l'ONU. À Nicosie, capitale des deux États, un véritable mur sépare les Chypriotes grecs et turcs avec quelques rares passages piétonniers ou routiers.

Ma visite à Chypre en 2001, comme commissaire à la politique régionale, m'a laissé quelques souvenirs et une solide conviction. J'avais demandé à rencontrer ensemble des jeunes Chypriotes appartenant aux deux communautés. Leur espoir était de vivre ensemble, de travailler ensemble, pour certains de se marier. Et ce mur me paraissait totalement incongru et archaïque !

Comme à chacune de mes précédentes visites, je m'étais dit que, là encore, l'Europe constituait une nouvelle frontière, et que la perspective d'y adhérer allait relativiser les querelles et les divergences religieuses, nationalistes, culturelles en offrant à chacun un nouvel horizon — comme entre la France et l'Allemagne.

Depuis, la République de Chypre couvrant la partie sud avec ses 900 000 habitants a adhéré à l'Union européenne. Le mur de Nicosie a été ouvert. Les échanges se sont normalisés et l'Union européenne a toujours maintenu l'ambition que toute l'île de Chypre soit européenne, à travers le projet d'une « république bicommunautaire ».

Au moment où j'écris ces lignes, nous n'en sommes pas là. Kofi Annan a vu son plan rejeté le 24 avril 2004 par une majorité des citoyens chypriotes grecs. Il faudra encore des efforts des Nations unies et de l'Union européenne qui contribue aussi depuis 2006 à un programme financier de réconciliation et de développement économique dans la partie turque ; des efforts aussi des responsables politiques des deux communautés.

Quant aux bases militaires d'Akrotiri et de Dhekelia, elles sont demeurées sous souveraineté britannique. Ces bases représentent aujourd'hui 3 % du territoire de l'île et possèdent leur propre système juridique hérité de la période coloniale, distinct de ceux du Royaume-Uni et de Chypre. Autour de ces bases se trouvent de nombreux villages et des terres agricoles, *de facto* dans un territoire sous souveraineté britannique. L'anglais est la troisième langue utilisée sur l'île.

Aujourd'hui, le Royaume-Uni va quitter l'Union européenne et veut garder la souveraineté sur ses deux bases militaires. Nous devons avec nos équipes trouver et proposer des solutions qui permettent de respecter l'intégrité et les règles du marché unique dont Chypre restera membre alors que le territoire britannique de ces deux bases en sortira en mars 2019.

Lundi 28 août 2017 — No way !

David Davis revient ce matin à Bruxelles pour le troisième round. Je l'accueille avant une première réunion de travail entre nos deux équipes. Devant les journalistes, je répète que je suis préoccupé par le temps qui passe et l'insuffisance des progrès. Nous avons besoin de positions britanniques claires pour mener des négociations constructives. Plus tôt nous lèverons l'ambiguïté, plus tôt nous serons en position de discuter de la future relation.

Autour de la table, Sabine insiste sur un point majeur pour nous : nous n'accepterons pas le *cherry-picking,* qui consisterait pour le Royaume-Uni à choisir « à la carte » des morceaux du marché intérieur, et encore moins de donner à un pays tiers une influence ou un droit de veto sur notre propre régulation.

Elle cite en particulier le document britannique consacré à la question des « biens placés sur le marché » britannique ou de l'UE avant la date du Brexit, et qui seraient effectivement vendus après le Brexit. Il faut évidemment assurer le statut juridique de ces biens jusqu'à la fin de leur cycle de vie. Les Britanniques en profitent dans leur propre document pour suggérer une équivalence générale de nos systèmes de standardisation ou de certification des produits sur le marché intérieur. Ainsi, une voiture produite en Italie qui obtiendrait la certification britannique après le Brexit pourrait être vendue dans tout le marché intérieur sans autre forme de garantie puisque ces décisions britanniques de certification, réputées équivalentes, ne seraient pas soumises à notre propre ordre juridique.

Pour bien me faire comprendre sur ce point, je dis à David Davis que cette question est non négociable : « *No way !* » Et il me répond avec une certaine légèreté : « Dans ce cas il n'y aura pas d'accord. »

On voit bien à travers cet exemple que la stratégie britannique promise aux milieux économiques, est de pouvoir bénéficier du meilleur des deux mondes. Comme le disait Boris Johnson : « *Have their cake and eat it !* »

Mardi 29 août 2017 — Quelle période de transition ?

Jean-Claude Juncker a rencontré hier la chancelière allemande, très engagée et motivée sur les enjeux européens malgré sa priorité actuelle : les élections fédérales du 24 septembre. Le président remet à la chancelière une note que j'ai préparée avec mon équipe sur l'état de la négociation, et sur une possible zone d'atterrissage de cette première phase, si les Britanniques veulent vraiment avancer.

J'ai toujours pensé que le maximum que l'on pourrait faire dans cet accord de retrait consisterait à traiter les questions de la séparation, à solder les comptes, à établir une période de transition courte au lendemain de la sortie et enfin, en octobre ou en novembre 2018, à décrire dans une déclaration politique les contours de cette future relation que nous négocierons pendant la transition.

Les Britanniques, de leur côté, ont entretenu jusqu'à une période récente l'illusion que l'on pouvait aussi négocier en moins de deux ans, au-delà du Brexit, la future relation et le traité de libre-échange. Ils ont désormais compris que c'était à la fois techniquement et juridiquement impossible. Et sans doute le moment approche-t-il où nous pourrons davantage discuter de la période de transition, à la fois pour éviter le précipice, en anglais le *cliff edge*, rassurer les milieux économiques et se donner le temps de la deuxième négociation sur notre future relation.

Cette période de transition pourrait consister en une prolongation du marché unique pendant un an et demi au-delà du Brexit. Elle comprendrait le maintien de tous les avantages du marché unique et de l'union douanière, mais aussi de certaines politiques européennes notamment sur l'aviation, la pêche, l'agriculture, et évidemment le maintien des obligations correspondantes.

Une telle prolongation permettrait d'aller au bout de la période budgétaire 2014-2020 et devrait être pour le gouvernement britannique un habillage acceptable pour payer ce qu'il doit au titre de cette période. Sans doute cette proposition est-elle généreuse. À mes yeux, elle est simple et logique, dans l'intérêt mutuel, à condition que les Britanniques la demandent.

Mercredi 30 août 2017
— « Corneriser Barnier »

David Davis a rencontré lundi soir en privé à l'ambassade britannique quelques journalistes et commentateurs qui suivent le Brexit. On me remet, sous pli fermé, une note dont je ne connais pas la provenance et que je prends donc avec précaution.

Ce sont des éléments de langage qu'il aurait utilisés à cette occasion.

Certains ne sont pas surprenants : « Ne pas s'engager à payer quoi que ce soit avant de connaître la forme de notre future relation. Ne pas payer pour le cadre financier pluriannuel jusqu'en 2020 et ensuite chaque année pendant une transition — c'est insensé. L'UE doit devenir sérieuse (...) Nous allons fermer l'accès à la City de Londres. »

D'autres sont plus agressifs : « Le but est de couper Barnier des 27, que Barnier se mette tout seul dans un coin. »

Nous verrons bien si cette note dit vrai et si nous retrouvons ces « arguments » dans la presse ou les déclarations britanniques des prochaines semaines.

Jeudi 31 août 2017
— « Your legal analysis is broadly without merit »

Nous arrivons au terme de ce troisième round. Il est décevant. Je constate même un recul de la position britannique sur le règlement financier.

Début juillet, les Britanniques reconnaissaient des engagements internationaux qui pouvaient courir après le Brexit. Aujourd'hui, ils s'en tiennent à une analyse dite juridique totalement restrictive de ces engagements. À leurs yeux, le dernier paiement sera lié au dernier engagement formellement appelé en 2019. Ils nient tout engagement juridique sur la période pluriannuelle 2014-2020. Y compris pour le Fonds européen de développement, pourtant intergouvernemental, qui finance des projets en Afrique, dans le Pacifique ou dans la Caraïbe.

La situation est bloquée. Mais cette position très

dure place les Britanniques dans un état de faiblesse potentielle. Elle jette en effet un doute sur la qualité de la signature britannique dans les accords internationaux.

Les Britanniques voient bien la déception de notre côté. Un de leurs jeunes fonctionnaires, dans la journée d'hier, a été particulièrement désinvolte et arrogant en traitant de nulle et non avenue toute l'argumentation juridique pourtant solide des services juridiques de la Commission et du Conseil : « *Your legal analysis is broadly without merit*[1]. » On aura tout entendu !

Sans doute pour se donner un peu de marge dans les étapes futures, David Davis énonce un concept nouveau, celui des « engagements moraux » du Royaume-Uni. En souriant, je lui demande de me communiquer la liste de ces engagements moraux, mais je ne vais sûrement pas accepter d'avancer sur ce terrain.

Ils doivent bouger et reconnaître que les comptes doivent être soldés. Sans cela, je ne suis pas et ne serai pas capable de constater des « progrès suffisants » pour entamer la discussion pourtant urgente sur la future relation.

Samedi 2 septembre 2017 — Pas de leçons à donner

Je retrouve avec émotion, de l'autre côté des Alpes, sur les rives magiques du lac de Côme, le bel hôtel Villa d'Este, entièrement réservé au séminaire annuel d'Ambrosetti. Beaucoup de dirigeants européens, américains, africains ou asiatiques y sont invités à

1. « Votre analyse juridique est très largement dénuée de valeur. »

parler chaque année. Environ 300 chefs d'entreprise italiens y sont très assidus. Quelques journalistes assistent aux débats, qui ne sont pas publics, selon la règle de Chatham House.

Enrico Letta introduit un débat auquel participent Margrethe Vestager et Bruno Le Maire sur la croissance et la compétitivité. Tous les trois, avec des tempéraments différents, ont en commun une intelligence remarquable des sujets et le talent de les présenter avec élégance, ce qui sied bien à la Villa d'Este. Je suis chargé, en trente minutes, d'expliquer les enjeux du Brexit à des industriels italiens attentifs et inquiets.

Au milieu de ma brève intervention, je redis le caractère pédagogique de cette négociation pour tout le monde, puisqu'elle fait apparaître au grand jour les bénéfices du marché intérieur, ce que cela veut dire d'être dans l'Union et ce que veut dire être en dehors.

Me référant à Geert Wilders, le leader du parti souverainiste néerlandais qui était à la même table la veille, mais aussi à l'état d'esprit dans mon propre pays, j'affirme que cette explication peut être utile pour les citoyens.

Je retrouverai cette phrase déformée le lendemain par certains médias britanniques, qui m'accusent de vouloir « éduquer » les Britanniques et leur donner des leçons. Pour éviter que cette polémique ne s'amplifie, je me résous à faire un tweet, presque anodin, pour rappeler précisément mes propos.

S'il fallait une preuve de la sensibilité au Royaume-Uni sur toutes les questions liées au Brexit, en voilà une nouvelle.

Jeudi 7 septembre 2017
— Retour au mythe

Ce matin dans *Les Échos*, je lis une longue interview de Robin Niblett, directeur de Chatham House, le très respecté think tank britannique sur les affaires internationales. Il connaît bien son pays et en décrit précisément les ressorts historiques et psychologiques : « Avec le Brexit, nous nous sommes reconnectés avec notre vieux mythe, celui d'un pays dont le gouvernement n'a jamais connu la défaite. Les Britanniques vivent un moment d'excitation incroyable. Et même si cela a un prix, ils veulent renouer avec ce mythe qu'ils aiment et qui les fait se sentir bien. »

En lisant cette interview, je repense à ce que m'a dit, il y a bien longtemps, mon chef de cabinet adjoint lorsque j'étais commissaire à la politique régionale. C'était le 25 juillet 2002 et j'étais allé assister à la cérémonie d'ouverture des Jeux du Commonwealth à Manchester. L'ambiance était festive, comparable à celle des Jeux olympiques, avec 53 pays et 72 nations. La reine était présente avec sa famille, comme le Premier ministre Tony Blair.

Dans la tribune officielle, je me trouvais avec mon conseiller, Ronnie Hall, Irlandais du Nord, au troisième rang. Comme toujours dans de telles cérémonies, les délégations d'athlètes rentraient une à une dans le stade, dans une ambiance à la fois joyeuse et solennelle, chacune précédée de son drapeau. Plusieurs de ces drapeaux comportent encore l'Union Jack. À la fin de ce long défilé, Ronnie Hall me tapa sur l'épaule pour me dire de manière malicieuse : « Vous comprenez mieux maintenant, Monsieur le Commissaire, pourquoi l'Europe nous paraît trop petite. »

Dimanche 17 septembre 2017
— Boris Johnson prend la plume

Boris Johnson récidive. Dans une chronique publiée hier dans le *Daily Telegraph*, qui semble écrite dans la précipitation, le ministre des Affaires étrangères de Theresa May cherche à se replacer au milieu du jeu de la négociation dont il a à l'évidence été écarté.

Décidément, les jeux personnels au sein du Parti conservateur sont aussi compliqués qu'ils l'étaient l'année dernière dans ma propre famille politique en France.

Mais surtout, Boris Johnson brandit comme il l'avait fait avant le vote du Brexit le chiffre de 350 millions de livres par semaine qui pourraient être consacrés au service national de santé, le NHS, puisqu'ils ne seront plus donnés aux « technocrates de Bruxelles ».

Dans un communiqué inhabituel, le chef du bureau britannique des statistiques, Sir David Norgrove, se charge de le corriger et de lui rappeler qu'il ne faut pas confondre la contribution budgétaire du Royaume-Uni à l'Union européenne et sa contribution nette. Une fois le Royaume-Uni sorti de l'Union, le budget national britannique devra prendre le relais pour les politiques régionale ou agricole par exemple, pour lesquelles l'Europe ne paiera plus.

Lundi 18 septembre 2017
— English breakfast

Les libéraux-démocrates britanniques cherchent à réoccuper le terrain perdu, sous l'impulsion de leur nouveau responsable, Vince Cable. À leur congrès ce matin, Tim Farron, l'ancien président du parti, fait rire l'assistance : « Autrefois, Michel Barnier aurait eu des croissants et du café pour le petit déjeuner, maintenant il a David Davis, chaque jour. »

À l'occasion, je lui dirai que, depuis toujours, je préfère les *English breakfasts*, avec des œufs sur le plat, aux croissants à la française. Et qu'en outre, je peux très bien discuter avec David Davis et petit-déjeuner en même temps !

Mardi 19 septembre 2017
— Offensive britannique

Olly Robbins, qui vient de quitter ses fonctions de directeur au *Department for Exiting the European Union*, reste à temps plein auprès de Theresa May et continue de conduire la négociation auprès de David Davis. Il anime ces jours-ci une offensive générale dans toutes les capitales avant le discours que Theresa May doit prononcer à Florence.

Ce discours, quelques jours avant le congrès du Parti conservateur début octobre à Manchester, est fondamental pour Theresa May. Elle cherche à accélérer la négociation et veut absolument déclencher le constat de « progrès suffisants » en octobre. Depuis plusieurs jours, je répète que cette échéance est de moins en moins probable compte tenu des positions britanniques et de leurs provocations sur la question financière.

Martin Selmayr, qui vient de recevoir Olly Robbins, me rend compte précisément des intentions de Theresa May. Il n'y a pas réellement de surprise : des avancées réelles sur les droits des citoyens et notamment — enfin ! — un pas dans notre direction pour reconnaître le rôle de la Cour de justice ; une confirmation des positions britanniques sur l'Irlande et, sur le règlement financier, la reconnaissance des incertitudes créées par le Brexit pour les autres pays européens et l'engagement d'« honorer nos promesses ».

Et surtout, Theresa May veut aller le plus loin possible dans un accord politique sur les paramètres de la future relation. La stratégie est toujours la même : en cherchant à lier la négociation sur la future relation et la négociation financière, l'objectif est d'acheter des morceaux du marché unique avec des dettes du passé. Il est aussi de rappeler que « *nothing is agreed until everything is agreed* ».

Nous décidons avec le cabinet de Jean-Claude Juncker et mon équipe d'attendre et, le jour du discours, je dirai simplement que nous enregistrons les propositions britanniques et que nous avons besoin dans les prochains rounds de documents précis et concrets. On ne négocie pas sur la base d'un discours.

Jeudi 21 septembre 2017
— « Là où il y a de la volonté… »

Nouvelle consultation dans un État membre et pas n'importe lequel. En cette ville magique de Rome, je rencontre tour à tour le ministre du Développement économique Carlo Calenda, les syndicats, l'ancien président Giorgio Napolitano, les parlementaires des deux chambres, puis le Premier ministre Paolo Gentiloni et enfin le président de la Confindustria, le Medef italien.

Le Premier ministre est un homme direct et simple qui a vite suscité l'estime et le respect de ses collègues du Conseil européen. Son style tranche avec le côté flamboyant de Matteo Renzi. Il sait ce qu'il veut et me redit sa confiance.

Quant à Giorgio Napolitano, nous nous tutoyons

depuis l'époque où il présidait, de 1999 à 2004, la commission des affaires constitutionnelles du Parlement européen. C'est, me confie-t-il, la seule grande nostalgie qu'il a de son passé. Cet homme de 92 ans m'avoue qu'il est fatigué et affaibli mais, dans l'appartement que le Sénat met à sa disposition, avec une très large terrasse ensoleillée et arborée, il n'a rien perdu de sa curiosité et de sa vivacité intellectuelle. Il me remet un article qu'il a écrit le jour même pour un grand journal, m'interroge sur l'action d'Emmanuel Macron qui est venu le voir. Et il me dit : « Il faut que cesse l'hypocrisie d'une Europe à 27 où tout le monde pourrait tout faire ensemble. »

Cette journée à Rome n'est pas neutre puisque, un peu par hasard, elle se situe la veille du jour choisi par Theresa May pour son discours européen de Florence. Nous avons donc décidé avec mon équipe de mettre certaines bornes dans la négociation et d'en rappeler les principes à toutes fins utiles.

Ainsi, une réelle garantie pour les citoyens exige que ceux-ci puissent faire valoir leurs droits en se référant directement à l'accord de retrait et que ces droits soient valables devant une cour nationale qui soit tenue de renvoyer les questions d'interprétation, qui dérivent du droit européen, à la Cour de justice de l'Union européenne.

Quant à une éventuelle période de transition qui pourrait débuter le 30 mars 2019, au lendemain du retrait, elle devrait être courte et encadrée. C'est ce que rappellent les lignes directrices du Conseil européen : pendant cette transition, « il faudrait appliquer les instruments et structures de l'Union qui existent en matière de réglementation, de budget, de surveillance, d'exercice du pouvoir judiciaire et de contrôle du respect des règles ». Et cette période de transition devrait faire partie de l'accord de retrait au titre de l'article 50. Sans accord de retrait, il n'y a pas de transition. C'est un point juridique.

Sur les conditions du retrait du Royaume-Uni comme sur une éventuelle période de transition, je dis ma conviction qu'un accord rapide est possible. Et j'appelle le Royaume-Uni à mettre sur la table des propositions qui permettent de lever les blocages dès la semaine prochaine. Pour sourire, je reprends une citation de Machiavel en italien : « *Dove c'è una grande volontà, non possono esserci grandi difficoltà*[1]. »

Vendredi 22 septembre 2017 — À Florence, Theresa May enfonce le clou

Au milieu de nombreux coups de fil avec des sherpas dans toute l'Europe, nous prenons le temps avec mon équipe de regarder le discours de Theresa May. Le cadre de cette intervention, longtemps tenu secret, est inhabituel : depuis ce matin, la presse britannique nous explique qu'il s'agit pour le gouvernement britannique de s'adresser à tout le continent européen depuis un lieu emblématique de l'identité européenne, qui ne saurait être réduite à Bruxelles…

C'est finalement le cloître de l'église-musée Santa Maria Novella qui a été retenu, mais cela fait peu de différence pour les spectateurs que nous sommes : Theresa May se tient devant un fond blanc, représentant une carte du monde sur laquelle sont inscrits les mots : « *shared history, shared challenges, shared future* ». Et tel est bien le message qu'entend faire passer la Première ministre, en reprenant la formule qu'elle utilise désormais lors de chacune

1. « Là où il y a une grande volonté, il ne peut y avoir de grandes difficultés. »

de ses interventions, à savoir que le Royaume-Uni quitte l'Union européenne sans quitter l'Europe, avec laquelle il continuera de partager ses valeurs et son avenir.

D'emblée, l'accent est mis sur les défis communs qui s'offrent à nous et que nous ne pourrons relever qu'ensemble ; ce qui est d'ailleurs, à mes yeux, la justification la plus profonde du projet politique sans précédent qu'est l'Union européenne…

À la veille de notre quatrième round de négociation, ce sont toutefois les phrases portant sur les sujets du retrait qui restent les plus attendues. Theresa May, qui a exigé et obtenu le soutien de ses principaux ministres qui l'accompagnent, Boris Johnson, David Davis, Philip Hammond, fait plusieurs ouvertures pour relancer la discussion sur les droits des citoyens. Elle marque son accord sur l'effet direct du droit européen, c'est-à-dire la possibilité pour les citoyens concernés d'invoquer directement les dispositions de l'accord de retrait devant les administrations et les tribunaux britanniques, et laisse entendre que la Cour de justice de l'UE pourrait également jouer un rôle.

Sur l'Irlande, la Première ministre confirme l'engagement du gouvernement britannique à préserver le *Good Friday Agreement* et la zone commune de voyage avec la République d'Irlande, sans remettre en place d'infrastructures à la frontière, ce qui est assurément un pas dans la bonne direction, même si rien n'est dit de la manière dont nous mettrons en place les contrôles nécessaires à la protection du marché unique.

Quant aux phrases sur le règlement financier, elles se font attendre… et ne viennent finalement qu'une fois réitérées les demandes de Mme May en faveur d'un partenariat étroit en matière de sécurité et de défense et d'un partenariat économique sur mesure — à mi-chemin entre un accord de libre-échange et les aspects les plus bénéfiques du marché intérieur, sans les contraintes qui vont avec. Il y a assurément là une volonté délibérée de nous faire comprendre que tout va ensemble, que le Royaume-Uni ne s'acquittera de ses obligations financières qu'à la condition d'avoir gain de cause sur tout le reste.

Cela ne me surprend pas, au regard de mes derniers échanges avec David Davis. Mme May prononce toutefois deux phrases qui changent la donne. Alors qu'aucune ouverture n'était jusqu'à présent discernable, elle déclare qu'aucun État membre ne doit avoir « peur de devoir payer plus ou recevoir moins au titre de la fin de la période budgétaire actuelle du fait du retrait britannique ». Cette avancée couvre les deux dernières années du cadre pluriannuel du budget européen même si nous restons loin du compte. Dans une deuxième phrase, elle indique sans plus de détail que le Royaume-Uni « honorera les engagements pris en tant qu'État membre ». C'est une inflexion majeure. Nous allons peut-être pouvoir avancer.

Et puis elle émet la demande d'une période de transition qu'elle baptise « *implementation period* ». Je ne suis pas surpris par cette demande puisque les Britanniques ne peuvent pas être prêts en mars 2019 à prendre le relais administratif, technique de tous les organismes qu'ils ont choisi de quitter.

Lundi 25 septembre 2017
— Quatrième round

Première journée d'un nouveau round de négociation, le quatrième.

En fin d'après-midi, je retrouve David Davis qui

confirme les avancées du discours de Florence et la demande d'une période de transition. Comme si c'était utile, il juge nécessaire de me dire à deux reprises qu'il approuve le discours de Mme May. Et moi de lui répondre que je ne me suis jamais posé la question puisqu'il est son ministre...

Mardi 3 octobre 2017
— Un parlement résolu

Je rejoins comme chaque mois le Parlement européen à Strasbourg. Comme avant et après chaque round de négociation, j'y retrouve en confiance le *Brexit Steering Group*, qui a pour mission de coordonner et de préparer les délibérations ainsi que les résolutions du Parlement européen sur le Brexit. Ici, le paradoxe est que les réunions se tiennent au troisième étage, dans la salle... Margaret-Thatcher.

Pendant le débat en session plénière, près d'une soixantaine d'orateurs s'exprimeront. Parmi eux, nous subissons un tir nourri d'une quinzaine de députés britanniques ou souverainistes d'autres pays. Comme s'ils s'étaient donné le mot, tous reprochent à l'Union de faire traîner les choses. Beaucoup s'expriment en parlant du Royaume-Uni comme s'ils vivaient encore au XIXe siècle, avec une forme de nostalgie de ce qu'était l'Empire britannique.

À la fin de la matinée, le débat a pris du retard et, comme chaque jour de vote, l'hémicycle se remplit complètement en quelques minutes. C'est à ce moment-là qu'Antonio Tajani me donne la parole pour répondre. Je laisse de côté mes notes et, stimulé par les attaques des souverainistes, je rassemble en quelque neuf minutes mes arguments.

« Il y a deux mots que je ne peux pas accepter, parce qu'ils ne sont pas du tout dans mon état d'esprit, ni dans mon attitude. C'est le mot de revanche et le mot de punition. J'ai pour le Royaume-Uni une très grande admiration, depuis très longtemps et jamais on ne trouvera dans mon attitude le moindre esprit de revanche et la moindre intention de punition.

« Je ne peux pas non plus accepter le mot, prononcé à nouveau par Nigel Farage, de rançon. Il n'y a pas de rançon. Il n'y a pas d'"*exit bill*". Il y a simplement le fait qu'au moment où le Royaume-Uni décide de partir, nous lui demandons de solder les comptes. Ni plus, ni moins. De payer ce à quoi il est engagé.

« Ce point est important si nous voulons — comme le Royaume-Uni l'a lui-même souhaité — bâtir dans l'avenir une relation différente mais solide, durable, en matière de commerce, en matière de protection de la sécurité, de lutte contre le terrorisme, de défense. Nous avons besoin de confiance entre nous pour une relation durable dans l'avenir. Et la clef de cette confiance est aussi que le Royaume-Uni accepte objectivement de solder les comptes.

« Il y a aussi un reproche que je ne comprends pas, c'est l'idée que le négociateur européen que je suis, ou l'Union européenne, voudrait faire traîner les choses, voudrait retenir le Royaume-Uni. Mais le référendum au Royaume-Uni a eu lieu le 23 juin 2016. Nous avons reçu la lettre de Theresa May notifiant cette volonté de retrait le 29 mars 2017. Nous avons, en raison des élections au Royaume-Uni, attendu fin juin 2017 pour commencer cette négociation. Nous ne jouons pas la montre. Le Royaume-Uni a pris le temps et nous respectons ce temps, mais franchement, je ne peux pas accepter ce reproche. Et nous sommes prêts à accélérer et à intensifier le rythme des négociations, autant que nous le pourrons. »

Dans la foulée de cette intervention un peu improvisée, la deuxième résolution du Parlement européen sur le Brexit sera adoptée à une majorité encore plus large que la première.

Mercredi 4 octobre 2017 — Azincourt

On m'alerte sur les déclarations, filmées par Sky, de Jacob Rees-Mogg, député conservateur dont on parle beaucoup dans la presse britannique comme d'un rival potentiel de Mme May. J'écoute sa rhétorique et décidément, comme beaucoup de ceux qui se sont exprimés hier au Parlement, c'est la vision nostalgique du Royaume-Uni qui domine : « Nous devons redire les bénéfices du Brexit parce que c'est tellement important pour l'histoire de notre pays. Je veux dire, c'est la Magna Carta [...], c'est le *Bill of Rights* [...], c'est Waterloo, c'est Azincourt, c'est Crécy. Nous avons gagné toutes ces choses. »

Il ne manque plus que Trafalgar !

Quant à Theresa May, son intervention en clôture du congrès du Parti conservateur est marquée par plusieurs incidents, sa toux persistante, un comédien qui brandit le formulaire « P45 » de licenciement, les lettres du slogan qui tombent derrière elle.

Je n'ai pas envie d'en sourire et encore moins de me moquer. C'est une femme courageuse et tenace au milieu de beaucoup d'hommes qui jouent leur carte personnelle plutôt que l'avenir du pays.

Jeudi 5 octobre 2017 — Stockholm

Arrivée dans une belle ville romantique, baignée par le soleil. *Vilken vacker dag !*

Je commence la journée au Parlement où l'ancien secrétaire d'État Tobias Billström, que j'ai connu à la présidence du PPE, m'accueille chaleureusement. Tour à tour, je rencontre les syndicats, la ministre du Commerce et des Affaires européennes, Ann Linde, puis le Premier ministre Stefan Löfven, un ancien sidérurgiste solide, calme, qui parle sans esbroufe, efficace. Je m'entends bien avec son équipe et notamment son sherpa Hans Dahlgren, à la fois sage et compétent. Enfin, je verrai le président du patronat suédois.

Ce pays est parmi les quatre pays européens les plus impactés par le Brexit sur le plan économique et commercial. Tous sont soucieux de préserver une relation forte avec le Royaume-Uni. Mais ce qui me frappe, comme il y a trois semaines avec les patrons français et allemands à Évian, c'est que le marché unique pour eux reste l'atout le plus important.

Sur la table du Premier ministre, il y a devant chacun une part de gâteau. Nous n'avons pas le temps vraiment d'y toucher. Plusieurs tweets s'empareront de la photo de notre rencontre : « *They have the cake and don't eat it*. »

Vendredi 6 octobre 2017
— Ligne dure des ambassadeurs

Depuis le début, j'ai décidé de jouer un jeu sincère et transparent avec les États membres et leurs ambassadeurs à Bruxelles réunis au moins une fois par semaine en groupe de travail Brexit. Nous leur disons tout. C'est ainsi que se construit la confiance.

Voilà des semaines que les Britanniques ont engagé une campagne massive sur les plans diplomatique et politique pour convaincre les dirigeants européens d'ouvrir sans tarder la deuxième phase de la négociation. À l'évidence, Theresa May a besoin de démontrer qu'elle fait bouger les choses, que les négociations progressent, qu'elle a obtenu de discuter commerce sans avoir rien cédé sur le règlement financier. C'est même un « point existentiel » pour elle, semble-t-il. Depuis des semaines, Sabine et Olly Robbins se projettent dans les prochaines étapes de la négociation. Il est clair que les Britanniques souhaitent absolument obtenir un engagement ferme de notre part sur une période de transition maintenant le statu quo du marché intérieur. Ce matin, Olly Robbins m'a envoyé un SMS à 7 h 23 : « Cher Michel, bonne chance ce matin. Mes espoirs pour notre processus reposent sur vous ! Bien amicalement. »

Dans mon bureau, à 8 heures, avec Sabine et Georg, nous mettons la dernière touche à mon intervention au Coreper, le Comité des représentants permanents, qui réunit les ambassadeurs à Bruxelles des 27 pays au nom desquels je négocie.

Je n'ai pas l'intention aujourd'hui de demander davantage de flexibilité aux États membres. Je ne veux pas m'écarter du mandat que j'ai reçu. Et il n'y a pas de progrès suffisant sur le paquet des trois grands sujets du divorce, et surtout sur le règlement financier, sujet que les Britanniques cherchent à isoler. La reconnaissance d'une période de transition serait à coup sûr une très grande concession.

Martin Selmayr, d'ailleurs, qui flaire bien l'ambiance dans les États membres même depuis l'Inde où il se trouve avec Jean-Claude Juncker, a cru bon d'alerter hier soir : « Il y aura probablement très prochainement un changement à Londres, ce qui modifiera l'organisation des négociations du côté britannique, donc il faut être prudent la semaine prochaine. Ce n'est pas le moment de faire des concessions. »

Je dis donc simplement aux ambassadeurs que

nous sommes bloqués sur le règlement financier et que, pour les Britanniques, toute discussion ultérieure rend inévitable de faire le lien avec une période de transition. S'ils doivent payer, il faut qu'ils puissent l'expliquer à leurs électeurs et il leur faut obtenir un étalement des paiements dans le temps.

Les ambassadeurs restent méfiants. La France et l'Allemagne demandent à maintenir strictement la ligne : pas de négociation sur la relation future, même sur la transition, s'il n'y a pas un accord sur le règlement financier. Mais j'ai ouvert une piste pour éviter le blocage total ou la rupture, et la discussion va continuer.

Jeudi 12 octobre 2017 — Bruxelles, dîner avec Theresa May

Theresa May fait le déplacement pour un dîner de travail restreint avec Jean-Claude Juncker. Dans la tempête politique qui continue au sein de son parti et de son gouvernement, la Première ministre cherche à tout prix à bousculer les négociations, et à obtenir du Conseil européen cette semaine l'enclenchement de la deuxième phase.

En prenant la parole, je la remercie pour le discours de Florence qui a créé une dynamique bien nécessaire dans la négociation. Je lui dis que nous devons travailler à un « paquet » pour la fin de l'année désormais, qui pourrait faire en partie le lien qu'elle souhaite avec une période éventuelle de transition. Mais je lui précise aussi que pour présenter un tel paquet, je dois obtenir de sa part un accord ferme, non pas sur les chiffres mais sur les principaux éléments du règlement financier : les contributions britanniques pour 2019 et 2020 qu'elle a déjà acceptées, mais aussi le reste à liquider à la fin de la période pluriannuelle en 2020 et les éléments du passif, comme les garanties de prêts en Ukraine ou le système de pensions des fonctionnaires européens. C'est là, lui dis-je, où nous sommes le plus éloignés.

Elle paraît fatiguée. On le serait à moins. Elle laisse beaucoup parler Olly Robbins et David Davis mais insiste : « Pour régler la question financière, j'ai besoin d'obtenir quelque chose. »

J'ai choisi d'être très clair et franc durant ce dîner : « Cette question financière est très difficile pour vous. Nous le savons. Nous devons la dédramatiser pour la régler le plus vite possible. La moitié des États membres ne veulent pas ajouter un euro de plus à votre place, l'autre moitié ne veut pas recevoir un euro de moins à cause de vous. »

Jean-Claude Juncker, avec bon sens, ajoute qu'un accord rapide sur cette question créera une bien meilleure atmosphère pour les Britanniques dans la négociation suivante sur la future relation.

Au total, ce dîner, humainement amical, montre de la bonne volonté de part et d'autre mais pas de réel mouvement.

Vendredi 20 octobre 2017
— Conseil européen

Le Conseil européen se réunit au terme de quatre semaines durant lesquelles les Britanniques ont fait une campagne acharnée sur le plan diplomatique, essayant de mettre des coins, d'ouvrir des portes, de nous contourner tout en nous soutenant. Bref, en commettant l'erreur à nouveau de se tromper de négociation.

C'est leur habitude, depuis quarante ans qu'ils sont membres de l'Union européenne, de dérouler cette méthode pour combattre, bloquer, amender les propositions de la Commission européenne considérée comme l'outil du fédéralisme qu'ils exècrent. Et depuis le début de cette négociation sur le Brexit, ils recommencent, alors même que la Commission n'a aucune proposition à défendre, sauf les intérêts des 27 et l'intégrité de l'ordre juridique de l'Union.

Aujourd'hui, leur objectif était d'obtenir un accord préalable sur la période de transition que Theresa May a demandée dans son discours de Florence et aussi de s'infiltrer à l'intérieur du travail que les 27 vont entreprendre sur la relation future.

Sur ces deux sujets, ils encaissent un échec. Au lieu de tenter de mobiliser tel ou tel État membre sur des amendements, créant de la confusion et des contre-feux, il aurait été plus efficace de me faire confiance.

Les conclusions du Conseil européen sont adoptées en trois minutes sans changement. S'ouvre alors un assez long débat où douze des chefs d'État ou de gouvernement s'expriment. Tous soutiennent notre travail et me redisent leur confiance.

Plusieurs Premiers ministres m'interrogent sur les chemins d'un déblocage et ce qu'ils peuvent faire pour y contribuer. Dans ma réponse à toutes les interventions, je confirme que je peux travailler sur la base de ces conclusions et chercher un chemin pour présenter en décembre un « paquet » élargi. Ce paquet enregistrerait l'accord britannique sur les sujets de la séparation et en particulier les éléments du règlement financier, mais proposerait d'étaler les paiements sur plusieurs années après le Brexit, incluant dans ce calendrier étalé un ou deux ans de période de transition. « Cette période transitoire serait beaucoup plus que de l'étalement. Ce serait pendant un an et demi ou deux ans le maintien du statu quo économique et de tous les avantages du marché intérieur et des politiques européennes pour un État tiers. Et quand vous regardez les flux économiques entre le Royaume-Uni et nous, le Royaume-Uni a cinq fois plus que nous intérêt à une telle période transitoire. »

Jeudi 9 novembre 2017 — Rome

Le jour même où nous reprenons la négociation avec les Britanniques — c'est notre sixième round —, je maintiens un bref déplacement à Rome où je suis invité par le journal *Il Messaggero*. Antonio Tajani, toujours chaleureux et amical, est là aussi et je retrouve le Premier ministre italien Paolo Gentiloni qui fait son chemin non seulement en Italie mais aussi au sein du Conseil européen. Deux Italiens de bords politiques opposés et de styles différents mais qui, face au populisme qui progresse en Italie comme ailleurs, défendent avec conviction le projet européen. Antonio Tajani à travers une disponibilité sans limites pour ses interlocuteurs et des discours pleins de fougue, Paolo Gentiloni par ses démonstrations posées et convaincantes.

Pour ce déplacement, je suis avec Georg et Matthieu, tous les deux « italiens de cœur ». Par alliance avec une charmante et talentueuse Italienne de la Commission européenne pour Georg. Par attachement culturel pour Matthieu qui a fait son Erasmus dans cette belle ville de Rome.

Ensemble, nous avons choisi de répondre dans mon intervention au secrétaire d'État américain au Commerce Wilbur Ross. Deux jours plus tôt à Londres, il appelait les Britanniques à diverger avec l'Europe pour mieux converger vers d'autres — avec moins de régulations environnementales, sanitaires, alimentaires, sans doute aussi financières, fiscales et sociales. Il nous provoquait délibérément en donnant l'exemple des poulets que les Américains, qui n'ont pas la même chaîne de contrôles sanitaires que nous dans les élevages, trempent avant de les exporter dans un bain d'eau chlorée. Nous n'avons jamais voulu sur le marché européen de ces « poulets chlorés », qui ne respectent pas nos règles sanitaires. À Londres, Wilbur Ross prévient que, pour trouver un accord de commerce avec les États-Unis, le Royaume-Uni devra changer ces règles.

Dans mon discours, je m'interroge : le Royaume-Uni a choisi de quitter l'Union européenne, est-ce qu'il voudra aussi s'éloigner du modèle européen ? C'est une autre question.

Il y a derrière ce cadre réglementaire européen des choix de société fondamentaux auxquels nous tenons : l'économie sociale de marché, la protection de la santé, la sécurité alimentaire, une régulation financière juste et efficace.

Je le dis à Rome où a été signé le traité qui fonde ce modèle : nous n'accepterons pas que ce cadre réglementaire soit remis en cause avec les droits qui s'y attachent pour les citoyens, pour les consommateurs, pour l'environnement, pour les entreprises, pour les collectivités. Nous y tenons et nous le défendrons.

Bien sûr, le Royaume-Uni reste en Europe. Mais c'est aux Britanniques de nous dire s'ils adhèrent toujours au modèle européen.

En réfléchissant à ce choix que devront faire les Britanniques, je ne peux m'empêcher de repenser à cette phrase du général de Gaulle dans ses *Mémoires de guerre* : « Monsieur Churchill et moi tombâmes modestement d'accord pour tirer des événements qui avaient brisé l'Occident cette conclusion banale mais définitive : en fin de compte, l'Angleterre est une île ;

la France le cap d'un continent ; l'Amérique, un autre monde. »

Lundi 13 novembre 2017 — Varsovie

Je poursuis mon tour d'Europe et la Pologne est évidemment un pays clef, dont les responsables politiques ont été activement sollicités par les Britanniques pendant les dernières semaines. Ils sont les premiers concernés par la situation des citoyens européens au Royaume-Uni. Près de 900 000 Polonais y vivent. Le paradoxe, ou l'injustice, est que c'est leur présence qui aura été utilisée ou exploitée par les partisans du Brexit pour faire peur, provoquer le repli et finalement appuyer la position britannique contre la libre circulation après le référendum.

Je me souviens de l'épisode honteux du « plombier polonais » utilisé sans vergogne en 2005 en France pour faire chuter le projet de Constitution européenne. Dans le cas britannique, c'est d'autant plus choquant qu'un grand nombre de ces Polonais ont été invités à venir au Royaume-Uni pour y faire fonctionner l'économie. En 2004, au moment de l'adhésion de la Pologne, le Royaume-Uni et l'Irlande ont été les deux seuls pays de l'Union à ne pas activer une clause à leur disposition pour suspendre pendant sept ans la liberté de circulation.

Je vois bien que le lobbying britannique a produit ses effets et que sur certains sujets liés aux droits des citoyens, au regroupement familial ou à la portabilité des prestations sociales, la Pologne est moins intransigeante qu'elle ne l'était au début des négociations. Elle reste néanmoins solidaire de l'unité européenne et tour à tour la Première ministre Beata Szydło, le ministre des Affaires européennes Konrad Szymański, et surtout l'habile et compétent vice-Premier ministre Mateusz Morawiecki me confirment leur confiance et leur soutien.

Vendredi 24 novembre 2017
— Ce qu'il reste à faire
(dans la première phase)

Grâce au séquençage, à l'unité des 27 et au formidable travail technique de mon équipe, qui nous a permis d'être toujours en avance dans la négociation, les discussions progressent.

Sur le règlement financier, nous y sommes presque.

Sur les droits des citoyens, nous devons encore progresser sur la question du regroupement familial, sur la possibilité d'exporter les allocations familiales, et sur le rôle de la Cour de justice de l'Union européenne.

Le sujet sur lequel nous butons est celui de l'Irlande parce que s'y mêlent passions et sentiments entre Irlandais et Britanniques.

Ma stratégie a consisté à faire reconnaître aux Britanniques quittant l'Union leur responsabilité sur la poursuite des coopérations Nord-Sud en Irlande, mises en place dans le cadre du droit de l'Union, avec des crédits européens, soutenues par des politiques européennes. Ayant reconnu leur responsabilité, s'ils veulent préserver le *Good Friday Agreement*, ils seront obligés d'apporter des solutions. Et ces solutions, pour l'essentiel, consistent, sujet par sujet, à ce que j'ai appelé des espaces réglementaires communs qui couvriront toute l'île d'Irlande.

Il y a quelques jours, au conseil des ministres des Affaires étrangères, j'ai donné un exemple que je connais assez bien comme ancien ministre de l'Agriculture, celui de la prévention des maladies animales. J'ai affronté en 2009 les conséquences de la crise de la fièvre catarrhale ovine et nous avons improvisé, dans l'urgence, une coordination entre les pays européens avec des conséquences extrêmement graves pour les élevages : nous avons dû trouver un vaccin et vacciner 24 millions d'animaux en catastrophe. Et il y a des leçons à tirer. Sur un territoire aussi cohérent qu'une île comme l'Irlande, il est inimaginable d'avoir deux cadres réglementaires différents.

Lundi 27 novembre 2017 — Tallinn

Je suis heureux de retrouver la capitale de l'Estonie qui assume avec conviction la présidence du Conseil de l'Union depuis juillet. Je me souviens de ma toute première visite ici, en 1995, dix ans avant son adhésion à l'Union européenne. Ministre des Affaires européennes en France, j'avais pris l'habitude, avant le début officiel des réunions et des rendez-vous, de faire un jogging très tôt avec mon officier de sécurité dans les rues ou les parcs des capitales que je visitais.

J'avais à cette époque été frappé de trouver dans les rues de Tallinn, un peu partout, des distributeurs de billets alors même qu'il n'y en avait aucun dans les rues de Vilnius en Lituanie ni de Riga en Lettonie. L'Estonie a toujours eu une longueur d'avance sur beaucoup de sujets, et c'est particulièrement vrai aujourd'hui dans le domaine de l'économie numérique. L'administration travaille sans papier et la salle du conseil des ministres est entièrement informatisée.

Au petit matin, je retrouve dans sa résidence la présidente de la République pour un petit déjeuner. Kersti Kaljulaid est une femme jeune, qui a longtemps travaillé à la Cour des comptes européenne. Son pouvoir est surtout honorifique et protocolaire mais elle joue un rôle en matière de politique étrangère et de défense.

Au cours de ce petit déjeuner, son conseiller me posera une question qui sur le coup me semble un peu incongrue : « Est-ce que d'un point de vue philosophique quelque chose de positif découle du Brexit ? » Peut-être ce journal tenu au jour le jour permettra-t-il aux lecteurs de trouver une réponse !

Mardi 28 novembre 2017 — Angela Merkel

Au retour de Tallinn, je me réjouis de passer ces deux journées dans la capitale allemande, d'y retrouver mon ami Peter Altmaier, proche ministre-conseiller de la chancelière et qui assume avec autorité, par intérim, la fonction de ministre fédéral des Finances. Nous travaillons également un grand moment avec Sabine et le conseiller européen de la chancelière Uwe Corsepius, comme toujours précis, direct et compétent.

Et malgré ses soucis liés à la formation du nouveau gouvernement après la rupture des négociations avec les libéraux, Angela Merkel me reçoit une bonne demi-heure dans son bureau, avant de prendre l'avion pour Abidjan où se déroule le sommet Europe-Afrique.

Nous nous connaissons depuis longtemps. En fait depuis 1994, lorsqu'elle est devenue ministre de l'Environnement de la République fédérale d'Allemagne, au moment où je l'étais pour la France. Pendant cette période, déjà, j'avais eu l'occasion de mesurer sa ténacité, sa simplicité, son souci de voir les choses dans le détail, tout en prenant le temps de bien comprendre.

Nous évoquons l'état de la négociation. Les zones d'atterrissage que nous préparons sur le règlement financier, sur les droits des citoyens. Elle est inquiète, comme je le suis moi-même, sur le dossier irlandais. Elle me confirme ce qu'elle a dit à Theresa May deux jours plus tôt quant à la confiance qu'elle place dans mon travail de négociation. « C'est toi, dit-elle, qui dois nous dire si nous sommes prêts à passer à la deuxième phase. »

Nous évoquons la suite. Comme d'autres responsables allemands, elle veut s'assurer que, sur les plans politique et économique, le futur statut du Royaume-Uni, qui a décidé de sortir de l'Union européenne, marque une différence claire. « Ça ne peut pas être la même chose », me dit-elle sans élever le ton mais d'une manière nette. Elle se dit rassurée par notre préparation avec les États membres des prochaines étapes.

J'évoque avec Angela Merkel mon intervention du lendemain devant la confédération des associations d'employeurs, la BDA. « Il faut expliquer avec des mots simples, compréhensibles, ce que veut dire être membre de l'Union et du marché unique et ce que l'on perd quand on s'en va. »

Le lendemain, je m'adresserai avec franchise aux chefs d'entreprise de la BDA :

« Je ne sais pas si on a dit toute la vérité aux entreprises britanniques sur les conséquences concrètes du Brexit. Ma responsabilité devant vous et partout ailleurs en Europe, c'est de dire la vérité aux entreprises européennes. »

Une relation commerciale avec un pays qui n'appartient pas à l'Union européenne comporte nécessairement des frictions. Par exemple pour les déclarations de TVA. Ou pour l'importation d'animaux vivants et des produits d'origine animale, qui sont soumis à des contrôles systématiques à la frontière de l'UE quand ils viennent de pays tiers.

Pour se préparer à ces conséquences automatiques du Brexit, il est important que chaque entreprise analyse avec lucidité son exposition au Royaume-Uni et soit prête si nécessaire à adapter ses circuits logistiques, sa chaîne d'approvisionnement et ses clauses contractuelles.

Par exemple, beaucoup de contrats donnent compétence aux juridictions britanniques pour le règlement des différends commerciaux. Jusqu'à présent, les jugements de ces tribunaux sont automatiquement reconnus dans l'ensemble de l'UE. Après le Brexit, il n'y a pas de garantie que ce soit toujours le cas.

Dimanche 3 décembre 2017
— Enfin des progrès…

Ce dimanche, tout le monde est sur le pont. Les couloirs de la *task force* fourmillent. Nous y sommes presque. Les Britanniques viennent de confirmer leur accord sur deux points encore en suspens et auxquels je tenais, tout comme le Parlement européen, concernant les droits des citoyens.

Il s'agit de la possibilité pour les citoyens qui seront couverts par l'accord de retrait d'exporter les prestations familiales et de faire venir leur famille — parents, grands-parents, enfants et petits-enfants, dans leur pays de résidence.

Les Britanniques acceptent aussi finalement de couvrir les futurs enfants d'un futur couple : un citoyen espagnol, vivant au Royaume-Uni et bénéficiant des droits reconnus par l'accord de retrait, est marié à une Belge. Ils ont un enfant avant le Brexit. Tous les trois bénéficient de la protection de leurs droits. Un divorce intervient après le Brexit et ce citoyen espagnol se remarie avec une Française. Un enfant naît de ce nouveau couple. Ce jeune enfant sera couvert au même titre que son demi-frère ou sa demi-sœur. C'est un progrès important pour les citoyens concernés.

Lundi 4 décembre 2017
— Le piège irlandais

Finalement, après de nombreux allers et retours, des avancées et des reculs, nous avons réussi à produire avec les Britanniques un rapport conjoint (*Joint Report*) sur cette première phase de négociation qui dresse les points sur lesquels nous pensons qu'un accord est possible. Theresa May vient aujourd'hui à Bruxelles pour approuver ce texte.

Je monte au treizième étage dans le bureau de Jean-Claude Juncker quelque temps avant le déjeuner. Jean-Claude, toujours aussi détendu et amical, a le sourire. Martin Selmayr aussi, mais on y voit bien plus l'excitation des grands jours. Dans notre esprit, ce déjeuner doit permettre de conclure un accord avec Theresa May sur le contenu de notre rapport.

Nous savons que c'est un risque qu'elle prend en acceptant, sur beaucoup de sujets, des conditions que les Britanniques refusaient obstinément au début de la négociation, mais le séquençage a produit son effet.

Au début de ce déjeuner, il reste en réalité un point de désaccord sur la nouvelle autorité administrative britannique prévue pour le suivi de la protection des droits des citoyens. Les citoyens européens au Royaume-Uni doivent pouvoir saisir ce médiateur, comme les citoyens britanniques peuvent saisir dans l'Union la Commission européenne. Jean-Claude Juncker, sur l'instance de Martin Selmayr, veut aussi que cet ombudsman puisse saisir une cour ou un tribunal au Royaume-Uni.

C'est un point délicat pour les Britanniques puisque, depuis le début, nous avons voulu faire de la Cour de justice de l'Union européenne l'arbitre en dernier recours de l'interprétation cohérente des droits de part et d'autre du *Channel*. Ainsi, nous avons finalement obtenu que les cours britanniques appliquent l'ensemble de la jurisprudence de la Cour de justice établie jusqu'au jour du Brexit, qu'elles soient invitées à tenir compte de la jurisprudence qui sera établie après le Brexit et qu'elles puissent de surcroît faire volontairement un recours préjudiciel, dans des cas nouveaux, auprès de la Cour de justice de l'Union. La décision de la Cour dans ce cas sera évidemment contraignante.

Sous la pression des *Brexiters* les plus durs, qui refusent tout rôle pour la Cour de justice, Theresa May veut limiter cette possibilité de recours préjudiciel dans le temps. Tout au long des travaux préparatoires, la France a refusé cette limitation, appuyée par l'Allemagne. Depuis, nous avons eu de nombreux contacts avec les Français et hier, j'ai échangé par SMS avec le président Macron qui nous a assuré qu'il accepterait un compromis.

Jean-Claude Juncker évoque une période de quinze ans. Theresa May part de très bas et propose trois ans en échange d'une ouverture sur le rôle de l'ombudsman. Cette durée-là n'est pas acceptable pour nous ni pour nos services juridiques car elle ne permettrait pas d'« éteindre » tous les cas potentiels de jurisprudence.

J'interviens aussitôt après Theresa May pour lui dire qu'en tant que négociateur, je ne peux pas accepter cette durée parce qu'elle ne serait pas acceptable pour le Parlement européen et pour plusieurs États membres. Jean-Claude Juncker fait une proposition à dix ans ou neuf ans et nous en restons là, sans fermer ces points.

Entre-temps, nous sentons du côté britannique une certaine fébrilité. Plusieurs SMS parviennent à Olly Robbins qui paraît ennuyé et en fait part par de petits mots à Theresa May. Au troisième message, nous sentons qu'il se passe quelque chose. Elle paraît désarçonnée et ne cherche pas à masquer sa déception. « J'ai un problème sérieux, nous dit-elle, avec mes alliés irlandais du DUP qui n'approuvent pas le texte du rapport conjoint sur l'Irlande. »

Dans cette partie du rapport, chaque mot a pourtant été pesé et nous avions ce matin enregistré l'accord des Britanniques, transmis par Olly Robbins. Jean-Claude Juncker a eu de son côté à midi la confirmation de l'accord du Premier ministre irlandais, le *Taoiseach* Leo Varadkar. Ce point-là était donc réglé pour nous. À l'évidence, il ne l'est plus du côté britannique et empêche Theresa May d'approuver le rapport conjoint, « si vous voulez avoir un gouvernement britannique pour discuter avec vous », nous dit-elle.

De quoi s'agit-il ? C'est le fameux paragraphe 48 de notre rapport conjoint qui est en cause. Selon ce texte, le Royaume-Uni s'engage à continuer de protéger la coopération Nord-Sud et à garantir l'absence d'une frontière physique. Tout arrangement futur devra être compatible avec ces exigences fondamentales. Pour atteindre ces objectifs, l'article 48 envisage successivement trois scénarios :

1. La future relation entre l'Union européenne et le Royaume-Uni pourrait protéger la coopération Nord-Sud et éviter une frontière physique. C'est l'intention du Royaume-Uni.
2. Si cela n'est pas possible, le Royaume-Uni proposera des solutions spécifiques pour répondre aux circonstances uniques de l'île d'Irlande.
3. En l'absence d'un accord sur de telles solutions, le Royaume-Uni maintiendra en Irlande du Nord un alignement complet avec les règles du marché unique et de l'union douanière qui, aujourd'hui ou dans le futur, soutiennent la coopération Nord-Sud, l'économie de l'ensemble de l'île et la protection du *Good Friday Agreement*.

Il y a en effet en Irlande du Nord et avec la République d'Irlande près de 142 points de coopération dans tous les domaines : échanges de marchandises, agriculture, santé, éducation, lutte contre les maladies animales, qui sont encadrés par le droit européen et soutenus par les politiques et le budget de l'Union. *De facto*, le retrait britannique met en cause ou fragilise la plupart de ces coopérations. Il est donc normal que le Royaume-Uni prenne ses responsabilités et s'engage à proposer des solutions. C'est ce paragraphe, qui évoque en réalité l'option d'« espaces réglementaires communs » sur l'île d'Irlande, qui provoque l'ire d'Arlene Foster et de ses amis du DUP.

Après une suspension de séance et de nombreux coups de téléphone entre Londres, Belfast et Bruxelles, Theresa May nous demande de lui accorder un peu plus de temps. Il est alors convenu que nous suspendions là cette discussion et que Theresa May revienne mercredi ou jeudi pour tenter de conclure.

Plus que jamais dans cette phase, *the clock is*

ticking. Donald Tusk le confirmera aussitôt à Theresa May qui vient le voir. Le Conseil européen se tient le 15 décembre, dans dix jours, et si un accord n'est pas confirmé sur l'ensemble de notre rapport conjoint ce jeudi, il sera trop tard pour le présenter ce jour-là.

Mon équipe est très déçue comme je le suis moi-même mais il n'y a rien à faire d'autre qu'à espérer un accord entre les Britanniques de Londres et les Britanniques de Belfast.

Mardi 5 décembre 2017
— effervescence à Londres

Nous sommes tous un peu sonnés par l'échec de la rencontre d'hier et le retour précipité de Theresa May à Londres. Nous suivons les consultations qu'elle mène pour tenter de recoller les morceaux de sa majorité.

Mais Arlene Foster la fait attendre. Olly Robbins nous a promis pour demain des propositions d'amendement sur le texte concernant l'Irlande. Le *Taoiseach* irlandais, comme nous-mêmes, a pourtant prévenu qu'on ne pourrait pas toucher une seule ligne du fameux article 48 rejeté par le DUP.

C'est donc une journée d'attente où nous préparons pour le lendemain le retour de Theresa May. Mais nous envisageons aussi un échec de ce round, le report des discussions sur le « progrès suffisant » à février ou mars, malgré tout le travail accompli. Nous avons deux scénarios et deux textes pour la conférence de presse que je devrai tenir en toute hypothèse.

Mercredi 6 décembre 2017
— Olly Robbins à Bruxelles

Olly Robbins est de retour. Il est décidément l'homme clef du côté britannique. Il prend beaucoup de risques pour sauver la situation. Il s'installe toute la journée dans le bureau de Sabine avec un cake et du café.

Sabine et Olly Robbins ont développé une relation de confiance vigilante. Ils ont trois points communs : une intelligence remarquable, un talent certain pour exprimer leurs idées et une capacité à la prise de risque. Des qualités indéniables, qui les amènent quelquefois à prendre de l'avance par rapport aux autres et au processus politique de négociation. Sabine ajoute à ses qualités de négociatrice hors pair une grande élégance et un look d'inspiration Art déco qui fait d'elle une personnalité bien identifiable de ces négociations.

C'est une journée non-stop de rédaction. Sur le texte irlandais, il ne changera pas en effet le fameux paragraphe 48 mais propose d'ajouter « des ceintures et des bretelles » dans de nouveaux paragraphes. Le risque que nous prenons avec lucidité, c'est que le texte final sur l'Irlande soit beaucoup moins clair et opérationnel, et que d'une « ambiguïté constructive » il ne reste que l'ambiguïté.

L'un de ces paragraphes me paraît inacceptable et je le lui fais savoir. Dans l'esprit des propos tenus la veille par David Davis à la Chambre des communes, ce paragraphe introduit l'idée que l'alignement réglementaire avec les règles de l'Union discuté dans le contexte nord-irlandais pourrait concerner tout le Royaume-Uni. Au détour d'une phrase, c'est une nouvelle tentative de ne garder du marché unique

que ce qui les intéresse et, plus grave, les Britanniques essaient d'utiliser l'Irlande comme cheval de Troie. Si c'est ça, la discussion peut s'arrêter tout de suite.

Sur les droits des citoyens, Olly accepte la durée de huit ans que nous exigeons au minimum durant laquelle la Cour de justice de l'Union européenne pourra être saisie par un juge britannique d'un recours préjudiciel. Je dis à Olly dans mon bureau que Theresa May peut souligner le caractère volontaire de ce recours. C'est bien le juge britannique qui dira le droit au Royaume-Uni.

Jeudi 7 décembre 2017
— Une soirée au téléphone

Theresa May, par la voix d'Olly Robbins, nous a fait savoir hier qu'elle pourrait revenir à Bruxelles pour conclure sur le *Joint Report* dès aujourd'hui. Toute l'équipe est sur le pont. Nous savons que les négociations sont intenses au sein du cabinet britannique sur le dossier irlandais et ce paragraphe 48 qui provoque tant d'émoi chez les élus du DUP à Belfast, mais dont le gouvernement irlandais, avec lequel nous sommes en lien permanent, refuse catégoriquement toute modification.

Les heures tournent. Dans l'après-midi je garde l'espoir que Theresa May nous rejoindra pour le dîner puisque demain, Jean-Claude Juncker, pour des raisons personnelles impératives, et Donald Tusk, parce qu'il quitte Bruxelles pour Belgrade, ne seront plus disponibles à partir de 9 heures du matin.

Olly Robbins est en contact quasi permanent par SMS avec Sabine. Son espoir que Theresa May vienne le soir même est finalement déçu. Nous restons très tard le soir pour finaliser le texte du *Joint Report* en liaison avec les Britanniques.

Jean-Claude Juncker me demande de passer le voir dans son bureau. Il est lui aussi en contact avec les Britanniques et les Irlandais, et finalement il est convenu que la rencontre de conclusion aura lieu demain matin à 7 heures, ce qui oblige Theresa May à prendre un avion vers 5 heures du matin !

Décidément, cette femme est courageuse et sait ce qu'elle veut. Elle a évidemment besoin d'un accord sur le *Joint Report* qui débloquerait la deuxième étape de la négociation. Son pari est qu'en revenant à Londres avec cet accord intermédiaire sur les progrès suffisants et un accord de principe des dirigeants européens pour aller plus loin, en particulier sur la période de transition qu'elle demande, elle pourra faire oublier les pas qu'elle a faits vers nous, en particulier sur le budget. Je pense qu'elle peut réussir ce pari. Dans cette négociation, c'est une forme de fuite en avant dans laquelle elle est lancée. Si elle revient à Londres sans accord, elle sait que son gouvernement n'y survivra pas.

Dans l'intervalle, nous entérinons le compromis sur l'autre point en suspens en dehors de l'Irlande. Les cours britanniques pourront introduire des recours préjudiciels auprès de la Cour de justice de l'Union européenne pendant huit ans. Ce ne sont ni les trois ans qu'avait concédés Theresa May lundi, ni les quinze ans qui étaient notre demande. Mais selon les deux jurisconsultes de la Commission et du Conseil, Luis Romero et Hubert Legal, ce temps de huit années est correct pour construire une jurisprudence là où elle n'existe pas encore.

Vendredi 8 décembre 2017
— Bruxelles, à l'aube

Il est 6 h 30 et la *task force* tourne à plein régime. À cette heure inhabituelle, beaucoup de journalistes sont déjà sur l'esplanade du Berlaymont. Je retrouve Jean-Claude Juncker dans son bureau avec Martin Selmayr. Et à l'heure dite, Theresa May arrive à l'entrée protocolaire et nous rejoignons le bureau de Jean-Claude Juncker pour un petit déjeuner. L'accord est confirmé sur le texte du *Joint Report* et personne ne rouvrira les contentieux qui ont émaillé toute cette semaine, ni sur la Cour de justice, ni sur l'Irlande.

On voit bien que Theresa May épuise ses forces dans une négociation permanente avec ses propres ministres et sa majorité. Elle veut maintenant clarifier avec Jean-Claude Juncker, comme elle le fera dans quelques instants avec Donald Tusk, le fait que le Conseil européen actera les progrès suffisants. Pour cela, le président de la Commission a mis en place les procédures d'urgence et obtenu une habilitation du collège des commissaires pour que la Commission elle-même propose dès aujourd'hui de reconnaître ces progrès suffisants.

La Première ministre pourra regagner Londres ce matin en ayant entendu publiquement cet engagement de la bouche du président de la Commission et du président du Conseil européen. Nous savons qu'elle le présentera d'une manière qui lui facilite les choses, en mettant le projecteur sur la période de transition qui lui sera sans doute accordée et sur la perspective désormais plus probable de commencer à parler de commerce.

Elle me remercie ainsi que nos équipes pour notre engagement. Je fais de même avec les négociateurs britanniques en mettant l'accent sur le rôle d'Olly Robbins, qui a été déterminant, plutôt que sur David Davis, qui se contente de suivre et d'éviter les coups.

Lundi 11 décembre 2017 — Non binding ?

David Davis, qui n'en manque décidément pas une, indique à la télévision britannique que ce *Joint Report* n'est pas « contraignant » pour le Royaume-Uni, comme si la parole de la Première ministre pouvait être provisoire ou contestée. La réaction des 27 et du Parlement européen ne tarde pas. Et je préciserai tout au long de la semaine que nous n'accepterons aucun retour en arrière sur le contenu de ce *Joint Report*, que tous les paragraphes qu'il contient, au nombre de 96, seront bien traduits dans le texte juridique de l'accord de retrait.

Mardi 12 décembre 2017
— Meghan et Harry

Plusieurs journaux britanniques évoquent la « trahison » par Theresa May des électeurs pro-Brexit. On se souvient que Boris Johnson avait fait croire pendant la campagne du référendum que le départ de l'Union européenne dégagerait 350 millions de livres par semaine pour les hôpitaux publics. Et le même Boris Johnson, à propos de la « facture » du Brexit avait estimé que les Européens pouvaient toujours courir, « *go whistle* ».

Néanmoins, Theresa May, lucidement, accepte de solder les comptes et d'honorer les engagements pris par son pays. Nous sommes parvenus sur ce point, grâce au travail méticuleux de Stéphanie, Philippe Bertrand et Norbert Gacki dans notre équipe, mais aussi de Mark Bowman du côté britannique, à établir un compte juste des engagements, sans citer aucun chiffre. Néanmoins, la presse britannique évoque un prix à payer de 50 milliards, bien supérieur aux 20 milliards initialement évoqués après le discours de Florence.

L'annonce des fiançailles du prince Harry et de Meghan Markle relègue cependant assez vite au second rang de l'actualité cette « facture ». Comme l'écrira *Le Monde*, l'annonce de ces fiançailles ne se limite pas à être un « puissant sédatif contre le *Brexit blues*[1] ». Le mariage programmé au château de Windsor en mai prochain s'annonce « *comme un grand moment d'affichage de l'unité nationale, alors que le pays reste coupé en deux par le vote sur le Brexit, et que son gouvernement est en proie à un chaos incessant* ».

Vendredi 15 décembre 2017 — Conseil européen et concours gastronomique

À l'invitation de Donald Tusk, et aux côtés de Jean-Claude Juncker, je retrouve ce matin les chefs d'État ou de gouvernement des 27 réunis au Conseil européen.

Même si nous avons franchi vendredi dernier une étape importante avec le *Joint Report*, la situation reste fragile.

Avec le Royaume-Uni, nous nous sommes mis d'accord sur un texte conjoint, précis et détaillé

1. Philippe Bernard, *Le Monde*, 4 décembre 2017.

qui apporte de la sécurité là où le Brexit crée de l'anxiété : pour les citoyens, pour l'île d'Irlande et pour les porteurs de projets financés par le budget européen.

Nous devons maintenant éviter tout retour en arrière. Et nous devons regarder de l'avant, vers la future relation, qui nécessitera de la clarté quant aux obligations que le Royaume-Uni est prêt à accepter.

Depuis des semaines, je demande à mes équipes de résumer sur une page les possibilités et limites de la future relation avec le Royaume-Uni compte tenu de ses propres lignes rouges. À force d'insister, Georg met sa petite équipe à la tâche. Il organise un concours. De nombreuses représentations circulent déjà parmi les think tanks bruxellois, mais il faut faire mieux. L'objectif est clair : aboutir à une représentation très visuelle des portes que le Royaume-Uni ferme pour lui-même à travers ses lignes rouges. À chacun de faire une proposition !

C'est finalement Uku Särekanno, fonctionnaire détaché par la présidence estonienne, qui remporte le premier prix. Ce que montre sa *slide*, c'est que le Royaume-Uni, par ses lignes rouges, ne souhaite ni rester dans le marché unique comme la Norvège, ni dans une union douanière comme la Turquie, ni même dans un accord de libre-échange complet et approfondi comme l'Ukraine. Il se retrouve à la dernière marche de l'escalier, avec un accord de libre-échange classique, du type de ceux que nous avons aujourd'hui avec le Canada ou la Corée du Sud. À chaque marche correspondent des droits et des obligations. Au Royaume-Uni d'assumer ses choix.

Future relation économique

Conséquences des lignes rouges du Royaume-Uni

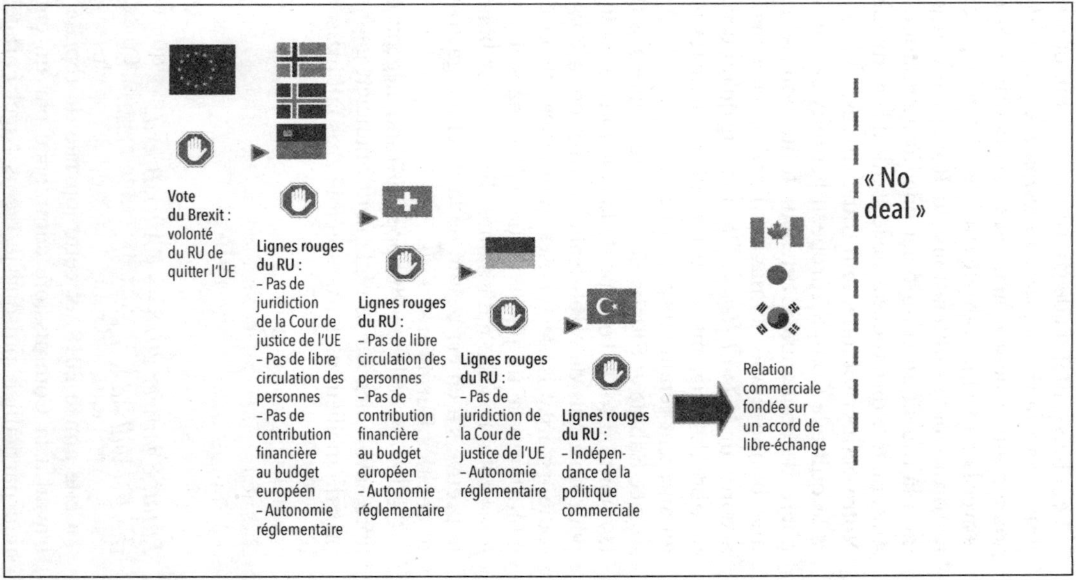

Les chefs d'État ou de gouvernement, qui prennent tour à tour la parole, saluent le *Joint Report* tout en soulignant le chemin qu'il reste à parcourir pour préserver la paix et la stabilité sur l'île d'Irlande, préciser les droits et les obligations du Royaume-Uni pendant la transition et négocier une future relation qui marque une différence avec le statut d'État membre. Notre petit graphique a un franc succès.

Je quitte le Conseil européen heureux de l'atmosphère de confiance. C'est pour toute notre équipe une bonne étape. J'imagine l'ambiance sans cet accord sur le *Joint Report*. Je suis sûr qu'un certain nombre de dirigeants et surtout de journalistes nous en auraient rendus responsables.

Avec Sabine et Stéphanie, nous rejoignons le Berlaymont où toute l'équipe de la *task force* est réunie pour un repas de Noël. Isabelle Misrachi a comme toujours organisé les choses avec efficacité, et chacun a préparé un plat typique de son pays. La *task force* compte seize nationalités. Il y a là sur la table la preuve s'il en est besoin de la diversité gastronomique des Européens.

C'est notre collègue Philippe Bertrand, liégeois qui, après avoir négocié le règlement financier, gagne le prix du meilleur plat avec son foie gras fait maison…

2018

Lundi 8 janvier 2018 — « After Brexit, the EU will no longer exist »

Cette année 2018, et cette journée de reprise du travail à la Commission, commence par un entretien particulier, puisque je reçois Nigel Farage, la personnalité la plus visible et la plus controversée de la campagne en faveur du Brexit.

Cet entretien ne me pose aucun problème de principe. J'ai d'ailleurs déjà rencontré beaucoup d'autres *Brexiters* depuis un an, sans compter les membres du gouvernement britannique lui-même.

Farage, en privé, est aussi cordial et doux qu'il peut être violent et démagogue en public.

L'entretien durera trente minutes. À l'évidence, ce n'est pas moi qui l'intéresse mais le simple fait de venir me voir et de le valoriser devant les nombreux journalistes qui l'attendent au pub, devant le Berlaymont.

Je ne retirerai rien de cet entretien, sauf la confirmation que les gens du UKIP, et lui en particulier, se sont comportés comme des irresponsables à l'égard des intérêts nationaux de leur propre pays. Comment appeler autrement à un tel choix, aussi grave, sans à aucun moment préciser ni expliquer les conséquences de ce choix aux citoyens, et même en faisant campagne sur des mensonges ?

Je lui rappelle, lorsqu'il veut s'assurer que j'ai bien compris les raisons du vote, qu'il y entre beaucoup de raisons, parfois contradictoires, et en particulier de fausses informations, comme celle des 350 millions de livres qu'il promettait avec ses amis de récupérer de Bruxelles chaque semaine pour les réaffecter aux services de santé. « Oui, c'était une erreur, me dit-il. J'avais dit à Boris de ne pas le faire. » Comment être plus cynique ?

Comme au cours de la campagne, lorsqu'il posait devant un poster géant montrant des files de migrants, Nigel Farage cherche à démontrer l'incapacité de l'Union européenne à réguler ses frontières ; non sans entretenir la confusion entre migrations externes et libre circulation à l'intérieur de l'Union. Je lui réponds que nous serons toujours plus forts pour répondre aux crises, de toute nature, en étant unis, et que nous avons un devoir moral de solidarité à l'égard des réfugiés qui demandent notre aide.

Son collaborateur, Benjamin Wrench, qui a travaillé avec lui dans l'industrie financière dans une vie antérieure, cherche absolument à noter que nous voulons protéger les services financiers européens, faire du protectionnisme. J'insiste : « Il ne s'agit pas de cela. La seule chose que nous voulons protéger, et que vous devriez protéger aussi, c'est la stabilité financière que nous avons eu tant de mal à reconquérir au lendemain de la crise de 2008. »

Nigel Farage est intrigué par la photographie, que remarque son collaborateur, du général de Gaulle accueillant Adenauer sur le perron de l'Élysée. Et je lui confirme que mon engagement gaulliste est en effet très ancien.

« Que dirait de Gaulle, me demande-t-il, de ce qui se passe à Bruxelles ? »

Ma réponse est directe : « Difficile de faire parler de Gaulle mais je suis convaincu qu'il tiendrait davantage de discours sur l'indépendance de l'Europe dans le monde d'aujourd'hui que sur l'indépendance nationale. Tout comme Churchill ou Adenauer. »

Avant que nous nous quittions, je pose une dernière question : « Puisque vous avez voulu et gagné le Brexit, comment voyez-vous la future relation entre le Royaume-Uni et l'Union européenne après ce Brexit ? »

Il n'hésitera pas dans sa réponse : « *Mister Barnier, after Brexit, the EU will no longer exist*[1]. » Je savais que Nigel Farage et tous ses amis d'extrême droite voulaient détruire l'Union de l'intérieur. J'en ai aujourd'hui la confirmation.

1. « Monsieur Barnier, après le Brexit, l'UE n'existera plus. »

Mercredi 10 janvier 2018 — Panier garni

Cette semaine est donc celle des *Brexiters* qui défilent dans mon bureau. Emmenés par un ancien député européen du UKIP, Steven Woolfe, qui a toujours été correct avec moi, plusieurs anciens dirigeants de l'économie britannique viennent plaider en fait pour l'intégration des services financiers dans l'accord commercial qui sera discuté. C'est même leur seul souci.

Autour de la table ont pris place Lord Digby Jones, ancien ministre du Commerce et de l'Investissement de Gordon Brown, ancien directeur général de la CBI, l'équivalent britannique du Medef, John Mills, eurosceptique de longue date, patron d'une grande entreprise de distribution, et John Longworth, consultant financier, président d'un groupe de pression prônant le *hard Brexit*, dénommé *Leave Means Leave*… Au début de la réunion, ils posent sur mon bureau un panier de provisions censé me prouver le dynamisme de l'économie britannique et la qualité de ses produits. La plupart de ceux-ci sont d'ailleurs protégés par des appellations d'origine contrôlée ou des indications géographiques de l'Union — cheddar, vin, thé, confiture. Beaucoup de ceux-ci sont transformés à partir de productions européennes.

Je le leur fais observer en souriant, tout comme je note que les deux ouvrages que contient ce panier, les pièces de Shakespeare et un essai sur Winston Churchill de Jeremy Havardi, ont trait à un auteur dramatique très continental et à un homme d'État britannique très européen…

Au-delà de ce panier de provisions, le discours que me tiennent ces *Brexiters* est en réalité moralement scandaleux. Devant ma position de principe hostile à une équivalence générale qu'ils souhaitent entre les services financiers de la City et ceux de l'Union, même si nous sommes ouverts à des équivalences particulières et conditionnées, Digby Jones ose me dire : « Monsieur Barnier, votre position est contraire aux intérêts de l'économie européenne. Vous allez rendre plus difficile encore la vie de l'ouvrier de la Ruhr, de la femme seule qui vit à Madrid ou du chômeur athénien. » Rien de moins !

Lundi 15 janvier 2018 — Remainers

Ma porte reste ouverte à tous les élus et responsables britanniques qui le souhaitent, et je trouve toujours de l'intérêt à ces rencontres qui soulignent l'intensité, la vivacité et aussi la grande volatilité du débat national britannique.

Aujourd'hui, je rejoins cinq parlementaires britanniques anti-Brexit, les conservateurs Dominic Grieve et Anna Soubry et les travaillistes Chris Leslie, Stephen Doughty et Chuka Umunna, avec qui j'ai dîné il y a deux ans à l'occasion du séminaire franco-britannique, dans les environs de Londres.

Dominic Grieve, ancien ministre de la Justice de David Cameron, conservateur éclairé, a conduit récemment la fronde d'une dizaine de députés conservateurs. Ensemble, ils ont provoqué à la Chambre des communes un vote obligeant la Première ministre à soumettre, le moment venu, le *Withdrawal Bill*, loi intégrant l'accord de retrait dans l'ordre juridique britannique, à un vote du Parlement britannique. Je l'ai entendu ce jour-là sur Europe 1, dans un français impeccable, expliquer que ce vote signifie qu'il n'y a pas vraiment de majorité au Parlement britannique pour approuver le retrait du marché unique et de l'union douanière, même s'il reste encore une majorité pour confirmer la sortie de l'Union.

Ces parlementaires travaillistes et conservateurs sont courageux, tous en opposition avec les leaders de leur parti, et militent ardemment pour stopper le Brexit. Sabine, qui les a accueillis avant mon arrivée, a insisté sur le timing : leur conviction est qu'une crise politique est possible qui changerait la donne, soit en avril prochain, soit plus sûrement en octobre, au terme de la négociation de l'article 50.

Jeudi 18 janvier 2018
— Inquiétudes à Luxembourg

Depuis trois jours, dans l'effervescence du Parlement européen à Strasbourg, je poursuis mon travail patient et tenace de contacts avec les députés européens. Chaque mois, mon équipe, et en particulier Georg et Nicolas Galudec, planifie des rendez-vous en continu avec les présidents de groupe, de commission, les rapporteurs, les coordinateurs. Je suis frappé par l'attention et l'intérêt de chacun au Brexit et à ses enjeux.

Avec sa capacité spontanée à créer des liens, Nicolas est au Parlement comme un poisson dans l'eau. Il était déjà dans mes équipes comme stagiaire, puis à la direction générale du Marché intérieur. Aujourd'hui il joue un rôle fondamental, apprécié de tous, dans le dialogue permanent avec les responsables politiques de tout bord dans cette grande maison souvent complexe mais essentielle.

Ce matin, je quitte Strasbourg très tôt en voiture. Je dois rencontrer Xavier Bettel, le jeune et dynamique Premier ministre du Grand-Duché. Il m'attend personnellement sur le perron de sa résidence et nous nous voyons quelques instants pour une discussion plus politique dans son bureau, où il est entouré d'œuvres d'art et de photographies contemporaines. Un couloir plein de couleurs.

Un peu plus tard, nous retrouvons son équipe avec Olivier Guersent et Ward Möhlmann puis, dans un bon restaurant italien, la discussion se poursuit avec les principaux responsables de l'industrie financière à Luxembourg.

Ward est un excellent juriste néerlandais qui a ma confiance, et à qui j'ai demandé de suivre avec rigueur les services financiers et donc la séparation de la City de Londres du marché intérieur.

À Luxembourg, on vit mal toutefois les dernières initiatives de la Commission qui visent à coordonner et à renforcer la cohérence de la supervision des marchés financiers, notamment à la faveur de la réorganisation des trois agences de supervision, ESMA pour les marchés financiers, EBA pour les banques, EIOPA pour les assurances.

Le Luxembourg concentre à lui seul près de 80 % des transactions européennes sur un produit financier reconnu et très apprécié dans le monde : les OPCVM (UCITS en anglais). Évidemment, cette concentration peut soulever la question de la flexibilité ou de la rigueur de la supervision au Luxembourg. Il y a sur ce sujet une vraie susceptibilité et même un léger sentiment de persécution.

Olivier Guersent, avec son aplomb habituel, explique que ce processus de cohérence est enclenché depuis longtemps. La réforme des agences de supervision européennes était annoncée dès 2010-2011 et l'union des marchés de capitaux exige évidemment de renforcer le *single rulebook*[1] et la cohérence réglementaire. Tout cela a démarré bien avant le Brexit.

1. Le règlement financier unique de l'Union européenne est un corpus de règles communes.

En fait, la crainte qu'expriment les Luxembourgeois est qu'avec ce renforcement de la réglementation et de la sévérité dans le marché unique, au moment même où le Royaume-Uni s'en dispenserait en quittant l'Union, les investisseurs aient la tentation de quitter le Luxembourg.

Sur le Brexit, mon message est clair : si les Britanniques maintiennent leurs lignes rouges, et s'excluent eux-mêmes du marché unique et de l'union douanière, nous ne pourrons pas continuer comme si de rien n'était.

À ce sujet d'ailleurs, je suis conforté par ce qu'Emmanuel Macron dit au même moment à Londres au cours d'une visite officielle chez Theresa May : « Le choix à faire est du côté britannique, pas du nôtre. Mais il ne peut pas y avoir d'accès différencié aux services financiers. Si vous voulez l'accès au marché unique — y compris les services financiers — *"be my guest"*... Mais cela signifie que vous devrez contribuer au budget et reconnaître la compétence de la Cour. Il n'y aura pas d'hypocrisie sur ce point, sinon cela ne fonctionnerait pas. Cela détruirait le marché unique et sa cohérence. »

Lundi 29 janvier 2018
— Transition sous contrainte

Sur la longue route de cette négociation, ce lundi 29 janvier 2018 est une nouvelle date charnière. Je retrouve les ministres des Affaires étrangères ou leurs secrétaires d'État pour un conseil « affaires générales ». C'est l'occasion de faire le point de la négociation, mais surtout aujourd'hui de recevoir un mandat pour engager la discussion avec les Britanniques sur la période de transition que Theresa May a demandée.

Le conseil adopte ses conclusions en deux minutes mais, une fois encore, cette rapidité n'est pas représentative du travail que nous avons fait en amont. Voilà près d'un mois que la Commission a publié une proposition de directives de négociation. Il y a eu sur ce sujet de nombreux échanges, trois réunions des 27 ambassadeurs.

La ligne est fixée pour cette période de transition. Plusieurs gouvernements en ont renforcé les contraintes. Cette transition sera courte, vingt et un mois, et logiquement elle devrait se terminer au 31 décembre 2020 en même temps que la programmation budgétaire de l'Union européenne 2014-2020.

Au lendemain du Brexit, prévu le 29 mars 2019 à minuit, le Royaume-Uni ne sera plus membre des institutions. En tant qu'État tiers, il ne participera plus à la prise de décision, notamment au sein du Conseil.

Pour autant, pendant cette période de vingt et un mois, tous les droits et les obligations liés au statut d'État membre continueront à s'appliquer au Royaume-Uni, qui restera notamment dans le cadre de supervision et de mise en œuvre de l'Union, sous la juridiction de la Cour de justice de l'Union européenne.

Puisque le Royaume-Uni restera pendant cette transition dans le marché unique et dans l'union douanière, il devra logiquement appliquer toutes les règles de l'Union.

Cette transition est le prix à payer pour éviter à la date du 30 mars un saut dans l'inconnu, donner un peu plus de temps aux entreprises pour se préparer, et surtout à l'administration britannique pour s'adapter, voire créer de nouveaux services, dont elle ne dispose pas, pour les douanes, le commerce, la certification des produits, puisque c'est Bruxelles et sa « bureaucratie » qui font le travail pour les 28 États membres.

Nous avons tous besoin de cette transition et les Britanniques plus encore que nous. Néanmoins, je vois se développer à Londres un débat sur la dureté de nos conditions. Le conservateur Jacob Rees-Mogg, égal à lui-même, accuse Theresa May de transformer le Royaume-Uni en « État vassal ». David Davis, dans un discours prononcé vendredi dernier, tout en acceptant les principales conditions de l'Union, essaie de « construire une digue ». Il va nous demander un droit d'objection pendant cette période pour les législations qui ne plairaient pas au Royaume-Uni.

Par avance, j'ai rejeté cette idée dans mon point presse cet après-midi avec la vice-première ministre bulgare Ekaterina Zaharieva. Il ne peut pas y avoir de divergence entre nous pendant cette période si le Royaume-Uni participe et bénéficie à plein du marché intérieur.

Mercredi 31 janvier 2018
— Études bien tardives...

La polémique fait rage à Londres sur un rapport dont je n'avais pas connaissance mais dont le contenu ne me surprend pas. Le ministère chargé de la sortie de l'Union européenne a commandé une étude sur les conséquences économiques du Brexit. Selon une fuite de ce rapport, l'impact en termes de croissance serait de - 8 % du PIB en cas de *no deal*, - 5 % avec un simple accord de libre-échange et - 2 % si le Royaume-Uni restait dans le marché unique sans union douanière. L'opposition exige la publication de cette étude que le gouvernement ne veut pas communiquer pour l'instant.

Ce soir, je retrouve pour un de nos dîners réguliers Guy Verhofstadt, son fidèle chef de cabinet Guillaume McLaughlin et Georg pour préparer la suite des négociations. Guy Verhofstadt est toujours de bon conseil et une force importante dans le débat public, où il peut s'exprimer beaucoup plus librement que moi. Ces dîners, pendant lesquels il nous fait partager les vins dont il est amateur, sont aussi l'occasion d'une respiration dans nos emplois du temps bien chargés, et de partager les nombreuses anecdotes et petites informations du Brexit.

Vendredi 2 février 2018 — Global Britain ?

Customs union or no customs union[1] *?* Les milieux économiques bruissent de rumeurs à propos de débats internes au cabinet de Theresa May sur l'hypothèse d'un accord d'union douanière qui pourrait limiter les contrôles entre le Royaume-Uni et le marché unique, préserver l'essentiel du commerce et faciliter aussi le règlement de la question irlandaise.

Le ministre britannique du Commerce, Liam Fox, que je n'ai jamais vu, met un terme à cette réflexion depuis Shanghai : « Il est très difficile de voir comment une telle union douanière est compatible avec une politique commerciale indépendante — nous devons être en dehors pour bénéficier des marchés en croissance —, une des raisons pour lesquelles nous quittons l'UE est de reprendre le contrôle et cela n'est pas possible avec un tarif douanier extérieur commun. » En effet !

Voilà à nouveau la grande idée d'une « *Global Britain* », de l'ouverture au grand large…

1. « Une union douanière ou pas d'union douanière ? »

Je me demande encore ce qui a empêché jusqu'à maintenant le Royaume-Uni d'être une « *Global Britain* », sauf son propre manque de compétitivité. L'Allemagne est, elle, une « *Global Germany* » tout en étant solidement à l'intérieur de l'Union et dans la zone euro !

Lundi 5 février 2018
— Retour au number 10

Pour une fois cet hiver, il fait grand beau sur Bruxelles au moment de prendre l'Eurostar pour Londres. Cette visite a été proposée par les Britanniques, qui veulent sans doute démontrer que les négociations se passent aussi à Londres et pas seulement à Bruxelles. Je l'ai acceptée sans problème. Simplement en m'assurant que cette semaine serait aussi celle d'un nouveau round officiel de négociation à Bruxelles.

À titre de précaution, deux officiers de police ont été dépêchés par le service de la sécurité de la Commission pour accompagner notre petite délégation composée de Sabine, Stéphanie, Georg et Dan.

Nous arrivons enfin dans l'« impasse » de Downing Street et nous avons un premier entretien au numéro 8 avec David Davis qui m'accueille.

Le contact est toujours cordial avec lui. Nous allons rarement au fond des choses. Après une brève discussion en tête à tête, nous sortons du bâtiment et nous marchons jusqu'au numéro 10, devant lequel nous attend une forêt de caméras et de photographes.

Quelques instants plus tard, Theresa May nous rejoindra dans un salon pendant une vingtaine de minutes. Elle semble fatiguée mais toujours solide. Les coups qu'elle reçoit dans son propre parti, souvent dans son propre gouvernement, sont nombreux et rudes. Elle aura une formule assez creuse sur la relation forte et amicale qu'il faut construire pour l'avenir entre son pays et l'Union. De manière étonnante, elle n'évoque pas la négociation en cours. Ces quelques instants qu'elle me consacre sont un geste que j'apprécie parce qu'il témoigne d'une attention personnelle, mais ils restent surtout un geste diplomatique alors que nous sommes au cœur d'une négociation difficile et qui se tend autour d'elle et entre nous. Elle aurait pu en profiter pour me faire passer quelques messages…

Le déjeuner qui suivra immédiatement réunit du côté britannique David Davis, Olly Robbins et l'ambassadeur Tim Barrow, qui est parfois difficile à comprendre en raison de son accent, bien qu'il ait fréquenté l'université d'Oxford ! Je n'ai jamais su ce qu'il pensait vraiment du Brexit. Comme ses trois prédécesseurs à Bruxelles, Ivan Rogers, Jon Cunliffe et Kim Darroch, tous diplomates chevronnés et compétents, Tim Barrow connaît bien les arcanes européens. Au fond de lui, il sait qu'en quittant l'Union, son pays perd un levier et beaucoup d'influence. Mais il est loyal, assez proche du ministre des Affaires étrangères Boris Johnson qui s'appuie sur lui, me dit-on. Son sens du devoir l'emporte sans doute sur sa conviction intime.

David Davis n'a pas un mot sur la relation future, alors même que le débat britannique, les médias, les polémiques au sein du cabinet ont porté tout le week-end sur l'éventuelle demande d'une union douanière.

Le matin même, pour arrêter la polémique, Theresa May a fait savoir qu'elle ne voulait ni de l'union douanière avec les Européens, ni d'une union douanière tout court. Nous parlons donc seulement de la période de transition et, à l'aide d'une fiche posée devant lui, David Davis égrène méthodiquement les points de désaccord avec les conditions posées par les 27.

Ces points sont au nombre de sept :

1. Les Britanniques souhaitent prévoir un engagement à agir « mutuellement de bonne foi » pendant la transition, de manière à se protéger contre une évolution de l'acquis qui leur serait défavorable. Le Traité prévoit pourtant déjà un devoir de sincère coopération.
2. Même s'il sera un État tiers pendant la transition, le Royaume-Uni souhaite être impliqué dans le processus de décision, en se référant à l'exemple norvégien — sans avoir pour autant l'intention de rejoindre l'Espace économique européen dont la Norvège fait partie.
3. Le Royaume-Uni souhaite marquer une différence entre les citoyens européens arrivés au Royaume-Uni avant le 29 mars 2019 et ceux qui arriveront pendant la période de transition.
4. Sur la durée de la transition, les Britanniques se demandent si les vingt et un mois proposés seront suffisants. Ils souhaiteraient deux ans, ce qui poserait la question du prix que le Royaume-Uni devrait payer pour participer au marché intérieur au début de la nouvelle période budgétaire pluriannuelle qui débutera le 1er janvier 2021.
5. Sur le commerce, le Royaume-Uni souhaite pouvoir non seulement négocier, mais aussi conclure et signer de tels accords commerciaux pendant la transition.
6. Sur la réplication des accords internationaux pendant la transition, le Royaume-Uni demande

à être soutenu par l'Union européenne dans ses discussions avec les pays tiers.
7. Enfin, en matière de justice et d'affaires intérieures, le Royaume-Uni demande de jouir de la possibilité de rejoindre des initiatives futures de l'Union européenne (c'est-à-dire de maintenir son droit d'*opt-in*), au moment même où il quitte l'Union européenne...

Je réponds point par point en insistant sur une exigence : si l'on prolonge le marché unique et les quatre libertés, alors il nous paraît logique de sécuriser les droits des citoyens jusqu'à la fin de la période de transition, le 31 décembre 2020.

David Davis me répond que les citoyens qui arriveront au Royaume-Uni après le 29 mars 2019 sauront qu'ils viennent dans un État tiers ; il n'y aura pas de surprise. Je lui dis simplement que c'est un point extrêmement sensible sur lequel le Parlement européen sera intransigeant.

Le déjeuner se termine et nous nous préparons à un point presse devant un pool restreint de caméras et de photographes. Les Britanniques ont exigé que nous soyons assis dans deux fauteuils, ce qui n'est pas commode pour moi et a sans doute pour but de me déstabiliser. Il a l'avantage de la langue. Je veux m'appuyer sur quelques notes et je ne peux pas les poser devant moi. Mais je décide de ne pas me laisser faire.

Dans son propos, David Davis s'en tient à quelques généralités. De mon côté je ne suis pas venu pour faire de l'eau tiède. S'agissant de l'avenir, je me refuse à commenter les débats intérieurs au Royaume-Uni mais je rappelle que, en dehors du marché unique et sans une union douanière avec les Européens, il y aura des barrières aux échanges commerciaux sur les biens et sur les services. Surtout, nous avions préparé une phrase succincte pour résumer le moment : « *Time has come to make a choice*[1]. »

Nous sortons par une porte dérobée. J'ai cependant le souci de prévenir David Davis qu'un rendez-vous vient d'être fixé dans l'après-midi avec Jeremy Corbyn. Nous traversons Londres pour aller à Canary Wharf et je rends visite à Andrea Enria et Adam Farkas, l'équipe qui dirige depuis cinq ans l'Autorité bancaire européenne qui va quitter Londres pour Paris.

Nous faisons le point sur la préparation des acteurs financiers et des banques au Brexit et aussi à l'hypothèse d'un *no deal*.

En sortant, nous apercevons sur l'immeuble Reuters d'en face, parmi les dépêches qui déroulent, notre petite phrase du 10 Downing Street qui fait le tour de l'Europe. Bonne occasion pour une photo et un tweet !

Et là encore pour dire la vérité, je rappelle ce que j'ai déjà dit plusieurs fois depuis un an et à quoi un certain nombre de *traders* ne veulent pas croire. « *When the UK leaves the single market, the financial passport is gone*[2]. »

Cette journée à Londres se termine avec Jeremy Corbyn que je retrouve pour la troisième fois. Il est accompagné de Keir Starmer, *Shadow Secretary of State* pour le Brexit, et d'Emily Thornberry, *Shadow Foreign Secretary*. Nous avons une règle du jeu : nous parler franchement et ne rien dire à l'extérieur. Je vois bien que le leader du *Labour* veut éviter certains choix et veut toujours laisser toutes les portes ouvertes.

1. « L'heure est venue de faire un choix. »
2. « Quand le Royaume-Uni quittera le marché unique, il n'y aura plus de passeport financier. »

Sous l'influence de Keir Starmer, qui comprend bien les enjeux, le *Labour* a été le premier, l'été dernier, à demander une période de transition de quatre ans. Parmi mes interlocuteurs britanniques, Keir Starmer, toujours courtois et professionnel, est sans doute, avec Hilary Benn, le président de la commission pour la sortie de l'Union européenne à la Chambre des communes, celui qui m'impressionne le plus pour sa capacité à saisir les enjeux de la négociation du Brexit dans le détail. J'ai le sentiment en l'écoutant que Keir Starmer sera un jour le Premier ministre du Royaume-Uni.

Jeremy Corbyn, qui a la mémoire courte sur ce point, conteste avoir fixé cette durée, mais peu importe. Je pense que le *Labour* ne reviendra pas sur le Brexit lui-même — il n'est d'ailleurs pas favorable à un nouveau référendum —, mais qu'il pourrait, une fois arrivé au pouvoir, demander un statut de type norvégien ou à tout le moins de rester dans une union douanière, s'il n'est pas trop tard.

Au retour vers le continent, le steward britannique vient me saluer et me remercier, de manière assez touchante. « Je fais partie des 48 % », me dit-il.

Mercredi 7 février 2018 — À Francfort, avec Mario Draghi

Ce matin, dans la neige et le froid, je retrouve sur le quai de la gare de Strasbourg Valdis Dombrovskis, vice-président de la Commission. Nous avons choisi d'aller ensemble à Francfort rencontrer le comité exécutif et le conseil des gouverneurs de la Banque centrale européenne (BCE).

Mario Draghi nous accueille chaleureusement. Il y a autour de la table du déjeuner son vice-président, le Portugais Vítor Constâncio, qui quitte bientôt ses fonctions, la Française Danièle Nouy, à la tête de l'autorité de supervision des banques de la zone euro, et l'Allemande Sabine Lautenschläger, à la tête de l'autorité de résolution. Tout cela me rappelle de bons souvenirs pas si lointains, lorsque j'ai eu à préparer en 2012 les textes créant l'union bancaire et ces deux autorités. Mario Draghi s'en souvient aussi : « Jamais la Commission n'a proposé un texte aussi important en un temps si court. » C'était aussi l'urgence de la crise.

Il y a deux points sur lesquels j'insiste dans ce comité restreint : il ne faut pas de concertation officielle entre le superviseur européen qu'est la BCE et le superviseur britannique, la Banque d'Angleterre, avant que nous n'ayons des orientations claires sur la relation future de la part du Conseil européen. Ce serait un mauvais signal pour nous sur le sujet qui reste l'intérêt offensif principal des Britanniques, c'est-à-dire les services financiers.

Je forme aussi le vœu que la Banque centrale, qui est au cœur du financement de l'économie européenne, puisse contrer sur des bases objectives le lobbying britannique qui prétend que le financement de l'économie européenne dépend principalement de Londres. « C'est une plaisanterie, en effet ! » coupe Mario Draghi.

Mario Draghi est une des figures les plus impressionnantes de l'échiquier politique européen. Attentionné, indépendant d'esprit, incisif, toujours direct. Ce n'est pas un homme politique au sens classique, qui a « fait les marchés » et gagné des élections. Son monde, c'était la banque. Mais par son action courageuse et déterminante en 2012, il a sorti la zone euro de l'ornière, et il s'est fait une place parmi les vrais leaders européens, qui sont hélas trop rares.

Vendredi 9 février 2018
— Salle de presse surchauffée

Au terme d'une semaine un peu chaotique de négociations avec les Britanniques, je retrouve la salle de presse du Berlaymont, seul, puisque David Davis a fait le choix de ne pas venir cette semaine.

Je m'installe au pupitre aux côtés du porte-parole adjoint de la Commission Alexander Winterstein, au moment même où se déroule la cérémonie d'ouverture des XXIIIes Jeux olympiques d'hiver à Pyeongchang en Corée du Sud. Et dans un clin d'œil, j'adresse mes vœux aux organisateurs et aux athlètes. Souvenirs, souvenirs !

Pour revenir au Brexit, je tiens une ligne ferme : « La transition n'est pas acquise si les divergences actuelles devaient persister. » Sans surprise, cette simple phrase, qui correspond à la vérité, provoque immédiatement un mouvement à la baisse du cours de la livre sterling.

Je prends aussi le soin, une fois encore et sans me forcer, de parler calmement et de répondre aussi à David Davis qui m'a reproché il y a deux jours mon manque de courtoisie. « Vous ne trouverez jamais dans mon attitude la moindre trace de manque de courtoisie, ou d'esprit de revanche. C'est le contraire de mon état d'esprit. »

Mercredi 14 février 2018
— Les carottes bio de Boris Johnson

Les ministres clefs du gouvernement britannique sont sur les routes. Comme Theresa May en fin de semaine à Munich sur les enjeux de la sécurité, ils se sont réparti l'Europe pour expliquer la position de leur gouvernement. J'espère que nous y verrons plus clair, mais ce n'est pas sûr !

Boris Johnson, aujourd'hui devant le think tank *Policy Exchange*, a fait un discours qualifié d'important par son équipe. En l'écoutant, je n'en tire aucune information nouvelle. Simplement la confirmation du grand malentendu et d'une inquiétude.

Le grand malentendu est celui qui va forcément apparaître chez les citoyens britanniques qui ont voté pour le Brexit en pensant voter contre la mondialisation, contre une Europe qui ne les protégerait pas assez, contre une Europe qui a dérégulé et désindustrialisé. Et pour les mêmes raisons que tant d'électeurs français votent à Marseille ou en Picardie pour Jean-Luc Mélenchon ou Marine Le Pen. Il faut y être attentif.

La réponse que veut apporter Boris Johnson, c'est un « Brexit internationaliste », c'est « *Global Britain* », davantage de libéralisme, d'ouverture et de dérégulation. Un jour ou l'autre, ce malentendu s'exprimera et aura des conséquences politiques sérieuses.

Dans la même veine, Boris Johnson plaide pour moins de règles, contre le « super-État » de Bruxelles : « Nous pouvons reprendre le contrôle de nos politiques agricoles, et nous pourrons peut-être faire des choses merveilleuses avec nos propres régulations pour… promouvoir les carottes bio. »

Les règles européennes ont l'avantage d'être assez protectrices pour le bio et surtout communes pour ce grand marché unique. S'en éloigner, cela veut dire être moins protecteur et se fermer, pour les carottes bio britanniques, le marché européen. Cela rappelle ce que disait il y a quelques semaines à Londres le ministre américain du Commerce à propos du poulet chloré…

Samedi 17 février 2018
— Sécurité et défense à Munich

Nous sommes arrivés à Munich hier pour participer à la conférence qui, chaque année, réunit en Bavière les principaux responsables de la planète en matière de politique étrangère et de sécurité. Une sorte de Davos de la défense. J'en ai profité pour m'entretenir avec la ministre de la Défense allemande Ursula von der Leyen, Christine Lagarde ou encore John Kerry, visiblement affligé par l'évolution actuelle des relations transatlantiques.

Afin d'éviter toute polémique inutile, j'ai décidé de ne pas assister au discours que prononce aujourd'hui Theresa May sur notre futur partenariat de sécurité, préférant le suivre depuis l'une des salles attenantes.

Ce sujet, qui me tient particulièrement à cœur, est l'un de ceux sur lesquels nos convergences sont les plus fortes. Je suis heureux que Theresa May dise à nouveau l'engagement inconditionnel du Royaume-Uni envers la sécurité de l'Europe.

Face aux défis du monde d'aujourd'hui, nous devrons continuer à faire front commun, et continuer à l'avenir à coopérer en matière de sanctions, d'opérations extérieures ou d'aide au développement.

En revanche, lorsque Theresa May aborde notre future coopération en matière de développement industriel des capacités de défense, notamment à travers le Fonds européen de défense nouvellement créé, il me paraît évidemment difficile d'imaginer que le Royaume-Uni et ses entreprises de défense continuent d'y avoir accès dans les mêmes conditions, tout particulièrement pour le développement de programmes aussi sensibles que Galileo, comme elle le suggère.

Les Britanniques sont aussi à la manœuvre pour limiter ou freiner les ambitions de l'Union en matière de défense. Ils croient habile de s'abriter derrière les États-Unis, et ainsi le secrétaire d'État à la Défense, Jim Mattis, dans une réunion des ministres au sein de l'OTAN en début de semaine, a averti les Européens que la défense de l'Europe, c'était l'affaire de l'OTAN.

Il y a à peine deux ans, Barack Obama disait exactement le contraire en venant en Europe. Et même, un peu plus tôt, George W. Bush avait pour la première fois encouragé les Européens à faire un effort supplémentaire, par eux-mêmes et pour eux-mêmes en matière de défense.

Le Norvégien Jens Stoltenberg, secrétaire général de l'OTAN, que je connais bien, reprend à son compte ce discours et évoque même dans son intervention à la tribune les trois risques que représenteraient pour l'OTAN, en fait pour les industries britannique et américaine, des avancées de l'Union européenne en matière de défense.

Jens Stoltenberg est un homme sympathique et pragmatique. Il a la tâche difficile de composer avec l'administration erratique et antieuropéenne de Donald Trump. Il a moins tendance à la grandiloquence que son prédécesseur Anders Fogh Rasmussen, ce qui a fait du bien à l'organisation. Mais sur les défis stratégiques et le partenariat UE-OTAN, qui doit être développé, il a une vision trop court-termiste et américaine. Un peu plus tard, je le croise dans les couloirs et je me permets de lui dire ma déception et ma surprise. « Vous avez parlé comme on le faisait il y a vingt ans. » Un instant, il est surpris et déstabilisé par ma réaction.

Le Premier ministre français Édouard Philippe le dira aussi à sa manière : « L'Europe de la défense et l'OTAN sont complémentaires. Faut-il que je le dise aussi en norvégien pour me faire comprendre ? »

C'est souvent avec le député européen Arnaud Danjean que je prépare ces rendez-vous annuels sur la sécurité et la défense. Au-delà de la politique, Arnaud est un ami. Il est, au Parlement européen, unanimement respecté parce que son jugement sur les grands enjeux géopolitiques est toujours informé et sûr.

Aujourd'hui, je suis aussi rassuré d'avoir à mes côtés Guillaume de La Brosse. C'est un jeune Français vif et direct, très compétent dans les questions de sécurité et de défense. Fort de son expérience au sein du Conseil puis de l'Agence européenne de défense, il m'avait déjà rejoint en 2015 dans le cadre de la mission sur ce sujet que Jean-Claude Juncker m'avait confiée.

Mercredi 21 février 2018
— Délégations britanniques

Après le *Select Committee* de la Chambre des communes et une délégation de maires ou de responsables travaillistes des grandes villes du Royaume-Uni, je reçois ce matin une délégation de la Chambre des lords conduite par Lord Boswell, et composée principalement de *Remainers*.

L'une des parlementaires, Baroness Kennedy, m'interroge en particulier sur le degré de précision de la déclaration politique qui en octobre accompagnera le traité de sortie et décrira la future relation. « Nous avons besoin, me dit-elle, au moment de voter, des détails de cette future relation. » Cela tombe bien puisque, du côté de l'Union, les États membres, le Parlement européen veulent aussi savoir précisément où ils iront. J'ai encore en mémoire l'avertissement d'Angela Merkel en décembre : « Au moment de signer le traité du Brexit, je ne veux pas être surprise par la suite. »

Mercredi 28 février 2018 — Projet de traité

Aujourd'hui, nous franchissons une étape importante en publiant un document que seules les équipes de la Commission sont capables de produire : le projet complet de l'accord de retrait, 168 articles et deux protocoles qui traduisent en termes juridiques la totalité des points de négociation. Il s'agit évidemment d'un saut décisif. Nous avons un texte, qui est la concrétisation de longs mois d'une négociation difficile, parfois houleuse.

Pour tout ce qui touche aux droits des citoyens et au règlement financier, cette traduction juridique reflète l'accord de décembre. Pour tout le reste, ce sont les positions de l'Union européenne que nous avons intégrées dans ce projet de traité. Le treizième étage du Berlaymont, celui de Martin Selmayr, était réticent a priori à ce qu'un tel document soit publié aussi vite. J'en ai donc parlé directement à Jean-Claude Juncker. En publiant ce texte, nous gardons toujours ce temps d'avance et l'avantage qu'il apporte dans la négociation. « Si tu penses que c'est la bonne chose à faire, m'a-t-il répondu, je te fais confiance. »

Vendredi 2 mars 2018 — Cherry-picking

Après Lancaster House et Florence, puis Munich sur la sécurité et la défense, Theresa May jalonne la négociation de prises de parole dans une chorégraphie très réfléchie. Le discours d'aujourd'hui ne nous impressionne pas, mais son ton est plutôt constructif et les détails y sont plus nombreux.

Dans cette allocution prononcée à Mansion House, la Première ministre veut donner des gages à l'UE. Selon elle, le Royaume-Uni gardera des standards élevés, par exemple grâce à un possible alignement sur les règles européennes en matière de concurrence et d'aides d'État, et en évitant toute « course au moins-disant » en matière de droits des travailleurs et d'environnement. La Première ministre reconnaît également que le Royaume-Uni aura un accès moindre au marché unique et que les cours britanniques devront dans certains cas se référer à la jurisprudence de la Cour de justice de l'Union européenne.

Mais après ces quelques concessions, on voit bien que Theresa May cherche à bâtir une proposition spéciale et à organiser un *cherry-picking* général dans le marché unique, par exemple en demandant à prévoir la participation du Royaume-Uni à certaines agences de l'Union — notamment sur la chimie et la sûreté aérienne — et en plaidant pour un accord très large sur les services et sur la reconnaissance des qualifications professionnelles.

Plutôt qu'une réaction agressive ou négative, nous choisissons de pousser la Première ministre dans ses retranchements et de lui rappeler la « seringue » dans laquelle elle s'est mise elle-même.

Dans un tweet largement relayé, j'accueille favorablement son discours pour sa clarté, confirmant que le Royaume-Uni quitte le marché unique et aussi l'union douanière. Il nous reste désormais à travailler sur un accord de libre-échange. Et c'est dans ce sens que le Conseil européen devra fixer ses orientations. Bref, un *free trade agreement* et pas autre chose.

Samedi 3 mars 2018
— Avec les pêcheurs danois

Depuis longtemps, je me sens bien dans les pays nordiques. Il y fait souvent froid, mais les gens sont simples et solides, souvent plus expansifs le soir. Hier j'ai retrouvé Copenhague avec plaisir pour y rencontrer pour la troisième fois le Parlement national.

Mon amie Margrethe Vestager, commissaire européenne à la concurrence, dans un clin d'œil sous forme de tweet, m'accueille dans son pays par ces mots : « *@MichelBarnier welcome to Denmark — it is snowing and cold but warm at hearts. Happy to have you as Brexit negotiator for all of us. Safe travel to Thyborøn.* »

Après une réunion avec le ministre des Affaires étrangères Anders Samuelsen, puis la ministre des Pêches Karen Ellemann, le Premier ministre libéral Lars Løkke Rasmussen m'accueille dans sa résidence à l'écart de la ville avec son équipe et en particulier son sherpa, Michael Starbæk Christensen, avec lequel j'ai une relation de confiance.

Le Premier ministre, après un entretien restreint, a réuni les responsables professionnels et syndicaux du Danemark pour un séminaire sur le Brexit que nous ouvrons ensemble. Évidemment, ce pays entretient une relation commerciale très proche et des échanges nombreux avec le Royaume-Uni, mais tous confirment que le marché unique est le plus important pour eux.

Le Premier ministre me remercie de prendre le temps d'une visite sur la côte ouest à Thyborøn pour y rencontrer les pêcheurs et les élus. Le patron de l'entreprise Lego, Niels Christiansen, me remet un Lego miniature qui constitue sa carte de visite. Bien vu !

Nous partons dans l'après-midi pour un long trajet en voiture vers la côte ouest où nous attendent les trois maires de la région et les responsables nationaux et régionaux de l'agriculture et de la pêche danois. Je retrouve au dîner une ambiance que j'aime et que j'ai bien connue lorsque je présidais la Savoie. En fait, j'ai vraiment besoin de rencontrer les gens sur le terrain et de sortir de mon bureau.

Ce matin, réveil très tôt, toute l'équipe est prête et nous sommes reçus à 8 heures dans une des deux usines de transformation de poisson de cette côte, qui exportent leurs produits en Norvège ou en Écosse pour nourrir les saumons d'élevage. Le centre de Thyborøn est celui d'une pêche industrielle qui utilise pour 40 % de son activité les eaux territoriales britanniques. Quand on regarde l'usage réciproque des eaux, les pêcheurs de l'Union utilisent les eaux territoriales britanniques cinq fois plus que les pêcheurs britanniques n'utilisent les eaux territoriales européennes.

Accompagnés de nombreux journalistes, nous montons sur un des bateaux de cette pêche industrielle pour une sortie en mer. Le contact avec les pêcheurs est direct, facile. Ils sont pêcheurs de père en fils. Le commandant, patron du bateau, est avec son associé, qui lui ressemble comme un frère. Leur grand bateau a été financé en partie par les fonds européens et quand ils partent, c'est pour huit à dix jours, pour rapporter des centaines de tonnes de poisson. Il embarque cinq hommes d'équipage.

Nous terminons cette visite par une longue réunion avec tous les acteurs locaux et les pêcheurs. Exceptionnellement, une traduction du danois vers l'anglais est prévue. Nous prenons le temps de les écouter. Bence Tóth, hongrois, responsable du secteur agricole et de la pêche dans mon équipe, leur explique avec précision et aussi avec un peu d'humour le cadre juridique dans lequel nous allons engager cette négociation. L'assistant du directeur général des Affaires maritimes et de la Pêche, Stijn Billiet, un jeune Belge, m'a aussi accompagné et répondra avec compétence à toutes les questions.

Une telle attention me paraît normale et reflète bien le signal que je veux donner. Je le résume en soixante secondes dans un tweet filmé sur le pont du bateau, malgré un froid glaçant. Le Brexit ne concerne pas seulement Londres ou Bruxelles. Ce n'est pas seulement une négociation de haut niveau. Le Brexit a des conséquences sur la vie quotidienne de beaucoup de gens, comme ici à Thyborøn pour les pêcheurs. Je veux écouter et comprendre pour bien défendre leurs intérêts et nos valeurs.

J'ai le sentiment que tous ici sont à la fois étonnés et touchés par notre attention et notre disponibilité. Nous partageons un buffet rapide et je reçois en partant quelques boîtes de maquereaux estampillées « *Brexit — alle i samme båd* » — tous dans le même bateau !

Lundi 5 mars 2018
— Première journée irlandaise

Avant de recevoir les responsables du DUP, le parti unioniste, je rencontre la présidente du Sinn Féin, Mary Lou McDonald, et Michelle O'Neill, présidente pour l'Irlande du Nord du même parti, ainsi que Martina Anderson, députée européenne, dont on me dit qu'elle a elle-même passé treize années en prison.

Le Sinn Féin, qui milite avec passion pour la

réunification de l'île, a bien accueilli notre projet de traité et notre proposition d'inclure l'Irlande du Nord dans l'union douanière européenne pour éviter une frontière dure, notamment pour les biens.

Mais le Sinn Féin veut aller plus loin et réclame un « statut spécial » pour l'Irlande du Nord. Je ne veux pas me laisser entraîner sur cette voie, et nous n'évoquerons pratiquement pas cette question.

Cela n'empêchera pas mes interlocutrices, qui avaient pris soin de faire figurer en gras « statut spécial » sur les documents posés sur la table, en évidence devant les photographes, de dire ensuite que ce statut spécial a été un des points de nos discussions. Difficile sur la question irlandaise de s'en tenir aux faits !

Olly Robbins nous a proposé de nous retrouver pour un dîner privé. Nous nous sommes déjà réunis ainsi en décembre, à la veille de conclure sur le *Joint Report*. Cette invitation est d'une nature différente, au lendemain du nouveau discours de Theresa May, et à quelques jours du Conseil européen des 22 et 23 mars.

Les Britanniques sont extrêmement soucieux d'enregistrer à ce Conseil européen un résultat sur la période de transition, exactement comme en décembre Theresa May avait besoin d'obtenir l'accord des 27 pour ouvrir la deuxième phase des négociations. C'est une forme de fuite en avant. Mais cette pression politique qu'elle subit dans son propre cabinet et dans sa majorité l'oblige à avancer pour survivre. C'est aussi la clef pour trouver un accord.

Olly Robbins indique que le cabinet va se réunir à nouveau mardi prochain et qu'il aura à approuver une proposition de Theresa May sur la transition qui sera proche de nos exigences. Il fait une avancée importante sur la question des citoyens. Comme nous l'exigeons avec le Parlement européen, il accepte désormais de traiter de la même manière et avec les mêmes droits durables les citoyens arrivés au Royaume-Uni avant le Brexit et ceux qui arriveront après le Brexit, pendant la transition, jusqu'au 31 décembre 2020. Il souhaite en échange que le délai de huit ans pendant lequel les cours britanniques pourront saisir la Cour de justice de l'Union européenne commence bien le 30 mars 2019.

Sur la durée de la transition, il n'insiste pas mais souhaite une clause ou un accord mutuel pour la prolonger éventuellement en cas de nécessité. Je lui réponds qu'une telle clause, « *one shot* », devra se trouver dans le traité lui-même, pas à côté, et exigera l'accord de l'Union pour être activée. Naturellement, si la transition est prolongée, il faudra ouvrir une nouvelle discussion sur la contribution budgétaire demandée au Royaume-Uni comme prix à payer pour sa participation au marché unique pour ce temps supplémentaire.

Nous prévenons aussi les Britanniques que les États membres sont réticents, pour beaucoup d'entre eux, à donner leur accord à la transition si des progrès parallèles ne sont pas enregistrés sur tous les autres sujets de la séparation. Stéphanie, toujours directe, dit à Olly Robbins que désormais encore moins qu'hier, un État tiers, le Royaume-Uni, ne pourra se trouver dans une situation équivalente ou supérieure à un État membre de l'Union.

À chaque soirée suffit sa peine. Nous allons avancer sur la transition et la séparation mais les Britanniques doivent se préparer à des lignes directrices strictes du Conseil européen en réponse au discours de Theresa May pour notre future relation économique.

Tout à la fin du repas, Olly Robbins, lucide, nous dit au détour d'une phrase qu'évidemment, le Royaume-Uni aurait intérêt à choisir l'option d'une union douanière avec nous. « Une option Turquie plus.

— Pourquoi “plus” ?

— Parce que, en regardant ton escalier, me dit-il, ceux qui sont en bas des marches, Canada, Corée, Japon, sont tous très éloignés de l'Europe. Notre place n'est pas là mais plus haut. »

Je lui dis : « Bien sûr, pourquoi pas ? Mais chaque marche a ses règles. »

Un escalier est fait pour être descendu ou… remonté !

Mardi 6 mars 2018
— Avec les « dames de fer » du DUP

Comme promis, je reçois Arlene Foster, présidente du DUP, le parti unioniste d'Irlande du Nord qui *de facto* fait la pluie et le beau temps dans la majorité de Theresa May puisqu'il lui apporte à Westminster les dix voix vitales pour gouverner. Elle est accompagnée du couple Dodds : Diane, membre du Parlement européen, élégante et compétente, très active au sein de la commission agriculture du Parlement, et son mari Nigel, leader du DUP à Westminster. Il y a là aussi Sammy Wilson, membre du Parlement britannique, réputé pour son caractère tempétueux, et enfin Timothy Johnston, assistant de Nigel Dodds, qui paraît, lui, avoir les pieds sur terre.

Je leur dis d'emblée que nous mettons en œuvre la décision qu'ils ont soutenue de sortir de l'Union européenne, que nous voulons le faire dans le respect de l'ordre constitutionnel du Royaume-Uni, en recherchant des solutions pratiques pour éviter une frontière dure entre les deux Irlandes et respecter l'intégrité du marché intérieur européen.

Étrangement, ce n'est pas la présidente du DUP qui commence à parler mais Diane Dodds. Pas très facile de savoir où se trouve le pouvoir dans ce parti. La discussion est franche, mais plusieurs fois, Sabine, qui est à mes côtés, et moi, nous devons les ramener à des faits et à des vérités. La ligne avec laquelle ils sont arrivés dans mon bureau est simplement celle d'un procès d'intention. Nous serions des marionnettes du gouvernement de Dublin, qu'ils exècrent, et nous voudrions créer une frontière entre l'Irlande du Nord et le reste du Royaume-Uni pour ne pas en avoir une au milieu de l'île.

Je leur réplique sèchement que telle n'est pas notre intention et que nous avons simplement cherché à rendre opérationnelle l'une des options du rapport conjoint de décembre parce que c'est notre responsabilité, et cette option concerne directement les outils et les règles du marché unique et de l'union douanière.

À l'évidence, la publication du projet de traité mercredi dernier a provoqué un électrochoc. Selon Nigel Dodds, nous serions même parvenus à faire l'union de tous les Britanniques contre nous. Je lui réponds que plus les Britanniques sont unis, mieux ça vaut, et que pour ma part, notre souci est celui de l'unité des 27 — je dis bien des 27 !

Après quarante minutes tendues, Nigel Dodds reconnaît que des solutions pratiques d'alignement réglementaire ont déjà été mises en œuvre entre l'Irlande du Nord et l'Irlande dans le domaine de l'agriculture, des règles phytosanitaires et de la prévention des maladies animales. Il y a même à ce titre des contrôles dans les ports et aéroports d'Irlande du Nord pour des produits venant de Grande-Bretagne.

J'enfonce le clou : c'est ce type de dispositifs concrets et pratiques dont nous avons besoin, pour les seuls domaines concernés par la coopération Nord-Sud et décrits dans le *Good Friday Agreement* (dont le DUP ne parle que comme du *Belfast Agreement*).

Au fond d'eux-mêmes, ils savent bien qu'il est impossible de n'avoir aucun contrôle entre le nord et le sud de l'île et, en même temps, aucun contrôle entre l'île d'Irlande et le reste du Royaume-Uni. J'insiste : « C'est la décision du Royaume-Uni de quitter le marché unique qui crée le problème. Aidez-nous à trouver des solutions concrètes à ce problème. »

Au terme de cet entretien, Arlene Foster confirme que la constitution d'un nouvel exécutif est suspendue car le Sinn Féin présente de nouvelles demandes « inacceptables » à ses yeux pour les citoyens d'Irlande du Nord. Je sais pourtant que l'accord avait été trouvé entre les deux partis il y a quinze jours et que le DUP est ensuite revenu sur sa décision.

Lundi 12 mars 2018 — Régions ultrapériphériques

Une respiration dans un agenda très chargé. Je reçois le président de la région des Canaries, Fernando Clavijo, qui est aussi le président de la conférence des neuf régions ultrapériphériques de l'Union. J'ai pour ces régions lointaines, isolées et, sauf la Guyane, insulaires, un attachement affectif et personnel, né de ma première rencontre avec la famille Sainte-Rose en Martinique dont l'aîné, Christian, est devenu le patron respecté du service de neurochirurgie pédiatrique à l'hôpital Necker.

Les Canaries produisent notamment du concombre, dont la moitié est exportée au Royaume-Uni, avec un soutien financier de l'Union au titre de l'éloignement.

Mais si cette aide est un soutien économique aux îles des Canaries, elle n'est pas, à l'intérieur du marché unique, une aide à l'exportation. Or, une fois le Royaume-Uni sorti de l'Union et du marché unique, ce soutien deviendra juridiquement impossible. En discutant avec Fernando Clavijo, je mesure mieux les conséquences parfois lointaines du Brexit, et tous les sujets sur lesquels nous devrons chercher des solutions.

Mardi 13 mars 2018 — Session plénière

Retour dans le chaudron de la plénière du Parlement européen pour un débat sur le Brexit et le vote d'une nouvelle résolution du Parlement à la veille du Conseil européen. Comme d'habitude, je suis aux côtés de Jean-Claude Juncker. Derrière nous, au second rang, sa garde rapprochée, avec sa nouvelle cheffe de cabinet, Clara Martínez Alberola, et Martin Selmayr, dont la nomination à la hussarde comme secrétaire général de la Commission a fait l'objet la veille, dans le même hémicycle, d'un long et pénible débat public.

Jean-Claude Juncker ouvre le débat. Il est fatigué et sa voix est faible et hésitante. Comme toujours, il est amical à mon égard et salue publiquement le travail de mon équipe, qui est d'abord la sienne. Dans mon intervention en conclusion, je choisis de citer Martin Selmayr pour le travail qu'il va poursuivre, engagé par son prédécesseur, Alexander Italianer, sur le *contingency planning*, la préparation au scénario d'une sortie brutale des Britanniques, d'un *no deal*.

Il me remerciera de ce témoignage public. Pour moi, et au-delà de l'écume et des difficultés quotidiennes dans le travail, j'ai choisi depuis le premier jour d'établir avec lui une relation directe et efficace.

Il a des talents indéniables de stratège et de communicant. Il porte en lui une vraie vision d'avenir pour l'Europe. Dommage simplement qu'il ait du mal à accepter les limites de sa fonction.

Sur le banc voisin, comme toujours aussi, Nigel Farage est là, au début et à la fin du débat. Sa logorrhée roule sur elle-même, avec des arguments éculés. Derrière lui, à l'extrême droite de l'hémicycle, un autre député britannique, militant inconditionnel du Brexit, vocifère et se permet, au moment où il est question des nouvelles mesures protectionnistes américaines, de s'exclamer : « *We vote Trump !* »

Après notre rencontre il y a quelques semaines, Farage a déclaré à une journaliste : « J'ai parlé avec Michel Barnier cette semaine. C'est comme dire à un chrétien que peut-être Dieu n'existe pas. » Peut-être aussi Dieu existe-t-il !

Jeudi 15 mars 2018
— Devant les 27 ambassadeurs

Longue discussion avec les ambassadeurs à Bruxelles des 27, en préparation du Conseil européen, dont le contexte politique est un peu comparable à celui de décembre. La pression des milieux économiques britanniques sur le gouvernement, les désaccords au sein du cabinet à Londres, la montée en puissance du *Labour* obligent Theresa May à obtenir un résultat pour ne pas être un peu plus fragilisée à son retour.

En décembre, c'était un engagement du côté européen à ouvrir la deuxième phase des négociations, notamment sur le commerce. Et voilà comment nous avons pu conclure, au dernier moment, sur le *Joint Report* pour sécuriser les droits des citoyens et solder les comptes.

Là, Theresa May veut obtenir un accord de principe sur la transition pour contenir l'inquiétude et même la panique de nombreux secteurs industriels britanniques. Au Royaume-Uni, beaucoup d'investissements ont été suspendus, voire annulés, et les intentions de délocalisation vers l'Union européenne se font plus précises.

Ma stratégie est de ne pas rater cette « fenêtre d'opportunité ». Je sais que les négociateurs britanniques sont maintenant prêts à se rapprocher de nos positions s'agissant des conditions de cette transition. En sécurisant ces avancées, je dis aux ambassadeurs que nous pouvons faire des progrès majeurs. Nous n'isolons pas le sujet de la transition des autres sujets de la séparation. Nous maintenons la dynamique. Nous respectons l'esprit du *Joint Report* de décembre. Nous ne cédons rien sur le fond. Pour autant, tout ne sera pas réglé puisqu'il restera des points de vraie divergence sur la gouvernance de cet accord et le rôle de la Cour de justice de l'Union européenne, et surtout sur l'Irlande et l'Irlande du Nord.

Chacun des ambassadeurs tient à remercier mon équipe de son travail. Il est vrai que, depuis la publication de notre projet de traité il y a quinze jours à peine, les réunions avec les États membres ont été quasiment permanentes. Pendant tout un week-end, la *task force* a répondu et pris en compte près de 700 questions des 27 pays. C'est ce projet de texte consolidé que les ambassadeurs des 27 décident d'approuver aujourd'hui.

Je rappelle notre objectif pour les prochains jours : après cette réunion du Coreper, la Commission adressera officiellement ce projet de traité aux Britanniques et nous avons prévu de négocier tout le week-end pour « colorier » le document : en vert, le texte agréé entre les négociateurs ; en jaune, tout ce qui restera à clarifier ou à préciser ; en blanc, les points de désaccord.

J'évoque aussi dans mon intervention devant les ambassadeurs les lignes directrices que les dirigeants européens devront approuver, et qui constitueront mon mandat pour cette troisième négociation parallèle qui débutera en avril sur la future relation avec les Britanniques. C'est l'occasion pour chaque ambassadeur de faire valoir ses préoccupations particulières. L'ambassadeur français, Philippe Léglise-Costa, s'exprime longuement, et avec son intelligence froide qui n'est souvent pas comprise. Sur plusieurs points, il revient à la charge malgré l'assurance qui nous a été donnée à Paris par le conseiller d'Emmanuel Macron, Clément Beaune. Mon équipe est affectée par ce qui apparaît de la part des Français comme un manque de confiance. Mais pour les autres ambassadeurs, cet échange ne fait sans doute que rappeler que leur négociateur négocie au nom des 27 et pas de son pays en particulier.

L'ambassadeur irlandais, Declan Kelleher, marque le coup avant le Conseil européen avec la certitude d'être entendu par les Britanniques. Il faudra dans le traité de retrait des solutions concrètes et opérationnelles pour éviter la frontière dure sur l'île d'Irlande. Les Britanniques devront bien le comprendre.

Il reste que nous devons apporter une réponse claire et nette aux tentatives britanniques de *cherry-picking*. Il y a quelques jours, le Premier ministre luxembourgeois, Xavier Bettel, a résumé la situation de cette manière : « Ils étaient à l'intérieur mais avaient beaucoup d'*opt-out*. Maintenant ils sont dehors mais veulent beaucoup d'*opt-in*. »

Lundi 19 mars 2018
— David Davis est de retour

C'est une grande journée qui commence puisque David Davis revient enfin à Bruxelles. Il n'y était pas venu depuis le mois de décembre, et entretemps nous ne nous sommes vus qu'une seule fois, à Londres. À l'évidence, sa manière de conduire la négociation du côté britannique n'est pas la mienne. Et nous savons désormais que tout le travail de préparation, de négociation, d'arbitrage, se fait au niveau d'Olly Robbins et sous le regard attentif de la Première ministre Theresa May elle-même.

David Davis, parce que son agenda est davantage politique et intérieur, utilise une technique que j'ai bien comprise. Il se met en retrait délibérément à tous les moments de négociation et de compromis, ne veut pas être lié par des concessions régulières et multiples. En revanche, il accepte à chaque étape le paquet des compromis réalisés par nos équipes et trouve les mots pour les habiller, les banaliser dans certains cas ou les valoriser.

Je ne suis ni surpris ni choqué par cette méthode. Depuis le début, ce n'est pas le marketing ou l'écume qui m'intéresse, mais le fond. Nous trouvons étape par étape un accord sur tous les sujets avec les Britanniques. Ils viennent souvent sur nos positions, qui sont sérieusement préparées et juridiquement étayées. Et c'est cela qui compte.

Depuis jeudi dernier, pendant trois jours et deux nuits, la *task force* s'est transformée en ruche. Nous étions tous sur le pont jusqu'à hier dimanche à 21 h 30 pour, ligne par ligne, article par article, constater les points d'accord que nous avons coloriés en vert, les points à préciser, en jaune, et les points de désaccord en blanc.

Sur le mur de notre salle de réunion était projeté en permanence ce grand tableau, où le vert progressait d'heure en heure. C'est cette projection qui m'a donné l'idée d'illustrer notre conférence de presse d'aujourd'hui en projetant sur le grand écran de la salle de presse la totalité des 168 articles en trois couleurs.

David Davis ne remettra en cause aucun des points d'accord. Il essaiera dans notre réunion de préparation de banaliser la question de Gibraltar, mais c'est bien ce projet de traité dont 75 % sont verts désormais qui me permettra, devant 250 journalistes, de justifier une étape décisive dans la négociation.

À ce stade, le point essentiel pour les Britanniques est d'avoir pu colorier en vert tout ce qui concerne la transition. Dans quelques jours, Mme May pourra repartir à Londres en ayant obtenu l'accord de l'Union européenne pour cette période.

De mon côté, je vais insister sur cette étape décisive qui n'est qu'une étape. 75 % ne veut pas dire 100 %. Évidemment, tout ce qui n'est pas encore agréé reste et restera le plus difficile. Même désormais plus limité, le risque d'un échec est toujours là, notamment sur la question de l'Irlande.

Mercredi 21 mars 2018 — Saint-Patrick

Décidément, j'aime bien l'Irlande et les Irlandais. Les Français ont toujours eu pour ce pays une affection particulière. Pour moi, il rappelle le souvenir de la toute dernière visite que le général de Gaulle a faite à l'étranger après sa démission de la présidence de la République.

Aujourd'hui c'est la Saint-Patrick. Où qu'ils soient, les Irlandais se retrouvent pour la fêter et boire une Guinness ou une Kilkenny.

Après avoir participé à la réception des deux ambassadeurs irlandais au palais des Beaux-Arts de Bruxelles, le « Bozar », où j'ai été accueilli très chaleureusement, je réponds aujourd'hui à l'invitation du député européen Seán Kelly et de ses collègues au Parlement européen.

L'ambiance est amicale et même émouvante. Les Irlandais, qui savent pouvoir compter sur la solidarité des États membres, ne ménagent pas leurs remerciements. On sent bien l'inquiétude que le Brexit fasse dérailler le processus de paix et le *Good Friday Agreement*. On sait bien que, de l'autre côté, en Irlande du Nord, parmi les unionistes du DUP, qui n'a jamais soutenu le *Good Friday Agreement*, il y a la pensée ou l'arrière-pensée d'empêcher cette fois-ci, grâce au Brexit, la marche vers la réunification de l'île.

Je m'efforce de dire quelques mots en gaélique. Ce n'est pas si facile. « *Ní neart go cur le chéile* » — il n'y a pas de force sans unité. Et à la fin d'une très courte allocution : « *Go raibh maith agaibh* », merci pour votre attention. Ce clin d'œil rencontre un franc succès.

Jeudi 22 mars 2018 — Mario Draghi

19 heures. Je suis seul dans mon bureau pour préparer le Conseil européen de demain. Mon portable sonne. C'est Mario Draghi qui me demande d'urgence un entretien de quinze minutes, « n'importe où dans Bruxelles », me dit-il. Je lui propose d'aller à son hôtel place Jourdan à 20 h 30. Il semble ennuyé. Le sujet est celui d'un communiqué qu'il

a visiblement promis au gouverneur de la Banque d'Angleterre, Mark Carney, annonçant avec cors et trompettes, demain matin, au moment même du Conseil européen, la mise en place d'un groupe de travail bilatéral entre la Banque centrale européenne et la Banque d'Angleterre. Rien de moins !

Nous étions en effet convenus il y a quelques semaines, lorsqu'il m'a invité devant le conseil des gouverneurs de la BCE à Francfort, de créer un groupe technique commun avec les Britanniques sur le seul sujet du *no deal* et de ses conséquences. Et voilà que, par la magie d'une nouvelle pression britannique, le sujet serait élargi à toutes les questions liées à la stabilité financière et le groupe serait annoncé en même temps que le Conseil européen. La ficelle est très grosse, l'objectif tout aussi clair est celui d'ouvrir sur les sujets des services financiers une ligne de négociation parallèle à la nôtre.

Je dis clairement à Mario Draghi, avec lequel je m'entends bien, qu'une telle manœuvre n'est pas possible, qu'il n'y a aucune raison qu'une telle annonce se fasse en même temps que le Conseil européen et que le sujet de ce groupe de travail, en toute hypothèse, doit être limité.

Il en convient et nous nous quittons sur mon engagement de lui adresser très prochainement un projet de lettre précisant le cadre et le mandat de ce groupe. Le lendemain matin, à l'occasion du conseil des chefs d'État ou de gouvernement de la zone euro, il reviendra à la charge auprès de Jean-Claude Juncker. Pour moi, les choses sont désormais calées et nous n'y reviendrons pas.

Vendredi 23 mars 2018
— Conseil européen

Vers 9 h 30 ce matin, je suis invité à rejoindre la table des 27 chefs d'État ou de gouvernement. Je peux annoncer un vrai progrès puisque le projet de traité livré par mon équipe il y a à peine quinze jours est devenu la base de la discussion avec les Britanniques. Et tout au long du dernier week-end, à marche forcée, nous sommes parvenus à en colorier en vert plus des deux tiers. Désormais, nous nous trouvons vraiment sur la route d'un retrait ordonné plutôt que désordonné.

Mais, au-delà de ces avancées significatives, j'insiste sur les deux points sérieux de divergence qu'il ne faut pas sous-estimer : la gouvernance de l'accord de retrait, puisque la base du Parti conservateur s'opposera à tout rôle pour la Cour de justice de l'Union européenne, et la question irlandaise à laquelle nous devons trouver, dans l'accord de retrait lui-même, une solution juridique et opérationnelle alors même que Theresa May a besoin du parti unioniste DUP pour préserver sa majorité.

J'évoque enfin la future relation. Pour cette étape nouvelle et sans doute plus difficile de la négociation, la clef reste l'unité des 27, même s'il y a entre nous des sensibilités diverses et parfois des intérêts différents. C'est cette unité improbable pour les Britanniques qui les a obligés à accepter finalement de payer toute leur part et tous leurs engagements dans le règlement financier. Plus récemment, c'est cette unité des 27 qui a conduit Theresa May à engager la discussion sur la base de notre protocole irlandais, alors même qu'elle déclarait il y a trois semaines à peine qu'aucun Premier ministre britannique ne pourrait l'accepter.

Au-delà de cette unité, je rappelle une fois de plus qu'il n'y a d'accord sur rien tant qu'il n'y a pas d'accord sur tout. Cela vaut en particulier pour la transition, qui n'existera pas s'il n'y a pas d'accord de retrait. Et puis j'insiste sur les grands principes fondamentaux pour cette deuxième phase de négociations : l'autonomie de décision des 27, l'intégrité du marché intérieur, la nécessité d'un *level playing field* (un cadre de concurrence juste et équitable) et le constat que le Royaume-Uni devient un pays tiers. Cela vaut pour notre future relation commerciale, mais aussi pour notre partenariat en matière de sécurité et de défense.

J'esquisse à cet instant l'idée que ce partenariat pour la sécurité du continent pourrait intervenir avant même la fin de la période de transition. Mon idée devant le Conseil européen est simplement de prendre date dans cette perspective.

Et finalement, je me permets une analyse plus politique de l'état des lieux. Une fois parvenus en octobre à cet accord de retrait, nous aurons un intérêt commun à ce qu'il soit ratifié. Du côté européen, cette ratification est la seule garantie que les Britanniques paieront ce qu'ils doivent et surtout que les droits des citoyens seront sécurisés. Du côté britannique, la période de transition, qui est vitale, politiquement et économiquement, ne peut être assurée qu'avec cette ratification.

Mais les conditions politiques de cette ratification sont exactement inverses de part et d'autre. De notre côté, à quelques semaines des élections européennes, fin mai 2019, nous avons besoin de clarté. Il nous faut montrer aux entreprises, aux administrations, aux citoyens, ce qu'il se passera après la transition. Il faut aussi clairement illustrer la différence entre un État membre de l'Union et un État tiers. Du côté britannique, Theresa May a davantage besoin d'ambiguïté. Elle ne dispose en effet d'aucune majorité claire en faveur de l'une ou l'autre version de notre relation future. Il faudra donc trouver le bon équilibre entre la précision dont nous avons besoin et une certaine flexibilité pour ne pas fermer la porte à une évolution future du Royaume-Uni sur ses propres lignes rouges.

Dans le tour de table qui commence, Angela Merkel insiste sur l'unité : « Notre responsabilité, c'est l'intégrité et la solidité du marché unique. Il faudra en octobre être plus précis, donner des certitudes. »

Emmanuel Macron, un peu plus tard, et le Premier ministre néerlandais Mark Rutte, puis une quinzaine de chefs de gouvernement prendront tour à tour la parole. La plupart d'entre eux rejettent toute forme de marché unique à la carte, expriment leur solidarité avec le *Taoiseach* Leo Varadkar et soulignent le travail accompli par notre *task force*.

Jeudi 5 avril 2018 — Helsinki

Retour à Helsinki, où je commence la journée par une réunion avec le Grand Comité du Parlement national. Tous les partis politiques y sont représentés, y compris les True Finns qui sont restés sur une ligne antieuropéenne.

J'ai retrouvé hier le Premier ministre libéral de Finlande Juha Sipilä, très amical. « J'aime bien votre style », me dit-il. Tout au long de la journée d'hier, j'ai rencontré les autres leaders de la coalition, le ministre des Finances Petteri Orpo, qui représente le Parti de la coalition nationale, et le ministre des Affaires européennes Sampo Terho, issu d'une scission avec les True Finns.

Hier soir, nous avons eu un bon dîner avec les principaux chefs d'entreprise de Finlande qui font l'objet d'une attention, je le sais, très particulière et très pressante de la part des Britanniques depuis plusieurs mois. Nous nous parlons franchement et nous nous mettons d'accord sur la priorité qui doit rester la défense du marché intérieur européen. La Finlande a toujours été à mes yeux un pays très européen. J'avais avec l'un de ses anciens Premiers ministres, le sage Paavo Lipponen, une relation très proche et je lui ai dit un jour que son pays pouvait être vu « comme le septième pays fondateur » de l'Union européenne.

Ce matin, très tôt, et avant de reprendre l'avion vers Bruxelles, je retrouve Pekka Vauramo, le PDG de Finnair, qui est membre comme British Airways de l'alliance One World. Nous visitons les services internes de l'aéroport et, évidemment, la tour de contrôle qui gère l'atterrissage ou le décollage de 600 vols en moyenne par jour. Une dizaine d'entre eux viennent de Londres ou vont à Londres. Helsinki est en réalité un hub pour beaucoup de passagers de la région mais aussi de citoyens britanniques qui se rendent en Asie notamment.

Quittant l'Union européenne, les Britanniques et leurs entreprises quittent le marché unique et aussi le ciel unique européen. Il nous faudra donc renégocier avec eux un accord bilatéral pour, à tout le moins, permettre aux avions britanniques d'atterrir dans l'Union et aux avions européens d'atterrir au Royaume-Uni.

Les Finlandais, évidemment, veulent aller plus loin et ouvrir cette relation future à ce qu'on appelle la cinquième liberté dans le ciel unique. Celle qui permettrait à des avions de la British Airways de se poser à Helsinki, d'y embarquer des passagers ou du fret et de continuer en embarquant d'autres passagers à Paris ou à Rome avant de voler vers Pékin.

Je demande simplement à mes interlocuteurs de ne pas exiger de moi que j'écrive dès maintenant ce qui doit être le résultat final de la négociation, mais je comprends mieux grâce à cette visite leur préoccupation.

Mardi 10 avril 2018 — Spitzenkandidat

Stefaan De Rynck a réuni, avec notre attaché de presse Dan, un nouveau groupe de journalistes pour une interview « *on* ». Daniel, que tout le monde appelle Dan, s'est construit une place particulière dans l'équipe. C'est un jeune Irlandais, grand et enthousiaste. Les journalistes, unanimement, l'apprécient, et à juste titre, mais il sait aussi tenir fermement notre stratégie de communication.

Il y a là autour de la table des journalistes européens de la *Süddeutsche Zeitung*, de *La Repubblica*, du *Soir*, de la STA, l'agence de presse slovène, et d'*El Español*. Nous y avons ajouté Laurent Marchand, journaliste à Paris pour *Ouest-France*, le quotidien français au plus gros tirage.

Sans marchander mon temps, je réponds aux questions et j'explique le point de la négociation et les enjeux des prochaines semaines. Cette journée est d'ailleurs très symbolique puisqu'elle marque le vingtième anniversaire du *Good Friday Agreement*.

Aux journalistes qui font allusion à mon éventuelle candidature comme *Spitzenkandidat* du PPE à la présidence de la Commission, je réponds que je me sens engagé moralement pour aller au bout de ma mission. Un peu plus tard, j'insiste sur ce point en répondant à une autre question : « Je pense en effet à plusieurs choses à la fois… Un le Brexit, deux le Brexit, trois le Brexit. »

Jeudi 12 avril 2018 — Prague

Je retrouve cette superbe ville de Prague pour une nouvelle visite sur le terrain. J'avais été frappé d'apprendre, il y a des années, que cette ville était en 1914 aussi riche que la ville de Paris... Elle n'a jamais perdu sa splendeur et retrouve progressivement sa richesse. Les investissements sont revenus, comme je le verrai en fin d'après-midi à l'occasion de la visite de l'usine Škoda, où j'ai amené notre expert « automobile » Fabrizio Sacchetti. À une heure et demie de la capitale, cette unité ultramoderne construite par le groupe Volkswagen, produit dans des chaînes continues une voiture par minute.

Le nouveau Premier ministre libéral, Andrej Babiš, me reçoit longuement. C'est un homme d'affaires qui s'est reconverti relativement récemment en politique. Il me raconte d'ailleurs dans un français parfait avoir investi dans plusieurs établissements hôteliers dans le midi de la France.

Je passe un long moment à l'Agence européenne des systèmes globaux de navigation par satellite (GNSS) sur un dossier sensible de la négociation avec les Britanniques, celui de leur participation au projet Galileo. Là encore, les Britanniques ont du mal à assumer les conséquences directes de leur choix de quitter l'Union européenne.

Mardi 24 avril 2018
— Nouvelle équipe à Berlin

Longue journée de contacts à Berlin.

À chacune de mes visites dans la capitale allemande, je regrette de ne pas pouvoir parler à mes interlocuteurs dans leur langue, malgré mes six années de cours d'allemand.

Mais je garde en mémoire ce propos de Valéry Giscard d'Estaing, qui se justifiait de ne pas parler allemand, devant Helmut Kohl et les responsables du PPE, en convoquant à l'appui de ses explications Konrad Adenauer : « De Gaulle croyait qu'il parlait allemand. Je ne le connaissais pas, a raconté Adenauer, et la première fois, de Gaulle m'invite à venir le voir à Colombey-les-Deux-Églises. J'étais inquiet de son accueil et de ce premier contact. Une voiture vint me chercher à l'aéroport militaire le plus proche et nous nous rapprochions de Colombey. À un moment, nous avons aperçu une grande silhouette vêtue d'un grand manteau accompagnée d'un militaire. Le chauffeur me prévint que c'était de Gaulle, venant à notre rencontre sur la route. Et mes premiers mots pour le saluer furent en allemand : "*Wie geht es Ihnen*[1] ?" Interloqué, il me répondit : "*Zu Fuss*[2] !" Et après cela, nous avons décidé de faire appel à un interprète. »

Aujourd'hui, dès le début de la matinée, réunion avec une trentaine de députés du Bundestag où je suis invité par mon ami Gunther Krichbaum, président francophone de la commission des affaires européennes, puis à la chancellerie, où je retrouve le conseiller européen d'Angela Merkel, Uwe Corsepius. L'entretien est cordial, mais je sens une irritation par rapport aux positions françaises et un dialogue plus compliqué qu'il n'y paraît entre la France et l'Allemagne.

Après avoir fait la connaissance du nouvel homme

1. « Comment allez-vous ? »
2. « À pied ! »

fort de la chancellerie, Helge Braun, puis du nouveau vice-chancelier, Olaf Scholz, membre du SPD, je retrouve au siège de la CDU la nouvelle secrétaire générale, Annegret Kramp-Karrenbauer. C'est une femme assez énergique, simple, directe. Angela Merkel l'a choisie pour reprendre en main la CDU au moment où se constitue cette nouvelle grande coalition. Elle a pris son bâton de pèlerin et parcourt l'Allemagne, Land par Land.

Nous nous connaissons déjà. Cela remonte à un moment particulier. C'était à Rome, le jeudi 7 février 2013. Ce jour-là, l'ambassadeur d'Allemagne auprès du Vatican avait organisé avec son collègue français Bruno Joubert une conférence sur le traité de l'Élysée et la coopération franco-allemande devant les enseignants et les étudiants du collège des jésuites à Rome. Les deux ambassadeurs nous avaient proposé, à Annegret Kramp-Karrenbauer et moi-même, d'être les invités de cette conférence. Le pape Benoît XVI, fidèle à ses racines allemandes, avait accordé une audience dans la matinée à la jeune ministre-présidente de la Sarre, et, sans y être obligée, celle-ci m'avait proposé de l'accompagner chez le pape.

L'audience d'une vingtaine de minutes avait eu lieu dans la bibliothèque du pape et nous avions pu évoquer les enjeux européens du moment et, pour ce qui me concerne, le travail engagé pour tirer les leçons de la crise financière. Le Pape s'exprimait tour à tour en français et en allemand, avec beaucoup de vivacité intellectuelle mais je l'avais trouvé physiquement totalement épuisé. Comme écrasé par sa tâche.

Revenant à la Villa Bonaparte pour le déjeuner organisé par Bruno Joubert, j'interrogeai alors les deux cardinaux et personnalités diplomatiques et ecclésiastiques qui se trouvaient à la table : « J'ai trouvé le pape réellement fatigué. Est-il imaginable qu'un pape démissionne ? » Je me souviens des dénégations unanimes de l'ambassadeur et des évêques présents devant cette question sacrilège. Trois jours après, le lundi matin, le Vatican annonçait la démission extraordinaire de Benoît XVI.

Jeudi 26 avril 2018 — Sofia

Après Hanovre et Berlin, et avant de rejoindre Dublin dimanche, je suis aujourd'hui à Sofia, en particulier pour une intervention devant tout ce que l'Europe compte d'acteurs financiers et de banquiers, réunis par Eurofi. Cette association a été longtemps présidée par Jacques de Larosière, dont j'écoute toujours les conseils.

Dans la matinée, je retrouve dans son bureau l'imposant Boïko Borissov. Le Premier ministre bulgare est un homme direct, simple, impressionnant par sa taille. Il ne s'embarrasse pas de précautions diplomatiques. Pour lui, l'appartenance à l'Europe et, il l'espère, un jour prochain à la zone euro est vitale. De l'est, il subit la pression et l'influence russes. Sur son flanc sud, celles de la Turquie qui finance massivement la construction de nouvelles mosquées.

L'angoisse principale du Premier ministre, au-delà de la situation de son propre pays, c'est la stabilité et l'arrimage des Balkans occidentaux à l'Europe. Profitant de l'actuelle présidence bulgare de l'Union, il organise le 17 mai prochain un sommet des 28 chefs d'État et de gouvernement des pays de l'Union à Sofia afin de traiter de ces enjeux.

Je me souviens de mon tout premier rendez-vous avec Boïko Borissov dans son bureau. Un mur était tapissé d'armes blanches et un autre d'icônes. En souriant, il m'avait dit alors « ici, c'est l'ordre et là, la morale », avant de m'entraîner sur le balcon pour observer les travaux du métro de Sofia, tout juste engagés à coups de subventions européennes.

Dans mon équipe actuelle, au nom de la présidence tournante, se trouve un jeune diplomate bulgare, Ivaylo « Ivo » Iaydjiev, parfaitement francophone. Son jugement est bon et il a de l'humour. En organisant cette visite, il a proposé que nous visitions, en compagnie de la maire de Sofia, le métro de la ville, la preuve la plus tangible pour les habitants de la solidarité européenne. Nous nous retrouvons à la station « Union européenne », où des dizaines de journalistes nous attendent. Ces programmes des fonds structurels sont sous la menace d'une amputation de 14 % si nous ne finalisons pas un retrait ordonné avec les Britanniques.

Un peu plus tard dans la soirée, je rencontre les acteurs de la finance européenne. Pour les services financiers aussi, le Brexit fait naître une situation perdant-perdant, même si le Royaume-Uni a davantage à perdre que l'Union européenne. L'argument voulant que l'Union européenne ait absolument besoin de la City ne correspond pas à la réalité, ni à ce que nous disent les acteurs de marché et la Banque centrale européenne. L'Union est prête à faire face aux coûts de la fragmentation imposée par la décision du Royaume-Uni.

Jusqu'à présent, en tant qu'État membre de l'Union européenne, le Royaume-Uni bénéficiait du « passeport financier ». Une banque japonaise ou brésilienne pouvait, une fois établie à Londres, proposer ses services dans l'ensemble du marché unique.

Theresa May a compris que ce mécanisme, qui exige des règles communes, une supervision commune et une Cour de justice commune, ne peut s'appliquer à un pays qui a fait le choix de sortir de l'Union européenne. Elle a donc renoncé à demander le bénéfice du passeport financier.

Mais, dans le même temps, les Britanniques demandent une reconnaissance mutuelle de nos régulations financières, à travers des « équivalences généralisées », qui auraient un effet très proche du passeport financier. Selon cette demande, les institutions financières établies au Royaume-Uni pourraient proposer leurs services dans toute l'Union européenne, sur le fondement de règles, d'une supervision et d'un contrôle juridictionnel purement britanniques, ce qui n'est évidemment pas acceptable pour nous.

Cela étant dit, l'Union européenne est et restera le marché le plus ouvert du monde : le traité sur l'Union européenne garantit la libre circulation du capital, notre futur accord de libre-échange avec le Royaume-Uni devrait reconnaître le droit pour les institutions financières britanniques de s'établir dans l'Union. Enfin, nous avons la possibilité, pour faciliter les échanges de services financiers, de reconnaître des « équivalences » entre la réglementation de l'Union et celle d'un pays tiers. Ces équivalences, délivrées unilatéralement, produit financier par produit financier, par la Commission européenne, sont susceptibles d'être retirées à tout moment si la réglementation dans l'État tiers en question ne présente plus des protections équivalentes à celles du droit européen.

Pourquoi ce système qui a fait ses preuves avec les États-Unis ne fonctionnerait-il pas avec le Royaume-Uni ? Et ce système d'équivalence fonctionnera d'autant mieux que le Royaume-Uni choisira de ne pas trop diverger de la régulation et de la supervision que nous avons construites ensemble pendant quarante-cinq ans. Une coopération réglementaire volontaire serait utile pour cela.

Dimanche 29 avril 2018
— L'Irlande du Général

Nouveau déplacement en Irlande, pour une étape importante. Je retrouve à Dublin Sabine et Nina Obermaier, qui dans mon équipe conduisent avec ténacité les discussions difficiles avec les Britanniques sur la question irlandaise, tout en maintenant un lien quotidien et privilégié avec le gouvernement irlandais. Dan Ferrie, notre jeune attaché de presse irlandais particulièrement dynamique et toujours enthousiaste, est là aussi.

J'avais espéré arriver une journée plus tôt avec mon épouse Isabelle, et à titre privé réaliser un vieux rêve, celui de me rendre au sud-ouest de l'île, sur les traces de Charles de Gaulle, venu ici au lendemain de sa démission, le 28 avril 1969. C'est à Sneem, un petit port de pêche, que de Gaulle avait choisi un modeste hôtel déclassé à 500 livres la semaine, le Heron Cove, aujourd'hui devenu une maison privée[1]. On m'a dit qu'il y a sur la grande place du village une stèle où se trouve inscrite une phrase du Général : « En ce moment grave de ma longue vie, j'ai trouvé ici ce que je cherchais : être en face de moi-même. »

Les images du général de Gaulle s'appuyant sur sa canne, parcourant la grève venteuse de Derrynane, d'Yvonne et de son aide de camp l'amiral Flohic, sont restées gravées dans la mémoire de tous ceux qui admiraient de Gaulle. Il avait choisi l'Irlande, pays dont les paysages, la culture, la rudesse

1. « L'Irlande du Général », Dominique de La Tour, *Les Échos*, 11 janvier 2013.

correspondaient bien à ses propres sentiments. Il avait d'ailleurs des ancêtres chez les McCartan, un clan du sud de Belfast.

Il y avait pour nous tous, jeunes gaullistes, quelque chose d'émouvant à voir ainsi ce vieux et grand monsieur, seul ou quasiment seul, s'éloigner et de la France et de la vie politique, au lendemain de l'échec du référendum. Cette visite, je la ferai, mais une autre fois.

Ce soir, nous rejoignons Dundalk et un hôtel confortable et nous préparons soigneusement le discours du lendemain et les étapes sensibles de cette visite.

Lundi 30 avril 2018 — Sur l'île d'Irlande, une paix fragile

Nous retrouvons à l'institut de technologie de Dundalk le *Taoiseach*, Leo Varadkar, et le *Tánaiste*, vice-Premier ministre, Simon Coveney, pour un *All-Island Civic Dialogue*. Il y a dans la salle près de 400 personnes, les représentants de tous les partis politiques et des différentes communautés d'Irlande et d'Irlande du Nord. C'est le précédent *Taoiseach*, Enda Kenny, qui a eu la bonne idée, au lendemain du Brexit, de créer un cadre de débat et d'explications sur les conséquences du référendum britannique.

C'est ici, en Irlande, que les conséquences sont les plus graves puisque le retrait britannique de l'Union européenne et du marché unique pourrait aboutir en théorie à rétablir une frontière physique au milieu de l'île, avec le risque de nouvelles tensions.

Dans mon discours, j'insiste sur le fait que, sans un filet de sécurité, un « *backstop* », qui a été reconnu comme nécessaire par les deux parties, il n'y aura pas d'accord de retrait.

Il ne s'agit pas là d'une stratégie de l'Union européenne. Le *backstop* ne vise pas à faire bouger les lignes rouges britanniques. Il est la conséquence des lignes rouges britanniques. Puisque nous ne voulons pas d'une frontière physique sur l'île d'Irlande, et puisque le Royaume-Uni a accepté de respecter la place de l'Irlande dans le marché unique, les biens qui entrent en Irlande du Nord, et qui pourront ensuite se retrouver en France, en Belgique ou en Pologne, doivent être conformes aux règles du marché unique et au code des douanes de l'Union.

Puis, nous passons du côté de l'Irlande du Nord, et donc au Royaume-Uni, comme on traverse une pièce, pour arriver à Newry où m'attend un premier groupe de chefs d'entreprise nord-irlandais. Je prends le temps d'écouter chacun d'entre eux. Ils parlent tous brièvement et précisément. On voit bien l'imbrication presque complète de l'économie par-dessus une frontière aujourd'hui invisible.

Je commence alors à expliquer la seule idée qui est sur la table, notre proposition de *backstop*. Pour éviter de devoir placer des contrôles douaniers entre l'Irlande du Nord et l'Irlande, nous proposons d'intégrer à titre exceptionnel l'Irlande du Nord dans notre union douanière européenne. Pour éviter de devoir mettre en place des contrôles réglementaires au milieu de l'île d'Irlande, nous proposons un alignement réglementaire de l'Irlande du Nord sur les règles du marché unique, en tout cas toutes les règles nécessaires pour préserver la coopération et les échanges entre le nord et le sud de l'île. Mais cela exige aussi, dans les ports ou les aéroports d'Irlande du Nord, des contrôles douaniers, réglementaires ou de sécurité sanitaire pour les produits qui entreront dans l'île en provenance du reste du Royaume-Uni.

Notre choix est d'expliquer, de dédramatiser cette proposition, de la dépouiller de toute la dimension idéologique et politique que les unionistes nord-irlandais veulent lui donner. Il ne s'agit pas de remettre en cause l'ordre institutionnel britannique. Il s'agit de contrôles techniques, pratiques, concrets, comme il en existe déjà pour le respect des règles vétérinaires et phytosanitaires. À Newry, j'ai le sentiment que ce message pragmatique est compris.

Dans la soirée, en marchant dans Derry-Londonderry, je ne peux m'empêcher de penser au *Bloody Sunday*, et aux batailles tragiques qui se sont déroulées dans ces rues. Le 30 janvier 1972, ici même, quatorze personnes sont mortes.

Mardi 1er mai 2018 — A difficult job

J'enchaîne ce matin une nouvelle série de rencontres au Guildhall de Derry-Londonderry, d'abord avec le maire Maolíosa McHugh du Sinn Féin, puis avec la députée européenne Martina Anderson et enfin avec une trentaine de représentants du monde des affaires et des entreprises de toute l'Irlande du Nord.

Nous avons la preuve à travers ce dialogue raisonnable et concret que nos propositions pour l'Irlande du Nord sont ici bien comprises et soutenues. Le drame, c'est que le DUP, qui représente un peu plus de 30 % des électeurs d'Irlande du Nord, prend en otage tous les autres acteurs mais aussi toute la vie politique britannique, puisque ce sont ses dix députés qui apportent à Theresa May les voix nécessaires à sa majorité à la Chambre des communes.

On ne peut rien attendre de constructif de ce parti qui craint le mouvement vers la réunification de l'île.

En descendant le bel escalier du Guildhall, je

vais à la rencontre d'une cinquantaine d'écoliers de quatre écoles différentes de Derry-Londonderry. Leurs familles sont indifféremment catholiques ou protestantes. Avec les mots les plus simples, j'essaie de leur expliquer qui je suis et ce que je fais. L'un d'entre eux m'interroge : « *Do you have a difficult job, Mister Barnier ?* » « *Yes, very difficult*[1] *!* » Difficile, parce qu'il y a beaucoup de questions et que je n'ai pas toutes les réponses.

Un peu plus tard, sur la route du retour, je partage quelques sandwichs avec un groupe de femmes qui travaillent dans le *Northern Ireland Rural Women's Network* à Dungannon. Cette petite cité se trouve à côté de la frontière, dans la partie la plus rurale et la plus pauvre d'Irlande du Nord. Les moyens de transport y sont rares et chacune de ces femmes, quelques hommes aussi, s'exprime simplement sur ce que fait l'Europe pour la formation, l'action sociale, les droits humains, l'environnement. Deux d'entre elles sont au bord des larmes : « Vous êtes notre espoir. » Toutes ces actions sont en effet soutenues et rendues possibles par les fonds européens et, au-delà du programme PEACE dédié à l'Irlande du Nord, par les fonds structurels comme le Fonds social européen dont l'Irlande du Nord sera privée à la fin de la transition. Je me promets de plaider à Bruxelles pour préserver, voire augmenter les engagements du programme PEACE dans la prochaine période budgétaire.

Avant de prendre l'avion du retour à Dublin, nous lisons l'éditorial du *Belfast Telegraph*, pourtant unioniste, qui salue nos propositions et notre méthode, en reconnaissant que nous avons démontré « une

1. « Faites-vous un travail difficile, monsieur Barnier ? — Oui, très difficile ! »

bonne connaissance de la situation des deux côtés de la frontière » et que nous avons raison de vouloir progresser en gardant la tête froide.

Je sais gré à Nina et aux deux Irlandais de l'équipe, Dan et Tadhg O'Briain, qui suit avec compétence les questions d'énergie, de m'avoir aidé à faire de cette visite un succès.

Peut-être, avec le peu de temps que nous avons, réussirons-nous à convaincre la majorité des acteurs économiques et politiques d'Irlande du Nord de soutenir notre *backstop*, même au prix de certains aménagements ?

Lundi 14 mai 2018
— « Little progress, not very little »

Heureux de retrouver ce matin Federica Mogherini pour un discours partagé à l'Institut d'études de sécurité de l'Union européenne.

Notre message est clair : dans les domaines de la sécurité et de la défense, la solidarité entre l'Union européenne et le Royaume-Uni ne se négocie pas. Il ne peut pas y avoir de « *trade-off* » entre sécurité et commerce.

L'Union européenne restera un acteur global après le Brexit et continuera à assumer ses responsabilités. Mais nous avons un intérêt mutuel à unir nos forces pour faire face aux menaces communes, comme le terrorisme, et pour façonner l'ordre du monde, par exemple en défendant l'accord avec l'Iran.

Naturellement, la coopération avec le Royaume-Uni ne se fera pas dans le même cadre qu'aujourd'hui. Le Royaume-Uni ne participera plus à la prise de décision de l'Union européenne, il ne pourra plus définir et mener les actions de l'Union et les entités britanniques n'auront pas les mêmes droits que les entités de l'Union. Ce sont là les conséquences mécaniques du Brexit.

Pour autant, l'Union européenne coopère déjà de manière flexible avec de nombreux partenaires. Par exemple, 25 pays tiers ont déjà participé aux opérations menées par l'UE.

Avec le Royaume-Uni, comme exprimé dans les lignes directrices du Conseil européen, notre future coopération pourrait inclure cinq dimensions : des consultations étroites et régulières sur la politique étrangère (par exemple le partage d'informations sur les sanctions) ; une ouverture aux contributions du Royaume-Uni à nos actions extérieures ; la possibilité pour le Royaume-Uni de prendre part à certains projets de recherche de l'Agence européenne de défense ; des échanges d'informations sur les incidents et cyberattaques. Enfin, cette relation future devrait être sous-tendue par un accord de sécurité et d'information entre l'Union et le Royaume-Uni, qui permettrait l'échange et la protection des informations classifiées.

Le niveau d'ambition de ce futur partenariat sécurité et défense, que prépare Guillaume de La Brosse à mes côtés, dépendra du degré d'engagement du Royaume-Uni. De son côté, l'Union européenne continuera à approfondir ses politiques en matière de défense et de sécurité, notamment à travers les initiatives prises par la Commission pour le Fonds européen de défense, les programmes spatiaux et le centre d'excellence en matière de cybersécurité.

Dans les questions-réponses qui suivent, Adam Fleming, journaliste à la BBC, est le premier à m'interroger sur l'état de la négociation. « On nous rapporte qu'il y a très peu de progrès — *very little progress* — dans les derniers rounds de négociations. Est-ce bien votre évaluation ? » Je réponds en souriant au *famous* Adam Fleming : « *Little progress, not "very little"*. »

Jeudi 17 mai 2018
— Quand Churchill rencontre Adenauer…

Mon assistant Barthélemy, toujours à l'affût des informations et des réactions sur notre travail, m'apporte un livre consacré à Winston Churchill et publié par un auteur néerlandais, Felix Klos. J'y lis la dédicace personnelle : « Je sais qu'un groupe de *Brexiters* vous a offert un livre sur Churchill, mais comme c'était déjà le cas avec leurs affirmations tendancieuses pendant le référendum, leur revendication de Churchill en tant que *Brexiters* ne peut pas être plus éloignée de la vérité. En tout cas, son travail sans relâche pour l'Europe est une grande source d'inspiration. Voilà pourquoi je vous envoie mon livre, en tant que Néerlandais, en tant qu'Européen et appartenant à la génération de Maastricht, je veux vous remercier pour tout ce que vous faites pour l'Europe et pour représenter les Européens de manière si digne et efficace. »

Dans ce livre, je tombe sur cette phrase de Konrad Adenauer adressée à Winston Churchill : « Pourquoi donc vous, Sir Winston, êtes-vous devenu le champion de l'idéal européen ? Je crois que cela peut être expliqué par deux qualités humaines qui sont aussi les qualités nécessaires à un homme d'État : la grandeur de pensée, la profondeur des sentiments. »

Je reçois ainsi tant de lettres émouvantes, ironiques, confiantes ou critiques depuis le début de cette mission. Une petite équipe de la *task force*, et en particulier Anouk Mertens de Wilmars, Giovanna Di Ruberti et Joel dos Santos Domingos, les porte à mon attention et prépare des réponses pour chacune.

Tout au long de ma vie publique, j'ai exigé le plus grand respect pour les citoyens, souvent les plus modestes, qui prennent la peine et le temps de m'écrire. Le respect qui leur est dû, c'est aussi de leur répondre. Et, autant que possible, de tenir compte de leurs idées ou de leurs critiques.

Samedi 19 mai 2018 — Mariage royal

Cette journée est évidemment totalement britannique avec le fastueux mariage d'Harry et Meghan.

Un de mes vieux amis, Jean-Michel Naulot, gaulliste de toujours, et dont j'ai souvent écouté les conseils en matière de régulation financière parce qu'il était membre du conseil de l'autorité française des marchés financiers, m'envoie le SMS suivant : « Quel peuple magnifique, tout de même, ces Anglais ! Ils font toujours tout à la perfection ! Sauf peut-être le Brexit. Mais il faut les garder à nos côtés comme un allié très sûr et continuer à partager à leurs côtés de belles émotions. »

Mardi 22 mai 2018
— Plus pauvres de 900 livres

Selon le gouverneur de la Banque d'Angleterre Mark Carney, qui s'exprimait devant une commission parlementaire, les ménages britanniques se trouvent déjà plus pauvres de 900 livres environ par rapport à un scénario où le Royaume-Uni n'aurait pas décidé de quitter l'Union européenne. Et nous n'en sommes qu'à la préparation du Brexit, dont les effets véritables ne se feront sentir qu'à la fin de la période de transition, au 31 décembre 2020…

Samedi 26 mai 2018 — Lisbonne

Sous un soleil voilé, je termine une visite de deux jours à Lisbonne. Ce matin je suis reçu par la Fédération internationale du droit européen pour son congrès annuel. Son président, José Luís da Cruz Vilaça, m'accueille en compagnie du président de la Cour de justice de l'Union européenne, Koen Lenaerts, et de l'avocat général Melchior Wathelet, que je connais depuis longtemps.

J'ai décidé de mettre une fois de plus les points sur les *i* à l'intention des Britanniques et, dans une intervention bien accueillie et applaudie, je redis ce que nous sommes, nous les Européens, et ce que nous n'accepterons pas de remettre en cause parce que les Britanniques s'en vont.

Il n'y a pas de notre part de méfiance vis-à-vis du Royaume-Uni. Il n'y a pas — et il n'y aura jamais — un état d'esprit de revanche ou de punition. Mais il faut bien comprendre que, dans l'Union européenne, ce qui fait notre force est la confiance entre États membres.

Cette confiance ne tombe pas du ciel ; elle est fondée sur un écosystème normatif, des règles communes, des décisions partagées, une supervision et une mise en œuvre communes, et une Cour de justice commune. Nulle part ailleurs on ne trouve dans le monde un ordre juridique commun à tout un continent comme celui que nous avons construit ensemble depuis soixante ans. Il n'y a aucune raison, ni aucune justification, pour accepter de fragiliser cette communauté de droit et de destin parce que l'un de nos États membres a décidé de la quitter.

Dans le détail, je rappelle qu'un accord international, aussi complet soit-il, est de peu de valeur si sa mise en œuvre n'est pas assurée de manière efficace. Le comité mixte agréé avec les Britanniques est un premier pas important et nécessaire mais il n'est pas suffisant pour assurer la gouvernance adéquate de l'accord de retrait. Cette gouvernance doit s'articuler autour de trois points qui vont ensemble :

D'abord, un système juridictionnel de règlement des différends : contrairement à un accord international classique, l'accord de retrait créera des droits directement invocables par les justiciables, qui doivent avoir la garantie que leurs litiges seront tranchés dans un cadre juridictionnel ou arbitral, et pas par un simple règlement politique.

Ensuite, le rôle de la Cour de justice de l'Union européenne : logiquement, l'essentiel des dispositions de l'accord de retrait vient du droit de l'Union européenne. Pour ces dispositions, nous ne pouvons pas accepter qu'une autre juridiction que la Cour de justice de l'Union européenne dise le droit et qu'elle impose son interprétation aux institutions de l'Union.

Enfin, le rôle des cours britanniques, que nous devons respecter. Les juges britanniques seront chargés d'appliquer l'accord de retrait au Royaume-Uni. Ils auront pendant huit ans la faculté de poser des questions préjudicielles à la Cour de justice de l'Union européenne. Ce mécanisme nous permet d'assurer, dans la durée, l'uniformité de l'interprétation de l'accord de part et d'autre de la Manche. J'espère que le message sera entendu *loud and clear*...

Lundi 4 juin 2018 — Budapest

Retour sur le Danube, dans cette belle capitale hongroise, Budapest, où m'accompagnent Sabine et

Barthélemy, qui garde un lien proche avec ce pays depuis son Erasmus ici.

Au-delà des contacts habituels avec le Parlement national, puis avec les responsables syndicaux et professionnels, je retrouve le Premier ministre Viktor Orbán et son équipe rapprochée dans l'immense édifice du Parlement. Ce bâtiment est d'ailleurs inspiré de Westminster. Au croisement de plusieurs ailes, on y trouve la couronne de saint Étienne, gardée par deux soldats immobiles qui sont relevés toutes les heures. La croix en or au sommet de cette couronne est étrangement inclinée. Cette couronne, cachée pendant la Seconde Guerre mondiale, avait été récupérée par les Américains et conservée à Fort Knox. Elle n'a été rendue à la Hongrie qu'en 1978.

Viktor Orbán demande à me voir en tête à tête dans son grand bureau où se trouvent accrochées des cartes de la Bosnie-Herzégovine, de l'Ukraine et des Balkans. Nous évoquons évidemment la situation géopolitique européenne, le changement en Espagne et surtout le nouveau gouvernement populiste italien.

Malgré nos différences, j'ai toujours eu avec Viktor Orbán une relation directe. Nous nous sommes toujours parlé franchement. J'écoute ce qu'il me dit et je lui dis ce que je pense. Le PPE ne fera jamais de compromis sur l'intégration européenne et l'État de droit qui sont les valeurs sur lesquelles il est fondé.

Revenant au Brexit, il me dit : « On a laissé partir les Britanniques. Nous n'aurions pas dû les humilier en leur imposant Juncker en juin 2014 alors qu'ils n'en voulaient pas. » En effet, à cette époque, David Cameron avait exprimé son opposition à la désignation de Jean-Claude Juncker, jugé trop fédéraliste. Mais Angela Merkel, avec le soutien de François Hollande, avait mis en minorité les Britanniques au sein du Conseil européen.

Sur le fond des dossiers du Brexit, nous n'avons pas de problème avec la Hongrie. Ses deux principales priorités ont été prises en compte dans la négociation : la sécurité des droits des 200 000 Hongrois qui vivent au Royaume-Uni et les financements liés au budget de l'Union pour la période 2014-2020. Pour que les choses soient claires, Viktor Orbán fait dire par son porte-parole après notre entretien que « maintenir l'unité des 27 est une priorité » et qu'il me soutient comme négociateur.

Jeudi 7 juin 2018 — David Davis menace de démissionner

La semaine de négociation avec les Britanniques aura été bringuebalante. Une fois de plus, David Davis a fait défaut. Quant à Olly Robbins, il n'a rejoint Bruxelles que ce soir pour un dîner de travail, comme nous en avons pris l'habitude. Nous nous retrouvons à l'Atelier, pour une fois en plein air. Pour lui aussi, la semaine a été éprouvante et il nous fait partager les péripéties qui ont conduit à la publication, quelques heures plus tôt, d'un *paper* britannique sur les aspects douaniers reprenant l'idée d'union douanière temporaire entre l'Union européenne et le Royaume-Uni.

Opposé à ce dispositif, David Davis a menacé jusque tard dans la matinée de démissionner et n'a renoncé à sa menace qu'en obtenant que le nouvel arrangement proposé soit temporaire, ce qui n'a aucun sens.

En écoutant Olly Robbins, je comprends évidemment à la fois la ténacité de Theresa May et la difficulté dans laquelle elle se trouve. Pour elle, il ne s'agit pas vraiment d'une négociation avec l'Union européenne mais d'une négociation bien plus violente, presque heure par heure, avec ses propres ministres et sa propre majorité. Et pendant ce temps-là, l'heure tourne.

Vendredi 8 juin 2018
— Backstop means backstop !

Ces derniers jours, nous avons fait des progrès en nous mettant d'accord sur les dossiers d'Euratom, des biens placés sur le marché et des questions douanières liées à la séparation. Mais nous sommes convenus avec les Britanniques que nous ne détaillerions pas les points de progrès, de manière à engranger ce résultat un peu plus tard avant le Conseil européen. À la fin de cette semaine de négociation, j'évoque donc seulement devant la presse les points qu'il nous faut encore travailler.

D'abord, la protection des données à caractère personnel des citoyens de l'Union européenne. Nous voulons que les données déjà échangées restent protégées dans la durée comme elles le sont aujourd'hui par le droit européen.

Ensuite, la protection des indications géographiques, sur lesquelles nous n'avons toujours pas de position britannique. Et ce sujet est important pour beaucoup de producteurs, pour les consommateurs, aussi bien au Royaume-Uni que dans les 27 autres pays de l'Union européenne.

Encore du travail également sur les procédures d'infraction, les procédures administratives concernant le Royaume-Uni et qui seront en cours à la fin de la période de transition, par exemple en matière d'aide d'État. Ceci n'est pas un point bureaucratique. C'est un point qui concerne clairement la protection des intérêts financiers de l'Union.

Mais au-delà de ces trois points, sur lesquels nous

devons encore beaucoup avancer, il reste deux sujets majeurs de divergence : la gouvernance de l'accord de retrait et évidemment les questions liées à l'Irlande et l'Irlande du Nord.

Les nombreux journalistes présents aujourd'hui n'ont d'intérêt que pour ma réaction sur le document britannique publié la veille sur une union douanière temporaire. Je prends le risque de les décevoir en évitant de revendiquer des positions trop tranchées, et je me limite à poser un certain nombre de questions : la proposition britannique est-elle une solution opérationnelle pour éviter une frontière physique ? Permet-elle de respecter l'intégrité du marché unique et de l'union douanière ? En particulier, le Royaume-Uni veut-il continuer à bénéficier de nos accords de libre-échange avec des pays hors Union européenne ? Cela signifie-t-il que nous devrons rouvrir, renégocier ou même ratifier à nouveau nos accords existants ? Enfin, la solution proposée est-elle un *backstop* à toute épreuve ?

Au-delà de ces questions, je rappelle pourquoi nous avons besoin d'une garantie permanente de ce fameux *backstop* à moins que et jusqu'à ce que la future relation avec le Royaume-Uni apporte une meilleure solution. *Backstop means backstop !*

Lundi 11 juin 2018 — Des croissants pour David Davis

En fin de semaine dernière, David Davis a demandé à me voir d'urgence. En fait, je ne l'ai pas vu depuis le 19 mars et sa visite, déconnectée de la négociation quotidienne que nous menons avec Olly Robbins, a sans doute plus à voir avec la session de la Chambre des communes du lendemain. Il lui faut pouvoir dire que nous nous sommes vus et qu'il reste d'une certaine manière crédible comme négociateur. Il a aussi été au cœur de la bataille interne au sein du cabinet de Theresa May, comme le prouve sa menace de démission pour obtenir que la proposition d'union douanière que souhaite la Première ministre soit expressément temporaire.

Ce matin, en allant acheter des croissants chez Exki pour le ministre britannique, je croise Adam Fleming de la BBC, qui ne manque pas de relayer l'information. Flanqué d'Olly Robbins et de l'ambassadeur Tim Barrow, David Davis, qui est ponctuel, demande à me voir en tête à tête. « Nous devons désormais nous voir plus régulièrement, me dit-il, la négociation rentre dans une phase nouvelle, plus politique. Il faut que nous prenions les choses en main à notre niveau. » Je lui confirme ma disponibilité. Et je pense en mon for intérieur qu'il ne sera en effet pas très difficile de se voir plus souvent...

Au cours de la réunion d'une heure qui suivra, s'inspirant d'un document posé devant lui, il développera toujours la même rhétorique. « Nous avons besoin d'un accord spécifique. Nous dirons ce que nous voulons dans un livre blanc de deux cents pages en juillet. Compte tenu de notre proximité réglementaire, nous voulons un accord global, une reconnaissance mutuelle dans un certain nombre de domaines. Sinon tant pis. » Très calmement, et à trois voix avec Sabine et Stéphanie, nous l'invitons à davantage de réalisme sur ce qui sera possible et ce qui ne le sera pas.

Cette discussion me paraît une fois de plus un peu hors sol. Dans l'immédiat, je lui dis, et surtout à Olly Robbins, que nous avons besoin de nouveaux progrès pour le Conseil européen de juin. Ce Conseil européen doit être une sorte de tremplin. Il ne faut pas qu'il soit vu à l'extérieur comme un recul. Nous

nous rapprochons dangereusement du mois d'octobre et le risque d'un échec est toujours là.

Jeudi 14 juin 2018 — Isoler l'Irlande

Olly Robbins revient à Bruxelles avec un mandat et des positions britanniques pour avancer sur plusieurs sujets : la gouvernance de l'accord de retrait, les échanges de données et la protection des indications géographiques existantes. Il espère que tous ces points seront réglés avant le Conseil européen du mois de juin et pourront être « verdis » dans le projet de traité.

La stratégie britannique est claire : isoler la question irlandaise pour que, en octobre, elle soit la seule ouverte au moment de conclure, en espérant que les 27 la renverront aux débats sur la relation future. C'est précisément ce que je ne veux pas. Cette question est tellement sensible et grave pour tous qu'il faut la traiter en toute hypothèse dans l'accord de retrait.

Lundi 18 juin 2018
— Une bière sur le Danube

6 heures du matin et déjà à l'aéroport de Bruxelles, d'où je pars pour deux jours de visite et de travail à Vienne.

Arrivés dans cette ville où l'héritage du passé est si visible à travers l'architecture et la splendeur des palais et des églises, nous avons une heure devant nous. Avec Matthieu, nous en profitons pour préparer un tweet à l'occasion de l'anniversaire de l'appel du 18 juin. À partir d'un texte du ministère de la Culture français rappelant les conditions de cet appel, diffusé par la BBC avec l'accord de Winston Churchill, je livre dans mon propre message une conviction ancienne et forte : « Aujourd'hui, de Gaulle comme Churchill seraient également engagés pour la souveraineté et la liberté de l'Europe. »

Les rendez-vous s'enchaînent ensuite : la ministre des Affaires étrangères, Karin Kneissl, polyglotte, qui connaît bien le Proche-Orient et a même enseigné à l'université Saint-Joseph de Beyrouth dont je reste proche ; le président de la République Alexander Van der Bellen, écologiste et européen, simple et sincère ; l'ancien chancelier socialiste Christian Kern, avec lequel j'ai toujours eu de bons rapports.

Enfin, en début d'après-midi, nous retrouvons à la chancellerie le ministre des Affaires européennes Gernot Blümel, puis le chancelier Sebastian Kurz nous rejoint. Comme toujours, l'entretien est amical. Même si l'Autriche ne se trouve pas parmi les premiers pays concernés par cette négociation, le très jeune chancelier suit la situation avec beaucoup de sens politique. La présidence autrichienne qui va commencer aura un rôle important à jouer dans le second semestre de l'année, où de toute façon nous devons conclure l'accord sur le Brexit.

Mon souci est que, pendant cette période sensible, la présidence reste vigilante pour empêcher les négociations parallèles que les Britanniques s'efforcent d'ouvrir par toutes les portes et toutes les fenêtres d'Europe.

Comme d'habitude, je me rends ensuite au Parlement national où les députés autrichiens posent de bonnes questions. Ils sont bien préparés et je ne ressens pas d'agressivité, même de la part des trois députés du parti d'extrême droite FPÖ qui sont autour de la table. Après avoir été reçu par Andreas Schieder, président du groupe social-démocrate SPÖ, avec une délégation de parlementaires, j'aurai l'occasion d'un dialogue intéressant avec le président du Parlement, Wolfgang Sobotka, membre de l'ÖVP, parti d'inspiration chrétienne-démocrate.

Dernière étape de ce programme long mais désormais habituel, une rencontre avec les représentants socioprofessionnels et les syndicats.

Le soleil se couche à Vienne, mais la journée n'est pas encore terminée. Après une bière et une salade sur les quais du Danube, je laisse à Matthieu et à Magda Jagiełło, conseillère sécurité intérieure dans mon équipe, le soin de retravailler mon intervention de demain devant l'Agence des droits fondamentaux de l'Union européenne. Je veux y faire un discours précis, en disant, dans ce domaine de la sécurité intérieure et des droits des citoyens, ce qui est possible pour les Britanniques et ce qui n'est pas possible.

Mardi 19 juin 2018
— Brexit et sécurité intérieure

Nous rejoignons l'Agence des droits fondamentaux de l'Union européenne. Ce n'est pas toujours agréable d'être le *bad guy*, mais mon rôle est de dire la vérité sur les conséquences mécaniques et juridiques lorsqu'on quitte l'Union européenne.

Mais d'abord, je tiens à rappeler ce que nous avons déjà fait ensemble et à 28.

Ensemble, sur la base du mandat d'arrêt européen, nous extradons des criminels ou des suspects — y compris nos propres ressortissants — d'un État membre à l'autre.

Ensemble, nous avons créé Europol pour aider les autorités nationales. Europol recueille des informations en provenance de toute l'Union européenne et contribue à la lutte contre la criminalité transfrontière.

Ensemble, avec nos partenaires Schengen, tels que la Norvège et la Suisse, nous mettons en œuvre le système d'information Schengen. Il a été consulté plus de cinq milliards de fois l'an dernier afin de savoir qui franchit les frontières Schengen. Il a contribué à arrêter des criminels et des terroristes. Il a aussi aidé non seulement à récupérer des voitures volées, mais également à retrouver des personnes et des enfants disparus.

Ensemble, dans le cadre de la « décision d'enquête européenne », nous recueillons des données factuelles que nous échangeons rapidement entre nous, afin de traduire les criminels en justice.

Ensemble, nous mettons en œuvre les décisions de justice des uns et des autres en temps réel, par exemple en confisquant les biens des criminels ou en gelant leurs avoirs.

Ces résultats peuvent aujourd'hui sembler aller de soi pour les Européens. Mais est-ce réellement le cas ? Existe-t-il une autre région au monde dans laquelle des États souverains se font mutuellement confiance pour mettre en place une coopération aussi poussée en matière de sécurité intérieure ? Existe-t-il une autre région dans laquelle des États souverains créent ensemble un espace commun sans contrôle aux frontières intérieures ? Une région au sein de laquelle les citoyens peuvent librement circuler en toute sécurité et se prévaloir d'institutions communes assurant la protection de leurs droits fondamentaux ? Un tel degré de coopération est à la fois unique et sans précédent. Il est rendu possible par la confiance que se portent les États membres.

Évidemment, nous devons continuer une coopération forte avec les Britanniques sur tous ces sujets, mais leur décision nous obligera à le faire dans un autre cadre.

Je m'attarde sur un sujet qui fait polémique : l'extradition et le mandat d'arrêt européen. Le mandat d'arrêt européen est lié à la libre circulation des personnes. Sa réussite tient à la confiance mutuelle entre États.

Cette confiance repose sur plusieurs piliers : le respect mutuel des droits fondamentaux énoncés dans la Charte des droits fondamentaux, la certitude que les autres États membres mettent en œuvre et appliquent les règles de manière identique, sous l'autorité de la Cour de justice de l'Union européenne, et le concept de citoyenneté européenne, qui permet aux États membres de lever l'interdiction constitutionnelle sur l'extradition de leurs propres ressortissants.

Aujourd'hui, nous savons que le Royaume-Uni n'est disposé à accepter ni la libre circulation des personnes, ni l'autorité de la Cour, ni celle de la Charte des droits fondamentaux. Le Royaume-Uni ne peut donc pas prendre part au mandat d'arrêt européen.

Mais cela ne signifie pas que nous ne pouvons pas travailler ensemble en matière d'extradition. Nous sommes prêts à nous appuyer sur la convention existante du Conseil de l'Europe, signée par l'ensemble des États membres. Nous pourrions ainsi envisager, par exemple, de rationaliser la procédure, de faciliter les processus et d'introduire des échéances. Tout cela est hautement nécessaire.

Ce discours suscite immédiatement beaucoup de commentaires et évidemment l'incompréhension feinte ou sincère des *Brexiters*. Le petit jeu consistant à rejeter le blâme sur l'Union, le *blame game*, continue. Je lis même une déclaration du député DUP Nigel Dodds m'accusant de faire le lit du terrorisme en refusant la coopération avec les Britanniques !

Je lis aussi sur mon compte Twitter le message d'un citoyen qui réagit : « Combien de temps faudra-t-il pour que le Royaume-Uni et en particulier les députés britanniques commencent à réaliser que ce n'est pas Barnier ou l'Union qui érigent des frontières ? C'est le gouvernement britannique, avec ses lignes rouges, qui ferme les portes sur lui-même. »

Samedi 23 juin 2018
— Avec de futurs douaniers à Schiphol

Je suis arrivé hier soir directement de Dublin à l'aéroport d'Amsterdam-Schiphol. Après une nuit dans un hôtel sinistre, je retrouve à 7 heures du matin le président de l'aéroport, Dick Benschop, que je connais, et les services de sécurité.

Les Pays-Bas ont clairement pris la mesure des nouvelles tâches de contrôle que le Brexit va imposer. Comme pour les autres grands aéroports de transit en Europe, ils sollicitent une reconnaissance unilatérale de notre part des contrôles faits au Royaume-Uni pour tous les passagers arrivant à Amsterdam en transit vers une autre destination. C'est le seul moyen d'éviter la construction de nouvelles infrastructures coûteuses pour gérer les contrôles de tous ces passagers.

Au-delà des hommes et des femmes, il y a aussi les marchandises et, un peu plus tard dans la journée, j'ai le plaisir de saluer une trentaine de jeunes Néerlandais en formation pour devenir officiers des douanes. 750 postes nouveaux sont créés aux Pays-Bas. Je remercie ces jeunes pour leur engagement et je leur dis l'importance de leur mission. « C'est vous qui allez garantir l'intégrité du marché intérieur et le respect des règles pour tous les produits qui rentrent dans l'Union, nous devons protéger les consommateurs et les entreprises. Ce sera votre mission. »

Jos Hupperetz, Néerlandais très sympathique et expert des questions douanières au sein de la *task force*, qui m'accompagne, est l'auteur d'une nouvelle *slide* pour notre équipe qui a beaucoup de succès. Il y décrit tous les contrôles qui s'appliquent obligatoirement aux marchandises qui entrent et qui sortent du marché unique. Une partie de ces contrôles sont d'ordre financier, par exemple pour la TVA, ou concernent la surveillance des marchés. Et beaucoup d'autres, qui concernent la sécurité et la sûreté, doivent être effectués à la frontière, par exemple sur les animaux vivants, les produits d'origine animale, les fruits et légumes frais, les végétaux ou les ustensiles de cuisine en matière plastique en provenance de Chine et de Hong Kong. La mission de tous ces jeunes sera cruciale.

Vendredi 29 juin 2018 — Conseil européen

Depuis hier, les chefs d'État ou de gouvernement se retrouvent à nouveau au Conseil européen pour deux jours dans une ambiance de crise sur la question migratoire. Autant dire que le point Brexit n'est pas la principale priorité de ce sommet.

Les dirigeants se sont quittés à 5 heures du matin et je retrouve les 27 à 11 heures. Je suis heureux de saluer le nouveau président du gouvernement espagnol, Pedro Sánchez, et le nouveau Premier ministre italien, Giuseppe Conte, qui ont allure et élégance.

Donald Tusk m'invite à faire mon rapport habituel. Je rappelle que nous sommes à quatre mois du Conseil européen d'octobre, où nous voulons conclure cette négociation pour une sortie ordonnée du Royaume-Uni en mars 2019. Comme dans toute négociation, ces dernières semaines vont être les plus difficiles, et nous devons tenir compte du contexte politique britannique, qui reste très instable.

Depuis le dernier Conseil européen, il n'y a pas beaucoup de progrès même si nous sommes parvenus à « colorier en vert » neuf nouveaux articles du projet de traité qui concernent les biens placés sur le marché, les procédures douanières en cours, les questions relatives à la TVA et aux droits d'accises, la coopération judiciaire en matière civile et commerciale, les marchés publics et Euratom.

Aucun de ces points n'est négligeable, mais évidemment la question la plus difficile et la plus explosive reste l'Irlande.

Pour éviter une frontière dure sur l'île d'Irlande, les dirigeants européens ont accepté une entorse exceptionnelle à leurs principes. À défaut d'une union douanière entre l'Union et le Royaume-Uni, qui s'y refuse jusqu'à présent, nous avons offert d'intégrer la seule Irlande du Nord dans notre territoire douanier. Cela ne suffit pas pour éviter des contrôles sur les marchandises. Il faut donc aussi un alignement réglementaire en Irlande du Nord sur nos règles et nos standards concernant les marchandises et les produits agricoles, et des contrôles techniques pour vérifier cet alignement.

Pour bien expliquer les raisons des contrôles que nous serons obligés de faire de toute façon en Irlande du Nord, j'utilise l'exemple assez concret des poulets chlorés américains. Nous n'en avons jamais voulu sur le marché européen, mais il est probable que les Britanniques seront obligés de les accepter sur leur propre marché dans le cadre du futur accord commercial qu'ils veulent signer avec les États-Unis. Nous devrons alors empêcher que de tels poulets puissent être produits en Irlande du Nord, mais aussi qu'ils arrivent en Irlande du Nord, puisqu'ils se trouveraient immédiatement sur le marché européen. Voilà une raison des contrôles.

Pour éviter un traitement spécifique pour l'Irlande du Nord et satisfaire ses alliés nord-irlandais du DUP, nous savons que Theresa May, qui réunit ses ministres dans sa résidence des Chequers le 6 juillet, va plaider dans un projet de livre blanc pour une solution commune à l'ensemble du Royaume-Uni, *UK-wide*, et demander le marché unique pour les biens seulement. Cette stratégie consisterait à isoler la question irlandaise dans la négociation et finalement à l'instrumentaliser au profit de tout le Royaume-Uni. Ce serait évidemment le marché unique à la carte dont nous ne voulons pas et un *cherry-picking* à grande échelle.

Mais surtout, les Britanniques veulent repousser toute solution sur l'Irlande au débat sur la relation future. Pour nous, le risque est clair : l'ensemble de la future négociation pourrait ainsi être pris en otage sur la question irlandaise.

Après mon exposé, plusieurs des chefs de gouvernement confirment leur solidarité avec l'Irlande et s'inquiètent de la préparation d'un scénario de *no deal*.

Ce Conseil européen me permet de vérifier la confiance que me font les 27 dirigeants et le président Tusk, mais je sais que cette confiance doit être « cultivée » en permanence.

Jeudi 5 juillet 2018 — Vilnius

Je retrouve la capitale de la Lituanie, accompagné pour cette visite par Tristan et un jeune juriste allemand de mon équipe, Thomas Liefländer. Quel changement par rapport à ma première visite en 1996, il y a vingt ans ! La ville est rénovée, elle est moderne, la population y est jeune. On voit là concrètement, dans toutes les capitales des pays qui nous ont rejoints en 2004, mais aussi en Roumanie, en Bulgarie et en Croatie, les effets concrets du progrès européen.

La présidente de la République, Dalia Grybauskaitė, est une femme forte et autoritaire. Elle a été commissaire européenne chargée du budget entre 2004 et 2009. Je la trouve plus cordiale à mon égard et plus souriante que lors de notre dernière rencontre. Elle nous livre cette opinion : « Avec les Britanniques, je les connais, tout est une question de communication. Ils vont jouer le *blame game*. »

Sur le fond, la présidente et ses ministres me disent leur satisfaction des résultats atteints concernant les droits des citoyens et le règlement financier, qui sont deux priorités pour la Lituanie. Quant à la future relation, ils insistent sur la nécessité d'un partenariat étroit avec le Royaume-Uni pour la sécurité et la défense. Et ils nous redisent leur soutien à notre équipe de négociation et à l'unité des 27.

En quittant la Lituanie, je veux marquer un arrêt devant la statue du jeune Romain Gary. C'est une statue d'un enfant qui regarde vers le ciel et qui rappelle les sept ou huit années que le futur écrivain a passées ici avec sa mère et qu'il décrit si bien dans *La promesse de l'aube*.

J'ai toujours aimé Romain Gary. Le gaulliste qu'il était, le résistant, la part de mystère et l'épopée qui l'entoure. Mon fils Benjamin, aujourd'hui éditeur, et toujours passionné par les nouveaux horizons, s'est lié d'amitié avec son fils, Alexandre Diego Gary. C'est un clin d'œil à cette littérature européenne.

Et puis je suis toujours ému de retourner dans l'un des trois pays baltes qui étaient jusqu'en 1990 des provinces soviétiques. Je me souviens de l'incroyable chaîne humaine qui avait réuni des millions de Baltes entre Tallinn, Riga et Vilnius pour symboliser le mouvement populaire en faveur de l'indépendance. Je me rappelle avoir pleuré en voyant à la télévision ces pauvres cercueils en bois ramenés de Sibérie sur le tarmac des aéroports. Parents, enfants, sœurs de tous ces déportés de Staline cherchaient désespérément le nom d'un proche sur ces cercueils. Et puis je n'oublie pas non plus que ces trois pays sont revenus pour la première fois avec leurs propres drapeaux sur la scène internationale à l'occasion de la cérémonie d'ouverture des Jeux olympiques d'Albertville le 8 février 1992. L'ovation de tout le stade avait été immense et spontanée.

Vendredi 6 juillet 2018 — La bataille des Chequers

La bataille des Chequers est engagée. En fait il s'agit d'une double bataille.

La première est celle que Theresa May livre à certains de ses ministres. Elle a prévenu avant le huis clos des Chequers : si un ministre veut démissionner, il repartira des Chequers sans sa voiture de fonction et devra prendre un taxi.

La deuxième bataille est évidemment celle qui se prépare avec l'Union européenne. Theresa May, nous a dit son conseiller Olly Robbins, veut imposer à toute son équipe un livre blanc qui marque une rupture avec la ligne du Brexit clair et net. Elle mesure bien les conséquences dramatiques pour l'économie britannique de ses propres annonces. Quitter le marché unique et quitter l'union douanière aurait un prix très lourd pour les entreprises du Royaume-Uni.

Coincée par ses ministres *brexiters* les plus durs, elle tente la quadrature du cercle. Elle cherche à préserver ses lignes rouges tout en demandant à l'Europe de modifier ses propres règles et d'accepter un marché unique à la carte pour les marchandises et un système douanier où le Royaume-Uni aurait les avantages de l'union douanière tout en gardant sa liberté de négociation commerciale.

On me dit à la fin de la journée que le débat a été très dur. Une vingtaine de ministres ont soutenu clairement cette ligne d'un Brexit plus *soft* proposée par Theresa May. Huit ministres s'y sont opposés. Et finalement tous, par solidarité, donnent leur accord en fin de journée sur un texte de trois pages qui préfigure le *White Paper*.

Je décide d'une réaction prudente. Dans un seul tweet, j'indique que la discussion aux Chequers sur le futur est bienvenue, et que j'attends maintenant avec intérêt le *White Paper* dont nous évaluerons les propositions pour voir si elles sont opérationnelles et réalistes compte tenu des orientations du Conseil européen.

Samedi 7 juillet 2018
— Coup de fil de David Davis

David Davis cherche à me joindre. Nous nous parlons vers 15 heures. Il me remercie pour l'ouverture dont témoigne mon tweet d'hier soir.

Je lui dis que j'ai besoin de lire dans le détail le *White Paper*. Il me confirme sa publication pour jeudi prochain, me laisse entendre qu'il aurait souhaité certaines orientations différentes et qu'il espère que nous reprenions la négociation au plus tôt. Je lui dis pour conclure que je suis disponible dès la semaine prochaine pour le retrouver à Bruxelles.

Dimanche 8 juillet 2018
— David Davis démissionne

Avec Stéphanie, Tristan Aureau et Stefaan De Rynck, nous venons d'atterrir à New York pour une semaine de rendez-vous et de conférences, pour faire entendre la « voix européenne sur le Brexit », dans un pays où les seules explications viennent de Londres, depuis des mois.

Au moment de partir pour un déjeuner privé amical avec François Delattre, ambassadeur de France aux Nations unies qui a été l'adjoint de mon directeur de cabinet pendant quelques mois au Quai d'Orsay, me parvient la nouvelle de la démission de David Davis.

Il est minuit à Londres, 18 heures ici à New York. Je suis étonné par cette décision que ma conversation hier avec lui ne laissait pas présager. Que s'est-il passé ? Pourquoi démissionner à minuit ? La seule explication est que cette décision est liée au long courrier rédigé par plusieurs députés conservateurs contre les propositions de Theresa May, sous le prétexte qu'elle ne respecte pas les engagements pris devant les citoyens à l'occasion du Brexit. Ce qui est reproché à Theresa May dans cette lettre, c'est une sorte de faiblesse à l'égard de l'Union européenne quant au respect des règles de l'Union. On voit donc resurgir là le refus de toute idée qui transformerait le Royaume-Uni en « État vassal ».

Par sa démission, David Davis entend démontrer qu'il est de ce côté-là. J'imagine aussi, dès ce moment, qu'en précipitant sa démission au milieu de la nuit, il veut prendre de court d'autres ministres, notamment Boris Johnson, et devenir ainsi le leader de toute éventuelle manœuvre contre Theresa May. Nous verrons bien.

Lundi 9 juillet 2018 — New York

À New York, où il fait beau et chaud, je rencontre ce matin les 27 ambassadeurs européens auprès des Nations unies, réunis par João Vale de Almeida, ambassadeur de l'Union européenne. Il m'a fallu batailler pour que les Britanniques ne soient pas invités à cette réunion ! Tous nos diplomates n'ont pas encore compris qu'avec le Brexit, à New York comme ailleurs, ça ne sera plus « *business as usual* ». Mes premiers mots sur ce point sont pour dire aux ambassadeurs : « Je sais que vous n'avez pas l'habitude de ce format à 27. Malheureusement c'est un format qui va devenir habituel. »

Et pendant ce temps-là, à Londres, la bataille des Chequers continue. Pris de court par la démission nocturne de David Davis, Boris Johnson jette l'éponge à son tour. D'autres *junior ministers* le suivront. Tout au long de cette année et demie de négociations, pas une fois je n'aurai rencontré le ministre des Affaires étrangères britannique. Boris Johnson aura géré cette négociation d'un point de vue strictement intérieur et dans la seule logique de la bataille qu'il a menée lui-même pour le Brexit. J'aurais pourtant été heureux de mieux connaître ce personnage baroque. En fait, nous avons une seule fois discuté lorsqu'il était maire de Londres et que je me trouvais dans la même tribune pour la cérémonie d'ouverture des Jeux olympiques de 2012. Je lui avais présenté mes vœux de succès et nous avions parlé de l'Europe mais nous étions encore loin du référendum et, à l'époque, il était encore européen, comme on peut l'être quand on est britannique et conservateur...

En vérité, Boris Johnson a commis tant d'erreurs et de « saillies » verbales que sa nomination à la tête du *Foreign Office* avait semblé incongrue dans de nombreuses capitales. Et je peux imaginer que c'était aussi le sentiment de beaucoup de diplomates britanniques. À cet instant, je pense que Theresa May, au fond, doit être soulagée de le voir partir.

Et s'il fallait d'ailleurs une autre illustration de l'incongruité de Boris Johnson, on la trouve dans cette lettre de démission visiblement bâclée, où il explique sa frustration, lorsqu'il était maire de Londres, de ne pas avoir pu protéger les cyclistes écrasés par des poids lourds, car il aurait dû attendre que l'Union européenne légifère pour autoriser un nouveau modèle de camions, au pare-brise abaissé pour améliorer la visibilité du chauffeur.

Une telle argumentation n'est pas sérieuse. Rien n'interdisait au maire de Londres de développer le réseau de pistes cyclables, d'en faire mieux respecter l'interdiction aux véhicules motorisés, de lancer des campagnes de prévention auprès des chauffeurs routiers, voire d'interdire l'accès de certains axes aux poids lourds dépourvus de certains équipements, comme des dispositifs électroniques d'alerte en cas de piétons ou de cyclistes à proximité…

Mardi 10 juillet 2018 — France-Belgique

Mon équipe a prévu deux prises de parole dans la même journée. C'est trop. Il faut chaque fois faire un discours introductif en anglais et j'ai accepté, pour la première fois aux États-Unis, dans la foulée, une session de questions-réponses en anglais sans filet.

Devant le *Council on Foreign Relations* puis à la *European American Chamber of Commerce*, mon message est clair : malgré le Brexit, l'Union européenne restera un grand marché cohérent et régulé, ouvert pour les échanges.

L'agenda, comme par miracle, laisse une plage libre entre 14 heures et 16 heures, au moment même où commence en Russie la demi-finale de la Coupe du monde France-Belgique. Cela tombe bien pour notre petite délégation. Stefaan porte les couleurs de la Belgique et nous vivons ensemble le but de Samuel Umtiti, dans un esprit sportif. Franchement, je suis content que la France ait gagné mais aussi déçu pour ma « deuxième patrie » et pour cette jeune et belle équipe des Diables rouges.

Nous rejoignons par le train Washington où Olivier Guersent nous attend pour participer à tous les entretiens, notamment sur la thématique financière, dans la capitale fédérale.

Mercredi 11 juillet 2018
— Les ministres de Donald Trump

Tour à tour, durant cette longue journée à Washington, nous rencontrons Wilbur Ross, ministre du Commerce, puis Steven Mnuchin, ministre des Finances, le nouveau président de la Réserve fédérale Jerome Powell et Robert Lighthizer, responsable américain des négociations commerciales.

J'ai souvent visité les États-Unis comme commissaire européen, mais il m'est rarement arrivé d'être reçu par autant de ministres et hauts responsables, ce qui prouve l'attention que l'on porte ici aux questions européennes et au Brexit en particulier.

J'avais été averti de l'arrogance et de la brutalité des nouveaux ministres de Donald Trump. Je les trouve au contraire courtois et compétents. On sent bien cependant qu'ils travaillent avec un président imprévisible.

Même s'ils nourrissent à l'égard de l'Europe une incompréhension et parfois une animosité inspirée de leur président, tous comprennent que l'Union n'acceptera pas de détricoter ce qu'elle a construit ni d'affaiblir ce qui est son tout premier capital, le marché unique. Tous, de manière plus ou moins directe, considèrent que le Royaume-Uni en quittant l'Union joue contre ses intérêts. Et au fond, ils font bien la différence, pour les intérêts américains, entre un marché unique de 450 millions de consommateurs et un marché britannique de 60 millions.

Jeudi 12 juillet 2018
— Christine Lagarde à Washington

Aujourd'hui, à Washington, j'ai le plaisir de retrouver Christine Lagarde, entourée de son équipe, à qui nous expliquons l'état de la négociation. Les analyses du FMI sont toujours éclairantes sur les conséquences macroéconomiques du Brexit et montrent bien que nous sommes dans un jeu perdant-perdant et que personne n'a rien à gagner à cette séparation.

Je suis sincèrement heureux de discuter avec la « grande Christine », comme ses collaborateurs l'appellent affectueusement. En juin 2007, je lui ai succédé au ministère de l'Agriculture qu'elle quittait pour Bercy. Toujours souriante, elle a une élégance très française et une intelligence du monde. « *The world is her oyster !* » Quelque temps après, nous rencontrons au Capitole cinq *Congressmen* qui animent le groupe des *Friends of Ireland*. C'est à la fois intéressant et émouvant de voir l'attachement à ce pays de tant d'hommes et de femmes politiques américains qui, comme Kennedy, descendent d'émigrants irlandais. Je les rassure en redisant notre détermination à sauvegarder le *Good Friday Agreement* et éviter une frontière dure.

Vendredi 13 juillet 2018
— Une grande dame

Je reviens toujours des États-Unis stimulé par le dynamisme ambiant et la mobilité des idées. Je fais ce matin mon quatrième speech devant un autre think tank, le *Carnegie Endowment for International Peace*. J'aimerais bien qu'en Europe, les institutions et le secteur privé soient encouragés, y compris fiscalement, à soutenir le développement d'un tel réseau de think tanks sur les questions économiques ou les relations internationales. L'Europe de demain se fera aussi par le débat public.

Madeleine Albright, qui fut secrétaire d'État de Bill Clinton de 1997 à 2001, personnalise très bien cette passion pour le débat d'idées. À 80 ans, elle n'est jamais blasée, toujours curieuse. Elle m'offre son tout dernier livre, *Fascism : A Warning*, avec une dédicace personnelle : « À Michel Barnier, qui a sans doute aujourd'hui la mission la plus difficile en Europe. » J'ai associé à notre déjeuner Tristan pour qu'il ait l'opportunité de rencontrer une grande dame de la diplomatie mondiale.

Nous consacrons une partie de ce déjeuner précisément à la montée des mouvements populistes, au risque de résurgence des fascismes ou de l'autoritarisme. Née à Prague, dans l'ex-Tchécoslovaquie, Madeleine Albright connaît bien les vieux démons qui sommeillent en Europe. Et je lui dis ma conviction qu'il faut, après avoir géré les conséquences du Brexit, en tirer les leçons et répondre au sentiment populaire, à l'angoisse sociale, à la peur de perdre son identité culturelle qu'exploitent si bien les populismes.

M'entretenir avec Madeleine Albright est pour moi, à chacune de mes visites à Washington, un rendez-vous important.

Dimanche 15 juillet 2018 — White Paper

Journée un peu difficile à cause du décalage horaire, mais aussi importante grâce à la finale de la Coupe du monde. J'adresse un SMS amical au Premier ministre de Croatie, Andrej Plenković, pour lui dire : « Que le meilleur gagne ! Nos deux équipes ont fait un parcours formidable et donnent une belle image de la Croatie et de la France. Vive le sport et vive l'Europe. » Il me répond à midi : « C'est en effet une très belle affiche et un énorme succès pour la Croatie comme pour la France, mais, tu as raison, aussi pour l'Europe dans tous les cas. Alors que le meilleur gagne ! »

Tout au long de nos trois séjours en Belgique — au total près de quinze ans — nous nous sommes faits, avec Isabelle et nos enfants, un grand nombre de vrais amis belges. Avant de rejoindre l'une de ces familles amies pour regarder le match, je prends le temps de lire dans le détail le *White Paper*.

Que contient-il ?

D'abord, quelques ouvertures et davantage de réalisme : le Royaume-Uni reconnaît que sa sortie du marché unique et de l'union douanière aurait des conséquences négatives sur les flux commerciaux. Il accepte qu'un accord de libre-échange constitue le cœur de notre future relation économique, même si nous ne mettons pas le même contenu derrière ces mots. Il accepte également que l'ultime arbitre sur l'interprétation du droit européen soit la Cour de justice de l'Union européenne, et s'engage à ce que les cours britanniques prennent en compte la jurisprudence de cette Cour. Il donne des signaux encourageants en matière de *level playing field*, notamment sur les aides d'État et le contrôle des concentrations. Enfin, le livre blanc britannique montre une réelle convergence quant au périmètre de notre coopération future en matière de sécurité extérieure et intérieure.

Cependant, en matière économique, les deux piliers qui structurent ce livre blanc posent de nombreuses questions.

En matière douanière, le Royaume-Uni propose un « *facilitated customs arrangement* » qui vise à obtenir tous les avantages d'une union douanière, sans en accepter la contrepartie d'une politique commerciale commune. Ceci est en contradiction même avec le principe au cœur d'une union douanière, à savoir un tarif extérieur commun. Les Britanniques cherchent ainsi à conserver une politique commerciale autonome pour les biens.

Ils veulent pouvoir appliquer deux tarifs — celui autonome du Royaume-Uni ou celui de l'Union — aux biens entrant au Royaume-Uni, selon que leur destination finale sera le marché britannique ou le marché européen.

Cette proposition a déjà été présentée au mois d'août dernier par les Britanniques. Elle a alors été refusée par les États membres et les milieux économiques car elle présente trois risques, qui seraient tous supportés exclusivement par l'Union.

Un risque de compétitivité : ce système offrirait aux entreprises britanniques un avantage compétitif majeur au détriment des entreprises de l'Union, puisqu'elles pourraient incorporer dans leurs produits des intrants importés à un tarif moins élevé.

Or, ces produits pourraient ensuite circuler librement dans tout le marché intérieur !

Un risque fiscal et budgétaire : l'application de tarifs britanniques moins élevés à des intrants incorporés au Royaume-Uni dans des biens destinés au marché européen impliquerait une perte de recettes à la fois pour le budget européen et pour les États membres.

Un risque de supervision : les douanes britanniques agiraient alors en tant qu'agents de l'Union — situation sans précédent — sans être soumises au système de gouvernance de l'Union. En matière de TVA, cela irait même plus loin puisque le Royaume-Uni a clairement indiqué qu'il ne souhaitait plus respecter les règles de l'Union.

Tout ceci aboutirait à un cauchemar bureaucratique au seul bénéfice du Royaume-Uni. En effet, cette construction reposerait sur des technologies qui n'existent même pas aujourd'hui pour tracer la destination des biens circulant dans le marché intérieur, et elle engendrerait des surcoûts financiers et administratifs très lourds pour l'ensemble des entreprises européennes qui seraient contraintes de s'y conformer.

À côté de cet arrangement douanier, les Britanniques veulent un « *common rulebook* », un ensemble de règles communes, pour les biens, dont l'objectif serait de participer au marché intérieur à la carte, sans les contreparties auxquelles les États membres doivent se conformer.

Les Britanniques nous disent qu'ils seraient prêts à s'aligner sur les standards de l'Union pour les biens. Ce point est une évidence : n'importe quel bien arrivant dans l'Union européenne, d'où qu'il vienne, doit se conformer aux standards de l'Union européenne.

Par ailleurs, cet alignement se limiterait aux

standards contrôlés à la frontière. Ce point est important puisqu'il laisse de côté des standards non contrôlés à la frontière. Par exemple, sur les OGM, les Britanniques cherchent une reconnaissance mutuelle entre les règles de l'Union et les futures règles du Royaume-Uni, ce qui leur donnerait plus de liberté qu'un État membre.

En matière de services, le Royaume-Uni souhaite garder sa capacité de divergence dans le but assumé d'accroître son avantage compétitif. Or, 20 à 40 % de la valeur des biens provient des services. Si nous autorisions les biens produits au Royaume-Uni à circuler sans contrôle dans le marché intérieur, tout en laissant le Royaume-Uni diverger en matière de services, nous offririons aux entreprises britanniques un avantage compétitif immédiat contre nos propres entreprises.

J'ajoute un mot sur le sujet des services financiers. Les Britanniques disent admettre qu'ils perdent le « passeport », tout en cherchant à le récupérer via un système d'équivalences généralisées qui seraient en réalité cogérées entre l'Union européenne et le Royaume-Uni. Derrière cette idée d'équivalence généralisée, on voit réapparaître l'idée de reconnaissance mutuelle qui est inacceptable. Ceci serait frontalement opposé à notre principe d'autonomie de décision.

Enfin, si l'on ajoute à ces propositions celles concernant la mobilité — centrées sur de courts séjours pour quelques catégories de travailleurs, d'étudiants et de touristes seulement —, on voit bien ce qui sous-tend toute l'approche britannique : un *cherry-picking* généralisé sans liberté de mouvement des personnes.

Mercredi 18 juillet 2018 — Tony Blair

Le hasard de l'agenda me fait recevoir aujourd'hui dans mon bureau Tony Blair, et un peu plus tard Nick Clegg, l'ancien vice-Premier ministre libéral de David Cameron, qui vient rencontrer Sabine. Ce sont deux Britanniques européens, sincères mais aujourd'hui marginalisés dans leur propre pays.

Tony Blair n'a rien perdu de son charisme. Il est précis dans ses questions. Il reste convaincu que le choix est entre un *no deal* et le maintien de son pays dans l'Union européenne. Nous nous étions vus il y a un an en marge d'une réunion du PPE en Irlande. À l'époque, il pensait qu'un deuxième référendum était nécessaire mais n'en voyait pas du tout la faisabilité. Aujourd'hui, me dit-il, le vent tourne, et une deuxième consultation des citoyens britanniques n'est plus impossible. Il faudrait que la déclaration politique décrivant la future relation soit très précise et que tout le monde comprenne bien ce que le Royaume-Uni a à perdre.

Jeudi 19 juillet 2018 — Dominic Raab

Le tout nouveau ministre britannique chargé du Brexit est à Bruxelles pour la première fois. Je l'attends à l'entrée protocolaire comme il se doit. C'est un homme assez jeune et carré. D'emblée, il me dit qu'il veut mettre beaucoup plus d'énergie dans la négociation. Évidemment, j'y suis prêt.

Dans l'entretien en tête à tête que nous avons, dès le début, dans mon bureau, il s'efforce de créer une relation directe. « Nous devons faire plus de politique, trouver des solutions politiques pour ce Brexit. »

Il y a dans son regard quelque chose qui me surprend, comme une lueur presque messianique. Il est sans doute habité par le devoir de remplir sa mission et de délivrer le Brexit, mais je ne suis pas sûr que nous pourrons avec lui entrer dans le détail de la négociation, tenir compte des faits et des réalités.

En tout cas, je comprends qu'il veut imposer sa marque sur la négociation, prendre le dessus sur Olly Robbins et venir lui-même très régulièrement à Bruxelles. Il est le bienvenu !

Mardi 24 juillet 2018
— Theresa May reprend la main

Theresa May annonce aujourd'hui qu'elle prend le contrôle personnel de l'équipe de négociation britannique, tirant les leçons des rivalités qui ont, selon elle, affaibli sa stratégie de sortie.

Pour dire la vérité, le cabinet de Theresa May a depuis le début contrôlé et géré toute la négociation du côté britannique. Je n'ai eu affaire avec mon équipe depuis juin 2017 qu'à Olly Robbins et aux hauts fonctionnaires qui l'entourent. Le ministre officiellement chargé du Brexit, David Davis, ne se sera déplacé qu'une fois par trimestre pour venir à Bruxelles. De mon côté, je l'aurai rencontré deux fois à Londres. C'est dommage, j'ai de la sympathie pour l'homme. Dans d'autres circonstances, nous aurions à coup sûr bien travaillé ensemble.

Comment donc faut-il comprendre l'annonce d'aujourd'hui ? Probablement le tout nouveau secrétaire d'État, Dominic Raab, a-t-il été trop présomptueux ou volontariste en me disant lors de notre première rencontre, devant Olly Robbins, qu'il conduirait la négociation lui-même et qu'il viendrait à Bruxelles chaque semaine s'il le fallait. J'ai senti à cet instant que cette « nouvelle dynamique de négociation » ne plaisait pas à Olly Robbins. Et la Première ministre a donc assez logiquement remis l'église au milieu du village ! Nous verrons bien, je resterai disponible pour rencontrer Dominic Raab quand il le voudra, y compris en tête à tête. Je ne suis pas loin de penser qu'il a sa propre idée du Brexit...

Mercredi 25 juillet 2018 — Contresens

Ce matin, cinq économistes français, allemands et britannique que nous connaissons bien, Jean Pisani-Ferry, Norbert Röttgen, André Sapir, Paul Tucker, ancien gouverneur de la Banque d'Angleterre, et Guntram Wolff, directeur du think tank Bruegel, publient une tribune dans *Le Figaro* et d'autres journaux européens sous le titre : « L'Europe doit éviter un Brexit dur ».

Ce texte paraît écrit par un Britannique au lendemain de la publication du *White Paper*. En fait c'est une « récidive », puisque les mêmes avaient, au nom de l'institut Bruegel, publié un rapport dans la précipitation quelques semaines après le référendum sur le Brexit. Et déjà, ces cinq économistes plaidaient pour un accord spécial avec le Royaume-Uni consistant à lui donner le beurre et l'argent du beurre. Voilà que ce matin, ils défendent avec la même ardeur le livre blanc britannique qui demande à diviser les quatre libertés et propose en matière de douanes une véritable usine à gaz au seul profit des intérêts britanniques.

J'ai appelé hier Jean Pisani-Ferry pour lui faire part de mon étonnement. Rien n'y fait. Nos cinq économistes ont une vision ultralibérale de l'Union européenne. C'est le même André Sapir qui, dans les années 2000, avait commis un rapport à la demande du président de la Commission européenne, Romano Prodi, pour démanteler la politique régionale européenne voulue par Jacques Delors et la politique agricole commune. Ce pour quoi il plaide ce matin consiste à détruire au profit du Royaume-Uni une partie du marché unique.

Pascal Lamy, interviewé ce matin sur France Inter, les a renvoyés sèchement dans leurs buts : « Les Européens ont toujours dit depuis le début ce qui était acceptable et ce qui ne l'était pas. Ce qui n'est pas acceptable, c'est de changer les règles de l'Union sous prétexte que le Royaume-Uni serait un pays tiers spécial. » C'est le Royaume-Uni qui quitte l'Union européenne, pas le contraire.

J'ai entendu aussi ce matin sur une radio le président de l'Agence spatiale européenne, Johann-Dietrich Wörner, interrogé sur le Brexit à l'occasion du lancement cet après-midi de quatre nouveaux satellites complétant la constellation Galileo. Les Britanniques sont en effet furieux d'une des conséquences de leur décision de quitter l'Union puisqu'ils ne pourront plus participer au développement technologique et au contrôle du signal crypté dit « PRS », le plus sensible en matière de défense. Et M. Wörner de dire simplement : « Ils rendent les clefs de l'appartement et ils voudraient continuer à utiliser la cuisine. »

Vendredi 27 juillet 2018
— Athènes, meurtrie par le feu

Retour en Grèce, où je suis arrivé tard hier soir, dans des circonstances tragiques pour ce grand pays.

Depuis trois jours, le feu qui a ravagé les alentours d'Athènes, et en particulier la commune balnéaire de Máti, a fait des dizaines de morts. Le pays tout entier est en deuil, et mes premiers mots sont pour présenter mes condoléances et la solidarité exprimée partout en Europe avec le peuple grec. Le commissaire européen Christos Stylianides s'est d'ailleurs rendu sur place il y a deux jours.

La détresse du peuple grec se lit sur le visage d'Aléxis Tsípras. Et bien plus que du Brexit, sur lequel le Premier ministre soutient notre ligne de négociation, nous parlons de la nécessité de renforcer la capacité d'action commune des Européens face à de tels drames, d'origine humaine ou naturelle, qui sont de plus en plus nombreux.

Les Européens doivent savoir qu'ils peuvent compter les uns sur les autres.

En 2006, j'avais remis un rapport au président de la Commission proposant une force européenne de protection civile. L'idée est que les Européens doivent préparer ensemble et en amont leur réponse aux futures crises internationales dans sept domaines : tremblements de terre et tsunamis, incendies de forêts, inondations, accidents industriels et nucléaires, attaques terroristes, catastrophes maritimes et grandes pandémies.

Le soir même, et avant de prendre quelques jours de repos en famille dans l'île magique de Pátmos, nous sommes reçus avec mon épouse Isabelle pour un dîner amical par le leader du parti Nouvelle Démocratie, Kyriákos Mitsotákis, et son épouse Mareva. C'est une belle soirée, marquée également par une éclipse de Lune.

Je suis frappé de sa détermination, de sa volonté de changer les choses par rapport à l'ordre ancien et en même temps de l'assurance qui est la sienne d'être le prochain Premier ministre de son pays.

Vendredi 10 août 2018
— Theresa May à Brégançon

Emmanuel Macron, qui débute ses courtes vacances à Brégançon, a invité Theresa May pour le dîner.

Il a pris soin de m'en informer par un appel de son conseiller diplomatique Philippe Étienne. Il a aussi prévenu la presse et Theresa May qu'il ne s'agissait pas de négocier par-dessus ma tête. C'est le message porté avec clarté par Clément Beaune, son conseiller Europe, à un groupe de journalistes.

Personne n'est dupe de l'opération du gouvernement britannique qui a engagé depuis la réunion des Chequers une offensive diplomatique de grande envergure et de petite précaution…

Le plus caricatural dans cet exercice est le nouveau ministre des Affaires étrangères, Jeremy Hunt, qui se répand dans toutes les capitales pour mettre sur le dos de l'Union les conséquences d'un éventuel *no deal* : « Aidez-nous, sinon le Brexit sera une tragédie », disait-il dans une interview à Paris le 31 juillet.

Il faudrait donc, pour « aider Theresa May », que les Européens sacrifient l'intégrité du marché unique qui est leur principal atout dans la compétition mondiale ? Il faudrait donc, pour que le Brexit ne devienne pas « une tragédie », que les Européens acceptent de s'imposer un nouveau système douanier avec une double tarification aux frontières extérieures que les Britanniques eux-mêmes sont incapables d'expliquer ? Bref, il faudrait que les Européens payent eux-mêmes une partie des conséquences économiques d'un Brexit qu'ils n'ont pas voulu et qu'ils regrettent.

J'ai appris à garder mon calme. À quoi bon

polémiquer avec Jeremy Hunt ? Je ne l'ai pas fait avec Boris Johnson alors que cela aurait été plus drôle ou plus facile !

Cette offensive britannique est relayée efficacement par un certain nombre de professeurs, d'économistes et de think tanks. La patronne des patrons britanniques, Carolyn Fairbairn, tire elle aussi le signal d'alarme : « Le Royaume-Uni ne serait pas le seul touché si les négociations échouaient : 1,2 million d'emplois seraient menacés dans l'UE… »

Et au milieu de cette offensive, toujours et encore cette idée qu'il faut contraindre le « négociateur de la Commission » à être plus souple, plus pragmatique, plus flexible, moins dogmatique.

Le même Jeremy Hunt, que je ne connais pas et qui n'a d'ailleurs pas demandé à me voir, disait encore il y a quelques jours : « La Commission doit abandonner l'idée que la Grande-Bretagne finira par flancher. C'est une erreur fondamentale sur notre pays. La France et l'Allemagne doivent envoyer un signal fort à Bruxelles sur la nécessité de trouver un accord pragmatique et raisonnable qui protège les emplois des deux côtés de la Manche[1]. »

Ainsi, de dîners de travail en visites bilatérales, d'interviews dans la presse européenne en appels téléphoniques, les Britanniques cherchent à briser l'unité des 27 et à présenter le texte des Chequers comme la solution « pragmatique et raisonnable » qui serait dans l'intérêt de l'Union européenne.

Je connais de nombreux dirigeants de l'Union qui veulent être amicaux et constructifs avec Theresa May. Mais, pour être franc, je ne vois pas aujourd'hui ce qui les engagerait à faire supporter par leurs propres entreprises et par leurs propres

1. Interview à l'*Evening Standard*.

administrations le prix et les conséquences des solutions proposées par Londres pour se sortir du Brexit trop brutal que les conservateurs ont voulu.

Mercredi 15 août 2018
— Mémoires d'Alain Prate

Notre fille Laetitia est une jeune femme intrépide. Devenue psychologue, elle s'est engagée très tôt dans la gestion de crises internationales. Aujourd'hui, très émue, elle nous annonce son mariage avec Augustin, un jeune ingénieur éminemment sympathique qui, dans un clin d'œil, m'offre le livre écrit par son grand-père, Alain Prate.

À la lecture des mémoires de ce grand serviteur de l'État qui prit part, à Paris et à Bruxelles, à chacune des négociations fondatrices de l'Union européenne, je suis saisi par la permanence des positions britanniques à travers le temps. À croire que, des années 1950 à nos jours, seuls auraient changé les noms et les visages, quand les intérêts du Royaume-Uni seraient demeurés identiques, ou presque.

Le profond scepticisme, voire l'incrédulité, des représentants britanniques à l'endroit de la Communauté européenne à ses balbutiements, est connu ; il explique, dès 1954, le refus du Royaume-Uni de participer à la Communauté européenne du charbon et de l'acier (CECA). Très vite pourtant, Alain Prate montre comment une relative prise de distance cède la place à une curiosité intéressée envers cette Europe en gestation, et plus précisément à la volonté d'en être tout en conservant sa pleine liberté d'action. Ainsi écrit-il, à propos des négociations du traité de Rome : quand la diplomatie britannique « s'aperçut que les discussions progressaient, l'idée qu'allait se constituer sur le continent un bloc commercial auquel le Royaume-Uni ne participerait pas lui parut insupportable. Ne pouvant participer au système, mais ne voulant pas en être exclue, la Grande-Bretagne imagina un projet conforme à ses intérêts, qui était la création d'une zone de libre-échange, englobant le Marché commun, mais ne comportant pas de tarif extérieur, ni de politique agricole commune ». C'était, déjà, la demande d'un statut « sur mesure ».

Jeudi 16 août 2018 — Jim Ratcliffe

Jim Ratcliffe est à la tête d'une fortune de 21 milliards de livres. Il est l'un des hommes les plus riches du Royaume-Uni, et comme beaucoup de partisans de la déréglementation, de la baisse des impôts et du laisser-faire sur les marchés, il a milité activement pour le Brexit.

Le *Daily Telegraph* annonce qu'il va s'installer à Monaco...

Déjà, le député ultraconservateur Jacob Rees-Mogg, figure de leader des *Brexiters*, a créé via sa société de gestion personnelle, Somerset Capital Management, deux fonds d'investissement en Irlande... dans le marché unique.

On voit bien là le grand malentendu ou la grande hypocrisie entre les animateurs de la campagne du Brexit, dont beaucoup sont liés aux services financiers, et la majorité des électeurs du Brexit qui les ont crus en votant pour la fermeture des frontières, et la limitation de l'immigration.

Une majorité de Britanniques ont voté contre la mondialisation en se déclarant pour le Brexit. Au moment même où les Farage et Johnson, ainsi que quelques patrons de la finance ou de la presse choisissaient, eux, avec le même bulletin de vote, une plus grande mondialisation…

Mardi 21 août 2018
— Dominic Raab à l'attaque

Après une courte interruption au début du mois d'août, dont nous avions tous besoin, nos équipes techniques se sont retrouvées la semaine dernière pour recommencer le défrichage sur les sujets qui restent en suspens mais aussi travailler sur la future relation. Méthodiquement, nous faisons la comparaison entre la proposition européenne d'un partenariat inédit et les demandes britanniques contenues dans le *White Paper*.

Je retrouve Dominic Raab, impatient de démontrer son engagement personnel. Nous refaisons le point avec sa délégation de tous les sujets en suspens. Je lui redis la sensibilité de la question des indications géographiques, c'est-à-dire de la protection de tous les droits de propriété accordés partout en Europe sur des produits agricoles ou agroalimentaires. Il y en a plus de 3 000 qui vont du whisky écossais au beaufort savoyard en passant par la feta ou le gorgonzola.

Et surtout, nous faisons le point sur le dossier irlandais et le fameux *backstop* dont nous avons besoin pour conclure l'accord. « La question de l'Irlande doit être réglée dans un contexte plus large. Voilà pourquoi nous voulons une solution globale pour le Royaume-Uni, à travers un arrangement douanier spécial et le *common rulebook* pour les marchandises. Si vous n'acceptez pas ces dispositions, alors ce sera le *no deal* et ce sera votre responsabilité, nous dit-il sans ciller, que de rétablir les frontières. Pas la nôtre. »

Mon sang ne fait qu'un tour et je vois la stupeur dans les yeux de Sabine et de Stéphanie. Ma réponse ne se fait pas attendre : « Jamais Theresa May n'a osé proférer cette menace ; jamais, parce qu'elle connaît sa responsabilité et celle du Royaume-Uni. Elle l'a reconnu : c'est le Brexit qui crée le problème en Irlande, rien d'autre. Nous cherchons des solutions ensemble. Et Dominic, si cette menace est la nouvelle ligne de ton gouvernement, alors la négociation peut s'arrêter tout de suite. Et je vais me préparer dans les jours qui viennent à en informer le Parlement européen et les États membres. Nous constaterons l'échec de la négociation sur le Brexit lui-même. »

Il y a alors un flottement dans la délégation britannique. Dominic Raab se rend compte qu'il est allé trop loin. Olly Robbins est mécontent. L'ambassadeur Tim Barrow est gêné. Décidément, Dominic Raab n'est pas un homme de nuance. J'enfonce le clou. « Theresa May, à deux reprises, a pris l'engagement du *backstop*, en décembre et en janvier. Cela peut être un *backstop* différent du nôtre. Nous pouvons amender et améliorer notre proposition. Mais il n'y aura pas d'accord s'il n'y a pas de *backstop* en Irlande. Je te propose que nos équipes travaillent maintenant sérieusement et précisément sur le nombre, la nature, l'endroit de chacun des contrôles dont nous avons besoin pour les marchandises, et aussi sur qui peut les mettre en œuvre. Nous sommes prêts à accepter que les autorités britanniques fassent ces contrôles, accompagnées d'agents de l'Union européenne. Nous avons besoin que de votre côté vous nous fournissiez des chiffres sur les données et les conditions des contrôles que vous faites déjà en Irlande du Nord sur les échanges venant de Grande-Bretagne. »

Dimanche 26 août 2018
— Le général et l'Angleterre

Je retrouve avec plaisir chez eux, sur les hauteurs d'Albertville, Joëlle et Albert Gibello. Albert a été mon tout premier compagnon de route dans mon parcours politique en Savoie, depuis le lycée Jean-Moulin où nous animions la petite équipe des jeunes gaullistes à la fin des années 1960 à travers l'Union des jeunes pour le progrès (UJP). Il a été plus tard mon assistant puis mon suppléant comme député. Et pendant deux mandats, le maire très actif de la cité olympique d'Albertville.

Nous écoutons ensemble sur le site de l'INA une des fameuses conférences de presse du général de Gaulle pour lequel nous étions engagés tous les deux. C'était le 27 novembre 1967. Répondant à une question sur la dévaluation de la livre sterling et les perspectives pour l'Angleterre d'entrer dans le Marché commun, le Général, qui avait évidemment soigneusement préparé sa réponse, se lance alors dans un long développement, sans notes, sur les différences qui empêchent l'entrée de l'Angleterre : « C'est une modification, une transformation radicale de la Grande-Bretagne qui s'impose pour qu'elle puisse se joindre aux continentaux. C'est évident au point de vue politique. Mais aujourd'hui pour ne parler que du domaine économique, le rapport qui a été adressé le 29 septembre par la Commission de Bruxelles aux six gouvernements démontre avec la plus grande clarté que le Marché commun actuel est incompatible avec l'économie telle qu'elle est de l'Angleterre. Dont le déficit chronique de sa balance des paiements prouve le déséquilibre permanent et qui comporte, quant à la production, aux productions, aux sources d'approvisionnement, à la pratique du crédit, aux conditions du travail, des données que ce pays ne pourrait changer sans modifier sa propre nature. (...)

« Dans ces conditions, à quoi pourrait aboutir ce qu'on appelle l'entrée de l'Angleterre dans le Marché commun ? Et si on voulait malgré tout l'imposer, ce serait évidemment l'éclatement d'une communauté qui a été bâtie et qui fonctionne suivant des règles qui ne supportent pas une aussi monumentale exception. (...) Faire entrer l'Angleterre, et par conséquent, engager maintenant une négociation à cet effet, ce serait pour les Six, étant donné que tout le monde sait de quoi il retourne, ce serait pour les Six donner d'avance leur consentement à tous les artifices, délais et faux-semblants qui tendraient à dissimuler la destruction d'un édifice qui a été bâti au prix de tant de peine et au milieu de tant d'espoir. (...) »

Au total, le Général s'oppose à une Angleterre trop différente, qui voudrait entrer dans le Marché commun à ses conditions. Soixante ans après, le même Royaume-Uni cherche cette fois-ci à quitter le marché unique, mais toujours à ses conditions...

Vendredi 31 août 2018 — Incompréhensions

L'été est déjà loin. Voilà dix jours que nous avons repris la négociation avec les Britanniques. Aujourd'hui, Dominic Raab a réclamé très haut et très fort six heures de discussion... un peu comme si la longueur était plus importante que le fond !

Un peu plus tard, avant le déjeuner, au cours d'un bref tête-à-tête qu'il a demandé, il me tend un piège en souhaitant que je vienne à Londres. « Pourquoi pas ! » Je suis déjà allé à Londres pour ce fameux dîner avec Theresa May et une autre fois pour un déjeuner avec David Davis. « Mais les négociations n'ont pas lieu à Londres. Ce n'est pas nous qui quittons le Royaume-Uni », lui dis-je calmement.

Il rendra pourtant compte à son équipe que je suis d'accord pour une session de négociations à Londres…

Nouvelle mise au point de ma part à la fin de notre déjeuner ce jour-là : « Il n'y aura pas de négociation formelle en dehors de Bruxelles. »

Lundi 3 septembre 2018
— Crevettes thaïlandaises
et vélos chinois…

Long dialogue aujourd'hui, pendant près de deux heures, avec les membres du *Select Committee* de la Chambre des communes sur le Brexit. Son président, Hilary Benn, est un travailliste éclairé, très lucide sur les conséquences du Brexit. Il pose de bonnes questions, avec un style très perspicace et *British*, mais toujours courtois. Le groupe des députés britanniques est très pluriel, et pour la première fois, j'ai en face de moi le fameux Jacob Rees-Mogg, l'un des députés conservateurs eurosceptiques les plus idéologues et décidément opportunistes, qui cultive un style plus XIXe siècle que proche des gens.

Je m'attache minutieusement dans mon propos introductif à éviter que notre position en réaction au *White Paper* soit interprétée comme un rejet global. Dans mon interview hier à la *Frankfurter Allgemeine Zeitung*, j'ai dit notre opposition forte à toute forme de *cherry-picking* économique. Des dépêches britanniques, évidemment, en ont rajouté en considérant que cela valait un refus global et complet. Ce n'est pas le cas.

Devant les députés, je redis que notre examen attentif du *White Paper* nous a permis d'identifier d'importants éléments de convergence : en matière de sécurité intérieure et extérieure ; sur la participation du Royaume-Uni à plusieurs programmes européens de coopération ; et enfin dans le domaine de nos relations économiques futures, où le point de convergence majeur a trait à la conclusion entre nous d'un accord de libre-échange.

J'explique en revanche pourquoi, au-delà d'un accord de libre-échange, les propositions du *White Paper* sur les douanes et le *common rulebook* pour les marchandises uniquement ne sont pas acceptables en l'état.

Mais, sous cette réserve sérieuse, je dis clairement que nous sommes prêts à bâtir avec le Royaume-Uni une relation future ambitieuse : « Si l'on met ensemble tous les secteurs sur lesquels nous sommes prêts à bâtir des coopérations entre nous, il ne fait aucun doute que nous visons un partenariat sans précédent. »

Néanmoins, Jacob Rees-Mogg, en sortant de cette réunion, dira sans vergogne que je suis d'accord avec lui pour rejeter Chequers. Un observateur s'amusera même à dire sur Twitter que Jacob Rees-Mogg est devenu mon porte-parole.

Hilary Benn, plus intelligemment, m'interroge sur l'option d'une union douanière entre le Royaume-Uni et l'Union européenne. Est-ce toujours possible ? Ma réponse est immédiate : « Oui évidemment, nous l'avons toujours dit. »

Au cours de cette réunion, Sabine fait une forte impression en expliquant aux députés britanniques pourquoi nous avons besoin de contrôles en Irlande du Nord, des deux côtés d'ailleurs, pour protéger nos marchés respectifs après le Brexit : « Après le Brexit, vous allez signer des accords commerciaux avec d'autres régions du monde. Imaginons que dans le cadre de ces accords, vous importiez au Royaume-Uni des crevettes thaïlandaises produites avec des antibiotiques que nous n'acceptons pas sur notre marché européen. Qui contrôle, et où, ces crevettes pour qu'elles n'entrent pas via l'Irlande du Nord dans le marché unique ?

« La même question se pose pour des vélos chinois sur lesquels l'UE a imposé des taxes anti-dumping. Pour ces vélos, que vous pourriez accepter au Royaume-Uni après le Brexit, mais dont nous ne voulons pas sur notre marché, qui fait les contrôles, et où ? »

Je vois dans les yeux des députés britanniques que l'argument a fait mouche et qu'ils devront accepter ces contrôles. J'ajoute que nous sommes prêts à simplifier, diversifier, décentraliser ces contrôles dont beaucoup peuvent se faire ailleurs et autrement qu'à un point physique. En fait, je veux que nous fassions la démonstration qu'il ne s'agit en aucun cas d'une frontière entre l'Irlande du Nord et la Grande-Bretagne.

Jeudi 6 septembre 2018
— Gouvernance et Irlande

Dominic Raab revient à Bruxelles. De manière assez curieuse, il souhaite parler de la gouvernance de la future relation. Je lui dis surtout que cette discussion est prématurée parce que nous ne savons pas ce que sera le contenu de cette future relation. Il est visiblement déçu.

En revanche, lui dis-je, nous devons avancer sur la gouvernance d'un accord de retrait. Et là, on ne peut pas faire mieux ce matin que de constater nos différends. En particulier, nous voulons que les juges britanniques aient la possibilité de saisir la Cour de justice de l'Union européenne d'une question d'interprétation du droit européen. Cette possibilité a été agréée pour les questions relatives aux droits des citoyens, pendant une durée de huit ans. Nous ne voyons aucune raison de ne pas étendre ces dispositions à tous les autres sujets de la séparation. D'autant moins que de possibles difficultés juridiques seront susceptibles de se poser pendant une période plus brève que pour les droits des citoyens... Dominic Raab estime au contraire que les dispositions sur les droits des citoyens représentent la limite de l'acceptable pour le gouvernement britannique.

À la fin de la réunion, je lui dis que je ne suis pas content du refus de la délégation britannique de nous communiquer les données sur les contrôles de marchandises effectués actuellement en Irlande du Nord, notamment les contrôles vétérinaires et phytosanitaires. Pour établir précisément les contrôles dont nous avons besoin pour le *backstop* en Irlande du Nord, nous devons connaître le volume des échanges entre l'Irlande du Nord et la Grande-Bretagne et la nature des produits échangés. C'est seulement ainsi que nous pourrons détailler chacun des contrôles nécessaires : quand, comment, où et qui ? Et bien démontrer que ces contrôles techniques ne peuvent pas objectivement être présentés comme une frontière, contrairement à l'argument des unionistes du DUP et d'autres dirigeants britanniques.

Mardi 11 septembre 2018
— Une tranche de potica

Arrivée ce matin à Ljubljana.

Le nouveau Premier ministre slovène, Marjan Šarec, est un ancien acteur et humoriste. Il est à la tête d'une majorité relative de centre gauche et a réussi à mettre sur la touche le vainqueur des élections, le PPE Janez Janša. Il prend ses fonctions en fin de semaine et je suis reçu aussi par le Premier ministre sortant, Miro Cerar, appelé à devenir ministre des Affaires étrangères.

Un peu plus tard, avec Nicolas et Georg, nous sommes invités à déjeuner, au bord du lac de Bled, par le président de la République Borut Pahor. Comme beaucoup des présidents de régimes parlementaires qui, par leurs fonctions, ne siègent pas au Conseil européen mais que j'ai appris à connaître — Marcelo Rebelo de Sousa au Portugal, Giorgio Napolitano en Italie, Frank-Walter Steinmeier en Allemagne, Prokópis Pavlópoulos en Grèce ou encore Sauli Niinistö en Finlande —, Borut Pahor a une vraie capacité à prendre de la hauteur sur les enjeux européens. La discussion est franche et directe. À la fin du repas, il me pose une question : « Où, en Europe, places-tu la Slovénie ? Dans l'Europe de l'Ouest, l'Europe centrale, les Balkans ? » Cette question en dit long sur une Europe autrefois disloquée, divisée, et aujourd'hui toujours en quête d'identité.

C'est un homme sportif et dynamique, je l'accompagne au *Bled Strategic Forum*, que la Slovénie s'efforce d'installer comme un « mini-Davos » du Sud-Est européen. Dans une réponse au journaliste allemand Ali Aslan qui m'interroge en séance plénière, je lâche : « Si nous sommes réalistes, un accord est possible avec les Britanniques d'ici six à huit semaines. »

C'est ma façon de répondre à la nouvelle campagne du gouvernement de Londres dont le *Financial Times* a fait sa une ce matin : « L'Union européenne va demander à son négociateur Michel Barnier de modérer sa ligne et de trouver un accord. » Pour sauver le soldat May au moment du congrès du Parti conservateur fin septembre…

Cette simple déclaration fait aussitôt grimper la livre sterling d'un point ! Décidément, à Londres, les marchés financiers sont en état de fébrilité.

Plus sérieusement, je rappelle qu'un accord nécessite une solution opérationnelle à la question irlandaise mais aussi de régler deux ou trois autres points qui restent en suspens. En particulier les 3 000 indications géographiques ou appellations d'origine contrôlée qui doivent être protégées dans la durée après le Brexit pour empêcher les contrefaçons. Et parmi elles, le fameux potica, un gâteau à base de noisettes, la plus connue des spécialités traditionnelles de Slovénie.

Mercredi 12 septembre 2018
— Trois tweets

Au moment même où Jean-Claude Juncker prononce son dernier discours sur l'état de l'Union devant le Parlement européen, je me trouve dans l'hémicycle sur les bancs de la Commission aux côtés de Martin Selmayr.

Le président est debout, volontaire mais fatigué. Et pourtant, tour à tour en français, en allemand et en anglais, il prononce un bon discours. Son équipe a choisi délibérément d'éviter le discours bilan… Il consacre deux pages au Brexit et me cite avec amitié. Je choisis trois phrases de son discours pour en faire trois tweets sur trois aspects clefs de la négociation.

Un premier tweet, plutôt positif à l'égard du Royaume-Uni, souligne, dans la bouche de Jean-Claude Juncker, qu'après mars 2019, le Royaume-Uni ne sera jamais un pays tiers ordinaire pour nous. Il sera toujours un partenaire et un voisin très proche dans les domaines politique, économique et de la sécurité. Dans les vingt-quatre heures qui suivent, ce tweet est « liké » par 349 personnes et retweeté 219 fois.

Dans la foulée, je reprends dans un deuxième tweet la phrase de Jean-Claude Juncker confirmant la solidarité de la Commission, du Parlement et des 26 autres États membres à l'égard de l'Irlande. Ce tweet sera liké par 2 234 personnes et retweeté 1 170 fois.

Enfin, dans mon troisième tweet, Jean-Claude Juncker rappelle que nous respectons la décision britannique de quitter l'Union, tout en la regrettant. Mais « nous demandons aussi au gouvernement britannique de comprendre que quelqu'un qui quitte l'Union ne peut pas avoir la même position privilégiée qu'un État membre ». Ce tweet-là sera en vingt-quatre heures liké par 9 000 personnes et retweeté 4 000 fois.

Sans doute la personnalité de mes *followers* est-elle davantage proeuropéenne, mais la réaction à ce tweet-là démontre à mes yeux la grande fébrilité du débat au Royaume-Uni et aussi qu'il se passe quelque chose dans l'opinion.

Lundi 17 septembre 2018 — Madrid

Bref aller-retour à Madrid. Le nouveau président du gouvernement, Pedro Sánchez, m'a invité pour un déjeuner de travail à la Moncloa. Il est amical, simple, très direct et me reçoit d'abord avec son ministre des Affaires étrangères Josep Borrell. Deux générations différentes de socialistes espagnols, l'un madrilène, l'autre catalan, mais un engagement commun fort pour l'Espagne et l'Europe.

Il nous fait confiance, en particulier pour trouver avant le 17 octobre un accord sur Gibraltar. La ligne espagnole n'a pas changé depuis Mariano Rajoy. La revendication espagnole ne porte pas sur la souveraineté du Rocher, même si cette question est toujours présente, notamment dans l'opposition, mais sur le règlement des points de contentieux : la taxation du tabac pour limiter la contrebande, les questions environnementales, et surtout les flux transfrontaliers et la gestion de l'aéroport de Gibraltar, que les Espagnols voudraient partager avec les Britanniques.

Je comprends et je soutiens la volonté de Madrid de régler, à la faveur du Brexit, les points en suspens à propos de Gibraltar, en particulier s'agissant des trafics divers et variés qui y trouvent leur source et se diffusent ensuite en Espagne et donc dans le reste de l'Europe. C'est une bonne occasion de remettre un peu d'ordre et de transparence autour de ce paradis fiscal.

Désormais, ma *task force* travaille avec le gouvernement espagnol pour aboutir à un texte juridiquement clair avec les Britanniques.

Jeudi 20 septembre 2018 — Salzbourg sous haute tension

Salzbourg ressemble un peu à un camp retranché. Les airs d'opéra seront pour une autre occasion ! Recevoir 28 chefs d'État dans une ville somme toute petite n'est pas une mince affaire. Mais le gouvernement autrichien a bien fait les choses et l'organisation est impeccable. Presque trop ! À mon arrivée, et sans doute parce que je dois m'asseoir demain à la table du Conseil européen, je me vois attribuer un jeune officier de liaison, une voiture officielle, deux policiers, un motard et une voiture suiveuse. Sans doute est-ce un peu exagéré !

Après deux entretiens bilatéraux avec le Premier ministre belge, Charles Michel, toujours attentif et chaleureux, puis avec le président chypriote, Níkos Anastasiádis, dont j'apprécie la sagesse et la confiance, nous nous retrouvons à notre hôtel avec Sabine et Stéphanie pour préparer mon intervention devant les chefs d'État ou de gouvernement.

L'ordinateur de Stéphanie donne des signes de faiblesse au moment où nous commençons à réécrire mon intervention pour la rendre la plus efficace et la plus concrète possible. Il s'agit de prouver aux leaders européens que les propositions économiques de Theresa May sont contraires aux intérêts des entreprises européennes.

Vers midi, nous terminons, confiants, cette préparation, pensant avoir une bonne heure de marge avant le début du déjeuner, quand un appel urgent nous prévient que tout le monde m'attend pour ce Conseil européen et ce déjeuner qui a été avancé d'une heure. Petit moment de panique puisque mon texte n'est pas encore imprimé. À force d'insister, le concierge de l'hôtel accepte en catastrophe de l'imprimer au secrétariat et je fonce vers le bâtiment du Conseil européen dont la réunion commencera immédiatement.

C'est une immense table ovale, où je suis assis à la gauche de Jean-Claude Juncker et à la droite du Premier ministre polonais Mateusz Morawiecki. En fait, tout au long de la matinée, cette place a été celle de Theresa May pour le Conseil européen à 28. Elle est sortie et je suis entré.

Mon exposé est efficace. Sur le *backstop* irlandais, j'explique comment tous les contrôles dont nous avons besoin pour protéger le marché intérieur, notamment sur les marchandises arrivant de Grande-Bretagne en Irlande du Nord, peuvent être dématérialisés, décentralisés et simplifiés.

Ainsi, pour les contrôles douaniers et fiscaux, c'est

la fiche de liquidation douanière, que le producteur remplira au départ des produits en Grande-Bretagne, qui servira de base. Cette déclaration devra être scannée sur les conteneurs ou dans les ports de transit. Elle permettra ensuite de calculer les taxes.

Pour les contrôles réglementaires, les seuls qui, compte tenu des risques, doivent impérativement avoir lieu à l'entrée des produits sur l'île d'Irlande sont les contrôles sanitaires et phytosanitaires, pour les animaux vivants et les produits d'origine animale. Ces contrôles sont déjà effectués à Belfast et à Larne, parce que l'île d'Irlande constitue une zone épidémiologique unique, mais seulement sur 10 % des échanges. Il s'agit donc, sans changer la nature de ces contrôles, d'en augmenter le volume pour passer à 100 %, et éviter ainsi tout risque d'importer sur l'île des maladies animales.

Enfin, sur les autres produits, nous proposons que les contrôles réglementaires soient effectués dans les usines ou les ateliers à l'arrivée des produits en Irlande du Nord.

Au total, on voit bien qu'il ne s'agit pas d'une frontière mais d'un ensemble de contrôles techniques, les moins intrusifs possible.

Je sais cependant que le Royaume-Uni continuera d'évoquer, à propos de cette proposition, une « nouvelle frontière sur la mer » entre l'Irlande du Nord et le reste du Royaume-Uni, comme une atteinte à l'intégrité territoriale du pays. Je sais que cet argument n'est pas négligeable et qu'il a fait mouche dans beaucoup de milieux politiques, bien au-delà des unionistes du DUP.

Sur la relation économique, mon objectif est de démontrer aux dirigeants européens que les propositions du *White Paper* sont directement contraires aux intérêts des entreprises européennes, et constituent un *cherry-picking* flagrant. Les Britanniques cherchent à garder les avantages de l'union douanière et en même temps à retrouver la liberté d'établir des accords commerciaux avec des pays tiers.

Pour les biens, ils voudraient une liberté de circulation et proposent en échange un *common rulebook* à travers lequel le Royaume-Uni s'alignerait sur la plupart des normes de l'Union sur les produits… mais garderait la liberté de diverger sur tous les autres règlements qui régissent les facteurs de production de ces biens, comme le travail, l'énergie consommée ou les services qui entrent dans le processus de fabrication.

J'ai choisi d'illustrer ce point avec le coût réglementaire des produits chimiques. 31 % de ce coût est lié à la mise en conformité avec les standards de produits européens que les exportateurs britanniques devront en tout état de cause respecter pour entrer sur le marché intérieur, par exemple la réglementation REACH pour les produits chimiques.

Les 69 % restants sont liés aux coûts de mise en conformité avec d'autres règlements de l'UE, comme les règles environnementales. C'est sur ces règles que le Royaume-Uni voudrait avoir la possibilité de diverger.

Pour l'acier, les chiffres sont encore plus clairs, puisque seul 1 % du coût réglementaire est lié au respect des standards de produits. 99 % du coût relève du respect des règles s'appliquant aux différents facteurs de production.

Or, dans certains secteurs économiques où les marges sont faibles, des différences mineures de réglementation peuvent créer un avantage compétitif significatif pour le Royaume-Uni s'il reste dans le marché unique pour les biens mais diverge sur tout le reste.

Comme souvent, Angela Merkel est la première à intervenir. Elle remercie la Commission, souligne qu'on a évité la confusion et qu'il faut poursuivre comme on a commencé. Comme souvent aussi, elle exprime dans cette enceinte particulière ce que pensent de très nombreux chefs d'État ou de gouvernement : « Cette négociation détermine en grande partie l'avenir de notre relation avec le Royaume-Uni. Certains parmi nous sont plus indulgents, d'autres plus fermes. Il nous faut être unis, cordiaux et clairs. Sur l'Irlande, je suivrai ce que dira Leo. Quant à l'avenir de notre relation, il y a des points d'accord. Nous ne sommes pas démunis, mais on ne peut pas toucher au marché intérieur. Theresa May aura du mal à accepter seulement un accord de libre-échange. »

Un long tour de table permet à chacun de s'exprimer. Et tour à tour, il est question de la solidarité due à Chypre et à l'Espagne en raison des deux situations particulières : les bases militaires britanniques au milieu de l'île de Chypre et Gibraltar. Le dossier irlandais est aussi évoqué, évidemment. L'Irlande ne doit pas devenir une « monnaie d'échange ».

Je suis frappé par la confiance justifiée que tous font à leur collègue, le Premier ministre irlandais Leo Varadkar : « Pour l'Irlande, c'est Leo qui nous donnera le feu vert », diront plusieurs d'entre eux.

Finalement, nous obtenons le soutien unanime du Conseil européen pour tenter d'accélérer la négociation afin de présenter les 17 et 18 octobre un projet de traité agréé sur tous les sujets, notamment l'Irlande, et l'esquisse commentée de la déclaration politique. Mais pour cela il faut être deux.

À la sortie, durant leurs points presse respectifs, Donald Tusk dira sans ambages que Chequers ne fonctionne pas, et Jean-Claude Juncker, moins brutal, laissera une porte ouverte pour la future négociation.

Le plus dur est sans doute Emmanuel Macron, à qui j'ai pourtant dit que Chequers comportait des points utiles et positifs. Il renvoie publiquement les Britanniques à leurs lignes rouges et au passage tacle les animateurs de la campagne du *Leave* au Royaume-Uni : « Ceux qui expliquent que l'on peut faire facilement sans l'Europe, que ça va très bien se passer, que c'est facile et que ça rapporte beaucoup d'argent sont des menteurs. Et c'est d'autant plus vrai qu'ils sont partis le jour d'après pour ne pas avoir à le gérer. »

Vendredi 21 septembre 2018 — Dirty rats

Sans surprise, la presse britannique et les tabloïds sont déchaînés, et tous évoquent une sorte d'humiliation pour Theresa May. Je peux témoigner que ce n'était pas l'état d'esprit de la réunion d'hier ni l'intention des dirigeants européens. Mais il n'y a plus grand-chose de rationnel ni d'objectif dans le Royaume-Uni d'aujourd'hui. Le *Sun* caricature même Donald Tusk et Emmanuel Macron en gangsters, en les appelant « *DIRTY RATS* ».

Theresa May est un peu plus sous pression et, dans une déclaration trop solennelle et décalée, elle réaffirme sa préférence pour sortir sans accord plutôt qu'avec un mauvais accord. Étrangement, elle nous fait deux reproches qui ne sont pas justes : celui de manquer de respect à l'égard des positions britanniques, alors même que nous respectons scrupuleusement les lignes rouges fixées par le gouvernement de Londres lui-même. Et puis cet argument encore plus inexact selon lequel l'UE n'aurait jamais expliqué les raisons de son refus des propositions économiques de Chequers.

Plusieurs journalistes rappellent dans la foulée que j'ai constamment, depuis le mois de juillet, et la publication de Chequers, expliqué pourquoi l'arrangement douanier et le *common rulebook* pour les marchandises s'opposaient frontalement à l'intégrité du marché intérieur et à l'indivisibilité des quatre libertés.

Il y a dans l'attitude de la Première ministre britannique sur ces points une forme d'obstination inutile désormais et même un peu désespérée.

Samedi 22 septembre 2018
— A piece of cake ?

Je cherche toujours à comprendre pourquoi Theresa May a réagi sur ce ton hier, nous reprochant de manquer de respect à l'égard de son gouvernement. Au-delà des déclarations assez brutales d'Emmanuel Macron à la presse, qui visaient sans doute Boris Johnson et Nigel Farage, mais que Theresa May a pu prendre pour elle, il y a eu ce message un peu décalé posté sur Instagram par Donald Tusk. Sous une photo prise au sommet, où il sert une part de gâteau à Theresa May, Donald Tusk a écrit : « *A piece of cake perhaps ? Sorry, no cherries.* »

Tout cela renforce ma résolution à éviter toute forme d'agressivité, d'émotion ou de passion, à mettre mon poing dans ma poche après toute provocation des Britanniques, à m'en tenir une fois de plus aux faits, aux chiffres, aux bases légales si nous voulons aboutir.

Mercredi 26 septembre 2018
— Infrastructures portuaires

Réunion dans mon bureau avec Jean-Marc Roué, président des Armateurs de France. Évidemment, les armateurs français de la côte atlantique et de la Manche ont un intérêt direct à préserver la fluidité des relations avec le Royaume-Uni et l'Irlande.

À lui aussi, je tiens un discours de vérité. Sauf un accord improbable qui verrait un Royaume-Uni rester dans le marché unique et dans une union douanière avec nous, toute relation avec les Britanniques comportera de nouveaux contrôles et des frictions.

Nous ferons tout pour simplifier et dématérialiser ces contrôles mais ils sont obligatoires si l'on veut protéger le marché unique à ses frontières extérieures.

L'émotion, dans les Hauts-de-France en particulier, est aussi liée à un rapport publié par la Commission européenne sur les corridors et les flux de transport maritime entre l'Irlande, le Royaume-Uni et le continent. Aujourd'hui, les transports maritimes internationaux de gros gabarit ne peuvent être accueillis qu'à Rotterdam ou Zeebrugge, parce que ces plates-formes disposent des installations nécessaires. Et c'est de là que partent les transports secondaires, notamment vers l'Irlande. Dans son rapport, la Commission a simplement photographié cette situation, mais cela ne préjuge pas des futurs corridors entre l'Irlande et le continent, pour autant que les ports français soient correctement équipés.

Jeudi 27 septembre 2018 — Jeremy Corbyn

Nouvelle visite de Jeremy Corbyn, accompagné de Keir Starmer. Il est à Bruxelles au lendemain du congrès du Parti travailliste qui a eu lieu à Liverpool pour assister à une cérémonie émouvante organisée à la mémoire de Jo Cox, jeune députée travailliste assassinée lâchement le 16 juin 2016 alors qu'elle faisait campagne contre le Brexit. Jo Cox était une députée proche des gens, féministe, qui pensait que les Britanniques ont bien plus en commun que ce qui les divise. Elle était aussi une Européenne engagée. Elle avait vécu quelques années à Bruxelles et une petite place du centre de la capitale européenne portera désormais son nom.

Jeremy Corbyn, qui participe à cet hommage, est un personnage paradoxal. Il vit idéologiquement sur des engagements anciens, internationalistes. C'est cela qui l'a conduit à approuver le Brexit, en se persuadant que l'Europe ne serait que le vecteur de la mondialisation et un grand supermarché.

Autour de lui, cet avis n'est pas partagé et son équipe mesure chaque jour un peu plus les conséquences du Brexit, notamment pour les droits des travailleurs et les consommateurs. Et le Parti travailliste, lentement mais sûrement, évolue. Dans son discours d'hier, Jeremy Corbyn a confirmé que les députés travaillistes voteraient un *deal* proposé par Mme May s'il comportait à la fois un engagement de rester dans une union douanière avec nous et un *level playing field* pour les droits sociaux.

Il souhaite aussi provoquer des élections anticipées et, s'il n'y parvient pas, alors le Parti travailliste fera campagne pour un nouveau référendum. Depuis ma première rencontre avec Jeremy Corbyn, je vois bien qu'il ne veut pas revenir en arrière sur le Brexit et qu'il cherche à laisser toutes les portes ouvertes pour ne pas compromettre son accession au 10 Downing Street. Est-ce de l'ambiguïté ou de l'attentisme sur un sujet aussi grave pour son pays ? Il prend une lourde responsabilité.

Vendredi 28 septembre 2018
— Priorité à la négociation

Depuis plusieurs semaines, je consulte et j'écoute tous les responsables du PPE, les présidents et Premiers ministres qui en font partie mais aussi beaucoup de députés européens et de chefs de parti nationaux.

Ma candidature pour devenir, au congrès d'Helsinki le 8 novembre, le chef de file du PPE aux élections européennes, est-elle compatible avec la négociation du Brexit ?

Je sais que, du côté de Manfred Weber et de certains responsables allemands, comme d'ailleurs du côté britannique, on se tient prêt à lancer cette polémique : le négociateur européen ne peut pas se lancer dans une démarche politique personnelle, et s'il le fait, il devra renoncer à cette mission de négociateur.

En fait, je n'ai pas besoin de ces pressions ou de ces menaces pour juger en conscience que la priorité doit rester à la négociation. C'est une question de responsabilité et même d'honneur. J'ai créé tout au long des deux années passées un lien fort et souvent personnel de confiance avec les chefs d'État ou de gouvernement, le président Tusk, les parlementaires européens, et en tout premier lieu avec Jean-Claude Juncker.

En arrivant ce matin à mon bureau, je décide d'accélérer l'annonce de ma décision. En effet, Jean-Claude Juncker connaît mon choix depuis mercredi, il est le premier à qui j'ai parlé. Lui-même l'a très probablement dit à Martin Selmayr. Les fuites plus ou moins bien intentionnées sont désormais probables.

Je décide de prendre les devants dans une lettre à Joseph Daul, le président du PPE. J'en parle à ma plus proche équipe, qui me conseille de la rendre publique. Je prends soin d'ajouter à la main au bas de cette lettre que, « Évidemment, je resterai engagé à l'avenir et disponible pour défendre nos valeurs et renouveler ensemble le projet européen ».

Comme toujours, concentré à 100 % sur la négociation, je note qu'à Londres, Jacob Rees-Mogg mange son chapeau. Dans une interview au *Daily Telegraph*, il reconnaît ce que tout le monde sait : « Les États membres n'ont jusqu'à présent pas craqué sous la pression des efforts de notre service diplomatique et ont continué à soutenir Michel Barnier. » *No comment*.

Mercredi 3 octobre 2018
— Un pas de danse à Birmingham

Depuis près d'une semaine, tout est un peu suspendu au congrès du Parti conservateur, qui se déroule à Birmingham. Au-delà du sommet de Salzbourg, qui a été à coup sûr pour elle une déception, nous avons choisi de faire profil bas pour ne donner aucun argument à ceux qui veulent abattre Theresa May.

Boris Johnson, à son habitude, a été excessif, mais il a renoncé à attaquer la Première ministre de front. Jacob Rees-Mogg et David Davis n'ont pas davantage brillé. Quant à Jeremy Hunt, il a cherché à sortir du lot ! Il prononce un discours indigne d'un ministre des Affaires étrangères du Royaume-Uni, dans lequel il établit une comparaison entre l'Union européenne et l'URSS : « Qu'est-il arrivé à la confiance et aux idéaux du rêve européen ? L'UE a été fondée pour protéger la liberté. C'est l'Union soviétique qui empêchait les gens de partir. La leçon de l'histoire est claire : si vous transformez le club européen en prison, le désir d'en sortir ne diminuera pas, il grandira, et nous ne serons pas le seul prisonnier qui voudra s'échapper. »

Même pour caresser les militants du Parti conservateur dans le sens du poil, comparer ainsi l'Union européenne à l'URSS est ridicule et insultant. Donald Tusk et beaucoup d'autres ont réagi vivement. La réaction qui m'a le plus touché est celle de Vytenis Andriukaitis, commissaire européen chargé de la santé et de la sécurité alimentaire : « Cher Jeremy Hunt, je suis né dans un goulag soviétique et j'ai été emprisonné par le KGB plusieurs fois dans ma vie. Je serais heureux de vous briefer sur les principales différences entre l'UE et l'Union soviétique. Et aussi sur les raisons qui nous ont poussés à fuir l'URSS. Quand vous voulez ! »

Et surtout, Jeremy Hunt, qui a consacré beaucoup de temps depuis trois mois à visiter l'Union européenne, à dénigrer l'équipe de négociation européenne, à chercher à la contourner, détruit lui-même en deux phrases le mince crédit qu'il avait acquis à travers l'Europe.

Theresa May arrive sur un pas de danse à la tribune. Elle a choisi *Dancing Queen* d'ABBA. J'aime bien cette forme d'autodérision. Quelques semaines plus tôt, au Kenya, elle était filmée dansant avec maladresse avec un groupe local. Elle avait alors essuyé des critiques et des moqueries. Chapeau l'artiste ! Décidément, j'ai du respect pour cette femme. Elle s'accroche, elle tient bon, elle fait le dos rond et attaque quand il le faut. Je ne sais pas combien de temps elle pourra tenir, mais à coup sûr, pour nous, cette femme qui n'aime pas le Brexit qu'elle est obligée de mettre en œuvre, et qui ne l'a d'ailleurs pas voulu, est infiniment préférable comme Première ministre à tous les *Brexiters*.

Aujourd'hui, son discours est conservateur sur le plan des valeurs et des politiques internes, notamment pour l'immigration. Il est très libéral sur le plan économique. Theresa May ne prononce pas le mot de Chequers, mais s'accroche au contenu du livre blanc. Son discours passe plutôt bien, et elle gagne du coup quelques semaines d'oxygène politique. Je note cependant une phrase, à la fin, révélatrice de la posture jusqu'au-boutiste qu'elle est prête à adopter : « Ce que nous proposons est très *challenging* pour l'UE. Mais si nous restons unis et si nous gardons notre sang-froid, je sais que nous pouvons obtenir un accord qui fonctionne pour le Royaume-Uni. » En bref, si nous voulons obtenir un bon *deal* pour le Royaume-Uni, il faut convaincre les Européens de payer eux-mêmes une partie des conséquences de notre décision.

Sa stratégie est aussi claire : elle souhaite nous faire céder sur la distance. C'est à nous aussi de garder notre sang-froid et de rester à la fois ouverts pour l'avenir mais exigeants sur les fondations de l'Union européenne.

Jeudi 4 octobre 2018
— Visite du Taoiseach

Leo Varadkar, le *Taoiseach* irlandais, est un homme jeune et courageux. Il a fait une campagne volontariste pour que son pays accepte enfin une loi sur l'avortement, et le « oui » qui l'a emporté lui doit beaucoup. Nous avons établi avec son équipe, son sherpa John Callinan en particulier, une relation de confiance et d'amitié. C'est aussi le cas avec le *Tánaiste* (le vice-Premier ministre), Simon Coveney, que je vois très régulièrement.

Nous faisons le point du dossier irlandais avant une semaine cruciale de négociations. Nous évoquons tous les détails du *backstop* dématérialisé et décentralisé auquel nous avons travaillé. Je ne lui cache pas que cette négociation au final sera très risquée et difficile et je lui dis aussi que nous devons nous préparer à l'autre option, qui serait celle d'un échec. Je voudrais qu'en confiance, nous puissions travailler discrètement ensemble sur les mesures à prendre en cas de *no deal* pour protéger en Irlande le marché intérieur, ses consommateurs et ses entreprises.

Bien entendu, c'est lui qui donnera le ton le 17 octobre au Conseil européen en approuvant l'accord final s'il existe. À Salzbourg, tous ses collègues du Conseil européen ont clairement dit qu'ils suivraient sa recommandation.

Après notre réunion, il me propose de saluer les membres de l'équipe et finalement, très décontracté, il fera le tour de tous les bureaux et prendra le temps de remercier chacun et chacune des membres de la *task force*.

Vendredi 5 octobre 2018 — Chypre

Réunion téléphonique cet après-midi avec Níkos Khristodoulídis, le ministre des Affaires étrangères de Chypre. Nos équipes ont bien travaillé pour trouver un accord avec les Britanniques sur l'environnement de la gestion des relations entre Chypre et les deux bases militaires sous souveraineté britannique se trouvant sur son territoire.

La question clef est de protéger les droits des

11 000 citoyens chypriotes qui vivent dans des villages autour de ces bases, en territoire britannique. Il faut aussi s'assurer du contrôle des personnes et des marchandises qui sortent et qui entrent dans ces bases. Finalement les Britanniques ont accepté que ces contrôles soient effectués par les autorités chypriotes, mais je demande au ministre de me confirmer l'accord de son gouvernement sur ce texte.

Il est lui aussi satisfait et me promet une réponse définitive mardi prochain, après en avoir parlé avec le président Anastasiádis.

Mardi 9 octobre 2018
— Consultations nord-irlandaises

Nous terminons avec Sabine et Nina Obermaier une longue série de consultations et de dialogues sur l'Irlande. Après le *Taoiseach* Leo Varadkar, nous avons reçu les quatre leaders de partis proeuropéens qui forment enfin une alliance en Irlande du Nord et qui réunissent la majorité des suffrages : Michelle O'Neill, leader du Sinn Féin en Irlande du Nord, Colum Eastwood, leader du *Social Democratic and Labour Party*, Steven Agnew, leader du *Green Party*, et Stephen Farry, de l'*Alliance Party of Northern Ireland*.

Et hier à Bruxelles, mon équipe a travaillé pendant deux heures avec les représentants économiques et sociaux d'Irlande du Nord pour bien expliquer ce que veut dire concrètement ce fameux *backstop*.

Aujourd'hui enfin, nous avons bloqué deux heures pour recevoir successivement Arlene Foster, présidente du parti unioniste DUP, et Diane Dodds, députée européenne du même parti. Toutes les deux ne s'aiment pas et ça se voit. Il y a entre elles une sorte de surenchère pour lancer des slogans et des phrases toutes faites. Arlene Foster est précise et pragmatique dans ses questions.

En écoutant ces deux femmes, j'ai du mal à garder mon calme et je me demande si Theresa May aura le courage et la volonté de ne pas céder à leurs injonctions. Nous verrons bien si l'accord final sur le Brexit, qui ne leur plaira pas, les conduira de surcroît à casser la majorité. Elles s'opposent à tout, ne veulent rien entendre des propositions concrètes que nous faisons. Il ne s'agit pourtant pas de reconstruire une frontière, ni sur terre, ni sur mer. À plusieurs reprises, je martèle : « C'est votre vote pour le Brexit qui crée le problème. Nous attendons que vous apportiez des idées et des propositions. Vous n'en faites aucune. Quand donc allez-vous assumer les conséquences de vos propres actes ? »

L'entretien se termine assez sèchement. Nous n'avons plus grand-chose à nous dire, mais je sens bien au fond que toutes les deux sont inquiètes de se voir lâchées par l'opinion publique en Irlande du Nord. Et les tweets qu'elles rédigeront après notre entretien seront plus mesurés que les propos qu'elles ont tenus devant moi.

Un peu plus tard, je retrouve un homme que j'aime bien parce qu'il est sincère, Jim Nicholson, député européen et pilier du Parti unioniste d'Ulster (UUP). Nous avons établi un bon contact au Parlement européen. Il sait que je recherche une solution pour l'Irlande du Nord. Je crois qu'il nous aidera si nous parvenons à présenter ce *backstop* de la manière la moins intrusive possible et à le mettre en perspective peut-être avec la future relation entre l'Union et le Royaume-Uni.

Jeudi 11 octobre 2018
— Ambiance de no deal

Mon épouse Isabelle vient déjeuner rapidement avec moi et je suis heureux qu'elle puisse saluer les membres de l'équipe en cette semaine aussi intense et sensible.

Il y a des négociateurs britanniques un peu partout qui rencontrent nos propres représentants dans une multitude de réunions bilatérales pour clore les sujets en suspens dans l'accord de retrait.

Le gouvernement chypriote a donné son accord au protocole concernant les bases militaires du Royaume-Uni à Chypre. Nous avons aussi beaucoup travaillé avec les Espagnols sur le protocole de Gibraltar. Des « terrains d'atterrissage » sont maintenant en vue pour la gouvernance de l'accord et la fameuse question des indications géographiques agricoles qu'il faut protéger. Il reste donc essentiellement l'Irlande et les heures qui passent sont soumises à l'humeur des Britanniques et aux polémiques et pressions multiples à Londres.

Les députés britanniques membres du DUP multiplient les menaces contre Mme May au point même de retenir un vote négatif sur le budget si elle devait passer outre leurs lignes rouges en Irlande du Nord, ces fameuses lignes rouges que la présidente du DUP, Arlene Foster, a osé qualifier de lignes « rouge sang »…

C'est tout le problème. Mme May peut sans doute prendre le risque de se passer du DUP pour obtenir un accord du Parlement sur le traité Brexit. Peut-elle et veut-elle prendre le risque de se passer d'eux s'ils devaient abandonner sa majorité ?

Bref, ce matin, l'ambiance dans mon équipe est plutôt au pessimisme. Même si nous sommes proches d'un compromis avec Olly Robbins sur ce fameux *backstop*, je crains que la situation politique au Royaume-Uni ne le rende impossible.

Dans ce cas, c'est une spirale négative qui commencerait à se dérouler à partir de lundi et nous devons nous préparer au *no deal*.

Dimanche 14 octobre 2018
— Dominic Raab bloque

Ce matin, les couloirs et la salle de réunion sont encore en désordre à la suite des longues réunions de la nuit précédente.

Je sais en arrivant que les choses ne se sont pas bien passées. En réalité, Theresa May nous a fait savoir hier soir qu'elle ne pouvait pas accepter nos dernières propositions. Il y a trop de turbulences et de menaces dans son équipe gouvernementale, et malgré nos efforts pour simplifier le *backstop* irlandais, pour l'habiller et pour le mettre en perspective, le compte n'y est pas.

Les causes de cet échec sont en effet à Londres, où Mme May est confrontée à deux contraintes entre lesquelles elle doit désormais composer.

Premièrement, la contrainte du DUP, qui refuse en bloc tout ce qui reviendrait à établir une différence entre l'Irlande du Nord et la Grande-Bretagne, et donc toute idée même de *backstop*.

La seconde contrainte est celle des *Brexiters*. À l'inverse des unionistes, ils ne sont pas prêts à accepter une union douanière entre le Royaume-Uni et l'Union européenne, car le Royaume-Uni ne pourrait plus alors avoir une politique commerciale autonome, ce qui irait contre la perspective d'une « *Global Britain* ». Ce groupe rassemble d'anciens membres du gouvernement (Boris Johnson, David Davis), mais aussi des membres actuels (Andrea Leadsom, Esther McVey, Penny Mordaunt), ainsi que Dominic Raab. Ce sont ces derniers qui ont menacé Theresa May de quitter le gouvernement vendredi soir.

Ce que montre ce rapide panorama, c'est que Mme May ne dispose aujourd'hui d'aucune majorité pour aller de l'avant.

Alors qu'elle semblait prête en fin de semaine dernière à laisser tomber le DUP, nous avons travaillé, avec les négociateurs britanniques, à une solution qui intègre l'autre contrainte. Cette solution consistait en ce que l'on pourrait qualifier de « *backstop* à deux étages » avec, d'une part, un alignement de l'Irlande du Nord sur les règles de l'Union européenne, et d'autre part une union douanière pour l'ensemble du Royaume-Uni avec, en dernier recours, des arrangements douaniers spécifiques à l'Irlande du Nord.

Comme nous l'avons toujours dit, une telle union douanière ne peut pas être construite sur la base d'un accord de retrait, pour des raisons juridiques, dès lors que l'article 50 ne peut servir de base à notre future relation. Mais aussi pour des raisons économiques, dans la mesure où cela reviendrait à anticiper le cœur même de notre futur partenariat économique, sans régler les questions absolument essentielles qui y sont associées, en termes de *level playing field*, de gouvernance ou de sujets connexes, comme la pêche.

C'est pourquoi, avec les négociateurs britanniques, nous avons fait le maximum d'efforts pour crédibiliser la voie d'une union douanière dans un futur accord. Mais cela suppose que Theresa May fasse le choix des unionistes, qui ne s'opposent pas à une union douanière, au détriment des *Brexiters*, qui n'offrent aucune solution.

Lundi 15 octobre 2018
— « Derry girls against borders »

Dan Ferrie et Nina Obermaier ont organisé une brève rencontre sur l'esplanade de la Commission européenne avec quatre jeunes femmes venues spécialement d'Irlande du Nord, les « *Derry girls against borders* ». Elles se sont perdues dans les rues et arrivent essoufflées mais heureuses de nous remettre une pétition contre le retour de la frontière entre les deux Irlande.

Je leur dis que nous continuons à négocier pour éviter une frontière dure mais que nous devons trouver le moyen de faire des contrôles quelque part, pour les produits qui entrent dans le marché unique.

Tous les jours, je trouve ainsi des preuves que le Brexit constitue une régression, et c'est en Irlande que cette régression est la plus grave et la plus durement ressentie.

Mercredi 17 octobre 2018
— *Un coup d'épée dans l'eau*

Nouvelle réunion du Conseil européen, que nous espérions décisive, mais qui ne le sera pas puisque aucun progrès réel n'a été possible sur la question irlandaise.

Martin Selmayr est nerveux. « Les chefs sont très tendus », me dit-il, fidèle à son habitude de mettre la pression sur ses interlocuteurs. J'ai plutôt la conviction que les dirigeants européens me font confiance et je lui rétorque que beaucoup de gouvernements sont désormais inquiets du manque de réactivité de la Commission sur la préparation du *deal* ou du *no deal*. C'est un sujet dont il a la charge, mais que la

Commission gère avec trop de distance vis-à-vis des États membres.

Theresa May est annoncée à 16 h 30 dans le bureau de Jean-Claude Juncker. Je participe à cet entretien qui est assez cordial. Jean-Claude Juncker souhaite que « ça ne recommence pas comme à Salzbourg ». Nous pouvons évidemment mettre les formes et nous le faisons, mais le fond de notre désaccord reste le même.

Theresa May insiste sur les progrès accomplis sur plusieurs points de la négociation : la gouvernance, les indications géographiques, les bases militaires à Chypre et même Gibraltar. Sur l'Irlande, son propos est toujours ambigu. C'est un entretien qui fait le bilan de choses déjà connues et veut simplement manifester un état d'esprit positif.

Le Conseil européen l'écoute un peu plus tard dans la soirée, toujours avec courtoisie, mais il y a chez beaucoup de chefs de gouvernement une forme de lassitude. Mario Monti avait eu cette formule il y a quelques années en parlant de la « fatigue » du marché intérieur...

Je suis invité au dîner, sans elle, et je ressens dans mes contacts avec les chefs d'État ou de gouvernement de la confiance et même de l'amitié. Nous avons beaucoup travaillé mon intervention, comme à Salzbourg, pour être le plus concrets et le plus efficaces possible.

Désormais, dis-je aux chefs d'État ou de gouvernement, il est clair que la question irlandaise est le sujet central de cette négociation. Et cette question va bien au-delà de l'Irlande. La solution proposée par les Britanniques pour l'absence de frontière en Irlande, c'est le « commerce sans friction » (*frictionless trade*) pour tout le Royaume-Uni. Cette solution, telle que proposée aux Chequers, c'est la moitié de l'union douanière — avec une politique commerciale britannique autonome — et un quart du marché intérieur, pour les seules marchandises — sans la liberté de mouvement des personnes et avec la possibilité de diverger sur les services, avec tous les risques de concurrence déloyale que cela suppose pour nos entreprises. Sans dogmatisme, nous devons rappeler qu'il n'existe pas de « *frictionless trade* » hors de l'Union européenne : deux territoires réglementaires et douaniers distincts nécessitent forcément des contrôles.

Qu'avons-nous fait pour trouver une solution dans ces conditions ? Nous avons travaillé dans deux directions.

D'abord, nous avons poussé au maximum le travail de dédramatisation, de dématérialisation et de décentralisation des contrôles, pour qu'ils ne constituent pas une frontière entre l'Irlande du Nord et le reste du Royaume-Uni.

Ensuite, nous avons cherché à répondre à des préoccupations britanniques. En affirmant dans l'accord de retrait que la relation future permettrait de remplacer, notamment grâce à une union douanière, autant d'éléments que possible du *backstop*.

Évidemment, l'établissement d'une telle union douanière doit respecter nos principes et exigences. Dans la mesure où une union douanière est une zone de libre-échange, sans tarif ni quota, avec un tarif extérieur commun, nous avons besoin de régler les questions essentielles concernant les aides d'État, les questions sociales, fiscales et environnementales, de gouvernance, ainsi que les sujets connexes, comme la pêche.

Angela Merkel résume le sentiment de tous : « On ne se retrouvera que lorsqu'on sera prêt. » C'est d'ailleurs ce que dira clairement Donald Tusk à la presse sur ce dîner. La chancelière allemande vient vers moi après le dîner et me donne un conseil utile : « Je réagis toujours en scientifique lorsque je tombe sur un problème que je ne sais pas résoudre, je fais toujours trois pas en arrière pour me mettre dans un contexte plus large et trouver une solution. »

Je ne suis pas étonné par ce conseil. C'est toujours l'impression qu'elle m'a donnée. Extrêmement méthodique et minutieuse, elle regarde les choses dans le détail et ne laisse rien au hasard, sans jamais perdre de vue la *big picture*.

Je lui réponds : « C'est précisément ce que nous essayons de faire avec les Britanniques, en mettant ce fameux *backstop* en perspective par rapport à la relation future et à l'option d'une union douanière avec les Britanniques. »

Lundi 22 octobre 2018 — Négociations parallèles ?

Ce matin, je prends le temps d'une longue réunion avec les responsables de l'*European Research Group*, ERG. Ce groupe de *Brexiters* durs et obstinés milite pour un Brexit brutal et une sortie définitive du marché unique et de l'union douanière.

Leur délégation est conduite par Iain Duncan Smith, ancien ministre et ancien leader du Parti conservateur et Owen Paterson, ancien secrétaire d'État pour l'Irlande du Nord, ainsi que par Lord David Trimble, ancien Premier ministre d'Irlande du Nord qui avait reçu avec John Hume le prix Nobel de la paix pour leur rôle dans les négociations qui ont mené au *Good Friday Agreement*.

Je suis intéressé par cette réunion. Longuement et avec l'aide de plusieurs experts, ils plaident pour une solution totalement technologique de mise en œuvre des contrôles frontaliers en Irlande du Nord. Comme tous les *Brexiters* et les élus du DUP, ils s'opposent à une quelconque division du territoire douanier britannique et donc au *backstop*. Je leur réponds que l'on ne contrôlera jamais la santé des vaches entrant sur notre marché intérieur avec des drones !

Ces personnalités ont leur conviction. Ils sont tous opposés au *White Paper* de Theresa May, mais se disent toutefois conscients de la responsabilité britannique en Irlande du Nord.

Le même jour, échange téléphonique avec Martin Selmayr pour discuter du fond de la négociation et aussi des questions de méthode. Je sais qu'il voit directement Olly Robbins et qu'il lui parle malgré la demande formelle faite par Jean-Claude Juncker en ma présence dans son bureau. De telles discussions en elles-mêmes ne me choquent pas, sauf quand il s'agit pour lui d'exprimer directement aux Britanniques des idées qui sont les siennes et dont nous n'avons pas parlé. Depuis le début, les Britanniques jouent sur ces deux tableaux et cherchent à ouvrir avec Martin Selmayr une deuxième ligne de négociation. Et je vois bien qu'il a du mal à résister…

Avec son aplomb habituel, il me dit qu'il n'a pas le temps de s'occuper du Brexit, qu'il a bien d'autres choses à faire, notamment pour sauver le projet d'accord commercial avec les États-Unis qu'a esquissé récemment à Washington Jean-Claude Juncker, et qu'il ne parle pas aux Britanniques.

Dans cette conversation, personne n'est dupe. Je lui dis que son opinion et son avis importent pour moi dès l'instant où ils nourrissent une ligne commune et unique pour la Commission. Nous en restons là.

Lundi 5 novembre 2018
— Grande conférence à Bruxelles

Je suis invité ce soir à prendre la parole dans le cadre des Grandes Conférences catholiques à Bruxelles. C'est une belle occasion non seulement de parler du Brexit mais aussi d'inscrire cette négociation dans une perspective plus large sur la fracture politique entre les citoyens et l'Europe, et le moyen de reconstruire la confiance.

Je retrouve là, au Bozar, Herman Van Rompuy, ancien Premier ministre de Belgique et ancien président du Conseil européen, toujours aussi humble et malicieux, qui se charge de me présenter de manière amicale et bienveillante. La salle est comble : 2 400 personnes, et nous avons fait avec Matthieu et Georg le choix d'un discours construit, argumenté, programmatique, assez long. Sans doute un peu trop long ! Du coup, sur la fin, je simplifie et je synthétise les dernières propositions que je souhaitais faire sur les quatre grands chantiers de la rénovation de l'Europe : un « *EU Green Deal* », pacte vert pour l'Union européenne, une économie numérique pour tous, des frontières maîtrisées et une ambition globale.

Au tout début de cette conférence, je donne lecture d'une lettre reçue, parmi beaucoup d'autres, depuis le référendum au Royaume-Uni. Celle de Bernard, un chauffeur routier britannique de 69 ans qui a conduit à travers toute l'Europe depuis 1973, et qui voudrait continuer à vivre sa vie en tant que citoyen européen. « C'était la vision de mes pères et celle de ma propre génération », écrit-il. Quelques jours plus tard, un journaliste britannique, suspicieux, voudra vérifier si cette lettre est bien réelle.

J'en profite aussi pour prendre le temps d'évoquer

trois repères durables qui sont au cœur de notre engagement européen.

La paix, d'abord. Pendant longtemps, le projet européen a été justifié par une promesse, celle de mettre fin aux guerres entre nos nations. Depuis soixante-dix ans, cette promesse a été tenue entre les pays de notre Union. Mais la paix est plus récente dans certaines régions d'Europe, comme l'Irlande du Nord, où elle a tout juste vingt ans, ou certains des pays qui ont rejoint l'Union en 2004, 2007 et 2013. Et la paix n'est pas acquise pour toujours. Dans beaucoup de nos pays, la revendication nationale est sur le point de l'emporter sur la promesse européenne. Ce serait, je crois, un contresens historique et une erreur majeure.

Le deuxième grand repère européen concerne justement le respect de nos identités. Nous sommes fiers de nos histoires, de nos identités nationales, de nos langues et de nos cultures et nous avons raison de l'être. Mais à côté de nos identités nationales, nous devons aussi être fiers de notre identité européenne. Cette identité s'est forgée au fil des siècles, grâce au commerce, aux Églises, aux artistes, à la philosophie. Et pourtant, rien n'a empêché qu'elle soit déchirée par le racisme, la guerre, les dictatures. En 1950, pour la première fois, nous avons décidé d'affirmer ensemble cette identité, à travers un contrat entre nos nations et entre nos peuples, un engagement mutuel, le contrat européen. Ce contrat est source de droits et d'obligations pour chacun d'entre nous. « Bruxelles », dont on parle tant à tort et à travers, c'est chacun d'entre nous ! Et ce contrat ne devrait pas être remis en cause chaque fois qu'un gouvernement change. Ce contrat n'a pas été conclu entre des partis, mais entre des pays. En 1958, le général de Gaulle a mis en œuvre, défendu le traité de Rome signé un an plus tôt, avant qu'il soit élu, et qu'il avait pourtant combattu.

Enfin, le troisième repère est la nécessité d'être unis. Quand Donald Trump reçoit Jean-Claude Juncker à Washington pour parler commerce, si les Chinois nous respectent, c'est d'abord parce que nous parlons d'une seule voix, parce que nous avons une seule politique lorsqu'il s'agit de commerce ou des règles de concurrence et un seul marché à l'échelle de tout notre continent.

À l'heure où le mouvement que l'on croyait inéluctable vers la démocratie libérale — respectueuse des droits humains, des droits de l'homme et des droits de la femme, de la liberté d'expression, de l'indépendance de la justice et de la liberté de la presse — est remis en cause, dans trop d'endroits, nous avons des raisons de défendre l'étendard européen, et les valeurs qui s'y rattachent.

Au total, malgré la durée de cette intervention, sa conclusion est chaleureusement accueillie et applaudie. C'est aussi pour moi une manière de respecter les citoyens et les auditeurs que de leur parler de manière sérieuse et complète comme j'ai voulu le faire ce soir. Et puis, j'ai l'idée que ce discours de fond sera utile d'une manière ou d'une autre pour les débats qui s'annoncent et l'action des institutions européennes dans les prochaines années. Je crois que je suis le premier ce jour-là à importer l'idée du *Green New Deal*, défendu aux États-Unis par Alexandria Ocasio-Cortez, dans le grand débat européen.

Mardi 6 novembre 2018 — Bratislava

Nouvelle visite sur le terrain, à Bratislava, qui me permet de faire la connaissance du nouveau Premier ministre socialiste Peter Pellegrini. La capitale slovaque est ensoleillée et à notre arrivée, nous nous accordons une petite halte au pied de la forteresse qui domine la ville.

Le chef de la représentation de la Commission européenne en Slovaquie, Ladislav Miko, et son adjointe, Jana Cappello, m'accompagnent. Ils ont fait un très bon travail pour préparer cette visite, comme toutes les équipes de nos représentations partout en Europe, que nous sollicitons chaque semaine pour nous informer et pour organiser mes visites.

Je retrouve le Premier ministre dans sa résidence. Je connais bien la longue pièce où il me reçoit. J'ai ici un souvenir très précis de ma toute première visite en Slovaquie, en 1996, en tant que ministre français des Affaires européennes. Nous avions décidé avec mon collègue et ami allemand, Werner Hoyer, d'effectuer symboliquement une visite commune dans l'une des capitales européennes. Le choix s'était porté sur la Slovaquie, près de dix ans avant l'adhésion de ce pays ! Le Premier ministre, Vladimír Mečiar, était encore d'une autre époque, celle de l'autoritarisme, et il ne comprenait vraiment pas que deux ministres, allemand et français, viennent le voir ensemble, avec le même langage. Il n'était décidément pas préparé à l'adhésion de son pays à l'Union européenne.

L'atmosphère aujourd'hui est beaucoup plus chaleureuse. Le ministre des Affaires étrangères, Miroslav Lajčák, est aux côtés de son Premier ministre. Miroslav Lajčák est un homme sérieux et compétent. On parle même de lui pour la présidence de la République, mais il me dit qu'il veut rester dans les affaires internationales. Alors qu'il était en 2007 le haut représentant international en Bosnie, je l'avais reçu pour un dîner au ministère de l'Agriculture sur le conseil de mon ami Arnaud Danjean qui le connaissait bien.

En quittant Bratislava, nous nous dirigeons vers l'aéroport de Vienne, sur une autoroute très moderne. C'est au milieu de cette autoroute que passait, il y a à peine trente ans, le rideau de fer…

Vendredi 9 novembre 2018 — Sur le pont pour peaufiner le backstop

David Davis est de retour sur les ondes.

Il déclare dans la matinale de BBC Radio 4 : « Le Brexit, c'est juste comme acheter une maison. Vous n'acceptez jamais le premier prix. » Et dans la foulée, il demande que le gouvernement fasse pression sur l'Union européenne pour que nous améliorions les termes de notre offre.

Décidément, les Britanniques n'ont pas compris que nous ne sommes pas dans une négociation habituelle, qu'il ne s'agit pas de marchandage.

Nous n'avons pas à « vendre » quoi que ce soit du marché unique et les Britanniques n'ont pas d'ailleurs à « acheter » leur départ de l'Union européenne. Il s'agit, une fois encore, d'un processus de sortie que nous devons ordonner du mieux possible.

Quant à Dominic Raab, il se trouvait ce matin devant un parterre de chefs d'entreprise inquiets, avec l'objectif sans doute de les rassurer. Je ne suis pas sûr qu'il y ait réussi, en déclarant : « Je n'en avais pas compris toutes les implications, mais quand on regarde le Royaume-Uni et quand on regarde comment il échange des marchandises, nous sommes particulièrement dépendants de la traversée Douvres-Calais. »

Je n'ai même pas envie de sourire mais il y a décidément quelque chose de détraqué dans le système britannique. Voilà maintenant près de deux ans et demi qu'une majorité de Britanniques ont voté le Brexit sous l'impulsion d'hommes politiques comme Dominic Raab, et tous les jours qui passent démontrent qu'ils n'en ont pas mesuré les conséquences ni les enjeux.

À Bruxelles, la *task force* est en tension maximale. Au milieu de mes collaborateurs, la petite équipe juridique, Eugenia Dumitriu-Segnana, Thomas Liefländer et Liana Bratusca, et les experts chargés des questions commerciales et douanières, Antonio Fernández-Martos, Jos Hupperetz et Nicolas von Lingen, sont totalement mobilisés. Ils font un travail incroyable pour s'adapter aux mouvements permanents de la négociation. Et aujourd'hui, ils travaillent à inclure dans l'accord de retrait et en annexe au protocole irlandais le contenu d'une union douanière et tout l'arsenal de garanties qui l'accompagne habituellement.

En temps normal, une telle construction prendrait des mois, voire des années de négociation. Mais nous sommes contraints par le temps, *the clock is ticking*. Les Britanniques font le forcing pour arracher un accord dans les jours qui viennent. Theresa May en a besoin. Elle a à nouveau insisté hier matin au téléphone auprès de Donald Tusk et je sais qu'elle fait passer le même message à chacun des Premiers ministres qu'elle voit ou qu'elle appelle. Donald Tusk lui a d'ailleurs répondu que ce serait « la responsabilité de Michel Barnier de dire quand un accord sera prêt ». Même s'ils essaient toujours de nous contourner ou de nous influencer, les Britanniques, dans cette dernière ligne droite, ont compris que c'est ici, chez nous, au cinquième étage du Berlaymont, que cela se passe.

L'idée sur laquelle nous travaillons est donc celle d'une union douanière qui, dans le cas où une solution au problème nord-irlandais ne serait pas trouvée d'ici là, se mettrait en place pour tout le Royaume-Uni au lendemain de la période de transition.

Franchement, ce matin, nous sommes sur le fil du rasoir et tout est possible. Je trouve toujours insensé qu'un grand pays comme le Royaume-Uni mène une telle négociation et prenne une telle décision, aussi grave pour son destin, sans avoir une vision claire et une majorité pour la soutenir, ni au sein du gouvernement, ni au sein du Parlement.

Dimanche 11 novembre 2018 — Ypres

Avec mon épouse Isabelle, nous choisissons d'aller à Ypres ce soir, où près de 500 000 soldats belges, britanniques, originaires du Commonwealth, africains et bien sûr français et allemands ont perdu la vie pendant la Grande Guerre.

Depuis 1928, tous les jours, à 20 heures, la cérémonie du *Last Post* a lieu dans cette ville de Flandre-Occidentale, toute proche de la France, totalement détruite par les bombardements et entièrement reconstruite. Pour ce centième anniversaire de l'armistice, le roi Philippe et la reine Mathilde sont là, mais aussi le Premier ministre Charles Michel. On nous a placés à leurs côtés pour aller déposer une gerbe à la mémoire de ces soldats.

Il y a là beaucoup d'Anglais et plusieurs d'entre eux me saluent dans le bar où nous partageons un verre après la cérémonie.

En début d'après-midi, nous avons pris le temps de faire une visite émouvante au musée qui raconte si bien cette tragédie d'Ypres, et de son saillant, cette ligne de front qui fut le théâtre d'affrontements incessants pendant toute la guerre, obligeant les habitants à évacuer la ville dès 1915, laissant derrière eux un champ de ruines.

Mardi 13 novembre 2018 — Veillée d'armes

Nous sommes presque au bout ! Du moins je l'espère.

Les dernières journées et aussi les dernières nuits ont été intenses. Dès vendredi soir et jusqu'à 23 heures, la *task force* s'est préparée. Je reste admiratif et fier du professionnalisme et de la capacité d'adaptation de toute mon équipe. Ainsi ce soir-là, Sabine et Stéphanie ont repris point par point les sujets de la négociation sur le traité de retrait qui restaient ouverts. Les tâches ont été distribuées. Chacun a reçu sa « *to do list* ».

Samedi toute la journée et encore dimanche matin, chaque point a été validé et précisé dans notre ligne de négociation finale. Et surtout, toutes les directions générales ont été mobilisées à nos côtés pour apporter l'expertise nécessaire, comme le service juridique dirigé par Luis Romero. Ainsi, les équipes des directions générales Concurrence, Commerce, Transports, Emploi, Pêche, Fiscalité de la Commission étaient présentes.

Tout était prêt dimanche à 14 heures pour le retour d'Olly Robbins, accompagné comme toujours de hauts fonctionnaires britanniques de très grande qualité, notamment Kay Withers et Sarah Healey. Tous sont issus du Trésor ou du *Foreign Office*. On peut simplement regretter l'absence d'experts de secteurs comme la pêche ou l'agriculture, ce qui affaiblit la position britannique et sa réactivité.

La discussion s'est poursuivie dimanche jusqu'à 3 heures du matin puis toute la journée d'hier. Nous sentons qu'Olly Robbins a le mandat d'aboutir. Je n'en suis pas surpris. Mon analyse depuis longtemps est que, chaque jour qui passe, le danger se rapproche pour Mme May. Son risque est de voir se coaliser, à force d'attendre, à la fois les *Remainers*, qui s'organisent de mieux en mieux et exigent un deuxième vote, et les *Brexiters* qui veulent en finir clairement avec l'Union. Sa chance de survie est tout simplement d'être la Première ministre qui « réalise le Brexit » et ainsi de couper l'herbe sous le pied des *Brexiters* les plus durs, qui veulent l'éliminer.

Voilà comment, hier, en fin de journée, Sabine et Olly sont parvenus à un point d'équilibre sur ce projet d'accord de retrait. Et Olly a pu repartir avec le texte à Londres où a lieu ce matin une réunion du cabinet. Theresa May, je le comprends plus tard, a décidé de se donner un peu plus de temps. Elle vient de convoquer ses ministres un par un pour qu'ils prennent connaissance du projet d'accord avant une réunion historique de son cabinet demain après-midi à 14 heures.

La chorégraphie sur laquelle je donne mon assentiment consiste, pour le ministre chargé du Brexit, Dominic Raab, à quitter Londres aussitôt après le feu vert du cabinet pour rejoindre Bruxelles où nous tiendrons demain en début de soirée une conférence de presse simultanément. Si tout va bien, les projets d'accord de retrait et la structure commentée de la déclaration politique seront publiés à Londres et à Bruxelles.

Tout au long de ces journées, entre nous et avec les Britanniques, il y a un sentiment de gravité qui pousse chacun à vouloir donner le meilleur de lui-même. Isabelle Misrachi veille avec efficacité à la bonne organisation de l'accueil des Britanniques, des salles de réunion, des boissons et buffets nécessaires tout au long des jours et des nuits pour que chacun tienne le coup.

Olly Robbins rentré à Londres, commence pour nous tous une longue attente de la « fumée blanche » qui doit sortir demain du 10 Downing Street.

Mercredi 14 novembre 2018 — Deal !

Alors que débute cette réunion décisive du cabinet à Londres, Sabine se rend de l'autre côté de la rue de la Loi, au Coreper, pour informer les ambassadeurs du résultat final de la négociation et du contenu du projet d'accord de retrait. Plusieurs gouvernements sont nerveux à l'idée que les ministres britanniques puissent désormais lire le texte, et pas les ministres européens. Je comprends les susceptibilités et ce souci d'être bien informés, mais franchement, les ministres qui le veulent, comme les ambassadeurs, connaissent l'essentiel du contenu de l'accord. Et surtout, je ne peux pas prendre le risque d'une fuite en distribuant le document avant qu'il ne soit approuvé par le cabinet britannique. Je sais que la discussion sera très dure au 10 Downing Street, et notre ligne est de ne pas compliquer la tâche de Theresa May.

Vers 20 h 30, je demande à Clara Martínez Alberola, la cheffe de cabinet de Jean-Claude Juncker, si je peux tout de même lui apporter, à lui seul et en premier, le projet de traité. C'est un texte impressionnant par son volume, 185 articles, trois protocoles, une douzaine d'annexes. Au total, 585 pages.

C'est pendant ce bref entretien dans le bureau de Jean-Claude Juncker que j'apprends que le cabinet à Londres a approuvé le projet. Très vite, je redescends retrouver l'équipe. Il règne au cinquième étage une belle ambiance qui mêle à la fois la joie, le soulagement, la fierté du travail accompli. Sabine, en apprenant cet accord par message d'Olly Robbins, a eu quelques larmes qui ne sont pas seulement celles de la fatigue. Stéphanie ne cache pas son enthousiasme.

Mais, au-delà de ces sentiments légitimes, nous nous remettons au travail. Avec Matthieu, Stefaan et Dan, nous relisons mon texte pour la conférence de presse prévue initialement avec Dominic Raab. Le dernier Eurostar est parti. Va-t-il prendre un avion spécial ? Très vite, nous apprenons qu'il ne viendra pas. La décision est prise avec les Britanniques de faire une communication parallèle mais cohérente. J'attends que Theresa May ait fait sa déclaration pour rejoindre la salle de presse avec toute l'équipe, à 21 heures.

Nous choisissons la sobriété et la pédagogie. Il n'y a pas de place pour l'autosatisfaction. Nous savons que ce qui se passe à Londres est très fragile. Adam Fleming de la BBC me lance : « *So, champagne ?* » Et je lui réponds : « Sûrement pas, nous allons boire de l'eau et continuer à travailler. »

Jeudi 15 novembre 2018
— Visite éclair à Strasbourg

La journée démarre tôt. Donald Tusk me reçoit à 7 h 45. Comme je l'ai fait hier soir avec Jean-Claude Juncker, je lui présente le projet de traité. J'ai travaillé en confiance avec Donald Tusk depuis le début. Il a compris très vite que je ne rentrerais pas dans le jeu habituel des concurrences et des rivalités entre les institutions et que je travaillerais avec lui pour que nous réussissions ensemble.

Évidemment, ce matin, il est heureux de l'accord obtenu à l'arraché hier par le gouvernement britannique. Il a suggéré une brève déclaration devant la presse pour présenter le document et annoncer qu'il peut désormais convoquer le Conseil européen le 25 novembre puisque j'ai prononcé hier la phrase attendue : « Je considère que nous avons désormais fait des progrès décisifs dans la négociation. »

À peine sorti du Conseil européen, Martin Selmayr cherche à me joindre pour me faire savoir « à titre amical » que le président de la Commission est furieux de m'avoir vu à la télévision avec Donald Tusk. Toujours la même méthode consistant à jeter de l'huile sur le feu ou à mettre la pression en déstabilisant ses interlocuteurs. Je le connais suffisamment désormais pour ne pas me laisser impressionner. En l'occurrence, j'ai pris le soin de voir Jean-Claude Juncker en premier. Nous avons fait une photo dès hier ensemble comme ce matin avec Donald Tusk et son équipe de communication n'a pas suivi. Je vérifierai plus tard le vrai sentiment de Jean-Claude Juncker, qui n'en avait pas fait une histoire.

En ce jour particulier, il est essentiel pour moi que les trois institutions, qui ont si bien travaillé ensemble, soient informées immédiatement. Le Parlement européen est en session plénière. Exceptionnellement, le président Juncker m'autorise à prendre un vol spécial ce matin pour Strasbourg. Avec Nicolas et Georg, nous avons plutôt l'habitude du train avec changement à Paris, mais ce mode de transport inhabituel nous permet d'arriver à l'heure pour la conférence des présidents de groupes et de commissions, avec le président Antonio Tajani et Guy Verhofstadt. Tous saluent le travail accompli, en confiance et dans un dialogue permanent avec le Parlement.

Mercredi 21 novembre 2018
— Theresa May

Ce matin, je suis heureux de répondre à l'invitation de Jean-Claude Juncker et de présenter au collège des commissaires le projet d'accord complet sur le retrait ordonné et le projet rédigé de la déclaration politique sur la future relation. Les derniers points en suspens ont vocation à être réglés ce soir à 17 h 30 entre Jean-Claude Juncker et Theresa May qui vient spécialement à Bruxelles.

J'insiste sur le contexte politique très sensible où nous nous trouvons. Theresa May subit de fortes pressions, notamment dans son propre parti, pour rouvrir le texte de l'accord de retrait. Il nous faut être très prudents et avoir un « esprit collectif de responsabilité ». Ce matin, au moment où je parle, la seule réserve est celle du gouvernement espagnol. Et nous en discutons intensément avec Madrid et le gouvernement de Pedro Sánchez pour trouver une solution dans les prochains jours.

Il reste aussi un sujet ouvert dans l'accord de retrait : la date limite jusqu'à laquelle la période de transition pourra être prolongée. Lundi, j'ai suggéré au conseil « affaires générales » que cette prolongation puisse aller au maximum jusqu'à la fin 2022, c'est-à-dire deux ans de plus.

J'évoque devant les commissaires les points qui ont été les plus difficiles : d'abord celui du commerce des biens, qui ne pourra plus être sans friction.

Ensuite, celui du *level playing field*. L'inclusion d'un territoire douanier commun entre le Royaume-Uni et l'Union dans le protocole sur l'Irlande nous a permis d'obtenir des garanties sans aucun précédent dans ce type de partenariat.

Sur la pêche, où ils se savent en position de force, les Britanniques souhaitent une négociation annuelle pour l'accès à leurs eaux. Nous avons maintenu notre exigence que l'accès des pêcheurs européens aux eaux britanniques soit négocié en même temps que l'accès des produits de pêche britanniques au marché européen. Je sais que cette négociation sera très difficile.

Une solution correcte a été trouvée pour protéger les 3 000 indications géographiques. Le whisky écossais et le beaufort savoyard seront sauvegardés jusqu'à ce que l'on trouve une protection équivalente dans notre future relation.

Sur la mobilité des personnes, l'ambition britannique pour la relation future est très faible. Ils veulent garder ce levier, traiter les citoyens européens comme tous les autres ressortissants de pays tiers et ne laisser entrer au Royaume-Uni que les personnes qui les intéressent : étudiants, chercheurs, banquiers ou touristes. Nous nous préparons là aussi plus tard à une bataille difficile et notre ligne sera de refuser toute discrimination, d'exiger la réciprocité entre nos citoyens et les citoyens britanniques qui voudraient venir en Europe.

Un peu plus tard dans la journée, Theresa May arrive à Bruxelles.

Bien que fatiguée, elle connaît son sujet et son texte. Elle insiste pour changer un mot pour exprimer la « détermination » des deux parties à trouver une solution en Irlande du Nord qui rende inutile le *backstop*. Comme attendu, elle se bat pour réintroduire la relation *frictionless* en matière de commerce, sans utiliser le mot, subtilement, préférant faire référence à la nécessité d'éviter les contrôles. Sur ce point, j'interviens pour dire qu'écrire cela ne serait pas vrai. On ne peut pas mentir aux gens. Il y aura toujours des contrôles sauf si le Royaume-Uni reste dans le marché unique et dans une union douanière. Nous modifions un peu la phrase mais elle comprend qu'on ne cédera pas.

En fait, la Première ministre est arrivée ce soir avec l'idée de continuer à négocier, de montrer qu'elle arrache aux Européens de nouvelles concessions. Elle comprend que personne du côté européen ne veut rouvrir le texte du traité et qu'il faut boucler ce soir ou demain celui de la déclaration politique. Plusieurs chefs d'État, dont Angela Merkel et Emmanuel Macron, ont fait savoir qu'ils ne viendraient pas à Bruxelles dimanche s'il s'agit de négocier encore.

À la sortie, le langage de Theresa May est millimétré. Elle répétera en boucle dans un entretien à la BBC que de très bons progrès ont été enregistrés ce soir, que les négociateurs ont la mission de travailler cette nuit encore : « Nous avons fait de nouveaux progrès et, en conséquence, nous avons donné nos directives à nos négociateurs. J'espère qu'ils pourront résoudre les questions qui restent ouvertes et ce travail va commencer immédiatement. Je prévois maintenant de revenir samedi pour de nouvelles réunions, y compris avec le président Juncker, pour discuter comment nous pouvons terminer ce processus et le conclure dans l'intérêt de nos peuples. »

Dimanche 25 novembre 2018 — Conseil européen

C'est une journée grave et importante. Le temps est à l'unisson à Bruxelles ce matin. Un épais brouillard enveloppe les immeubles du quartier européen et il pleuviote. Nous avons prévu avec Sabine et Stéphanie d'arriver ensemble pour l'habituelle déclaration aux journalistes qui se trouvent à l'entrée du bâtiment. Toutes les deux sont à mes côtés quand je prononce quelques mots devant une forêt de micros : « Tout au long de cette négociation extraordinaire, très complexe, très difficile, j'ai travaillé avec mon équipe exceptionnelle pour obtenir un accord qui permette le retrait ordonné que le Royaume-Uni a choisi. Nous avons travaillé, dans l'unité et la confiance des 27 États membres, et avec le Parlement européen. Nous avons négocié avec le Royaume-Uni, jamais contre le Royaume-Uni, et je tiens également à saluer l'équipe britannique de négociation. Maintenant, c'est le moment pour chacun de prendre ses responsabilités. L'accord est une étape indispensable pour bâtir la confiance entre le Royaume-Uni et l'Union européenne. Nous devrons construire dans la prochaine phase ce partenariat ambitieux et sans précédent. Nous resterons alliés, partenaires et amis. »

Puis je rejoins au septième étage la salle du Conseil européen, qui doit se réunir en deux temps. D'abord une séance à 27, puis à 11 heures, une deuxième partie avec Theresa May. Les dés de la négociation ont roulé, les jeux sont faits. L'ambiance est solennelle. Tout le monde a le sentiment de vivre un moment historique, celui d'une rupture voulue par un État membre et d'un divorce que nous avons essayé d'organiser au mieux. Les leaders sont très chaleureux à mon égard et remercient mon équipe, dans les contacts privés et dans leurs interventions.

Emmanuel Macron recommande de continuer à utiliser cette méthode qui a porté ses fruits et préservé l'unité. Angela Merkel, très détendue, parle même d'un « chef-d'œuvre diplomatique ».

Je suis heureux de saluer Pedro Sánchez, compte tenu du différend qui portait depuis quelques jours sur la question de Gibraltar. Jeudi dernier, le « drame » s'est noué autour de l'article 184 du projet de traité, introduit à la demande des Britanniques, et qui est le seul à établir un lien entre la séparation et la relation future. Dans cet article, nous nous engageons, les Britanniques et nous, à faire tous nos efforts, « *our best endeavours* », pour construire cette relation future.

En désaccord avec les services juridiques du Conseil et de la Commission, les Espagnols considèrent que cet article préjuge de l'application territoriale de la future relation, qui s'étendrait nécessairement à Gibraltar. Ils voient dans cet article une manœuvre britannique et un piège dans lequel nous serions tombés faute de vigilance.

Après plusieurs coups de fil entre Pedro Sánchez, Jean-Claude Juncker, Donald Tusk et Theresa May, nous nous mettons d'accord pour publier simultanément une déclaration confirmant bien que cet article ne préjuge de rien sur le plan territorial. Les Britanniques, le dos au mur, face au risque d'un veto espagnol, ont accepté hier de publier de leur côté la même interprétation.

Au passage, le Premier ministre espagnol obtient des 27 une autre déclaration garantissant que la négociation avec Gibraltar sera différente et que si l'Union et le Royaume-Uni signent un accord qui doit concerner Gibraltar, alors l'Espagne devra l'approuver préalablement.

Les Espagnols n'ont pas oublié ni pardonné l'humiliation que Londres leur a imposée en 1986, au moment de leur adhésion à l'Union européenne, en exigeant de consolider la souveraineté britannique et d'accorder un statut particulier à Gibraltar. Ils veulent simplement rendre la pareille au moment où les Britanniques partent, et on peut les comprendre.

Le tour de table est interrompu à 11 heures à la demande de Donald Tusk pour permettre à Theresa May de participer à une réunion avec ses homologues d'une durée au moins égale à celle des 27 entre eux. Au début de ce tour de table, Jean-Claude Juncker a préparé quelques phrases. Sans doute sous l'inspiration de Martin Selmayr il croit bon de rappeler que le résultat obtenu l'a été par « la Commission tout entière et non pas par le négociateur en son nom personnel ».

Cette phrase fait sourire plusieurs chefs d'État ou de gouvernement. Personne n'est dupe. C'est une mesquinerie de plus et j'en prends bonne note.

Jean-Claude Juncker se rend d'ailleurs compte très vite que son propos était injuste et il prend la peine de se lever, de faire le tour de la table, pour aller dire à Donald Tusk, en aparté, qu'il souhaite que je participe à leurs côtés à la conférence de presse finale, ce qui n'était pas du tout prévu.

Dans ma propre intervention, courte, après avoir remercié tous ceux qui le méritaient, je cherche surtout à rappeler que ce projet de traité n'est qu'une étape. Le *meaningful vote* prévu le 11 décembre sera pour Theresa May le moment de vérité. « Instruit par l'expérience vécue depuis deux ans, je veux alerter sur la difficulté de l'étape qui suivra. La négociation de notre future relation sera extraordinairement difficile, en raison de la complexité et du nombre des sujets à traiter, du peu de temps dont nous disposerons, vingt et un mois, peut-être un peu plus, des incertitudes britanniques quant aux choix fondamentaux qu'elle impliquera. »

Finalement, Theresa May, dans cette ambiance assez grave, remercie les deux équipes de négociation. « Il est important que les Européens aient été unis », dit-elle, après avoir, elle et ses ministres, tout fait pour nous diviser. « C'est le meilleur deal possible, il n'y aura pas de moyen de revenir sur cette négociation. » « Nous ne serons jamais, dit-elle aussi, un pays tiers comme les autres », sans doute avec l'espoir d'arracher, dans les mois qui viennent, d'autres concessions aux Européens, et peut-être de revenir à son ambition de *cherry-picking*.

Mardi 27 novembre 2018 —
Le cinquième bébé de la task force

Nouvelle saillie de Donald Trump ce matin. En réponse à une question de journaliste, il déclare : « Cela semble être un très bon accord pour l'UE. Nous devons sérieusement regarder si le Royaume-Uni est autorisé ou non à faire du commerce (...) Si vous regardez l'accord, ils pourraient ne pas être autorisés à faire du commerce avec nous et ça ne serait pas une bonne chose (...) Je pense qu'ils ne veulent pas du tout [ne pas pouvoir commercer avec les États-Unis] (...) Ce serait un point très négatif pour l'accord », ajoute-t-il, en espérant que la Première ministre britannique Theresa May « sera en mesure de faire quelque chose à ce sujet ».

On voit bien que la seule chose qui motive le président américain, c'est de faire des *deals*. Sa critique de l'accord que nous venons de conclure avec le Royaume-Uni tient au fait que, pendant les deux années de la transition, et peut-être plus longtemps si nous devons mettre en œuvre le *backstop* pour l'Irlande du Nord, les Américains ne pourront pas conclure un accord de libre-échange avec le Royaume-Uni.

Je pense depuis longtemps que l'intérêt bien compris du Royaume-Uni, de ses entreprises et de ses consommateurs, serait précisément d'être prudent dans toute négociation bilatérale avec les Américains. Trump ne fera aucun cadeau, ni sur les automobiles, ni sur les poulets chlorés.

Étrangement, les *Brexiters* à Londres sont silencieux devant cette sortie de Trump, alors même qu'ils avaient violemment protesté contre l'intervention de Barack Obama dans la campagne du référendum.

Repas amical pour toute l'équipe dans la salle des négociations. Les membres de la *task force* sont à la fois très fatigués et très heureux. Il y a là six collaborateurs qui ont déjà quitté l'équipe pour d'autres services et que je veux remercier comme les autres. « Vous avez été formidables de compétence, de disponibilité et de motivation. Je ressens une grande fierté à animer une équipe aussi exceptionnelle. Sabine, Stéphanie et chacune et chacun d'entre vous, vous faites honneur à la fonction publique européenne. Néanmoins nous ne sommes pas au bout de la route. Reposez-vous dans les jours qui viennent. On ne sait pas ce qui va se produire dans la semaine du 10 décembre prochain »... sauf la naissance du bébé de Thomas Liefländer, le cinquième nouveau-né de la *task force* depuis qu'elle existe.

Lundi 10 décembre 2018 — Report du vote à Londres

Deux ministres confirment ce matin que le *meaningful vote* sur l'accord de retrait aura bien lieu demain soir.

Mais à 16 heures, au milieu d'une de ces séances éprouvantes d'interpellation à la Chambre des communes, Theresa May annonce sa décision de reporter le vote à une date ultérieure. Même si elle estime qu'il y a un large soutien sur beaucoup des aspects clefs de l'accord, elle prend acte des inquiétudes profondes et largement partagées sur le *backstop* et estime que le texte, s'il était mis au vote demain, serait rejeté à une majorité significative.

Dans son discours, elle défend cependant avec pédagogie l'accord obtenu, en rappelant en particulier la nécessité du *backstop* et les quatre garanties obtenues pour éviter que le Royaume-Uni n'en soit prisonnier :

« Le volet douanier du *backstop* est désormais commun à l'ensemble du Royaume-Uni. Il ne divise plus notre pays en deux territoires douaniers. Cela signifie également que le *backstop* est maintenant un arrangement inconfortable pour l'UE, qui ne voudra pas qu'il entre en vigueur, ou qu'il reste en application trop longtemps. Les deux parties sont désormais juridiquement engagées à faire leurs meilleurs efforts pour que la nouvelle relation soit en place avant la fin de la période de transition, de manière à ce que le *backstop* ne soit jamais utilisé. Si notre nouvelle relation n'est pas prête, nous pouvons choisir d'étendre la période de transition, ce qui réduirait encore la probabilité de voir le *backstop* entrer en vigueur. »

Ces arguments factuels ne suffisent pas à empêcher un déchaînement de l'opposition et de quelques-uns des amis de la Première ministre qui crient à la trahison ou à la couardise. Décidément, ce Brexit ressemble de plus en plus à une tragicomédie, sans qu'on sache maintenant si la fin sera réellement tragique ou plus heureuse.

Mercredi 12 décembre 2018
— Motion contre Theresa May

Nouvel épisode à Londres : les 48 lettres nécessaires pour provoquer une motion de confiance ont été déposées et Theresa May va devoir affronter dès ce soir ce nouveau front interne à son propre parti. Décidément, rien n'est épargné à cette femme, mais je pense qu'elle l'emportera. C'est insensé de voir à quel point l'avenir de ce grand pays mais aussi nos relations avec lui dépendent depuis trois ans désormais des querelles, des coups bas, des trahisons multiples et des ambitions contrariées d'un certain nombre de députés du Parti conservateur.

Boris Johnson, qui arbore une nouvelle coupe de cheveux depuis hier, et quelques autres auront comme David Cameron une vraie responsabilité devant l'histoire de leur pays.

Jeudi 13 décembre 2018
— Conseil Européen

Encore une journée de Conseil européen marquée par le Brexit, malgré moi !

Dans l'après-midi, je rejoins le Conseil européen pour écouter Theresa May. La Première ministre est fatiguée. « Si j'avais fait voter la Chambre des communes mardi dernier, le texte était rejeté. Rien n'est insoluble. Tout le débat se cristallise sur le *backstop*. Un certain nombre de députés ne veulent pas de *deal*. D'autres veulent un nouveau référendum. Je ne demande pas de nouveaux engagements. Le *backstop* reste. Mais nous devons pouvoir dire qu'il ne sera jamais utilisé, ou alors pour une période courte, limitée dans le temps. »

Donald Tusk a proposé aux dirigeants européens d'interroger Mme May, sans entrer dans le débat interne sur les positions de l'Union. Les questions sont nombreuses : « Y a-t-il des travaillistes prêts à vous soutenir ? », « Quelles sont vos idées concrètes ? », « De quoi avez-vous besoin au-delà de ce qui est écrit dans l'article 19 du traité ? On ne peut pas détricoter le traité. »

Dans sa réponse, Theresa May insiste : « J'ai besoin de mon parti. Il faut trouver une issue, ou une date ultime pour le *backstop*. Il faut montrer davantage que de la bonne volonté, et que nos *best endeavours*, pour trouver une alternative au *backstop*. Il faut montrer l'absolue détermination avant une date fixe, 2021. » Et d'ajouter : « Il y a une grande méfiance au Royaume-Uni à l'égard de l'Union européenne. Il faut rassurer en mettant une date. S'il y a un échec, le Parlement reprendra les choses en main. Il n'y a aucune autre majorité pour une autre hypothèse. »

Plusieurs chefs de gouvernement reprennent la balle au bond. « On peut trouver une date ultérieure mais on ne peut pas stopper le *backstop*. En Irlande, c'est aussi notre frontière », dit l'un d'entre eux.

Pour une dernière fois, Theresa May rappelle qu'elle s'est engagée à respecter le *Good Friday Agreement*. « Plus les termes de la déclaration que je vous demande seront fermes, plus il y aura de confiance. C'est une question de perception. Il faut démontrer qu'il n'y a pas de complot contre le Royaume-Uni, que nous ne serons pas piégés contre notre gré dans une union douanière. »

À l'évidence, elle ne convainc pas. La plupart des dirigeants européens ont le même sentiment que moi : le Royaume-Uni a décidé de quitter l'Union européenne, le marché unique et l'union douanière. Personne n'a mesuré les conséquences d'une telle décision. Et aujourd'hui, les Européens ne peuvent pas et ne veulent pas assumer le prix et les conséquences de décisions qu'ils n'ont pas prises, même si beaucoup ont une vraie proximité avec le Royaume-Uni et de la sympathie pour sa Première ministre.

Un peu plus tard, pendant le dîner, Jean-Claude Juncker et Donald Tusk me demandent de faire le point. Je réaffirme que, face à la demande britannique d'assurances supplémentaires pour le mois de janvier, nous devons être extrêmement clairs sur le fond : le *backstop* ne peut pas être limité dans le temps.

Car alors, si nous ne parvenions pas à trouver un accord futur garantissant l'absence de frontière sur l'île d'Irlande avant cette date ultime, un panel arbitral, prévu par l'accord de retrait, pourrait estimer que l'Union agit de mauvaise foi et permettre au Royaume-Uni de suspendre unilatéralement tout ou partie du protocole sur l'Irlande.

Dans cette hypothèse, l'Union devrait faire un choix entre deux options inacceptables : marquer son accord dans la précipitation sur une future relation assurant un *frictionless trade*, auquel cas les Britanniques auraient finalement réussi à prendre en otage toute la négociation sur la future relation en instrumentalisant le cas de l'Irlande. Ou alors mettre en place une frontière physique sur l'île d'Irlande, avec toutes les conséquences que nous connaissons, notamment en termes de paix civile entre les différentes communautés.

Le seul moyen d'éviter ce double risque est de ne pas aller au-delà du contenu de l'accord de retrait et de la déclaration politique. Nous pourrions néanmoins expliciter tous les éléments contenus dans ces textes — et ils sont nombreux — qui montrent notre détermination à trouver cette autre solution afin que le *backstop* ne s'applique pas.

Les chefs d'État ou de gouvernement qui reprennent la parole soutiennent cette ligne. Parmi eux, certains insistent sur la nécessité de soutenir l'Irlande, en affirmant qu'ils n'accepteront aucun changement au *backstop* sur lequel Leo Varadkar n'aurait pas donné son accord.

Vendredi 14 décembre 2018 — Oriana

Journée particulière, celle d'une grande émotion familiale et personnelle puisque Isabelle et moi devenons pour la première fois grands-parents. À 17 heures est née la petite Oriana, la fille de notre plus jeune fils Benjamin et de sa compagne Flora.

2019

Lundi 7 janvier 2019 — Une nouvelle date, un nouveau vote ?

Après quelques jours de repos bien mérités, toute l'équipe est de retour au cinquième étage.

Le temps du Brexit est un peu suspendu au vote qui doit avoir lieu le 15 janvier à la Chambre des communes sur le projet de traité. Et du côté britannique, le débat politique a repris de plus belle, dans une forme de chaos et parfois d'hystérie. Nous devons être calmes pour deux, mais le mieux que l'on puisse faire est d'être constructifs.

Des discussions ont eu lieu ces derniers jours entre

Olly Robbins et les deux secrétaires généraux du Conseil, Jeppe Tranholm-Mikkelsen, et de la Commission, Martin Selmayr, sur l'idée d'apporter ces clarifications à travers un échange de lettres.

Le président Tusk, très réservé, ne veut pas et ne peut pas aller au-delà des conclusions du Conseil européen. De son côté, Martin Selmayr veut aller plus loin et pousse Jean-Claude Juncker à apporter d'autres clarifications. Résultat : plutôt qu'une lettre cosignée par les deux présidents, chacun fera sa propre réponse, dans le cadre de ses compétences, au courrier que les Britanniques préparent.

Prudemment, Olly Robbins a consulté les Européens sur une première version de ce courrier. Il comprend vite que, pour nous, la négociation sur l'accord de retrait est terminée. Néanmoins, les deux présidents peuvent, chacun de leur côté, apporter des clarifications et des informations de nature à rassurer les députés britanniques, par exemple sur le fait que les négociations de la future relation pourraient commencer très vite après la signature du traité, sans attendre la sortie effective de l'Union européenne. La Commission peut garantir qu'elle s'organisera dans cet objectif.

Dans sa lettre, Jean-Claude Juncker est prêt à confirmer que les deux parties feront leurs meilleurs efforts pour aboutir soit à un accord spécifique pour l'Irlande, soit à établir une nouvelle relation entre l'Union et le Royaume-Uni qui garantisse l'absence de frontière en Irlande.

Je sais que, dans leurs discussions privées, Olly Robbins et Martin Selmayr se sont entendus pour indiquer que ces efforts devraient porter leurs fruits avant 2021, comme le souhaitent les Britanniques. Une nouvelle date, à mes yeux, changerait la nature de l'accord. La durée ou l'utilisation du *backstop* ne peuvent être conditionnées que par l'avènement et la signature d'un accord définitif qui réglerait la question.

Mardi 8 janvier 2019 — Martin Selmayr

Je retrouve Martin Selmayr. Nous nous souhaitons mutuellement une bonne année... Il est aimable et s'efforce d'être attentif. Nous évoquons cet échange de lettres entre les Britanniques et l'Union européenne et je lui redis mes réserves claires sur l'idée de fixer une date qui nous obligerait à régler la question de la frontière irlandaise à un certain moment.

Il argue de sa qualité de juriste, prétend qu'on peut trouver une formule qui ne nous serait jamais opposable. Je lui redis ma préoccupation qu'à partir de cette lettre, et après un vote négatif à la Chambre des communes, Mme May revienne pour obtenir une garantie juridique en s'appuyant sur quelques États membres : « Si nous prenons ce risque, nous prenons un risque pour les intérêts de l'Union européenne et le marché unique. »

Mercredi 9 janvier 2019 — Bœuf britannique au Japon

En marge de la visite officielle du Premier ministre japonais, Shinzo Abe, au Royaume-Uni, le secrétaire au Commerce international, Liam Fox, se réjouit sur Twitter que « les agriculteurs britanniques pourront exporter du bœuf et de l'agneau au Japon pour la première fois en vingt ans, ce qui ouvrira l'accès à l'un des marchés mondiaux en plus forte croissance ».

Sous le hashtag #FreeTradeUK, il ajoute : « Un autre exemple de promotion par les négociateurs du département du commerce international des produits britanniques de grande qualité. »

La seule chose qu'il oublie de dire, c'est qu'il s'agit d'un accord négocié par la Commission européenne et conclu par l'Union européenne ! Et non pas par le Royaume-Uni tout seul…

Chaque jour qui passe amène la preuve qu'on ne dit pas la vérité aux citoyens britanniques et que des ministres eux-mêmes, pour les besoins de leur cause, mentent par omission, à quelques jours d'un vote historique à la Chambre des communes sur le Brexit.

Jeudi 10 janvier 2019
— Theresa May au téléphone

À 19 h 15, Theresa May m'appelle. Ce coup de téléphone est assez inhabituel. Même si nous nous voyons régulièrement lorsqu'elle vient à Bruxelles, elle réserve plutôt ses appels directs aux présidents des institutions ou aux chefs d'État ou de gouvernement.

Est-ce un appel de courtoisie en début d'année ? Cherche-t-elle à prévenir une réaction négative de ma part sur le contenu des assurances dont elle a besoin avant le vote de mardi prochain ? Est-ce un appel pour clore un chapitre de nos relations, à un moment grave où elle n'est pas sûre de rester à son poste très longtemps ?

De fait, elle me remercie pour la bonne coopération et l'esprit dans lequel nous avons conduit la négociation. Je lui demande comment elle voit le vote de mardi. « C'est une période très sensible et très difficile, mais je suis déterminée. »

« De notre côté, lui dis-je, les négociations sont terminées, mais nous voulons être constructifs. Olly sait exactement quelles sont les clarifications possibles de notre côté et ma question, Theresa, est : à quel moment ces clarifications seront-elles utiles pour vous ? *We only have one shot*. »

Sa réponse est claire : « J'ai besoin de ces clarifications avant le vote, dimanche ou lundi. »

Je prends le temps d'évoquer le *backstop* : « Personne, du côté européen, n'a envie que ce *backstop* entre en vigueur, mais, quelle que soit la solution, il faudra un accord entre le Royaume-Uni et l'Union européenne. Une sortie unilatérale du *backstop* n'offre aucune solution. »

Sur ce point, elle se contente de répéter que le *backstop* est le sujet le plus difficile et qu'elle a besoin d'une « garantie » qu'on ne l'utilisera pas.

Enfin, puisque, si tout va bien, il faudra très vite commencer à négocier la relation future, je lui confirme que, dans sa lettre, Jean-Claude Juncker précisera que la Commission est prête et s'organisera pour commencer la négociation aussitôt après la signature. Et j'ajoute que le président m'a demandé de préparer ces futures discussions du côté de la Commission.

Nous en restons là et je lui souhaite bon courage pour les jours qui viennent.

Lundi 14 janvier 2019
— Tournée des « sages »

Avant de rejoindre Strasbourg ce soir, j'ai sollicité un entretien avec deux personnalités françaises que je connais bien.

Ce matin, je suis reçu dans ses bureaux d'ancien président par Nicolas Sarkozy. C'est une forme de retrouvailles entre nous, et il a pris soin de signaler ce rendez-vous via son service de presse sous la forme d'une indiscrétion parue le matin même dans *Le Figaro*.

Il garde la même énergie et la même assurance, prend la précaution inutile de me dire qu'il n'est plus engagé en politique mais qu'il veut simplement être « utile ». Je vois bien qu'il est heureux du contact établi avec Emmanuel Macron. Sur l'Europe, il pousse son successeur à prendre de grandes initiatives et à renverser la table. Il s'agit dans son esprit de créer un conseil des ministres de l'Intérieur, avec un président permanent, pour gérer autrement Schengen et les flux migratoires. Son idée tourne autour d'une Europe à plusieurs cercles. Il évoque même l'idée d'une alliance entre l'UE, la Turquie et la Russie. « J'ai parlé avec Macron le 1er janvier et je lui ai dit que s'il s'engageait vraiment, alors je le soutiendrais sur cette ligne. »

Toutes ses idées ne sont pas claires et précises, elles sont dans le tempérament de Nicolas Sarkozy, et j'ai bien vu en rencontrant Emmanuel Macron le 4 janvier, que le président de la République réfléchissait aussi dans le même sens. Je redis à Nicolas Sarkozy qu'il faut sans doute être ambitieux et audacieux dans la période où nous sommes, mais qu'il faut aussi faire attention aux autres pays européens qui ne supportent plus une certaine arrogance française.

« En 2008, lui dis-je, si la présidence de l'Union européenne que tu as conduite a été un vrai succès, c'est que nous avons été professionnels sans être arrogants. » Il balaie cette remarque d'un revers de main et insiste sur le rôle de la France comme si elle était toute seule. C'est la limite de sa démonstration à mes yeux.

En début d'après-midi, je continue ma tournée des « sages de la République » en rencontrant François Hollande. Le contraste est saisissant entre les bureaux que la République met à la disposition des anciens présidents. L'installation de Nicolas Sarkozy rue de Miromesnil est très confortable. L'ambiance de son bureau est, en plus petit, celle de son ancien bureau de l'Élysée. Tout y est ordonné et assez moderne. De son côté, François Hollande a choisi un grand appartement de la rue de Rivoli. L'ambiance y est plutôt celle d'une grande étude de notaire en province. Les moyens sont pourtant les mêmes, mais cette installation est à l'image de leur personnalité.

François Hollande est amical. Nous nous connaissons bien depuis longtemps. J'ai eu la preuve qu'il était un homme d'État au moment où il a abandonné en 2004 tout réflexe partisan pour me soutenir personnellement dans l'affaire de l'enlèvement des journalistes Christian Chesnot et Georges Malbrunot en Irak. Il aurait pu à ce moment-là me déstabiliser quand j'affrontai en tant que ministre des Affaires étrangères, une opération de barbouzes encouragée par le député de la majorité Didier Julia contre moi. Il a choisi au contraire d'être solidaire et de me faire confiance.

Sur l'Europe, sur le Brexit, sur les élections européennes, ses questions sont précises et il est bien informé. Il me dit avoir vu Angela Merkel quelques jours plus tôt. Lui aussi évoque la crise des Gilets jaunes et les difficultés dans lesquelles se débat Emmanuel Macron. « Je ne veux pas en rajouter », me dit-il avec une certaine gourmandise.

Mardi 15 janvier 2019
— Un meaningful vote, *enfin ?*

Ce soir, je me retrouve dans le petit bureau que j'occupe dans le bâtiment Winston-Churchill du Parlement européen à Strasbourg, pour écouter les débats de la Chambre des communes et attendre le vote. Je suis toujours intrigué par la manière dont se déroulent les débats, par l'autorité et la fermeté dont le *speaker* John Bercow doit faire preuve et, au contraire des autres Parlements, par le fait que les députés britanniques n'ont pas le droit d'applaudir. Ils s'expriment donc autrement, dans un brouhaha qui oblige l'orateur à s'interrompre très souvent.

Nicolas Galudec a commandé un *take-away* que nous mangeons avec Dan, mon attaché de presse, et Georg, devant l'écran d'ordinateur. Nous suivons le vote en direct sur la chaîne britannique ITV.

Le premier amendement soumis au vote donnerait le pouvoir unilatéral au Parlement britannique de mettre fin au *backstop* irlandais. Il est clairement en contradiction avec le projet de traité et heureusement, il est rejeté par 600 voix contre 24.

Puis, le vote sur notre projet d'accord est engagé. La question n'est pas de savoir si Theresa May gagnera ce vote ou le perdra. Il est perdu. La question est de savoir avec quelle marge. Et finalement, le verdict tombe. Il est beaucoup plus rude que ce que craignait la Première ministre, qui constate que 432 députés rejettent « notre proposition » contre 202.

L'analyse que nous avons faite avec Georg, Nicolas et Dan se confirme. Il y a bien à la Chambre des communes deux majorités négatives : l'une, massive, contre le *deal* et l'autre contre un *no deal*. Entre les deux, Theresa May n'a jamais ouvert de dialogue avec ses opposants et aujourd'hui, pour des raisons opposées ou contradictoires, ce vote réunit les « anti » de tous bords.

Il y a bien sûr ceux qui refusent le *backstop*, le DUP et certains *Brexiters*, ceux qui reprochent à Theresa May de chercher un accord trop proche de l'Union européenne, les *Remainers* qui ne veulent pas d'accord parce qu'ils ne veulent pas de Brexit.

Et au milieu de ce jeu, un Parti travailliste qui pour le moment joue une seule carte, celle qui consiste à déstabiliser Theresa May à n'importe quel prix et à provoquer de nouvelles élections.

Je rejoins aussitôt les députés du *Brexit Steering Group* réunis par Guy Verhofstadt. Il me faut traverser un groupe de journalistes auxquels je dis simplement : « Maintenant, c'est au gouvernement britannique de nous dire les prochaines étapes. Du côté européen, nous resterons calmes, unis et déterminés à trouver un accord. »

Mercredi 16 janvier 2019
— Trois issues possibles

Trois issues sont possibles après le vote d'hier : *deal, no deal* ou, comme veulent encore le croire certains, *no Brexit*.

En l'absence d'une action quelconque, l'issue par défaut sera un Brexit sans accord le 29 mars 2019, c'est-à-dire dans dix semaines…

Pour les deux autres scénarios, une prolongation de la période de négociation prévue à l'article 50 du traité sur l'Union européenne apparaît presque inévitable. Afin de permettre aux 27, qui devront décider à l'unanimité, de prendre une décision informée sur une telle prolongation, il est nécessaire qu'ils disposent des clarifications britanniques sur deux questions.

D'abord, quel serait l'objectif d'une prolongation ? À quelles fins serait utilisé le temps supplémentaire ?

L'absence de clarté sur la future relation ayant pesé davantage que le *backstop* dans le vote contre l'accord, une prolongation pourrait d'abord servir à une renégociation de la déclaration politique sur la future relation. Cela demanderait des positions claires du Royaume-Uni et une révision de ses lignes rouges, de manière à permettre une relation future plus ambitieuse, par exemple à travers une participation du Royaume-Uni à une union douanière.

Une prolongation pourrait également être justifiée par une nouvelle élection générale ou par l'organisation d'un nouveau référendum (ce qui nécessiterait que les Britanniques se mettent d'accord sur la question à poser).

Deuxième question : quelle serait la durée idéale pour permettre une issue claire de ce processus tout en préservant l'intégrité et le bon fonctionnement des institutions de l'Union ?

La réponse dépend naturellement du but de la prolongation qui serait demandée. En tout état de cause, si le Royaume-Uni était encore un État membre de l'Union européenne le 23 mai, il devrait organiser les élections européennes. Ce qui ajouterait encore à l'absurdité de la situation.

Jeudi 17 janvier 2019
— Henri le Navigateur

Henri le Navigateur, duc de Viseu, naît à Porto le 4 mars 1394 et meurt à Sagres le 13 novembre 1460. En tant que gouverneur de l'ordre du Christ, il finance les grandes découvertes portugaises, tout en étudiant les mathématiques et les sciences cosmographiques.

C'est dans cet ordre que le président de la République du Portugal Marcelo Rebelo de Sousa a voulu me distinguer, à l'occasion d'une cérémonie très protocolaire dans sa belle résidence de Belém. Le président portugais est un homme chaleureux, perspicace, doué d'un sens politique aigu. Il gère très bien la cohabitation avec le populaire Premier ministre socialiste António Costa, ancien maire de Lisbonne. Je suis évidemment très touché par cette distinction qui récompense et encourage le travail de toute une équipe.

Dans la foulée, il m'a demandé de participer à une réunion du Conseil d'État du Portugal, qui regroupe les anciens présidents et Premiers ministres, dont le général António Ramalho Eanes, qui fut en 1976 le premier président de la République après la révolution des Œillets du 25 avril 1974.

C'est une longue réunion, chacun s'exprime de manière détaillée, en s'appuyant sur des notes. Il y a là tout ce que le Portugal compte de grandes voix politiques et je sens bien le tiraillement chez certains entre la préservation d'une nécessaire unité des Européens d'un côté et la crainte que la très vieille alliance anglo-portugaise, qui date du traité de Windsor de 1386, la plus ancienne encore en vigueur dans le monde, soit fragilisée.

Au début de mon intervention, ayant en tête les grands explorateurs portugais du XVe et du XVIe siècle, Magellan, Vasco de Gama, Pedro Álvares Cabral, Bartolomeu Dias, je me permets de citer une belle phrase du général de Gaulle : « Nous sommes un peuple en marche, on nous y force, le siècle nous y force, mais nous sommes en marche vers une mer inconnue, vers un destin que nous ne savons pas, pour cette marche il faut que le peuple soit ensemble[1]. »

1. Allocution prononcée devant les cadres du RPF le 11 février 1950.

Mercredi 23 janvier 2019
— Se préparer au no deal

Je profite d'un nouveau discours au Comité économique et social européen, présidé par Luca Jahier, pour rappeler la nécessité pour chacun de se préparer au scénario du *no deal*, qui ne peut toujours pas être écarté.

Le 19 décembre dernier, la Commission a présenté quatorze mesures que l'Union pourra activer de façon unilatérale, dans des domaines où un *no deal* serait source de dysfonctionnements majeurs pour les citoyens et les entreprises des 27.

Par exemple, pour éviter des problèmes majeurs dans le secteur aérien, la Commission a proposé de permettre la fourniture, pendant une année, de certains services aériens entre le Royaume-Uni et l'Union européenne, sous condition de réciprocité.

En matière douanière, la Commission a proposé d'ajouter le Royaume-Uni à la liste des pays vers lesquels les pays de l'UE peuvent exporter des biens à usage dual, civil et militaire.

En matière de services financiers, la Commission a proposé pour douze mois une équivalence conditionnelle pour s'assurer qu'il n'y aura pas de perturbation immédiate dans la compensation centrale des produits dérivés.

Toutes ces mesures auraient pour point commun d'être temporaires, d'avoir un champ limité et d'être unilatéralement adoptées par l'Union européenne. Leur but est de protéger les intérêts européens, pas de négocier des mini-deals avec le Royaume-Uni.

Jeudi 24 janvier 2019 — Angela Merkel

Visite éclair à Berlin avec Sabine. Comme à son habitude, Angela Merkel nous reçoit à l'heure exacte, accompagnée de son fidèle conseiller Uwe Corsepius. Elle paraît plus sereine, plus détendue, malgré la fatigue de son voyage à Davos le jour même.

La chancelière est précise, directe sur les questions essentielles. Elle prend le temps et finalement l'entretien, prévu pour durer quarante-cinq minutes, se prolongera plus d'une heure. Comme tous les dirigeants européens, elle éprouve une forme de lassitude du Brexit : « Maintenant, il faut qu'ils sortent. » Mais elle nourrit comme moi l'espoir d'une sortie ordonnée.

Sur l'Irlande, sa position est claire : on ne peut pas rouvrir l'accord de retrait, ni toucher au *backstop*. S'il faut, au tout dernier moment, accompagner l'accord de retrait d'une feuille de route sur la sortie du *backstop*, comme nous y réfléchissons, elle est ouverte.

Angela Merkel paraît assez rassurée de voir que nous cherchons un chemin pour faciliter un accord avec les Britanniques. Sur la prolongation éventuelle de la négociation, son idée est qu'elle devrait être limitée à quelques semaines, jusqu'au 30 juin ou au mois de juillet.

Cela veut dire en fait que toute prolongation ne pourrait être décidée par les 27 qu'en ayant l'assurance et la garantie que le Brexit aura lieu au 30 juin. Cette assurance et cette garantie ne peuvent être données que par un vote de la Chambre des communes en faveur du traité. Et nous voilà ainsi revenus au premier coin de la quadrature du cercle.

À l'évidence, Angela Merkel, comme d'autres

dirigeants, est soucieuse de ne pas subir le *blame game* que les Britanniques veulent lancer.

Vendredi 25 janvier 2019 — Sagesse royale

Depuis le début des négociations, la reine Elizabeth II, respectueuse de son devoir de réserve, s'est bien gardée de donner son opinion sur le Brexit.

Mais hier, ses déclarations à une association de femmes, près de son domaine de Sandringham, résonnent comme un appel au calme : « Dans notre quête de nouvelles réponses en ces temps modernes, je préfère les recettes qui ont fait leurs preuves, comme se parler avec respect et respecter les différents points de vue, se rassembler pour trouver un terrain d'entente et ne jamais oublier de prendre du recul (...) ces approches sont intemporelles et je les recommande à tout le monde. »

Mercredi 30 janvier 2019
— REtour à la case départ ?

Pour la première fois, Mme May a ouvertement plaidé hier en faveur d'une réouverture de l'accord de retrait. Elle s'est prononcée pour des changements significatifs et juridiquement contraignants concernant le *backstop*, à travers des « arrangements alternatifs » qu'elle n'a détaillés à aucun moment.

Elle l'a fait en apportant le soutien explicite du gouvernement britannique à l'amendement présenté par Sir Graham Brady et Dr Andrew Murrison, qui mentionne lui-même ces « arrangements alternatifs » sans autre forme de précision.

Ces prises de position marquent une inflexion importante de la part du gouvernement britannique, puisqu'elles reviennent à remettre directement en cause le résultat de deux ans de négociation, sans nous dire avec la moindre précision ce qu'il souhaite à la place. Ce n'est pas acceptable.

Quant aux deux autres pistes qui circulent à Londres — la limitation du *backstop* dans le temps et la possibilité d'un retrait unilatéral du Royaume-Uni, elles ont été explicitement exclues par le Conseil européen, car elles sont en contradiction frontale avec l'idée même d'un *backstop* !

Mercredi 6 février 2019
— « Une place en enfer »

« Je me demande à quoi ressemble la place spéciale en enfer qui attend ceux qui ont promu le Brexit, sans même avoir l'esquisse d'un plan sur la façon de le mener à bien de manière sûre. »

En recevant Leo Varadkar, Donald Tusk, dans son point presse, surprend par sa franchise. C'est sûr qu'une telle déclaration sera dès ce soir exploitée, utilisée, déformée. Peut-être sera-t-elle même perçue comme une volonté d'humilier les Britanniques.

Du côté de la Commission, certains se gaussent de la maladresse du président du Conseil européen. Avec ses mots et cette spontanéité qui est sa marque, Donald Tusk dit pourtant la vérité. Avec mes propres mots, je pourrais dire que nous avons en face de nous trop de dirigeants politiques britanniques qui ne veulent pas aujourd'hui assumer les conséquences de leur vote en faveur du Brexit. Et franchement, la lassitude s'aggrave. Il faut maintenant en finir avec ce feuilleton.

Leo Varadkar rejoint ensuite le Berlaymont pour un entretien avec Jean-Claude Juncker. Je rappelle la sensibilité des États membres sur la question du marché intérieur, qui est directement liée à la question de la frontière en Irlande. Il faut être clair entre nous. Les contrôles pour protéger le marché intérieur doivent être mis en œuvre quelque part. Soit autour de l'île, soit à l'intérieur de l'île. Ou alors sur le continent, avec le risque d'exclure l'Irlande du marché unique, ce que nous ne voulons pas.

La déclaration commune réaffirme la solidarité avec l'Irlande et l'impossibilité de rouvrir la négociation sur le *backstop*. Elle insiste aussi sur notre intention d'intensifier la préparation au scénario du *no deal*.

La secrétaire générale adjointe de la Commission, Céline Gauer, a entrepris consciencieusement une visite de chacune des capitales pour mieux coordonner la préparation dans les États membres, en lien étroit avec Stefan Fuehring, qui suit ce sujet au sein de mon équipe. Elle était d'ailleurs avant-hier à Dublin où des représentants du gouvernement irlandais lui ont dit que leur objectif resterait le même en cas de *no deal* : préserver le processus de paix et ancrer fortement l'Irlande seulement dans le marché intérieur, ce qui implique pour eux le rejet de toute infrastructure de contrôle qui n'existerait pas déjà dans les ports et les aéroports.

En cas de *no deal*, l'idée de ces hauts fonctionnaires irlandais serait d'en revenir au concept initial de *backstop* : des contrôles entre la Grande-Bretagne et l'Irlande du Nord et la participation de l'Irlande du Nord à l'union douanière et au marché unique. Cette solution serait selon eux acceptable *in fine* pour Londres puisque dans l'intérêt de l'Irlande du Nord.

Le temps de mettre cette solution en place, ils imaginent des contrôles renforcés, sur la base des contrôles existants et d'une certaine flexibilité de la part des autres États membres et de la Commission. En aucun cas, ils ne veulent entreprendre de préparatifs visant à remettre en place une frontière physique.

Jeudi 7 février 2019 — Theresa May revient

Theresa May arrive à 11 heures précises. On m'a rapporté depuis quelques jours qu'elle ne savait plus vers qui ni vers quoi se tourner. De tous les côtés, il y a des murs ou des portes qui se ferment. Et pourtant, elle paraît insubmersible.

J'indique que nous sommes prêts à rechercher pendant la transition des arrangements alternatifs au *backstop*, mais je rappelle que fixer une durée limitée au *backstop* ou prévoir une clause de sortie unilatérale n'est pas possible.

Jean-Claude Juncker insiste : « Le problème semble être l'union douanière pour l'ensemble du Royaume-Uni, que vous avez souhaitée. Je suis prêt à proposer aux 27 de revenir au *backstop* pour la seule Irlande du Nord si cela vous aide. Mais si nous devons envisager un nouveau processus de discussions entre nous, il doit être limité à la déclaration politique. »

La conversation sera cordiale mais assez franche et dure. Elle se concentre à un moment sur le mot de « confiance » qu'utilise Olly Robbins. « Nous ne pouvons pas, dit-il, nous trouver dans la situation où l'Union européenne utiliserait de manière agressive le *backstop* pour maintenir notre pays définitivement dans une union douanière qu'il ne souhaite pas. L'engagement à faire nos meilleurs efforts ne suffit pas. L'Union européenne peut changer d'avis. Que se passerait-il si Salvini devenait Premier ministre italien ? » Theresa May insiste : « Pourquoi ne pas mettre une date finale pour le *backstop* ? J'ai besoin d'un engagement légalement contraignant. »

À mon tour, j'insiste sur le mot de « confiance » : « À l'inverse, nous pouvons aussi craindre qu'un jour, le Royaume-Uni utilise de manière agressive une date de fin du *backstop* pour nous mettre dans la situation où, le dos au mur, nous serions obligés d'accepter vos idées de Chequers et le *cherry-picking*. Nous ne prendrons aucun risque avec l'intégrité du marché intérieur. »

À ma question sur une éventuelle prolongation de la période de négociation, Theresa May répond que ce n'est pas son intention de la demander. « Cela pourrait ouvrir d'autres points. Il faut se concentrer sur un seul point. »

Finalement, c'est une réunion décevante. Pour eux, puisque nous ne bougeons pas, et pour nous, face à un pays qui, à l'évidence, refuse d'assumer les conséquences objectives de sa décision de quitter l'Union. Dès lundi, je rencontrerai, comme Theresa May l'a souhaité, le nouveau secrétaire d'État chargé du Brexit, Steve Barclay, et nous travaillerons avec les experts qu'elle désignera.

11 février 2019
— Steve Barclay entre en scène

Avec Sabine et Stéphanie, nous rejoignons la belle résidence de l'ambassadeur britannique Tim Barrow, en bordure du parc royal de Bruxelles, pour faire la connaissance du troisième ministre britannique chargé du Brexit depuis le début de cette négociation.

Steve Barclay est un ancien militaire, passé par le privé au sein du groupe Axa. C'est un homme plutôt simple et chaleureux, un des soldats fidèles de Theresa May. Contrairement à ses prédécesseurs, David Davis et Dominic Raab, il n'a pas l'ambition de remplacer la Première ministre et cela se voit. Il me paraît moins politicien.

En signe de bienvenue dans la négociation, Barthélemy qui, avec sa culture et son sens de la diplomatie, s'était occupé des cadeaux aux précédents négociateurs britanniques, a trouvé un beau livre en anglais sur Léonard de Vinci, à l'occasion des 500 ans de sa mort à Amboise. Mais les Britanniques nous ont fait savoir avant le dîner qu'il n'y aurait pas d'échange de cadeaux. Tant pis, je vais garder le livre pour un autre ministre britannique…

Au cours de notre entretien en tête à tête, puis du dîner, le scénario reste le même. Il m'explique longuement les contraintes du débat parlementaire à la Chambre des communes. Nous les connaissons. Je lui réponds que nous ne rouvrirons pas l'accord de retrait et que nous ne ferons rien qui puisse décrédibiliser le *backstop* sur lequel nous nous sommes mis d'accord avec son gouvernement. Je comprends que la position de l'*Attorney General*, Geoffrey Cox, est décisive dans ce débat. C'est lui qui donnera le ton.

Le calcul de Theresa May est risqué. Elle a besoin de faire basculer dans son camp 115 à 120 députés parmi les 432 qui ont rejeté ce *deal*. Elle veut convaincre les 10 députés du DUP, qui ne sont pas les plus faciles. Mais leur parti unioniste perd du terrain en Irlande et ils n'ont pas intérêt à un échec de la négociation. Derrière le DUP, une cinquantaine de *Tories* pourraient suivre, même si les plus durs des *Brexiters*, rassemblés au sein de l'*European Research Group*, resteront opposés à l'accord.

De l'autre côté, Theresa May cherche le vote d'une cinquantaine de députés *Labour*, ceux dont les circonscriptions ont voté pour le Brexit. Elle est prête à accorder des garanties sur les droits des travailleurs dans la future relation et, par ailleurs, elle promet des subventions et des investissements dans chacune des circonscriptions concernées. Il s'agit là d'une tactique, pas d'une stratégie. Décidément, je ne comprends pas comment une décision aussi grave, historique, que le Brexit peut être mise en œuvre sans un minimum de dialogue et de consensus national.

Première ministre *Tory* et chef de l'opposition *Labour* font semblant de se parler mais ne veulent malheureusement pas établir la base d'un accord global, *cross-party*. Dans sa tactique, Theresa May utilisera sans doute la menace d'une longue prolongation de la négociation. C'est le moyen de donner des sueurs froides aux *Brexiters* les plus durs, qui peuvent craindre qu'une telle prolongation ne donne du temps et des arguments aux partisans d'un second référendum. Ce serait alors : « *Soit vous votez mon deal, soit vous prenez le risque d'un non-Brexit*. »

Nous nous mettons d'accord pour nous retrouver la semaine prochaine. Je confirme à Steve Barclay qu'il y a du côté européen une fatigue grandissante à l'égard du Brexit. Les gouvernements sont maintenant prêts à un *no deal*. Certains d'entre eux d'ailleurs pensent que ce serait préférable à une longue période d'incertitude et d'instabilité. Il y a comme une sorte de fatalisme ou de réalisme. Je lui recommande de ne pas sous-estimer cet état d'esprit.

Mardi 12 février 2019
— Les murs ont des oreilles

Plusieurs journaux rapportent une discussion surprise entre Olly Robbins et deux autres personnes dans un bar d'hôtel à Bruxelles hier soir. D'où l'importance de ne jamais parler trop fort dans un restaurant ou dans un train… Rien de très surprenant cependant dans cette conversation, puisque Olly Robbins confirme la tactique de Theresa May pour trouver un accord à l'arraché, en étant allée au plus près du précipice.

Jeudi 21 février 2019
— Des ouvertures, enfin ?

Steve Barclay est de retour, avec l'*Attorney General* Geoffrey Cox, et une attitude nettement plus constructive que la dernière fois. Entre-temps, nous sommes parvenus à identifier trois chantiers : des garanties sur la nature temporaire du *backstop*, le travail sur des arrangements alternatifs et les éventuels changements de la déclaration politique.

Le souci de Geoffrey Cox est clair : trouver une solution qui lui permette de nuancer auprès des membres de la Chambre des communes le risque lié à l'établissement d'un territoire douanier unique qui se révélerait permanent.

Samedi 2 mars 2019 — Nick Timothy

Dans une interview à Channel 4, Nick Timothy, ancien co-chef de cabinet de Theresa May, nie qu'il aurait élaboré les lignes rouges du Royaume-Uni seul avec la Première ministre dans le plus grand secret.

Il n'en soutient pas moins fermement ces lignes rouges : « Les lignes rouges, telles que vous les décrivez, sont que le Royaume-Uni devrait quitter le marché unique et l'union douanière. Ma question en retour est la suivante : qu'est-ce que l'Union européenne ? L'Union européenne a été créée par le traité de Rome qui a mis en place une union douanière, à travers une série de processus et qui a par la suite créé un marché unique. Elle a aussi créé une monnaie unique, que nous n'avons pas rejointe. Elle a des lois et des institutions qui soutiennent l'union douanière, le marché unique et la monnaie unique. Donc, comme le pays a voté pour quitter l'Union européenne, si nous ne quittons pas l'union douanière et le marché unique, que quittons-nous ? »

C'est oublier que l'on peut être en dehors de l'Union et participer au marché unique, comme la Norvège, ou à une union douanière avec nous, comme la Turquie. Et aussi que les avantages de l'Union, pour les agriculteurs, les régions ou encore la sécurité alimentaire ne se résument pas au marché unique et à l'union douanière, aussi essentiels soient-ils…

Mercredi 6 mars 2019 — Visite royale à la task force

Pour la première fois, nous recevons une visite royale. Le roi Carl XVI Gustaf et la reine Silvia de Suède visitent les institutions européennes. Ils ont rencontré les présidents de la Commission, du Conseil et du Parlement européen, évidemment la commissaire suédoise Cecilia Malmström. Et leur programme prévoit une longue halte dans les locaux de la *task force*.

Nous les recevons autour d'un café et de viennoiseries. Histoire de détendre l'atmosphère un peu solennelle, je commente la photo qui se trouve au mur, celle des collégiens d'Albertville explosant de joie et brandissant le drapeau de la Savoie, le jour où Juan Antonio Samaranch, président du CIO, annonça notre désignation comme hôte des XVIes Jeux olympiques d'hiver. C'était le 17 octobre 1986 à Lausanne, et l'un de nos principaux concurrents était précisément la Suède, avec la candidature de Falun.

Sachant que le roi et la reine ont eux-mêmes une

histoire olympique personnelle, je rappelle cette compétition sportive et amicale entre Falun et Albertville, et le roi me confie que la Suède n'a pas renoncé à ses ambitions olympiques.

La reine posera plusieurs questions à propos du Royaume-Uni et tous les deux prendront le temps de saluer personnellement chacun des membres de l'équipe, qui, pour l'occasion, s'est mise sur son trente et un.

Vendredi 8 mars 2019
— Theresa May en appelle aux citoyens

Nous sommes à une semaine du deuxième vote de la Chambre des communes sur le projet d'accord de retrait. Dans le discours qu'elle prononce cet après-midi, depuis un entrepôt du port de Grimsby, dont la population s'est exprimée en faveur du *Leave* à 7 contre 3, Mme May entend jeter ses ultimes arguments dans la balance pour la faire pencher de son côté.

Sa stratégie est désormais limpide : dramatiser, à tout prix. Elle le fait en énonçant une alternative claire : ou bien vous soutenez l'accord et nous sortons, ou bien vous le rejetez et ce sera le chaos. Surtout, elle ajoute : « Le Brexit n'appartient pas aux membres du Parlement. Il appartient à tout le pays. »

En exprimant les choses de cette façon — et surtout en faisant le choix de s'adresser directement aux citoyens britanniques plutôt qu'aux parlementaires —, elle me paraît s'engager sur un sentier périlleux, consistant à court-circuiter la Chambre des communes, ce qui dans la démocratie parlementaire la plus ancienne au monde est pour le moins cavalier…

Sur le fond, elle est plus combative que jamais et réitère chacune de ses lignes rouges. Le seul point nouveau par rapport à ses précédentes interventions est la manière dont elle rejette toute possibilité de prolongation de la période de négociation, à l'exception d'une prolongation exclusivement technique pour permettre l'adoption des législations indispensables à la mise en œuvre de l'accord de retrait.

Mettre les parlementaires au pied du mur, en prenant l'opinion publique à témoin, c'est osé. Je ne suis pas certain que cela contribue à réduire les antagonismes qui paralysent la Chambre des communes depuis plus de quatre mois.

De notre côté, nous sommes toujours prêts à faire ce que nous pouvons pour aider Theresa May, notamment en rassurant les députés britanniques qui craindraient que l'Union ne négocie pas de bonne foi la future relation ou les accords ultérieurs sur l'Irlande et l'Irlande du Nord.

Nous nous trouvons donc dans une situation étrange : celle de devoir aider le gouvernement britannique à convaincre les députés britanniques que ce que le Royaume-Uni a demandé, un territoire douanier unique, n'est pas un piège que nous aurions conçu… Pour cela, nous pourrions donner aux Britanniques trois assurances complémentaires.

D'abord, rappeler qu'un panel arbitral peut, selon l'accord de retrait, donner au Royaume-Uni le droit de suspendre de manière proportionnée ses obligations au titre du *backstop*, en dernier ressort, si l'Union européenne ne respecte pas son obligation de faire ses « meilleurs efforts » et d'agir de bonne foi pour négocier des solutions alternatives.

Ensuite, nous sommes prêts à donner force juridique à tous les engagements pris par les présidents Tusk et Juncker dans leur lettre du mois de janvier, à travers une déclaration interprétative commune qui facilitera la tâche du panel d'arbitres dans son contrôle du respect des obligations de meilleurs efforts et de bonne foi.

Enfin, l'UE s'engage à donner au Royaume-Uni l'option de sortir du territoire douanier unique de manière unilatérale, tout en respectant les autres éléments du *backstop*. Le Royaume-Uni ne sera pas forcé de demeurer dans une union douanière contre sa volonté.

Quelques heures plus tard, les Britanniques rejetteront ce troisième point, qui marquerait un retour à un territoire douanier unique entre l'Union européenne et la seule Irlande du Nord, ce dont le DUP ne veut pas. Restent les deux premiers points, qui représentent de solides garanties.

Lundi 11 mars 2019
— Un soir à Strasbourg

Décidément, cette négociation exige de la souplesse et de l'adaptation. Les Britanniques sont incapables de planifier les choses à l'avance. L'agitation est à son comble à Londres pour tenter d'obtenir demain un second *meaningful vote* positif.

Theresa May a fait savoir qu'elle veut renégocier avec nous et ainsi officialiser les garanties discutées ces derniers jours sur le caractère provisoire du *backstop*. Elle espère notamment convaincre l'*Attorney General* Geoffrey Cox d'émettre une option juridique favorable à l'accord de retrait.

Pour donner de la force et de la crédibilité à cette dernière négociation, elle est prête à venir rencontrer Jean-Claude Juncker. Sauf que c'est une semaine de session plénière au Parlement européen, à laquelle le président de la Commission participe. Theresa May nous informe donc en début d'après-midi de son intention de nous retrouver ce soir à Strasbourg, ce qui me laisse tout juste le temps de faire le trajet en voiture depuis Bruxelles.

La Première ministre arrivera finalement assez tard, et nous finaliserons avec elle et Jean-Claude Juncker un « instrument relatif à l'accord de retrait » et une déclaration conjointe complétant la déclaration politique, textes sur lesquels le président a pris soin de s'assurer du soutien du *Taoiseach* Leo Varadkar.

Dans sa lettre accompagnant la transmission de ces documents à Donald Tusk, Jean-Claude Juncker dit espérer que ce dernier effort permettra de conclure le processus de retrait avant la date choisie par le Royaume-Uni et de commencer aussi vite que possible la négociation sur la relation future.

Le président rappelle que, si le Royaume-Uni est toujours membre de l'Union au moment des élections européennes du 23 au 26 mai, il devra organiser ces élections, conformément aux droits et obligations de tout État membre.

Mardi 12 mars 2019 — Meaningful vote 2

Coup de tonnerre ! Dans un avis publié en fin de matinée, l'*Attorney General* Geoffrey Cox reconnaît que les dispositions de l'instrument agréé à Strasbourg sont juridiquement contraignantes et réduisent le risque que le Royaume-Uni puisse se trouver prisonnier du *backstop* par la faute de l'Union européenne.

Il estime également qu'il est très peu probable, si les parties font preuve d'un sincère désir de trouver un accord, qu'un accord ultérieur pour remplacer le *backstop* ne soit pas conclu dans le délai imparti.

Pour autant, au-delà de ce jugement politique, il considère que le risque juridique est inchangé puisque, en l'absence de manquement de l'une ou l'autre partie, mais simplement à cause de différences irrémédiables, le Royaume-Uni pourrait se retrouver sans moyens juridiques de quitter le *backstop* de manière unilatérale.

Malgré les appels de Theresa May, qui a entre-temps perdu la voix, la conséquence de cet avis, très attendu notamment par les *Brexiters* de l'*European Research Group*, menés par Jacob Rees-Mogg, est claire : la Chambre des communes s'achemine vers un nouveau rejet de l'accord de retrait, ce qui sera confirmé dans la soirée à une nette majorité de 391 voix contre 242.

Mercredi 13 mars 2019 — No to no deal

Deuxième jour de vote au Royaume-Uni. Après le rejet de l'accord hier, les parlementaires doivent se prononcer sur l'opportunité d'un *no deal*.

La motion gouvernementale, sur laquelle un vote libre est prévu, propose de rejeter un *no deal* au 29 mars, tout en gardant cette hypothèse sur la table pour une date ultérieure.

Renversement de situation quand la députée travailliste Yvette Cooper propose d'amender cette motion en excluant le *no deal* en toutes circonstances. À quatre voix près, cet amendement passe. Dans la panique, le gouvernement décide alors de supprimer le vote libre et demande aux députés conservateurs de voter contre sa propre motion ainsi amendée... ce qu'une grande majorité de *Tories* se refusent à faire, préférant s'abstenir.

Résultat : le gouvernement de Mme May est une nouvelle fois mis en minorité sur une motion qu'il a lui-même proposée, et 321 députés contre 278 excluent un *no deal* en toutes circonstances.

Pourtant, voter contre un *no deal* ne suffit pas à exclure le *no deal*, qui résultera mécaniquement de l'article 50 dans le cas où l'accord de retrait ne serait pas voté avant le 29 mars, en l'absence d'une prolongation de la période de négociation.

Comme le résume le Premier ministre néerlandais Mark Rutte : voter contre le *no deal*, c'est un peu comme si le *Titanic* votait pour que l'iceberg bouge…

Jeudi 14 mars 2019 — un vote positif !

Troisième grand vote de la semaine à la Chambre des communes. La question du jour porte sur l'opportunité de demander une prolongation de la période prévue par l'article 50 à l'Union européenne.

Une nouvelle fois, les conservateurs comme les travaillistes sont divisés.

Mais l'attitude la moins lisible est sans doute celle de Steve Barclay qui, après avoir exhorté les députés à voter en faveur de la prolongation, a choisi de son côté, avec sept ministres, de voter contre… Ce qui n'a pas empêché la motion en faveur de la prolongation de passer, à 413 voix contre 202.

Lundi 18 mars 2019 — Venger Crécy !

David Davis fait à nouveau parler de lui : après avoir voté contre l'accord de retrait le 15 janvier, puis en faveur de cet accord le 12 mars, il déclare ce matin dans la presse britannique qu'il pourrait à nouveau voter contre en cas de troisième *meaningful vote*…

Pendant ce temps-là, sur la chaîne russe Rossiya 1, le présentateur Dmitri Kisselev estime que j'utilise le

Brexit pour « venger les Français de la défaite contre les Anglais à la bataille de Crécy en 1346 ». On aura vraiment tout entendu !

Mardi 19 mars 2019 — J-10 ?

Ce matin, la presse[1] rapporte que l'ambassadeur du Royaume-Uni auprès de l'Union européenne, Tim Barrow, a écrit il y a quelques jours à la présidence roumaine du Conseil de l'Union européenne pour exprimer l'intention du Royaume-Uni d'accepter les récents changements aux règles qui gouvernent Eurojust, l'agence de l'UE qui coordonne la coopération judiciaire entre pays de l'Union. Le Royaume-Uni souhaite également renforcer Eurodac, la base de données de l'Union qui recense les empreintes digitales des migrants arrivant aux frontières extérieures de l'Union.

En d'autres termes, le Royaume-Uni, qui a souhaité être en dehors de la politique de l'Union pour la justice, la sécurité et la liberté, mais qui a le droit de participer à certains projets au cas par cas, souhaite utiliser pleinement ce droit d'*opt-in*, à deux semaines de la date prévue pour sa sortie de l'Union… De là à y voir une tentative de dernière minute pour accéder aux données de l'Union européenne, il n'y a qu'un pas…

Mercredi 20 mars 2019
— Quelle prolongation ?

Olly Robbins, que je croise ce matin, partage mon idée d'une courte prolongation jusqu'au 11 avril, quitte à prendre une décision plus lourde ce jour-là,

1. *Politico Playbook*, 19 mars 2019.

soit pour entériner la sortie sans accord, soit pour décider d'une prolongation plus longue. « Mais, me dit-il, cette option n'est pas vraiment soutenue. La réunion du cabinet a été très difficile hier et nous préparons une lettre courte pour demander une prolongation courte. » Je sens Olly Robbins un peu résigné. À Londres, sa position est d'ailleurs fragilisée. On dit même que sa tête a été proposée par Theresa May pour obtenir le soutien des *Brexiters* les plus durs.

Une chose est certaine : nous ne pouvons pas nous retrouver, à la fin d'une prolongation, dans une situation identique, voire pire que celle dans laquelle nous sommes aujourd'hui.

Pour éviter cela, il sera important que le Conseil européen précise qu'aucune négociation sur la relation future ne peut avoir lieu pendant une prolongation. Autrement, le Royaume-Uni pourrait chercher à utiliser le règlement financier ainsi que la frontière irlandaise comme leviers pour soumettre la relation future à ses conditions. Ceci n'est pas un risque théorique : nous savons aussi que certains ministres ont déjà partagé cette stratégie avec des pays tiers.

D'autre part, pendant une prolongation le Royaume-Uni resterait un État membre de plein droit, avec tous ses droits et obligations. Cela signifie qu'il participerait à la prise de décision de l'Union, au moment où se négocie le budget des sept prochaines années. Le Royaume-Uni prendrait également part aux négociations commerciales conduites par l'Union, alors même qu'il prépare en parallèle son avenir en tant que pays tiers. Nous savons d'ailleurs que les Britanniques ne nous informent pas, comme ils devraient le faire, des négociations qu'ils ont engagées, voire terminées avec le Chili, la Suisse, les îles Féroé, l'Afrique du Sud, Israël ou le Canada.

Ce que montre tout ceci, c'est que le *no deal* n'est pas le seul scénario qui a un coût. La prolongation de l'incertitude à travers une prolongation de la négociation a aussi un coût politique et économique qui n'est pas négligeable. Voilà pourquoi je ne suis pas favorable à une prolongation importante.

Le paradoxe dangereux où nous nous trouvons, c'est que dans la situation dramatisée et polarisée qui règne à la Chambre des communes et même au sein du cabinet, les *Remainers* britanniques en sont à demander une prolongation longue pour empêcher le Brexit et que, dans le même temps, les *Brexiters* les plus durs en sont à vouloir un *no deal* pour être sûrs du Brexit. Du coup, d'un côté comme de l'autre, il y a encore moins de soutien qu'avant pour l'accord lui-même.

À 19 heures, nous traversons une fois de plus la rue pour retrouver nos « cousins » du Conseil européen.

Il s'agit de préparer notre réponse à la demande faite par Theresa May d'une prolongation courte de la négociation jusqu'à la fin juin.

Les élections européennes du 23 au 26 mai prochains sont un élément clef dans cette discussion. Notre service juridique est formel : si le Royaume-Uni est membre à part entière de l'Union au moment de l'élection, il devra donc organiser ces élections. S'il ne le faisait pas, le risque serait grand d'une insécurité juridique pour le nouveau Parlement européen, dont toutes les décisions pourraient être attaquées devant la Cour de justice, notamment par les citoyens européens qui vivent au Royaume-Uni, et qui auraient été privés de leur droit de vote.

Et là, nous tombons sur un autre problème, qui est celui de la date limite, le 11 avril, après laquelle le Royaume-Uni ne peut plus matériellement et juridiquement organiser les élections sur son territoire, selon ses procédures internes.

C'est ainsi que j'évoque l'hypothèse d'une décision « en cliquet ». La prolongation demandée par le Royaume-Uni devrait automatiquement s'arrêter le 23 mai si le Royaume-Uni n'a pas pris avant la date du 11 avril la décision d'organiser des élections européennes. S'il souhaite prolonger davantage, alors il lui faudra automatiquement organiser des élections européennes.

Je sens que Jeppe Tranholm-Mikkelsen est intéressé par cette idée d'une réponse en deux temps aux Britanniques. Dans la soirée, il la reprendra à son compte et je l'appuierai. À côté de moi, Martin Selmayr n'a pas l'air très content.

Au détour d'une phrase, Jeppe Tranholm-Mikkelsen me laisse entendre qu'il doit refaire un point le soir même avec Martin Selmayr et qu'ils auront aussi une discussion avec Olly Robbins. Je n'en suis pas surpris. C'est désormais l'habitude de Martin Selmayr de chercher à doubler les contacts. Ce qui m'inquiète le plus, c'est la ligne qu'il défendra, si j'en crois son propre projet de conclusions qu'il a transmis au secrétariat général du Conseil. Ce texte en sept points est une plaidoirie pour une prolongation longue, avec l'organisation des élections européennes au Royaume-Uni.

Par un SMS en fin de soirée, je lui rappelle que j'ai tenu devant les ministres des Affaires étrangères l'après-midi la ligne arrêtée avec Jean-Claude Juncker dans son bureau mettant en garde les gouvernements contre les coûts économique et politique d'une prolongation longue, sans garantie de résolution. Ce qui fait une probable position commune de tous les États membres, c'est en tout cas une prolongation courte. Je lui demande de me tenir informé de ses contacts avec Olly Robbins le soir même.

À 2 h 38 dans la nuit, il me répond : « La situation a changé, il faudra rester très prudents, mais la situation est binaire : soit *no deal*, soit une longue prolongation. La proposition d'une prolongation courte jusqu'au 11 avril a été rejetée par Tusk ce soir. »

Une fois encore, j'ai le sentiment qu'il se trompe à vouloir privilégier la tactique sur la stratégie.

Jeudi 21 mars 2019 — Mille jours d'efforts

Devant les chefs d'État ou de gouvernement des 27, Theresa May remet l'ouvrage sur le métier avec une ténacité impressionnante. Elle explique pourquoi elle a besoin d'une prolongation et ce qu'elle compte en faire. Une dizaine de chefs d'État ou de gouvernement l'interrogent à tour de rôle sur les chances d'un vote positif, enfin : « Voilà mille jours maintenant que nous faisons des efforts depuis le référendum. »

Un autre participant ose : « Est-il possible d'inverser le Brexit ? », relayé par l'un de ses collègues qui évoque un deuxième référendum. Un troisième insiste : « Nous sommes dans cette impasse à cause de vos lignes rouges, il faut les bouger. » Un quatrième interroge à son tour : « Votre pays est-il prêt à affronter toutes les conséquences du *no deal* ? »

Laborieusement, Theresa May répète en boucle les mêmes réponses et ajoute qu'il est possible que le Parlement examine des solutions alternatives : « Les parlementaires sont libres pendant le processus de ratification de proposer des changements. Il faut leur donner du temps. »

Elle évoque même d'autres éléments nouveaux qu'elle veut présenter au Parlement. Je sais que cela signifie une déclaration unilatérale interprétant le *backstop* en Irlande pour tenter de s'attacher les voix des dix députés du DUP. On sent bien que les dirigeants européens, toujours courtois, ne croient pas au scénario d'un vote positif.

Un Premier ministre, toujours spontané, dit à Mme May que les Européens sont fatigués de tous ces atermoiements et qu'il entend souvent autour de lui : « Qu'ils s'en aillent donc, puisqu'ils veulent partir ! »

Un autre reprend la balle au bond : « Nous n'allons pas changer une virgule au projet de traité dans les huit jours qui viennent. Le Parlement britannique sait-il qu'en cas de *no deal*, Leo [Varadkar] sera obligé d'installer des contrôles entre l'Irlande et l'Irlande du Nord ? Ne faut-il pas informer la Chambre des communes et lui poser la question ? » À nouveau sur la défensive, Theresa May répond que, pendant un certain temps après un *no deal*, « en Irlande, de notre côté, nous ne ferons pas de contrôles ».

Au bout de quatre-vingt-dix minutes de ces échanges, Theresa May quitte la salle et me serre la main.

C'est un sentiment de résignation qui s'empare des 27. Il faut néanmoins continuer à être aimables, ne pas donner prise au *blame game*, et prendre les choses en main. Les Britanniques ne doivent pas imposer leur propre calendrier dans cette toute fin de négociation.

Donald Tusk fait alors distribuer le projet de conclusions. Dans leur paragraphe 3, ces conclusions indiquent que le Conseil européen est d'accord pour accepter avant le 29 mars, dans huit jours, une prolongation jusqu'au 22 mai, à la condition que l'accord de retrait soit approuvé par la Chambre des communes avant. Ces conclusions ajoutent que, le Royaume-Uni n'ayant pas l'intention d'organiser sur son territoire des élections européennes, aucune prolongation ne sera possible au-delà de cette date. Le Conseil européen rappelle aussi qu'il n'y aura pas de réouverture de l'accord de retrait agréé en novembre 2018 entre le Royaume-Uni et l'Union européenne.

Une très longue discussion commence. Certains insistent sur la nécessité d'y voir clair le 11 avril, compte tenu des procédures d'organisation des élections européennes dans leur propre pays.

Emmanuel Macron, à la surprise de beaucoup, marque son hostilité à toute prolongation longue et propose une prolongation jusqu'au 7 mai, sans condition. Pourquoi le 7 mai ? Parce que c'est la veille du sommet extraordinaire de Sibiu, en Roumanie, où les Européens ont prévu de se retrouver pour parler de l'avenir de l'Europe. « Il sera temps alors de prendre une décision », dit-il. Au fond de moi, je me dis qu'un retrait du Royaume-Uni le 7 mai ne placerait pas la discussion du 9 mai, à 27, sous les meilleurs auspices.

Jean-Claude Juncker a choisi de me laisser monter en première ligne lorsque Donald Tusk demande à la Commission de s'exprimer. Sur la période de prolongation, je plaide pour préserver la conditionnalité : « Theresa May elle-même en a besoin pour faire pression sur son Parlement. »

Je conclus en évoquant les trois scénarios qui seront devant nous s'il y a malgré tout un échec de ce troisième *meaningful vote* : soit la révocation de l'article 50, soit le miracle d'un nouveau processus de dialogue entre la majorité et l'opposition à travers des accords transpartisans, ou alors un retrait désordonné. Ce dernier scénario, nous ne l'avons pas voulu, nous ne le souhaitons pas mais nous y sommes prêts.

Le débat reprend alors avec les chefs d'État ou de gouvernement et tourne en rond, au point que Donald Tusk, à 21 heures, propose de lever la séance et de travailler avant le dîner sur un projet de nouvelles conclusions.

Des groupes se forment. Il y a une tension visible au bout de la table, autour de Donald Tusk. Le sentiment général est qu'il ne faut pas prendre de risque à propos des élections européennes mais en même temps laisser certaines portes ouvertes.

Jeppe Tranholm-Mikkelsen fait l'aller-retour avec un groupe de conseillers agglutinés autour d'un ordinateur, de l'autre côté de la porte. Et puis, comme souvent dans les réunions européennes, après un moment un peu tragique de tension, de blocage, un nouveau texte est proposé. Le Conseil européen accepte une prolongation jusqu'au 22 mai à la condition que l'accord de retrait soit approuvé la semaine prochaine par la Chambre des communes. Si l'accord de retrait n'est pas approuvé, le Conseil européen décide d'une prolongation jusqu'au 12 avril et attendra du Royaume-Uni qu'il indique, avant cette date, la marche à suivre.

Je retrouve notre idée du « cliquet ». Cette rédaction est habile. Elle donne satisfaction aux Britanniques sur la prolongation courte qu'ils demandent. Elle est limitée à la veille des élections s'il y a un vote positif aux Communes. Dans le cas contraire, cette prolongation s'arrêtera le 12 avril, ce qui veut dire qu'à cette date, le Royaume-Uni devra assumer lui-même une sortie sans accord, ou alors demander lui-même une autre prolongation en s'engageant à organiser des élections européennes. Dans les deux cas, l'Union européenne reprend la main.

Tous les dirigeants européens regroupés autour de Donald Tusk marquent leur accord. Un peu plus tard, mon couvert est ajouté autour de la table pour le dîner, qui devait être consacré aux relations avec la Chine et sera entièrement dédié au Brexit. L'ambiance est beaucoup plus sereine. Les 27 préservent leur unité en approuvant de nouvelles conclusions. Le dîner tourne autour des risques et des conséquences du *no deal.*

Un Premier ministre s'interroge sur la future politique de coopération avec le Royaume-Uni sur la défense. Deux autres s'inquiètent de la préparation d'un *no deal* en Irlande. Tout le monde comprend qu'il faudra mettre l'accent dans les prochains jours sur les risques et les conséquences d'un *no deal.*

Vendredi 29 mars 2019
— À Natolin, en Pologne

Deux ans déjà depuis ce jour où l'ambassadeur Tim Barrow, toujours en costume trois pièces, est venu remettre à Donald Tusk la lettre notifiant l'intention du Royaume-Uni de quitter l'Union européenne.

En ce 29 mars 2019 longtemps annoncé comme la date du Brexit, je suis en Pologne pour de nouvelles discussions à Varsovie avec le Premier ministre Mateusz Morawiecki, avec qui nous avons une relation directe et de confiance, le ministre des Affaires européennes Konrad Szymański, une délégation de parlementaires nationaux et des représentants du monde économique et de la société civile.

Après ces réunions, nous nous dirigeons vers le campus du collège d'Europe, à Natolin, dans le van de la représentation de la Commission en Pologne. Matthieu me fait remarquer que la voiture qui file devant nous sur la voie rapide est une Jaguar qui arbore sur le capot un petit drapeau britannique... Apparemment, mon discours n'intéresse pas que les étudiants ! Je prendrai soin d'y mentionner l'ambassadeur britannique, Jonathan Knott. Et aussi de souligner ma dette vis-à-vis du collège d'Europe, où Sabine Weyand et plusieurs membres de mon équipe ont étudié, à Bruges et à Natolin.

À la fin de cette journée, en attendant notre avion à l'aéroport de Varsovie, nous suivons le troisième vote à la Chambre des communes sur l'accord de retrait. Perdu pour le gouvernement ! Cette fois-ci, à 344 voix contre 246.

Mardi 2 avril 2019
— Nouvelle demande de prolongation

Au sortir de sept heures de réunion avec ses ministres, Theresa May prend brièvement la parole. La Première ministre commence par affirmer que le Royaume-Uni pourrait faire du *no deal* un succès sur le long terme. Elle estime cependant que quitter l'Union sans accord n'est pas la meilleure solution et reconnaît qu'une nouvelle prolongation de l'article 50, « aussi courte que possible », sera nécessaire.

Ce nouveau délai visera à s'assurer que le Royaume-Uni quitte l'Union « promptement et de manière ordonnée ». Pour cela, Mme May propose au chef de l'opposition, Jeremy Corbyn, de s'asseoir autour d'une table et de chercher à se mettre d'accord sur un plan pour le retrait du Royaume-Uni.

Si un accord rapide sur une approche commune s'avère impossible à trouver, les discussions avec l'opposition pourraient déboucher sur un certain nombre d'options pour la relation future, sur lesquelles la Chambre des communes devrait prendre position, le gouvernement s'engageant à respecter sa décision.

L'objectif du gouvernement britannique reste de faire adopter le *Withdrawal Agreement Bill* avant le 22 mai, de manière à éviter que le Royaume-Uni ne soit tenu d'organiser les élections européennes.

En écoutant la Première ministre, toujours aussi courageuse dans l'adversité, je ne peux m'empêcher de penser que, sur cette question « d'intérêt national », il y a bien longtemps qu'un réel dialogue entre le gouvernement et l'opposition aurait dû avoir lieu.

Vendredi 5 avril 2019
— Élections européennes ?

Dans une lettre au président Tusk ce matin, Theresa May demande officiellement une seconde prolongation courte, jusqu'au 30 juin. Elle s'engage à organiser des élections européennes au Royaume-Uni au cas où l'accord de retrait ne serait pas ratifié avant le 22 mai.

Le Conseil européen, qui se réunit mercredi prochain, aura trois choix : refuser cette nouvelle prolongation et provoquer le *no deal* le 12 avril à minuit, accepter cette prolongation jusqu'au 30 juin ou en proposer une plus longue, comme le suggère Donald Tusk.

Une nouvelle prolongation devra être utile. Elle doit maximiser les chances d'un accord, ce qui implique de garder la pression du temps. Elle doit aussi minimiser l'impact sur l'Union européenne en évitant que le Brexit monopolise les chefs d'État ou de gouvernement à chaque sommet, ne fasse obstacle au renouvellement de nos institutions et n'empêche l'Union d'agir.

À mon sens, les chefs d'État ou de gouvernement devront se décider en fonction du plan que Theresa May présentera la semaine prochaine. Si nous sommes convaincus que ce plan peut aboutir, alors nous devrions lui accorder la prolongation courte qu'elle demande. Si au contraire le plan proposé n'est pas convaincant, nous devrions effectivement leur proposer une prolongation plus importante pour permettre à une solution d'émerger.

Mercredi 10 avril 2019
— « Halloween Brexit »

Aujourd'hui, devant les chefs d'État ou de gouvernement des 27, Theresa May paraît plus assurée que les fois précédentes : « Le Parlement britannique veut éviter le *no deal* mais il n'a pas encore réuni une majorité pour l'une ou l'autre des options. Un délai est la meilleure solution mais la patience s'érode, dit-elle. Voilà pourquoi j'ai ouvert un dialogue avec Jeremy Corbyn. Il faut donner une chance à ce dialogue. Il ne porte pas sur l'accord de retrait mais sur la relation future : la question des douanes, l'alignement réglementaire, la participation du Royaume-Uni aux agences de l'Union, l'alignement des droits des travailleurs sur les droits européens. J'espère conclure d'ici le 22 mai. Mais si nous ne pouvons pas respecter cette date, alors nous sommes préparés à organiser les élections européennes. En cas de prolongation plus importante, il faut qu'elle puisse se terminer dès qu'un accord est conclu. Nous resterons un partenaire loyal et constructif. Durant toute prolongation, nous sommes tenus par l'obligation d'une coopération sincère. »

Tour à tour, une dizaine de chefs de gouvernement interrogent Theresa May sur les chances de tenir son calendrier et d'obtenir un accord avec les travaillistes : « Une prolongation plus importante vous aide-t-elle dans votre processus ? Et la discussion avec les travaillistes couvre-t-elle l'idée d'une union douanière ? »

Theresa May répondra sans prononcer elle-même les mots d'union douanière, se contentant de tourner sa réponse en parlant d'allègement des barrières au commerce, de simplification des « *checks and controls* », de coopération. Elle redit que sa préférence va à une courte prolongation, jusqu'au 30 juin.

Theresa May quitte alors la salle sans quitter le bâtiment, et la discussion reprend quelques instants après. Un Premier ministre ouvre le débat, assez brutalement : « J'en ai ras le bol de ces réunions sur le Brexit. Bien sûr, nous voulons éviter le *no deal*, mais il reste sur la table. Ne rêvez pas avec une longue prolongation à la révocation de l'article 50, ce serait antidémocratique. Ce sera en effet très étrange de voir le Royaume-Uni organiser des élections européennes. »

Une majorité des chefs d'État ou de gouvernement s'expriment en faveur d'une prolongation longue et flexible, telle que proposée par Donald Tusk. Leur message est clair : c'est un moment historique pour l'Europe, quatre-vingts ans après la Seconde Guerre mondiale. Nous devons rediscuter de nos relations avec le Royaume-Uni. C'est un moment de vérité. Qu'est-ce que douze mois de plus, quand on est à la croisée des chemins ? Si nous ne donnons pas une plus grande prolongation, ce sont les Britanniques qui nous dicteront leur calendrier.

D'autres proposent néanmoins d'accorder à Theresa May ce qu'elle demande, sans aller plus loin : « Voilà trente-quatre mois que le Royaume-Uni a voté et maintenant, avec une prolongation longue, nous allons leur demander d'organiser l'élection européenne. C'est un mépris populaire. Nous avons négocié un bon accord. Theresa May nous demande un délai. Elle a besoin d'une pression, elle nous l'a dit, donnons-la-lui ! Si on lui donne un délai qu'elle n'a pas demandé, on entendra dire que nous avons peur du *no deal*. Je ne veux pas donner ce signal. Je regrette qu'on ait envoyé ce message sur un délai long sans concertation. Je suis sûr que si nous assumons de donner cette pression, ils se mettront d'accord très vite. »

La discussion continuera un long moment. Donald Tusk s'en tient à sa conviction : « Notre dernière décision de prolonger pour une période brève nous a conduits ici. Si on décide à nouveau une prolongation courte, nous reviendrons en juin pour prendre la décision d'une nouvelle prolongation. »

Avant le dîner, le président du Conseil européen décide d'une suspension de séance. Autour de la table, dans les groupes qui se forment, la discussion est vive. Finalement, un compromis émerge sur une date intermédiaire entre le 30 juin 2019 et le 31 mars 2020 : le 31 octobre 2019.

C'est une date logique puisqu'elle marque la fin de la Commission Juncker. Pour autant, elle consacre l'organisation des élections européennes au Royaume-Uni et le retour à Strasbourg des 74 députés britanniques, qui prendront part à la mise en place de tous les postes au Parlement et à la désignation du président de la Commission.

Pendant le dîner, Theresa May donne son accord à ce délai un peu plus long que celui qu'elle demandait. Et finalement, le Conseil européen se conclut tant bien que mal sur une position unanime.

Au fond, le choix était ce soir entre deux formes de pression sur les Britanniques : une pression liée à un délai court et le risque affiché d'une sortie sans accord, ou alors une pression liée à une prolongation plus importante et pour les *Brexiters* du parti *Tory*, le risque d'affronter les élections européennes chez eux. Avec mon équipe, nous pensions que la pression d'une prolongation courte serait plus forte.

Vendredi 19 avril 2019 — Brexit break ?

Je retrouve avec bonheur notre maison au milieu des bois de Sologne. En haut de la grange, j'ai installé un petit bureau dont la fenêtre s'ouvre sur une belle pelouse et un étang. Toute ma famille est là, entourant la dernière-née, Oriana, qui a quatre mois. C'est le printemps et les oiseaux sont aussi nombreux à virevolter dans les arbres le jour que les grenouilles à coasser la nuit.

Je travaille sur mon ancienne table de député. Une table en pin massif, simple et lourde, derrière laquelle j'ai écouté et conseillé tant et tant de citoyens en Savoie.

Au mur, j'ai accroché dans un faux désordre des photos et surtout des visages qui marquent les étapes ou les moments forts de ma vie politique. Mon premier déjeuner à l'Élysée, invité de Georges Pompidou en 1971. J'avais 20 ans ! L'audience de Jean-Paul II au Vatican, où nous étions allés avec Jean-Claude Killy parler de l'olympisme. Celle de Benoît XVI, juste avant sa démission, avec Annegret Kramp-Karrenbauer, alors ministre-présidente de la Sarre. Il y a sur ces murs les photos de Jacques Chaban-Delmas, résistant, gaulliste, européen. Celles de Jacques Chirac, d'Alain Juppé et de Jean-Pierre Raffarin et de Nicolas Sarkozy qui m'ont fait confiance à un moment ou à un autre. Évidemment, la figure tutélaire du général de Gaulle, à qui je dois mon premier engagement politique et ma principale fierté. Tout en haut, la une du journal *Libération*, le 13 juin

2005, avec les beaux sourires de Florence Aubenas et d'Hussein Hanoun, enfin libérés en Irak après tant d'efforts patients et de solidarités actives. Et leurs dédicaces personnelles.

Trêve de nostalgie ! La nostalgie n'est jamais bonne conseillère en politique. Mais rien n'interdit les souvenirs, la mémoire, la reconnaissance. Et ces photos sont autant de marqueurs d'une certaine idée de la politique.

Ce matin, c'est une triste nouvelle qui vient troubler ma première journée de détente. En Irlande du Nord, une jeune femme, journaliste engagée, a été tuée par balle hier soir, victime d'affrontements entre militants républicains et forces de l'ordre. Elle s'appelle Lyra McKee. Dans un communiqué rare, tous les partis d'Irlande du Nord condamnent ensemble ce meurtre.

Décidément, le « *Brexit Break* » décrété à Bruxelles au début de ces congés de Pâques ne sera pas réellement serein…

Dimanche 21 avril 2019
— Journal politique *de Churchill*

Je retrouve dans ma bibliothèque le *Journal politique* écrit par Winston Churchill tout au long des années 1936-1939.

Au lendemain des accords de Munich, il écrit : « Il n'est pas impossible que nous nous dirigions vers des élections générales l'an prochain… Ce serait, ajoute-t-il, d'étranges et tristes élections que celles qui pourraient avoir lieu dans un proche avenir. Il ne s'agit pas tant de savoir qui serait perdant ou gagnant mais ce qu'il adviendrait du pays. Je ne l'ai jamais vu aussi déchiré qu'aujourd'hui. La division ne suit pas les lignes régulières des partis mais elle est très profonde et brise bien des liens et bien des amitiés... » La situation était autrement grave en 1938 et donc nullement comparable, mais ces lignes auraient pu être écrites hier...

Jeudi 9 mai 2019
— « Cette pierre précieuse enchâssée dans une mer d'argent »

Dans un des rares dîners bruxellois auxquels nous participons avec Isabelle, je rencontre Bernard Snoy et d'Oppuers, militant passionné de la construction européenne qui a été administrateur de la Banque mondiale et de la Banque européenne pour la reconstruction et le développement.

Pour m'encourager ou m'alerter, il me recommande la lecture du livre de Hugo Young, qui fut journaliste et fin observateur de la vie politique britannique, *This Blessed Plot, Britain and Europe from Churchill to Blair*. Il se trouve qu'un journaliste britannique à Bruxelles m'avait adressé ce même ouvrage quelque temps auparavant.

Dans ce livre, paru en 1998, l'auteur estime que « depuis 1945, le Royaume-Uni a lutté pour concilier un passé qu'il ne pouvait pas oublier avec un futur qu'il ne pouvait pas éviter ». La mythologie de ce que Shakespeare décrivait comme « cet auguste trône des rois, cette île porte-sceptre, cette terre de majesté, ce siège de Mars, cet autre Éden, ce demi-paradis, cette forteresse bâtie par la nature pour se défendre contre l'invasion et le coup de main de la guerre, cette heureuse race d'hommes, ce petit univers, cette pierre précieuse enchâssée dans une mer d'argent qui la défend, comme un rempart, ou comme le fossé protecteur d'un château, contre l'envie des contrées moins heureuses, ce lieu béni, cette terre, cet empire, cette Angleterre[1] ». Cette mythologie profondément ancrée chez beaucoup de Britanniques pousse Hugo Young à se demander si le Royaume-Uni pouvait réellement accepter que son destin moderne soit d'être un pays européen.

« Pour les bâtisseurs de l'Europe, leur création était un triomphe. Sur les ruines de la défaite, ils ont créé une nouvelle forme de victoire. Pour le Royaume-Uni, au contraire, l'entrée dans l'Europe a été une défaite : un sort auquel il a résisté, une nécessité acceptée avec réticence, le dernier recours d'une grande puissance d'autrefois, jamais un engagement triomphant à construire l'Europe… »

Et pourtant, cela n'a pas empêché Churchill d'être l'un des pionniers de l'Europe, depuis son discours de Zurich le 19 septembre 1946 : « Si l'Europe pouvait s'entendre pour jouir de cet héritage commun, il n'y aurait pas de limite à son bonheur, à sa prospérité, à sa gloire, dont profiteraient ses 300 ou 400 millions d'habitants. »

Dimanche 12 mai 2019 — Documentaires

L'intérêt des médias pour l'histoire du Brexit ne faiblit pas. De notre côté comme du côté du Parlement européen, nous avons facilité le travail de certaines équipes de tournage. Le réalisateur Alain de Halleux a ainsi pu, pendant deux ans, suivre mon équipe pour le compte notamment d'Arte et de la RTBF.

Notre premier contact a été franc et direct. Il ne m'a pas caché que je n'étais pas sa « *cup of tea* » et qu'il aurait voté *Leave* au référendum sur le Brexit.

1. William Shakespeare, *Richard II*, acte II, scène 1.

Et pourtant, au fil des mois, une certaine complicité s'est installée entre nous et son long reportage, bien construit et très pédagogique, en est empreint.

Finalement, *The clock is ticking* montre bien la patience et la ténacité de toute la *task force*. Et surtout, comment nous avons « cultivé » tout au long de ces deux ans l'unité, la cohésion des 27 États membres et du Parlement européen. Plus simplement, je suis heureux qu'il reste ainsi une trace vivante de l'engagement de toute notre équipe, de son professionnalisme et de la « morale collective » qui l'anime.

Je n'en dirais pas autant du documentaire de Lode Desmet, à qui Guy Verhofstadt a ouvert pendant deux ans les portes de son bureau, de sa résidence et, surtout, du *Brexit Steering Group* qu'il préside au Parlement européen. Ce n'est pas de la négociation elle-même qu'il s'agit mais des débats et des équipes du Parlement. Dans ce documentaire, on trouve, au gré des séquences, beaucoup trop de moqueries à l'égard des Britanniques. Le chef de cabinet de Mme May a même été enregistré à son insu, ce qui n'est pas correct.

À un autre moment, on entend qu'Olly Robbins, dans un moment de détente, aurait évoqué en plaisantant sa demande pour obtenir la nationalité belge. Il faut croire que beaucoup de Britanniques n'ont pas le même sens de l'humour. À la suite de la diffusion du film par la BBC, Olly a reçu des menaces et des insultes, évidemment inacceptables. Je lui ai témoigné ma solidarité par un SMS : « Cher Olly, j'apprends que le programme de la BBC sur le Parlement européen et le Brexit a eu un impact très négatif sur toi personnellement. Je suis désolé d'entendre cela. Ce film est une distorsion regrettable de la réalité de ces négociations qui ont toujours été marquées par le respect et le professionnalisme entre nous. J'espère que la poussière va retomber très vite. »

Lundi 13 mai 2019 — Berlin

Avec Sabine, Georg et Christian Krappitz, fonctionnaire européen de nationalité allemande qui suit notamment les Parlements nationaux au sein de l'équipe, nous retrouvons avec plaisir Berlin pour une série de rencontres avec le gouvernement, l'industrie, le Bundestag, plusieurs think tanks et enfin la presse.

Je sais l'importance en Allemagne des organisations professionnelles, la Fédération de l'industrie allemande, le BDI, présidée par Dieter Kempf, et la Confédération des associations d'employeurs, le BDA, présidée par Steffen Kampeter, ainsi que les chambres de commerce et d'industrie.

La réunion avec eux est très cordiale et constructive. Les participants semblent prêts à prendre le risque d'un *no deal* s'il s'agit de défendre le marché unique, pour eux la priorité. Je leur demande de continuer à préparer cette hypothèse et d'utiliser efficacement le temps qui nous reste d'ici au 31 octobre. Il me semble qu'ils mesurent bien, et sans doute mieux que certains politiques, le coût d'un trop long étirement de la négociation avec les Britanniques. « Cette prolongation, c'est de l'instabilité, et nous n'aimons pas ça. »

Un peu plus tard, je rencontrerai Mathias Döpfner, le patron assez charismatique du groupe Axel Springer, propriétaire de *Bild*, de *Die Welt* et de beaucoup de journaux dans de nombreux autres pays, notamment la Pologne. Son bureau, totalement transparent, se trouve à l'aplomb de la rue qui marquait la limite, jusqu'en 1989, entre Berlin-Ouest et Berlin-Est. Axel Springer avait choisi, me dit-on, de construire l'immeuble historique de son groupe à cet endroit pour faire face à la RDA, comme un symbole de la liberté toute proche.

Jeudi 16 mai 2019
— Theresa May jette l'éponge

Theresa May annonce qu'elle quittera le gouvernement courant juin, après avoir organisé dans la semaine du 3 au 8 juin un vote décisif, le quatrième, sur le projet de traité. Cette fois-ci, ce sera beaucoup plus qu'un *meaningful vote*, ce sera un vote sur la ratification législative du projet de traité, et donc un vrai « quitte ou double ».

Depuis quelques jours à Londres, les rumeurs de démission se faisaient de plus en plus insistantes. Son cabinet était dans un état de grande fébrilité et ses derniers soutiens s'éloignaient. Ses efforts bien tardifs pour trouver une sorte d'alliance avec les travaillistes sur l'accord de retrait sont restés vains. Et comme si cela ne suffisait pas, les chefs du Parti conservateur ont décidé de tenir une assemblée générale extraordinaire le 15 juin, où ils comptaient bien remettre en cause le leadership de la Première ministre.

Olly Robbins est revenu hier à Bruxelles nous informer de la négociation qui continue avec les travaillistes. Il semble plus optimiste que ne l'écrivent les médias. Selon lui, il y aurait 40 à 50 % de chances de trouver un accord *cross-party*.

Néanmoins, les chances d'une telle majorité positive sont faibles. De toute façon, nous aurons bientôt un nouveau Premier ministre. Ce sera ou Boris Johnson, ou Dominic Raab, voire un autre *Tory brexiter*. Et si le traité n'a pas été ratifié, ce Premier ministre évidemment se lancera dans un chantage immédiat à l'égard de l'Union européenne. Il confirmera une sortie du Royaume-Uni de l'Union le 31 octobre et voudra rouvrir la négociation avec l'objectif de retirer du traité au moins le *backstop*.

Lundi 20 mai 2019
— Provocations turques à Chypre

Même dans cette période où la négociation est suspendue, je poursuis mes visites dans chacun des États membres, ce matin à Nicosie pour une réunion à la Chambre des députés, puis pour un rendez-vous avec Níkos Anastasiádis, le président de la République de Chypre.

L'accueil est très amical et le président comme son ministre des Affaires étrangères, Níkos Khristodoulídis, me redisent leur confiance. L'ambiance est électrique en raison des provocations de la Turquie qui a annoncé vouloir lancer des recherches pétrolières sous-marines dans la zone économique exclusive de Chypre, comme me l'expliquent, cartes à l'appui, le ministre des Affaires étrangères et son équipe.

À ces provocations s'ajoutent depuis hier des manœuvres militaires de grande ampleur. Aussitôt, le président Donald Tusk puis Federica Mogherini ont rappelé la solidarité de l'Union européenne à l'égard de chacun de ses États.

À l'évidence, cette inquiétude-là l'emporte sur le sujet du Brexit. Nous sommes à Chypre à 170 kilomètres du Liban et à 105 kilomètres de la Syrie. Près de 1 000 réfugiés chaque mois entrent clandestinement par bateau à Chypre et y restent dans des conditions précaires.

Vendredi 24 mai 2019
— Les regrets de Theresa May

À 11 heures, Theresa May prend place au pupitre installé devant le 10 Downing Street. Le ton est grave et résolu. « J'ai fait tout ce que j'ai pu, pour convaincre les députés de soutenir l'accord. Malheureusement, je n'ai pas réussi. J'ai essayé trois fois. Je crois qu'il était juste de persévérer, même quand tout semblait s'opposer à une issue positive. Mais il me semble maintenant clair que l'intérêt du pays est qu'un autre Premier ministre mène cet effort. » Elle fait part de son « regret de n'avoir pas pu mener le Brexit à son terme ». Et annonce qu'elle démissionnera de ses fonctions de leader du Parti conservateur le 7 juin, pour qu'un successeur puisse être choisi.

Au moment d'exprimer sa gratitude d'avoir eu la chance de servir le pays qu'elle aime, Theresa May ne peut réprimer un sanglot. Mais franchement, qui peut lui en vouloir à part les auteurs de quelques titres bien peu dignes de la presse tabloïd ?

Pour ma part, comme je l'ai écrit à plusieurs reprises dans ce Journal, j'ai de l'admiration pour le courage de cette femme politique qui n'avait pas voté pour quitter l'Union européenne. Mais elle s'est donné pour mission de mettre en œuvre le Brexit pour respecter cette décision démocratique, malgré les nombreuses embûches mises sur sa route, en particulier par des *Brexiters* qui n'ont pas voulu assumer leurs responsabilités il y a trois ans.

Dimanche 26 mai 2019
— Élections européennes

Tard dans la nuit, les résultats du vote au Royaume-Uni, où les sondages « sortie des urnes » n'existent pas, commencent à tomber.

Le résultat est sans appel pour les deux grands partis de gouvernement, avec 14,1 % pour le *Labour* et 8,7 % pour les *Tories*. Les deux grands gagnants sont le nouveau *Brexit Party* de Nigel Farage qui, avec 37,7 % des voix, pourrait devenir le premier parti national au Parlement européen en nombre de députés, et les libéraux-démocrates, qui arrivent deuxièmes avec 18,6 % des voix.

Assurément, le clivage entre *Brexiters* et *Remainers* est toujours bien présent, au point d'éclipser celui, traditionnel, entre *Tory* et *Labour*.

Pour le prochain Premier ministre conservateur, quel qu'il soit, c'est une incitation claire, pour éviter une marginalisation de son parti, à régler la question du Brexit au plus vite. L'hypothèse du *no deal* pourrait en sortir renforcée.

De l'autre côté du spectre politique, les partisans d'un second référendum avec l'espoir de rester dans l'Union européenne, libéraux-démocrates en tête, se sentiront sans doute confortés par ce résultat.

Entre les partisans du *no deal* et les promoteurs d'un nouveau référendum, quelle place reste-t-il pour les tenants du compromis, c'est-à-dire de l'accord que nous avons patiemment négocié avec le gouvernement de Theresa May ? Tout dépendra de l'attitude du *Labour* et surtout de la position de celui ou celle qui succédera à Mme May dans quelques semaines.

Le jeu est ouvert au sein du Parti conservateur. Les prétendants sont nombreux, presque innombrables.

Boris Johnson reste le plus populaire. Il y a aussi Dominic Raab, l'ancien négociateur du Brexit, le secrétaire à l'environnement Michael Gove et la leader de la Chambre des communes Andrea leadsom. Et aussi Jeremy Hunt, le ministre assez bizarre des Affaires étrangères.

En attendant, les 73 députés britanniques élus aujourd'hui vont rejoindre le Parlement européen. Quel paradoxe ! Dix-sept d'entre eux viendront grossir les rangs du groupe libéral Renew Europe Farage et ses amis rejoindront un groupe souverainiste. Et tous ces députés, élus d'un pays qui s'apprête à quitter l'Union, participeront à la désignation du président de la Commission et du collège des commissaires dans quelques semaines. Tel est le traité et tel est le droit !

Mercredi 5 juin 2019 — Donald Trump à Londres

Donald Trump est de retour à Londres, cette fois-ci pour une visite d'État.

Hier, comme en 2018, il a assuré devant les journalistes, aux côtés de Theresa May, que les États-Unis étaient prêts à négocier un accord de libre-échange « énorme » avec le Royaume-Uni. Et d'indiquer dans la foulée que cet accord pourrait inclure le NHS… avant de reculer un peu plus tard devant l'émotion provoquée. Le service de santé public britannique est certes un très grand acheteur de médicaments et le gestionnaire de très nombreux hôpitaux, mais c'est surtout une institution emblématique de leur pays pour beaucoup de Britanniques, comme on l'a d'ailleurs vu dans la campagne du référendum de 2016. Andrew Adonis résume d'ailleurs ce lien dans un tweet : « Le NHS est l'alpha et l'oméga du Brexit.

Il était là à la naissance, sur un bus, et il en organise maintenant l'enterrement. »

Aujourd'hui, *Air Force One* se pose en Irlande, à l'aéroport de Shannon. Et dès sa descente d'avion, dans les salons de l'aéroport où il rencontre Leo Varadkar, Donald Trump déclare que le Brexit pourrait être « bon, très bon pour l'Irlande… Je pense que tout marchera bien, tout marchera très bien aussi pour vous, avec votre mur, votre frontière », avant de se lancer dans un parallèle entre la frontière irlandaise et celle qui sépare les États-Unis et le Mexique.

Leo Varadkar rappelle élégamment — et utilement — que l'Irlande veut éviter tout mur ou frontière avec l'Irlande du Nord après le Brexit.

Vendredi 7 juin 2019 — Frontière russe

Nous sommes arrivés hier, Ivaylo Iaydjiev et Jos Hupperetz et moi, à Helsinki pour une visite en Finlande. La chaleur est étouffante et hier soir, dès notre arrivée, le nouveau Premier ministre, Antti Rinne, nous a reçus pour un dîner de travail. Il ne prendra ses fonctions officiellement qu'aujourd'hui.

Avant ce dîner, le service des gardes-frontières a mis à notre disposition un hélicoptère pour nous transporter à Vaalimaa, sur la frontière russe. Nous souhaitions voir de près comment un pays de l'Union, en utilisant au maximum les nouvelles technologies, peut assurer un contrôle efficace et le plus fluide possible de la frontière avec un grand pays tiers comme la Russie.

La frontière terrestre entre la Finlande et la Russie est longue de 1 340 kilomètres. Ce n'est pas tant la question irlandaise que j'ai en tête en la visitant, puisqu'il y a ici des infrastructures lourdes aux postes-frontières, mais que le Brexit soit dur ou souple, il faudra en toute hypothèse mettre en place des contrôles nouveaux pour les personnes et pour les marchandises, dans chacun des pays de l'Union, vis-à-vis du Royaume-Uni devenu pays tiers. Et l'expérience finlandaise de contrôles intégrés entre les différents services et technologiquement à la pointe m'intéressait.

Lundi 17 juin 2019
— Finalistes en campagne

Parmi les six candidats toujours en lice pour le poste de leader du Parti conservateur, Rory Stewart est le seul à ne pas réclamer une renégociation de l'accord de retrait. Les autres veulent tous modifier le *backstop*.

Ce qui les différencie a plutôt trait à la méthode. Alors que Dominic Raab et Boris Johnson estiment que la meilleure stratégie consiste à être sérieux quant à la probabilité d'un *no deal* (probabilité que Dominic Raab se dit même heureux d'envisager…), Michael Gove plaide pour une nouvelle prolongation afin de trouver un nouvel accord et Jeremy Hunt insiste sur la nécessité de renouveler l'équipe de négociation en incluant des représentants de l'*European Research Group* et du DUP, ainsi que des politiciens écossais et gallois. Quant à Sajid Javid, il propose de couvrir tous les coûts qui seraient engendrés par la mise en place d'arrangements alternatifs à la frontière en Irlande.

Mercredi 26 juin 2019
— Sabine Weyand à la une

Le journal *Politico* fait sa une sur Sabine Weyand, mon adjointe depuis le début, qui vient d'être nommée directrice générale du Commerce de la Commission européenne.

C'est une fierté pour nous tous de lire les portraits élogieux qui sont publiés à l'occasion de cette promotion bien méritée.

Dans celui-ci, Sabine est décrite comme « l'exemple d'une nouvelle catégorie d'eurocrates de Bruxelles — qui ne sont plus sans visage et qui utilisent les réseaux sociaux pour pousser leurs messages, autrefois confinés derrière des portes closes, jusque dans le débat public ». Avant de décrire sa capacité sans pareille à couper l'herbe sous le pied à ses opposants.

Sa maîtrise technique, son sens politique et son humour nous manqueront, même si elle n'est heureusement pas partie bien loin : il n'y a qu'une rue à traverser…

Lundi 8 juillet 2019
— Le Labour *veut un nouveau référendum*

Petit séisme au *Labour*.

Hier, les dirigeants des *trade-unions*, intrinsèquement liés au Parti travailliste, ont pris position en faveur d'un second référendum, dans l'hypothèse où le nouveau gouvernement conservateur proposerait au Parlement un accord ou une date précise pour une sortie sans accord. Le *Labour* ferait alors campagne pour rester dans l'Union européenne.

Cela dit, les *trade-unions* prennent soin de préciser que le *Labour* ne souhaite pas rester dans l'Union coûte que coûte. En effet, dans l'hypothèse où le Parti travailliste gagnerait une élection avant le Brexit, et reprendrait la négociation menée jusqu'ici par les conservateurs, il se réserverait le droit de faire campagne pour quitter l'Union européenne sur la base d'un accord qu'il aurait lui-même trouvé avec l'Union européenne.

Une chose est claire : le *Labour* est désormais favorable à un référendum sur le *deal* — ou l'absence de *deal* — qui sera proposé au Parlement.

Encore faudrait-il que le Parlement ait son mot à dire ! Cela ne semble pas acquis si l'on en croit les déclarations de Boris Johnson, qui n'a pas exclu de suspendre la session parlementaire si les députés tentent de faire barrage à un *no deal* le 31 octobre.

Jeudi 11 juillet 2019 — James Dyson vote pour Singapour

James Dyson, capitaine d'industrie britannique médiatique et fervent *Brexiter,* avait annoncé à la surprise générale en début d'année sa décision de transférer le siège de son groupe à Singapour.

Je lis ce matin dans *Le Figaro* qu'il a également décidé de s'installer lui-même dans la cité-État, où il vient d'acquérir un gigantesque appartement. Selon le journal, c'est aussi à Singapour que M. Dyson envisagerait de produire ses futures voitures électriques, au grand dam du nord de l'Angleterre, qui espérait le site industriel.

Autant de décisions qui passent mal au Royaume-Uni, que M. Dyson promettait à un futur radieux, une fois libéré des « contraintes de l'Union européenne »...

Vendredi 12 juillet 2019 — La reine au secours du Parlement ?

John Major vient de menacer de poursuivre Boris Johnson en justice s'il met à exécution sa menace de suspendre le Parlement pour forcer un *no deal.* Et déjà, les regards se tournent vers la reine. Que feraitelle dans un tel scénario ? Prendrait-elle le risque de refuser la suspension du Parlement, elle qui en fixe l'ordre du jour sur la suggestion du Premier ministre ? Ou devrait-elle s'en tenir à son rôle de souveraine à distance des contingences politiques ?

La rentrée politique au Royaume-Uni s'annonce en tout cas bien mouvementée.

Lundi 15 juillet 2019
— Lettre à Theresa May

Dans quelques jours, Theresa May quittera le 10 Downing Street.

C'est le moment pour moi de lui écrire pour la remercier personnellement, mais aussi au nom de toute mon équipe, pour la bonne coopération que nous avons eue ces deux dernières années.

Je souhaite aussi remercier son équipe, en particulier Olly Robbins et Kay Withers qui ont toujours fait preuve d'un très haut niveau de compétence et d'engagement dans nos discussions et défendu loyalement les positions du gouvernement britannique tout au long de cette négociation.

Je rappelle que nous avons construit ensemble l'accord de retrait, qui est à mes yeux le meilleur accord possible pour les citoyens, les entreprises et les administrations, ainsi que pour protéger les acquis du *Good Friday / Belfast Agreement*.

Je regrette que les circonstances politiques n'aient pas permis que l'accord de retrait soit ratifié pendant son mandat de Première ministre, et j'ajoute que, sur un plan personnel, j'ai toujours admiré son courage et sa détermination pendant le processus parlementaire à la Chambre des communes. Je lui souhaite enfin le meilleur pour ses projets futurs.

Son cabinet me fera savoir quelques jours plus tard que Theresa May a été touchée par ce message.

Mardi 16 juillet 2019
— Ursula von der Leyen élue

Grand oral à Strasbourg pour Ursula von der Leyen, candidate désignée par le Conseil européen pour le poste de présidente de la Commission européenne.

C'est une femme expérimentée et déterminée. Nous nous connaissons depuis plusieurs années, en particulier depuis que je suis devenu conseiller spécial de Jean-Claude Juncker sur les questions de défense.

Aujourd'hui, je sens qu'elle parviendra à convaincre l'auditoire exigeant du Parlement européen réuni en session plénière, même si chaque voix comptera !

Son discours d'ouverture est précis, enthousiaste et nourri d'expériences personnelles. Sur le Brexit, elle rappelle que, depuis le référendum de 2016, l'Union européenne a travaillé dur avec le gouvernement britannique pour un retrait ordonné du Royaume-Uni. « L'accord de retrait conclu avec le gouvernement du Royaume-Uni apporte de la certitude là où le Brexit crée de l'incertitude : en préservant les droits des citoyens et en préservant la paix et la stabilité sur l'île d'Irlande. Ces deux priorités sont également les miennes. Cependant, ajoute-t-elle, je me tiens prête à un nouveau report de la date de retrait, si un temps plus long s'avérait nécessaire pour une bonne raison. »

« Dans tous les cas, conclut Ursula von der Leyen, le Royaume-Uni restera notre allié, notre partenaire et notre ami. »

Mercredi 17 juillet 2019
— Dernier discours

C'est à Chatham House que Theresa May prononce aujourd'hui son dernier grand discours en tant que Première ministre.

Après avoir rappelé les évolutions positives du monde pendant ses cinquante ans de vie politique, Theresa May se dit « inquiète de l'état de la politique ». La capacité de « faire les choses plutôt que de simplement dire les choses » exige selon elle des « qualités qui sont devenues démodées », comme la « disposition au compromis, ce qui ne revient pas à faire des compromis sur nos valeurs ».

La Première ministre rappelle que la création du service de santé britannique, le NHS, est le résultat d'un compromis, entre partis politiques britanniques. La Charte des Nations unies est aussi le résultat d'un compromis, entre les nations de l'époque. Et c'est également à travers un compromis que l'on pourra résoudre l'impasse du Brexit : « La plupart des gens dans ce pays avaient une préférence pour [quitter l'Union européenne] avec un accord. Et je crois que la force de l'accord que j'ai négocié était de mettre en œuvre le vote au référendum pour quitter l'Union européenne, tout en répondant aux préoccupations de ceux qui avaient voté *Remain*. »

C'est un discours courageux, nécessaire, bien écrit, qui prend de la hauteur, mais qui n'incite pas nécessairement à l'optimisme sur la vie politique en général ni sur notre négociation en particulier.

Jeudi 18 juillet 2019 — Riga

Nouvelle journée balte !

À Riga ce matin, je suis heureux de retrouver le Premier ministre Krišjānis Kariņš et son vice-Premier ministre et ministre de la Défense, Artis Pabriks. Tous deux ont été des parlementaires européens actifs. Ils symbolisent bien cette nouvelle génération d'hommes et de femmes politiques qui sont désormais aux responsabilités, notamment dans les pays baltes. D'autres rencontres sont prévues, avec les parlementaires et les représentants des syndicats, de la chambre de commerce et de la société civile.

Dans cette période d'incertitude, je veux redire que les priorités de l'Union européenne restent les mêmes : garantir un retrait ordonné du Royaume-Uni, préserver les droits des citoyens, et notamment ceux des dizaines de milliers de Lettons qui vivent au Royaume-Uni, préserver la paix et la stabilité en Irlande et l'intégrité du marché unique.

Vendredi 19 juillet 2019 — Enfumage

Mercredi soir, en plein meeting de campagne, Boris Johnson se penche derrière son pupitre et se redresse en brandissant un… hareng fumé.

Selon le Premier ministre potentiel, le producteur, basé sur l'île de Man, serait absolument furieux de la nouvelle réglementation européenne, qui l'obligerait, après avoir expédié ses produits pendant des années simplement par la poste, à les accompagner désormais d'une poche de glace en plastique, chère et néfaste pour l'environnement.

La limite de cette démonstration, c'est que la règle mentionnée par Boris Johnson est en réalité… une règle britannique, en vigueur sur l'île de Man qui est une dépendance de la Couronne britannique… Les règles de l'Union européenne, qui permettent de protéger efficacement les consommateurs, ne sont pas les mêmes et n'étaient nullement concernées dans le cas d'espèce.

« Encore une tentative d'enfumage ! » comme le résumera bien le commissaire européen chargé de la santé et de la sécurité alimentaire, Vytenis Andriukaitis.

Mardi 23 juillet 2019
— Passation de pouvoir

Sans surprise, « BoJo » sort vainqueur de son duel avec Jeremy Hunt. Il a recueilli 66,1 % des voix au second tour de l'élection à la présidence du Parti conservateur.

L'annonce en est faite devant tout le gratin du parti, au centre Queen Elizabeth II de Londres. Chacun s'efforce d'y faire bonne figure. Le futur Premier ministre prononce quelques phrases assez convenues et sur un ton qui est encore celui d'un meeting électoral.

Néanmoins, derrière les slogans, je devine une stratégie qui ne me surprend pas : « délivrer le Brexit ; unir le pays ; battre Jeremy Corbyn ». Voilà clairement la route qu'il a choisie et qui devrait le conduire à trouver un accord avec nous pour une sortie effective et ordonnée le 31 octobre. Dans la foulée, et en ayant privé le *Brexit Party* de toute raison d'être, son intérêt serait alors de provoquer des élections générales anticipées pour les gagner.

Même s'il y prête le flanc par ses attitudes et ses saillies, je sais qu'il ne faut pas sous-estimer Boris Johnson. Il sera plus pragmatique et plus efficace que certains ne le croient. Je suis sûr qu'il a besoin d'un accord avec nous pour survivre. Et, au-delà des postures et des pressions, son intérêt logique est de mettre le Brexit derrière lui, de faire voter un accord « repackagé » et, aussitôt après le Brexit lui-même, d'aller aux élections générales qu'il pourrait alors gagner.

Au contraire, une sortie sans accord provoquerait une forte opposition à la Chambre des communes, et sans doute la rupture avec un certain nombre de ses amis *Tories*, donc engendrerait un risque de crise politique.

À la veille de la passation de pouvoir, dans un moment qui doit être difficile pour elle, Theresa May a pris la peine de répondre à mon courrier.

La Première ministre dit avoir apprécié le soutien que nous avons montré, Jean-Claude Juncker et moi, à son équipe et notre détermination à trouver une solution. Elle salue également, au nom de ses collaborateurs, le travail sérieux et productif de la *task force*, en citant Sabine et Stéphanie.

Theresa May rappelle que cette relation constructive nous a permis de négocier ce qu'elle estime être un bon accord. Elle regrette comme moi de ne pas être parvenue à obtenir le soutien du Parlement britannique sur ce texte.

Pour l'avenir, Theresa May reconnaît que ce sera à son successeur de trouver une solution qui respecte le résultat du référendum. Elle insiste sur la nécessité de mettre en place une future relation qui nous permette de continuer à travailler en partenariat pour défendre nos intérêts communs et nos valeurs et, de manière cruciale, pour préserver les fruits du processus de paix en Irlande du Nord.

En fin d'après-midi, je reçois un dernier message

de l'équipe de Theresa May. J'avais pris soin dans ma lettre à la Première ministre sortante de citer personnellement Olly Robbins et son adjointe Kay Withers et de les remercier. Olly, dans un e-mail, m'écrit : « Ce n'était pas nécessaire, mais nous avons apprécié et nous avons partagé ce sentiment avec notre petite équipe du *Cabinet Office*. J'espère que vous savez que ce sentiment est réciproque. »

Jeudi 25 juillet 2019 — Boris Johnson au number 10…

Hier, Boris Johnson a été officiellement désigné Premier ministre par la reine. Dans la foulée, il prononce devant le 10 Downing Street un discours combatif dans lequel il réitère sa détermination à quitter l'Union européenne le 31 octobre (« pas de "si", pas de "mais" »), tout en se disant confiant quant aux chances de trouver un « nouveau et un meilleur accord » avec l'UE. Selon M. Johnson, un tel accord devrait « éviter les contrôles à la frontière irlandaise » sans inclure « ce *backstop* antidémocratique »…

Ce matin, devant la Chambre des communes, le Premier ministre va plus loin, en déclarant que les termes de l'accord de retrait sont « inacceptables » : « Le chemin d'un accord passe par une abolition du *backstop*. » C'est sur cette base que Boris Johnson se dit prêt à engager les discussions avec la Commission ou « d'autres collègues de l'UE » : « J'espère que l'UE sera également prête et qu'ils reviendront sur leur refus actuel d'apporter des changements à l'accord de retrait. »

S'il s'engage à protéger les droits des citoyens européens établis au Royaume-Uni, il part du principe que le Royaume-Uni garderait, en cas de *no deal*, les montants prévus dans le règlement financier…

Enfin, Boris Johnson insiste sur les « opportunités du Brexit », qu'il s'agisse de mettre en place des ports francs, de rendre le système fiscal plus favorable aux investissements internationaux ou… d'adopter des règles favorables aux OGM !

Pour appliquer ce programme, le nouveau gouvernement fait la part belle aux *Brexiters*, de Michael Gove à Dominic Raab et Jacob Rees-Mogg, en passant par l'ancien directeur de la campagne du *Vote Leave*, Dominic Cummings, qui devient le principal conseiller du Premier ministre.

En ce qui concerne plus directement nos négociations, Steve Barclay reste à son poste, tandis que l'ancien conseiller de Boris Johnson David Frost devient le nouveau sherpa pour les affaires européennes.

Si les anciens partisans du *Remain* ne sont pas absents du gouvernement, ils ont tous accepté par écrit l'objectif d'une sortie de l'Union au 31 octobre, éventuellement sans accord.

En fin d'après-midi, Jean-Claude Juncker doit parler au nouveau Premier ministre. C'est un rite un peu protocolaire. Je passe le voir quelques instants dans son bureau avant l'entretien. Son intention est évidemment d'être courtois, il n'y a aucune raison de ne pas l'être, mais aussi de rappeler fermement à Boris Johnson que l'accord de retrait est le seul possible.

En quittant son bureau, je suis le long couloir du treizième étage jusqu'aux bureaux du secrétaire général. Je vais serrer la main de Martin Selmayr au moment où il s'apprête à quitter le Berlaymont. Il a annoncé sa démission le 16 juillet, se rendant à l'évidence que l'élection d'Ursula von der Leyen, allemande comme lui, rend impossible la poursuite de sa mission. Son bureau est encombré de caisses transparentes, où il emporte la mémoire de tant d'années d'un pouvoir rarement partagé.

Cet homme m'a toujours intrigué et nous avons réussi à maintenir pendant trois ans une relation somme toute efficace. J'ai respecté le lien essentiel qui le lie à Jean-Claude Juncker et son engagement proeuropéen. Lui-même savait la confiance personnelle que m'a toujours accordée le président de la Commission. Notre dernier entretien est ce soir plutôt cordial.

« Mon intention est réellement de passer cinq ans à Vienne et retrouver mes étudiants », me dit-il. Difficile de croire cela quand on connaît Martin Selmayr, sauf s'il a des raisons personnelles de modifier le cours de sa vie professionnelle. Quoi qu'il en soit, la Commission l'a nommé hier chef de la représentation de l'Union européenne à Vienne, tout près de sa Bavière natale.

Il est temps que la Commission européenne retrouve un fonctionnement normal, plus collégial, un management moins brutal, des rapports humains plus détendus, plus sereins. Et en même temps le grand mérite revient à Martin Selmayr d'avoir eu l'audace de certaines idées et de nouveaux chantiers, et d'avoir su donner une impulsion forte à cette maison qui, sans cela, court toujours le risque de vivre dans l'habitude, les certitudes et parfois l'arrogance.

Jeudi 8 août 2019 — Chris Patten

Souvent, au fil de ma mission, me sont revenues à la mémoire les analyses prémonitoires de l'un de mes anciens collègues britanniques, Chris Patten. Après avoir été le dernier gouverneur de Hong Kong, il avait rejoint la Commission présidée par Romano

Prodi, dans laquelle il s'occupait des relations extérieures, tandis que j'étais chargé de la politique régionale.

Je relisais ce matin l'un de ses discours, prononcé le 30 janvier 2004 à l'université de Cambridge, qui portait un intitulé éloquent : « La question existentielle — la Grande-Bretagne rejoindra-t-elle un jour *vraiment* l'Union européenne ? » Il s'y interrogeait sur les raisons profondes du désamour des dirigeants britanniques pour l'Europe. À ses yeux, celui-ci ne pouvait être compris sans recourir à la psychologie, tant les sentiments des Britanniques envers l'Europe découlaient de l'image qu'ils se faisaient d'abord d'eux-mêmes et de leur rôle dans le monde.

Il se livrait à un examen minutieux, et sans aucune complaisance, de cinq considérations expliquant pourquoi l'Europe avait toujours été — pour les dirigeants britanniques — la source d'une inépuisable « crise de nerfs collective » : la conviction, après la dissolution de l'Empire, d'avoir un destin mondial ; la conscience d'être « différents et supérieurs », attestée par un âge d'or largement idéalisé ; les inquiétudes envers toute atteinte à leur souveraineté et à la capacité d'être « maître de son destin, capitaine de son âme » ; l'agacement vis-à-vis d'une Europe recourant moins au cœur qu'à la raison ; et la certitude qu'au fond, aucun projet formé par les continentaux — à commencer par les Français et les Allemands — ne saurait être bon pour la Grande-Bretagne…

Autant de croyances dont il disséquait brillamment les prémices et les limites, en invitant son auditoire à regarder la Grande-Bretagne telle qu'elle était et non telle qu'il voudrait qu'elle soit : une économie certes non négligeable, mais qui n'était déjà plus parmi les premières au monde ; une diplomatie certes écoutée, mais dont la guerre en Irak montrait le degré de subordination aux visées des États-Unis ; un pays qui, sans s'en rendre compte, disposait en Europe d'une très grande influence, que ce soit sur le marché unique ou sur l'élargissement.

Ce faisant, il invitait les Britanniques à regarder autrement le projet européen ; à considérer qu'il entraînait sans aucun doute un partage de souveraineté, mais que celui-ci allait profondément dans le sens de l'intérêt national britannique. C'est là l'un des points qui m'ont le plus marqué chez lui et dans nos discussions : cette conviction que la défense de l'intérêt national ne passe plus exclusivement par le cadre national, mais aussi par le cadre européen. C'est une conviction que je partage profondément. Je regrette qu'elle soit si fréquemment absente des discours de nombre de mes compatriotes...

Mardi 20 août 2019
— Une lettre de Boris Johnson

Hier soir, nous avons reçu une lettre de quatre pages adressée par Boris Johnson à Donald Tusk. Le fond comme la forme de ce courrier n'ont pas manqué de susciter, au sein de mon équipe comme dans chacune des capitales, un fort étonnement, pour ne pas dire un certain agacement.

Contrairement aux usages, nous n'avons pas été informés au préalable du contenu de cette lettre, malgré les demandes répétées de mes collaborateurs qui avaient eu vent d'un envoi imminent. Il semble que l'objectif du Premier ministre et de son entourage ait été de nous surprendre. Le moins que l'on puisse dire est que cette surprise n'a soulevé aucune forme d'enthousiasme, bien au contraire.

Sur le fond, il s'agit pour le gouvernement britannique de demander purement et simplement la suppression du *backstop*, sans proposer aucune autre solution juridique opérationnelle qui permettrait de résoudre le problème créé en Irlande par le Brexit. Cela va même plus loin : au détour d'une phrase, le Premier ministre reconnaît lui-même qu'en l'absence de *backstop*, il n'existerait pas de garantie que d'hypothétiques arrangements alternatifs soient en place à temps...

Cette observation est exacte. Elle est même la raison d'être du *backstop*, qui n'est rien d'autre qu'une assurance. Mais Boris Johnson n'en tire aucune conclusion pratique, si ce n'est une invitation à faire preuve de bonne volonté. Chacune des parties devrait s'engager unilatéralement à ne pas mettre en place de frontière dure en Irlande...

Inacceptable à tous points de vue, cette approche n'a pas manqué de susciter une réponse immédiate et unanime des Européens rappelant l'objectif du *backstop*, sa nécessité et son caractère pragmatique.

Rarement les institutions européennes et les capitales auront autant parlé d'une seule voix, ce que n'a pas manqué de souligner la presse britannique, visiblement étonnée que les Européens répondent dans d'aussi brefs délais.

Il revient toutefois au président Tusk le mérite d'avoir trouvé dans un tweet la repartie la plus cinglante, en déclarant que « ceux qui s'opposent au *backstop* sans proposer d'alternatives réalistes soutiennent en fait le rétablissement d'une frontière. Même s'ils ne le reconnaissent pas ».

Je partage assurément avec lui le sentiment que cette lettre n'est en aucun cas une tentative sincère de renouer le fil de la négociation, mais bien plus une volonté de rejeter sur l'Union européenne la faute d'un éventuel échec de celle-ci. Je ne suis pas certain que cela ait été très habile, à la veille de la séquence diplomatique qui s'annonce…

Mardi 27 août 2019 — Coup de fil

Jean-Claude Juncker, qui vient de subir une opération, n'a pas pu voir Boris Johnson à la réunion du G20 de Biarritz. Les deux dirigeants se parlent cet après-midi au téléphone.

Visiblement, le Premier ministre britannique a une note sous les yeux et il la déroule sans pratiquement s'interrompre.

On sent qu'il a été revigoré par le sommet de Biarritz et par ses différents entretiens bilatéraux avec Angela Merkel, Emmanuel Macron ou Donald Tusk. Il croit, ou feint de croire, qu'il y aura de leur côté plus de souplesse qu'à la Commission.

D'emblée, il indique qu'il veut un deal, « *definitively* », et que le Royaume-Uni sortira le 31 octobre. « Nous nous préparons aussi au *no deal*. J'ai trois priorités : l'intégrité du marché unique (!), l'unité économique de l'Irlande, la souveraineté et l'intégrité du Royaume-Uni. On ne peut pas revenir devant le Parlement britannique avec le même accord qui a été refusé trois fois. Il faut supprimer le *backstop*, dit-il en citant les paragraphes qu'il ne veut plus voir. Ce *backstop* n'est pas « démocratique ». Il n'est pas cohérent avec la direction que nous voulons prendre. Et puis, Theresa May a perdu trop de temps à négocier avec vous un texte où trop d'options restent ouvertes dont nous ne voulons pas, comme l'union douanière ou les liens avec le marché unique. »

Boris Johnson élabore dans la foulée certaines idées alternatives et laisse entendre, s'agissant de l'agriculture et du contrôle des animaux, qu'il pourrait accepter un cadre unique pour l'Irlande.

« J'aimerais te voir bientôt, dit-il à Jean-Claude Juncker, et je suis prêt à parler avec Michel. »

Jean-Claude Juncker lui répond brièvement que, du côté européen nous sommes prêts à examiner ses propositions et ses idées, si elles sont compatibles avec l'accord de retrait : « Tu as un Parlement à Londres, c'est vrai, dit-il à Boris Johnson. Nous en avons un aussi à Bruxelles, ne l'oublie pas. »

Au bout du fil, j'entends : « *Oh God !* » Jean-Claude Juncker marque un point dans ce dialogue assez convenu.

Jeudi 29 août 2019
— Suspension du Parlement britannique

Boris Johnson vient d'annoncer la suspension du Parlement britannique à partir du 9 septembre et jusqu'au discours de la reine, prévu le 14 octobre.

De facto, cette décision ne laissera que deux semaines aux députés britanniques pour tenter de s'opposer à une sortie sans accord, hypothèse qui devient de plus en plus probable. Cette décision semble largement inspirée par Dominic Cummings, ancien directeur de la campagne *Vote Leave* et désormais plus proche conseiller du Premier ministre, qui à plusieurs reprises a affiché son mépris du Parlement britannique et ne porte pas plus de considération aux institutions européennes, dont il serait urgent à son avis que le Royaume-Uni sorte pour relever seul les défis du monde de demain…

Dimanche 1er septembre 2019
— Michael Gove

Invité sur le plateau de l'éditorialiste politique Andrew Marr, à la BBC, Michael Gove est pressé de répondre à une question en apparence assez banale : si le Parlement vote une loi visant à éviter un *no deal*, le gouvernement s'y conformera-t-il ?

La réponse du ministre est moins claire : « Nous verrons ce que dit cette loi. »

Comme le résumera ensuite le député travailliste Hilary Benn, « C'est une question très simple, donc comment peut-il y avoir un doute sur la réponse ? Le gouvernement doit se conformer à toute loi votée par le Parlement. »

Mercredi 4 septembre 2019 — Benn Act

Depuis notre première rencontre, David Frost n'a cessé de nous promettre des propositions concrètes pour remplacer le *backstop* : pour début août, puis pour la mi-août, puis pour le 23 août, puis pour le 28 août, puis pour aujourd'hui... Jusqu'à présent, David Frost nous a uniquement fait part de trois indications de portée générale.

Premièrement, selon M. Frost, l'objectif de Boris Johnson, contrairement au gouvernement de Theresa May, est uniquement d'éviter la reconstruction d'une frontière dure en Irlande, et non plus de préserver la coopération Nord-Sud et l'« *all-island economy* ». En pratique, cela signifie que le nouveau gouvernement assume pleinement que le Brexit conduise à la réinstauration d'une frontière en Irlande, puisque, entre deux juridictions réglementaires et douanières, il y a nécessairement une frontière. Il souhaite seulement que les contrôles soient effectués ailleurs que sur la frontière.

Deuxièmement, les Britanniques se disent prêts à nous présenter des arrangements alternatifs en vue d'effectuer les contrôles de manière décentralisée, tout en reconnaissant que la question des contrôles en matière sanitaire et phytosanitaire (SPS) exigera des réponses différentes. Or, nous devons être rigoureux sur ce point : il en va de la santé des consommateurs européens. En outre, accepter des demi-mesures en matière de contrôles SPS, c'est s'exposer au risque d'éventuelles mesures de rétorsion de la part de nos partenaires commerciaux. Risque qui n'est pas théorique : la Chine avait pris de telles mesures envers l'Union européenne dans son ensemble à la suite de la crise de la vache folle.

Troisièmement, les Britanniques reconnaissent que ces arrangements alternatifs ne seront probablement pas des solutions juridiquement opérationnelles, contrairement à ce qui est prévu dans notre *backstop*. Or, l'objectif de l'accord de retrait est d'apporter de la certitude juridique ; il ne peut en aucun cas contenir des dispositions dont nous ne saurions pas, en le ratifiant, comment elles seraient mises en œuvre.

Au-delà du *backstop*, David Frost a aussi mentionné des points de la déclaration politique que le gouvernement britannique souhaiterait modifier. Sur notre futur partenariat économique, en particulier, il souhaite que nous indiquions sans ambiguïté que notre objectif est un accord de libre-échange, et non une union douanière. Les Britanniques souhaitent revoir à cette lumière les conditions de *level playing field* que nous avons négociées avec Mme May, pour leur permettre de diverger davantage à l'avenir.

Cela rejoint l'idée de certains *Brexiters* qui veulent transformer le Royaume-Uni en une sorte de Singapour à notre porte et pratiquer le plus vite possible le dumping fiscal et social contre nous.

Dans ce contexte, nous devons rester vigilants, et continuer à nous préparer au scénario du *no deal*, qui ne sera jamais le choix de l'Union européenne mais que nous ne pouvons pas exclure.

Jeudi 5 septembre 2019 — Jo Johnson

Coup dur pour Boris Johnson.

Son propre frère, Jo Johnson, ministre des Universités et de la Science, démissionne du gouvernement.

Remainer, favorable à un second référendum, Jo Johnson explique sa décision dans un tweet : « Ce fut un honneur de représenter Orpington pendant neuf ans et de servir comme ministre sous trois gouvernements. Ces dernières semaines, j'ai été déchiré entre la loyauté à l'égard de ma famille et l'intérêt national. C'est un dilemme insoluble et il est temps que d'autres prennent ma place de député et de ministre. »

Ni cette démission, ni l'adoption hier par la Chambre des communes de la loi Benn (*Benn Act*) qui obligerait le Premier ministre à demander un nouveau report à l'Union européenne, jusqu'au 31 janvier 2020, si aucun accord n'était conclu d'ici au 19 octobre ne semblent avoir conduit Boris Johnson à dévier de sa ligne.

Cet après-midi, le Premier ministre déclare en effet qu'il préférerait « mourir dans un fossé » que de demander à l'Union européenne un report du Brexit, avant d'appeler à nouveau à la tenue d'élections au mois d'octobre.

Dimanche 8 septembre 2019
— Olly Robbins

Olly Robbins rejoint Goldman Sachs. *No comment.*

Je garde de l'estime et de la sympathie pour ce haut fonctionnaire, peut-être frustré et amer mais qui avait sans doute encore beaucoup à apporter au service public du Royaume-Uni.

Lundi 9 septembre 2019
— Boris Johnson à Dublin

Pour la première fois en tant que Premier ministre, Boris Johnson est aujourd'hui à Dublin pour rencontrer Leo Varadkar. Ce n'est pas trop tôt.

Même si le communiqué conjoint parle d'une réunion « positive et constructive » permettant de mieux comprendre les positions de part et d'autre, devant la presse, le *Taoiseach* ne mâche pas ses mots : « L'histoire du Brexit ne s'arrêtera pas si le Royaume-Uni quitte l'Union au 31 octobre ou même au 31 janvier — il ne peut pas y avoir de rupture nette (...). Nous entrerons simplement dans une nouvelle phase.

« Si c'est un *no deal*, comme je crois que c'est possible, cela causera de sévères perturbations pour le peuple britannique et le peuple irlandais. Nous devrons revenir à la table des négociations. Quand nous y reviendrons, les premiers et seuls points à l'agenda seront les droits des citoyens, le règlement financier et la frontière irlandaise. Toutes les questions que nous avions résolues dans l'accord de retrait conclu avec votre prédécesseur. Un accord trouvé de bonne foi entre 28 gouvernements.

« S'il y a un accord, et je crois que c'est possible, nous entrerons dans des discussions sur la future relation entre l'UE et le Royaume-Uni. Ce sera difficile. Nous devrons traiter de sujets qui vont des droits de douane aux quotas de pêche, aux normes sur les produits et aux aides d'État. Cet accord devra ensuite être ratifié par 31 Parlements.

« Monsieur le Premier ministre, négocier un accord de libre-échange avec l'UE et les États-Unis et assurer sa ratification en moins de trois ans sera une tâche herculéenne pour vous. Nous voulons être votre ami et votre allié, votre Athéna, pour relever cette tâche. La manière dont vous quittez l'Union européenne déterminera si relever cette tâche est possible.

« Je suis prêt à écouter vos idées constructives pour atteindre les buts que nous nous sommes fixés et sortir de l'impasse actuelle. Mais ce que nous ne pouvons pas faire, et ce que nous ne ferons pas, est de remplacer une garantie juridique par une promesse. Nos entreprises ont besoin de certitudes à long terme.

« Et les gens sur cette île, au nord et au sud, ont besoin de savoir que leur mode de vie, leur sécurité et la perception de leur identité ne seront pas mis en danger par un Brexit dur. »

À côté du *Taoiseach* qui parle ainsi clair et net, avec beaucoup de prestance, Boris Johnson paraît un peu replié sur lui-même et désordonné dans ses propos. On voit que cette visite est un exercice imposé, qu'il a d'ailleurs retardé autant qu'il le pouvait, dans ce pays qui est le plus proche du Royaume-Uni à bien des égards.

Leo Varadkar le lui rappelle d'ailleurs avec émotion en évoquant la longue et périlleuse traversée de l'Atlantique effectuée, au milieu de la Seconde Guerre mondiale, par Winston Churchill et le chef d'état-major de l'armée britannique, Lord Alanbrooke, et leur soulagement mêlé d'excitation à la vue des côtes irlandaises. Et Leo Varadkar de conclure : « J'imagine que la vue depuis votre avion ce matin n'était pas aussi spectaculaire ni aussi excitante. Mais vous venez néanmoins à un moment crucial dans l'histoire des relations entre nos deux pays. Nous avons parfois nos divergences, mais nous sommes liés par un passé commun et par des affinités partagées. Et nous partageons aussi le rêve d'un futur fait de paix, de liberté et de prospérité. »

Mardi 10 septembre 2019
— La malédiction du Brexit

Emmanuel Berretta, du *Point*, publie un article intitulé « Les grands brûlés du Brexit », où il estime que, de David Cameron, le « fautif originel », à Theresa May, « martyre malgré elle d'un Brexit sans fin », et peut-être un jour à Boris Johnson, le Brexit est une machine à broyer les hommes et les femmes politiques britanniques.

La dernière victime en est John Bercow, le président de la Chambre des communes, connu pour sa parfaite maîtrise des procédures et tactiques parlementaires, sa capacité à présider les débats en maintenant l'ordre à coups de retentissants « *Order !* » et ses cravates multicolores.

Cet après-midi, le *speaker* annonce qu'il voudrait faire une déclaration personnelle : « Lors des élections de 2017, j'ai promis à ma femme et à mes enfants que ce serait mon dernier mandat. C'est une promesse que j'ai l'intention de tenir », avant d'annoncer qu'il mettra fin à ses fonctions en tant que *speaker* et en tant que député, en cas d'élections anticipées, à la fin de cette législature, et en l'absence d'élection, au 31 octobre de cette année.

« Depuis que je suis *speaker*, j'ai essayé d'accroître l'autorité relative de cette législature, ce pour quoi je ne ferai aucune excuse à personne, nulle part et à aucun moment. » Et John Bercow, qui a toujours veillé à distribuer équitablement la parole entre les députés, y compris à ceux qui n'occupent pas le devant de la scène, d'ajouter : « Pour utiliser une phrase peut-être dangereuse : j'ai aussi essayé d'être le *backstop* des *backbenchers*. »

À coup sûr, la voix, les cravates colorées et surtout la compétence de John Bercow manqueront aux débats parlementaires britanniques.

Jeudi 12 septembre 2019
— Nouveau Parlement,
nouvelle Commission

Avant de rejoindre à Genval le séminaire organisé par Ursula von der Leyen avec les nouveaux commissaires, je suis invité ce matin à la conférence des présidents de groupes politiques du Parlement européen.

Je ne cache pas qu'à ce stade, nous n'avons pas beaucoup de raisons d'être optimistes, mais nous restons ouverts et disponibles pour travailler avec les Britanniques, s'ils apportent des réponses aux questions et aux problèmes créés par le Brexit en Irlande.

Philippe Lamberts, à l'esprit vif comme toujours, m'interroge sur un point sensible : « Boris Johnson a-t-il fait un mouvement pour revenir vers la première proposition de *backstop* qui ne concernait que l'Irlande du Nord ? »

Je choisis une réponse prudente, car à quelques mètres de moi est assise Diane Dodds, l'une des leaders du DUP, qui siège au Parlement européen parmi les non-inscrits. Quand elle intervient, un peu plus tard, je suis frappé par sa propre prudence sur le fond. Elle ne rejette plus globalement, comme elle le faisait jusqu'à présent, toute solution nord-irlandaise et insiste seulement sur l'exigence d'une procédure de consentement, le « *consent* », et sur l'obligation qui existe selon elle que les deux communautés en Irlande du Nord, unioniste et républicaine, disposent d'un droit de veto sur toute solution.

Vendredi 13 septembre 2019
— Réunion d'équipe

À 8 heures ce matin, je retrouve le nouveau chef de cabinet de la présidente élue, Bjoern Seibert, qui est depuis longtemps l'homme de confiance d'Ursula von der Leyen au ministère de la Défense à Berlin.

C'est un homme jeune, grand, direct. Il se souvient du travail que nous avons fait ensemble, avec Ursula von der Leyen, en 2015 sur la défense européenne.

J'ai souhaité cet entretien pour pouvoir mettre fin à l'incertitude, et parfois à l'inquiétude, de mon équipe. Stéphanie m'a annoncé il y a quelques jours qu'elle était sollicitée pour diriger le cabinet de la commissaire désignée française, Sylvie Goulard. C'est une évolution normale et légitime quand on connaît son énergie et sa compétence, mais ce départ, après celui de Sabine, et récemment de François Arbault, autre pilier de la *task force*, risque d'accentuer les inquiétudes. J'ai besoin de rassurer mon équipe et de rétablir pour chacun une perspective, en même temps que d'assurer la bonne continuité de la négociation dans une phase sensible.

Bjoern Seibert a compris l'enjeu. Plutôt que de décentraliser la négociation au niveau des directions générales, nous convenons que la *task force*, chargée de coordonner la future négociation avec le Royaume-Uni, sera maintenue sous mon autorité pour l'année qui vient, en lien direct bien sûr avec la présidente et son cabinet. Je donne mon accord pour intégrer la petite équipe du secrétariat général qui a travaillé sur la préparation du *no deal*.

Dimanche 15 septembre 2019 — Hulk

Dans une interview au *Daily Mail*, Boris Johnson se dit optimiste, estimant que d'« énormes progrès » ont été faits en direction d'un accord sur le Brexit.

En réaffirmant sa volonté de quitter l'Union au 31 octobre, le Premier ministre n'hésite pas à convoquer le personnage de Hulk : « Plus Hulk se met en colère, plus Hulk devient fort et il s'échappe toujours, même s'il avait l'air bien ligoté et c'est le cas de ce pays. »

Cette comparaison a ses limites : personne n'a ligoté le Royaume-Uni qui, depuis son adhésion à l'Union en 1973, en a toujours été un membre influent. Et rien n'empêche le Royaume-Uni de quitter l'Union, à part peut-être la difficulté des Britanniques à se mettre d'accord entre eux…

Lundi 16 septembre 2019
— Un déjeuner à Luxembourg

Je rejoins en voiture Luxembourg et j'y retrouve Stéphanie Riso, à qui j'ai expressément demandé d'être présente avec Clara Martínez Alberola pour ce déjeuner de travail, auquel Jean-Claude Juncker a invité Boris Johnson.

Le centre-ville de Luxembourg est charmant et aujourd'hui très ensoleillé. Tout y est à taille humaine et l'on peut sans délai passer du palais du grand-duc au Parlement ou à la résidence du Premier ministre.

À l'heure précise, Boris Johnson arrive en voiture devant le restaurant où une centaine de journalistes et de photographes attendent la poignée de main. Depuis le 24 juillet et son arrivée au 10 Downing Street, c'est la première fois qu'il rencontre le président de la Commission européenne, mais ils ont semble-t-il des souvenirs communs plus lointains.

D'emblée, Boris Johnson apparaît comme il veut être : chaleureux, avançant comme un bulldozer, cherchant manifestement à forcer le passage. Mais il y a dans son regard, et dans l'expression de son visage, quelque chose d'authentique et de malicieux. Au total, un personnage assez sympathique.

À l'évidence, Boris Johnson veut démontrer qu'il est en négociation active avec nous. Il a d'ailleurs déclaré en public qu'il y avait des progrès importants dans la négociation sur la base de ses idées, et même que nous étions proches d'un accord, ce qui ne correspond à aucune réalité.

Il prend le temps de rappeler ce qui se trouve déjà dans les documents que nous avons reçus. Il ne veut plus du *backstop*. Il veut un processus de consentement pour l'Irlande du Nord. Il veut construire une relation forte avec l'Union européenne, mais fondée sur un accord de libre-échange de base.

Pour l'Irlande du Nord, il fait un mouvement vers un système de contrôles uniques pour toute l'île s'agissant des animaux vivants et des produits sanitaires et phytosanitaires. Il s'appuie d'ailleurs sur une phrase célèbre du pasteur Ian Paisley, dirigeant unioniste d'Irlande du Nord, reconnaissant que « si nos citoyens sont britanniques, nos vaches sont irlandaises ». Je me permets à cet instant de le couper pour lui dire : « Vos vaches ne sont pas irlandaises, elles sont européennes. » Et du tac au tac, il me répond : « *Good point !* »

Jean-Claude Juncker, à son tour, lui rappelle pourquoi la suppression pure et simple du *backstop* est impossible, et que nous sommes prêts à le remplacer par une autre solution à condition qu'elle soit opérationnelle et remplisse les mêmes objectifs pour la paix en Irlande, l'absence de frontière dure, et évidemment la protection du marché intérieur.

La conversation entre alors dans les détails. Stéphanie Riso explique avec précision au Premier ministre britannique pourquoi nous avons besoin des informations douanières sur la qualité et la quantité des produits qui entrent en Irlande du Nord. Seul un tel système d'information permet aux contrôles sanitaires et phytosanitaires d'être efficaces. Mon impression est que le Premier ministre mesure au fil de cette discussion une série de problèmes techniques ou juridiques qui ne lui avaient pas été expliqués aussi clairement par sa propre équipe. Je vois bien que son problème principal tient à la souveraineté commerciale et douanière du Royaume-Uni, dans laquelle il inclut évidemment l'Irlande du Nord. Il nous promet de nous faire parvenir prochainement des documents écrits et plus détaillés comme nous le lui demandons depuis plusieurs jours.

Au moment de conclure, Boris Johnson nous dit, de manière très franche : « Je veux un accord, j'ai besoin d'un accord. » Il en connaît désormais les conditions : pas de frontière douanière au milieu de l'île d'Irlande et pas de droit de veto pour un seul parti en Irlande du Nord. Le Premier ministre va ensuite rejoindre les journalistes de la BBC et pendant ce temps-là, je me rends au bureau du Premier ministre Xavier Bettel pour un bref entretien. Il doit lui-même recevoir Boris Johnson, de passage dans sa capitale, quelques instants plus tard. Alors qu'il me raccompagne dans la cour d'honneur de sa résidence, je croiserai la même centaine de journalistes, mais aussi, un petit peu plus loin, 200 manifestants anti-Brexit qui attendent de pied ferme et de manière bruyante le Premier ministre britannique.

Xavier Bettel me dit qu'il est ennuyé car les collaborateurs de Boris Johnson ont demandé à la dernière minute de changer l'endroit du point presse pour qu'il se tienne à l'intérieur, à l'abri des manifestants. « Il y a trop de journalistes, me dit-il, et tout est installé dans cette cour. Je ne peux pas tout changer au dernier moment. »

Un peu plus tard, après leur bref entretien, Boris Johnson choisit simplement de ne pas faire la conférence de presse avec le Premier ministre et de monter immédiatement dans sa voiture. Et c'est ainsi que Xavier Bettel décide de s'exprimer seul, à côté d'un pupitre inoccupé. Les images de cette conférence de presse feront le tour du Royaume-Uni et sont interprétées le jour même par les tabloïds et les journalistes comme la volonté d'humilier le Premier ministre britannique.

La petite et la vraie histoire n'est pas celle-là, elle est plus simple, mais tout cela prouve qu'il y a autour du Brexit une sensibilité et une passion permanente dont il faut tenir compte.

Mercredi 18 septembre 2019
— Plénière à Strasbourg

Dans le grand hémicycle du Parlement européen à Strasbourg, il y a beaucoup de têtes nouvelles. 60 % des députés sont élus pour la première fois et j'ai décidé de prendre le temps de les informer, en rencontrant leurs groupes politiques, en me rendant dans leurs commissions ou en leur écrivant.

Je me trouve aux côtés de Jean-Claude Juncker, qui est encore ébranlé par sa récente opération mais qui se tient droit, comme toujours, même s'il souffre.

Il m'a demandé d'intervenir après lui. J'en profite pour revenir sur les deux points clefs de nos discussions actuelles avec les Britanniques : la question de l'Irlande et de l'Irlande du Nord, et celle de la relation future.

Sur le *backstop*, je rappelle que notre insistance n'est pas idéologique, mais pragmatique. Derrière ce mot de *backstop*, il y a des garanties très concrètes, dont nous avons besoin, et dont tous les citoyens sur l'île d'Irlande ont besoin. Pour la paix et la stabilité. Pour la vie et la relation économique quotidiennes sur l'île. Et naturellement, pour la santé des consommateurs des 27, la sécurité des produits, la protection des budgets nationaux, ce qui exige d'avoir des contrôles aux limites extérieures de notre marché intérieur.

L'autre sujet clef pour lequel le gouvernement britannique souhaite revenir sur les engagements pris par Theresa May est le *level playing field* qui doit accompagner toute relation future ambitieuse entre nous et le Royaume-Uni. Derrière une expression technique, il y a des réalités humaines, sociales, territoriales. Avec un grand pays si proche, qui réalise la moitié de son commerce avec nous, un partenariat économique ambitieux exige un socle de règles du jeu communes.

Les choses sont claires : le niveau d'ambition d'un futur accord de libre-échange dépendra des garanties que nous aurons mises sur le papier en matière sociale, environnementale, de concurrence ou d'aides d'État.

Sur ces questions comme sur les autres, nous restons disponibles pour écouter toute proposition britannique, dès l'instant où cette proposition apporterait des progrès.

Vendredi 20 septembre 2019
— Steve Barclay

Dans un discours à Madrid hier, Steve Barclay a de nouveau rejeté le *backstop*, expliquant ne pas voir l'utilité d'une solution juridiquement opérationnelle dans l'accord de retrait puisque le Royaume-Uni gardera les droits et les obligations d'un État membre jusqu'à la fin 2020, dans le cadre de la période de transition agréée avec Theresa May.

M. Barclay appelle l'Union européenne à être flexible et à faire des compromis, allant jusqu'à convoquer le général de Gaulle. « Les grands leaders politiques, dit M. Barclay, ont toujours respecté la nécessité de prendre des risques. Et c'est le général de Gaulle qui déclara "un vrai homme d'État est quelqu'un qui est prêt à prendre des risques". Un refus par la Commission de prendre des risques serait une faute politique. Et cela ferait peser un risque sur la future relation entre le Royaume-Uni et l'UE du fait d'un manque de flexibilité, de créativité et de pragmatisme. Le leadership exige plus qu'un filet de sécurité. »

Ce matin, Steve Barclay est à Bruxelles, et je débute notre réunion par quatre remarques de cadrage.

D'abord, à la suite du déjeuner de lundi, notre position est extrêmement claire. C'est la responsabilité du Royaume-Uni de faire des propositions juridiques et opérationnelles qui soient compatibles avec l'accord de retrait et qui respectent donc les objectifs du *backstop*. La Commission est disponible à tout moment pour examiner rigoureusement et objectivement toute proposition en ce sens. En revanche, nous ne sommes pas prêts à faire semblant de négocier.

Deuxièmement, sur les solutions alternatives au *backstop* évoquées par M. Barclay à Madrid, il est exact que nous nous sommes engagés à faire tout notre possible pour conclure, après la ratification de l'accord de retrait et d'ici décembre 2020, un accord subséquent sur des arrangements alternatifs susceptibles de remplacer, en tout ou partie, le *backstop*. Mais c'est précisément parce que nous ne sommes pas certains, malgré tous nos efforts respectifs, de parvenir à ce résultat — auquel nous ne sommes pas parvenus en trois ans de travail ! — que nous avons besoin du *backstop*, qui n'est ni plus ni moins qu'une assurance, dans l'accord de retrait. En d'autres termes, nous ne sommes absolument pas prêts à accepter de supprimer le *backstop* au profit de seuls arrangements alternatifs non opérationnels.

Troisièmement, je dis à Steve Barclay que j'ai été particulièrement sensible à sa citation du général de Gaulle, pour avoir été membre du parti gaulliste depuis mon adolescence. Mais, lui dis-je, je n'accepte pas l'usage qu'il en fait ici, car les risques dont nous parlons sont trop graves pour que l'on se réfugie dans des postures. Nous parlons ici de préserver la paix et la stabilité de l'île d'Irlande et l'intégrité du marché intérieur. Jamais l'Union n'acceptera de mettre en péril de tels objectifs, qui sont constitutifs de ce que nous sommes. Agir en homme d'État, c'est précisément tout faire pour ne pas remettre en cause de tels objectifs.

Et j'enfonce le clou : « Il y a deux choses qui sont peut-être importantes à connaître pour toi s'agissant du général de Gaulle. La première, c'est que le Général, en 1958, a mis en œuvre le traité de Rome, lorsqu'il est devenu président de la République française, malgré toutes ses réticences. Et qu'il était très attaché au Marché commun. La seconde, c'est que le général de Gaulle aimait l'Irlande, et qu'il avait dans cette île des liens personnels et familiaux... »

Enfin, je réaffirme qu'un accord est possible, mais qu'il ne peut avoir lieu que dans un état d'esprit respectueux et constructif. Nous n'accepterons aucune menace. Et nous n'accepterons aucune attaque envers la Commission européenne qui, je le rappelle encore une fois, négocie au nom et avec la confiance totale des 27 États membres.

Ce vendredi est aussi un jour de transition pour notre équipe.

Dans un tweet, je confirme le départ de Stéphanie Riso, qui travaille désormais aux côtés de Sylvie Goulard, et qui a ainsi quitté très vite notre équipe.

Mon souci est d'assurer la continuité de notre travail et de nos relations vis-à-vis des Britanniques et j'ai pour cela la chance de m'appuyer sur une série de chefs d'unité et des responsables solides et compétents. Tous savent que le moment est grave et chacun est à son poste. Mais nous avons aussi besoin d'un chef d'équipe qui soit en face du négociateur britannique, David Frost.

Pour cette mission à mes côtés, je fais donc appel à Paulina Dejmek Hack. Elle est dans l'équipe du président de la Commission depuis cinq ans, et chargée depuis le premier jour de suivre le dossier du Brexit qu'elle connaît dans tous les détails. Dans l'urgence, Jean-Claude Juncker accepte de la mettre à disposition de la *task force*, et nous réglerons les questions administratives plus tard.

Paulina est une jeune femme extraordinairement énergique et compétente. C'est aussi une sportive habituée à courir des marathons. Par ses parents, elle est à la fois suédoise et tchèque ! Je la connais bien parce qu'elle a travaillé pendant cinq ans dans mon cabinet de commissaire au Marché intérieur et aux Services financiers. Elle avait alors la charge avec Bertrand Dumont de la mise en œuvre de la feuille de route de régulation financière fixée par le G20, en plein cœur de la crise de 2008. Nous savons depuis longtemps travailler ensemble et je lui fais confiance.

Mardi 24 septembre 2019 — Cour suprême

Depuis hier, je suis à Berlin, dans le cadre de ce tour des capitales sans cesse recommencé.

Après un rendez-vous avec Uwe Corsepius, le sherpa d'Angela Merkel, je déjeune avec Peter Altmaier dans la grande salle à manger du *Bundesministerium für Wirtschaft und Energie* où siégeait en son temps le grand Ludwig Erhard. « Vieil ami » européen depuis vingt-cinq ans, très proche de la chancelière, Peter prend toujours le temps de m'expliquer la politique allemande et ses incidences sur la politique européenne, ce qui n'a d'ailleurs pas toujours joué en ma faveur... Mon impression a toujours été que la chancelière et lui n'aiment pas les conflits ouverts, ce qui ne les empêche pas d'agir avec une main ferme.

Aujourd'hui, le déjeuner est animé et jovial, et le ministre a un mot et des anecdotes pour mes conseillers Stefan Fuehring, Georg et Matthieu, qu'il confond même avec un de ses anciens camarades à la Commission. Matthieu a facilement vingt ans de moins, mais peu importe, Peter est au sommet de son art.

Et c'est alors qu'Uwe Corsepius que nous venons de quitter appelle Georg avec une nouvelle fracassante : la Cour suprême du Royaume-Uni, dans une décision unanime, juge illégale la suspension par Boris Johnson du Parlement.

Il n'y a pas lieu de réagir à chaud, mais on pressent bien la portée de ce revirement à Londres.

La lecture de l'arrêt, faite par Lady Hale, présidente de la Cour suprême, est en effet édifiante. La Cour estime notamment que « la décision de conseiller à Sa Majesté de proroger le Parlement était illégale parce qu'elle avait comme effet d'empêcher le Parlement de s'acquitter de ses fonctions constitutionnelles, sans justification raisonnable ».

« Cela signifie que le décret en conseil auquel elle a abouti était également illégal, nul et sans effet et devrait être annulé. Cela signifie que, lorsque les commissaires royaux sont entrés dans la Chambre des Lords, c'était comme s'ils arrivaient avec une feuille de papier blanche. La prorogation était également nulle et sans effet. Le Parlement n'a pas été prorogé. »

Boris Johnson comptait se passer de débat parlementaire, dans cette phase critique du Brexit. C'était aller un peu vite en besogne. La partie n'est pas terminée à Londres.

Jeudi 26 septembre 2019 — Jacques Chirac

À midi tombe l'annonce du décès de Jacques Chirac. Les médias s'emballent et je reçois beaucoup de sollicitations de journalistes qui cherchent une réaction.

Seul dans mon bureau, je prends le temps d'une pause un peu nostalgique. Tant de souvenirs remontent d'un seul coup, des bons et mauvais moments passés avec Jacques Chirac.

Je n'avais jamais été « chiraquien » jusqu'au jour de juin 1995 où, à ma surprise, Alain Juppé m'a demandé, au nom du nouveau président de la République, Jacques Chirac, de rester au gouvernement et de devenir ministre délégué chargé des Affaires européennes. J'avais pourtant soutenu Édouard Balladur dans la campagne présidentielle. J'étais son ministre de l'Environnement, il m'avait fait confiance et il était membre de mon parti.

Je me souviens, quelques semaines plus tard, d'avoir été reçu à l'Élysée par le nouveau président et de lui avoir dit mon étonnement : « Pendant dix ans, tu t'es méfié de moi sans raison, parce que j'avais une ligne plus européenne et plus jacobine que la tienne et là, tu as une vraie raison de ne pas me faire confiance et tu me nommes ministre. » Sa réponse, très pragmatique, avait été immédiate : « J'ai besoin de toi, j'ai besoin d'un ministre des Affaires européennes gaulliste et européen. Et puis, tu ne m'as pas trahi. »

Mon histoire avec Jacques Chirac remonte à beaucoup plus loin dans le temps. Jeune attaché parlementaire de Robert Poujade, le premier ministre français de l'Environnement, j'avais assisté médusé à la réunion du groupe gaulliste au cours de laquelle il avait publiquement poignardé le candidat de notre parti, Jacques Chaban-Delmas. Depuis plusieurs années déjà, engagé dans le mouvement des jeunes gaullistes, je me retrouvais totalement dans le projet et l'engagement du maire de Bordeaux, gaulliste, européen, progressiste. Et j'avais choisi ardemment de faire sa campagne présidentielle.

Quelques années plus tard, en 1977, jeune conseiller général de la Savoie en Haute-Tarentaise, je me suis lancé dans la campagne législative pour reprendre le siège de la deuxième circonscription au Parti socialiste. Et Jacques Chirac faisait alors méthodiquement une visite dans chacune des circonscriptions de ses candidats. Il est venu me soutenir un 22 décembre, à Albertville. J'en avais bien besoin !

Cette réunion, gravée dans ma mémoire, se tenait dans une ancienne église reconvertie en salle polyvalente. 400 personnes avaient répondu à mon invitation. Il faisait froid et Jacques Chirac, debout au pupitre, a tenu des propos très complaisants et très amicaux à mon égard, comme c'était la règle pour le candidat de son parti.

Invitant alors l'assemblée à lui poser des questions, il donna la parole à une citoyenne, au milieu de la salle, qui l'interpella brutalement : « Monsieur Chirac, les hommes politiques font souvent le contraire de ce qu'ils disent. Vous avez cru utile tout à l'heure de nous parler de la place des femmes dans la société. Or, pas plus tard qu'hier à Paris, vous avez privé une des rares femmes députées de votre parti de son investiture au profit d'un patron de presse… pour des raisons que je préfère ne pas commenter ici. Pour qui donc nous prenez-vous ici, au fond de la Savoie ? Pensez-vous que nous ne suivons pas ce qui se passe à Paris ? »

Chirac marqua le coup. À l'évidence, il ne s'attendait pas à une question aussi agressive, si tôt, au fond d'une vallée savoyarde. Et il répondit avec son savoir-faire habituel à cette électrice qu'elle n'avait pas bien compris ce dont elle parlait. Furieux, il revint alors s'asseoir à mes côtés à la tribune et me flanqua un coup de coude assez brutal : « Qui est donc cette bonne femme ? » Et je lui répondis, un peu contrit : « C'est ma mère… »

Depuis ce jour-là, Jacques Chirac m'a sans doute considéré comme un élu un peu particulier. Ma mère, qui a énormément compté pour moi, était une belle femme et une grande dame, très engagée dans la vie civique. Elle me dit à la fin de cette réunion : « Tu ne m'empêcheras jamais de dire ce que je pense. »

Ma relation avec Chirac a été faite de hauts et de bas liés à l'Europe.

En 1992, avec cinq autres députés du parti gaulliste dont Jacques Chaban-Delmas et Patrick Devedjian, j'ai décidé contre vents et marées de voter en faveur de la réforme constitutionnelle nécessaire pour permettre le référendum qu'organisait un peu plus tard François Mitterrand sur le traité de Maastricht et la création de la monnaie unique.

Je me souviens de la violence de la réaction de Jacques Chirac, en réunion de groupe, me prenant directement à partie : « J'en ai assez de l'attitude égocentriste (*sic*) de Michel Barnier et de quelques autres. » Et pourtant, quelques mois plus tard, il choisira lui-même de faire campagne pour le oui à la monnaie unique, contre une partie de sa formation politique emmenée par Philippe Séguin, et le oui l'emportera de justesse, grâce à Jacques Chirac.

Après notre défaite cinglante de 1997, à l'occasion des élections législatives anticipées qu'il provoqua à contretemps, je décidai avec mes amis Jean-Pierre Raffarin, Jacques Barrot et Dominique Perben de l'aider. L'Élysée était souvent vide, dans les premiers mois de cette cohabitation avec le nouveau Premier ministre socialiste Lionel Jospin, et les visiteurs du soir étaient devenus rares. Tous les quatre, nous avions imaginé les prémices d'un nouveau rassemblement politique entre gaullistes, libéraux et centristes.

Je me souviens aussi de la réaction étonnée de Jacques Chirac en 1999, lorsque je lui ai fait part de mon ambition de devenir commissaire européen et donc de ma volonté de quitter la présidence du conseil général de la Savoie, que j'assumais depuis dix-sept ans, et mon tout nouveau mandat de sénateur : « Quoi ! tu veux devenir haut fonctionnaire ? »

À l'évidence, un commissaire européen, à ses yeux, était sans doute comme un préfet détaché. Mais, dans la relation nouvelle qui s'était créée entre nous, depuis l'échec des élections législatives, il me fit confiance, et je devins l'un des deux commissaires français dans la Commission de Romano Prodi, avec Pascal Lamy.

Trois ans plus tard, Jacques Chirac était réélu, dans des circonstances très particulières, contre Jean-Marie Le Pen et j'étais à ses côtés le soir de l'élection, comme tous ceux qui l'avaient soutenu sincèrement. Quelques jours plus tard, il nommait Jean-Pierre Raffarin à Matignon et nous partagions entre amis, autour du nouveau Premier ministre, des moments émouvants et chaleureux.

Le soir de la nomination de Jean-Pierre Raffarin, j'allais retrouver ma famille à Bruxelles quand le téléphone sonne. Jacques Chirac, au téléphone personnellement, me demandait de devenir ministre de l'Éducation nationale. J'étais au milieu de mon mandat de commissaire et, à ma connaissance, jamais un commissaire européen n'était revenu dans son propre pays faire de la politique au milieu d'un mandat. Je lui ai dit les choses simplement : « Jacques, merci de ta confiance, mais partir maintenant, alors que je commence à construire un réseau et une crédibilité, ce serait de la désinvolture vis-à-vis des autres pays et des institutions européennes. » Il me rappela deux fois le lendemain matin mais je tins bon et sur ce sujet, il conclut d'un ton sec : « Très bien, tu prends ton risque. » Ce qui ne l'empêcha pas, deux ans plus tard, à l'issue de mon mandat, de me nommer ministre des Affaires étrangères !

Jeudi 3 octobre 2019
— Proposition britannique

Boris Johnson a fait hier de nouvelles propositions pour tenter d'arracher un accord avant le Conseil européen du 17 octobre.

Il les a faites, à Manchester, en conclusion du congrès du Parti conservateur, dans un discours coloré, et en mettant à son habitude les rieurs de son côté au détriment de John Bercow et de Jeremy Corbyn, qualifié de « cosmonaute communiste ». Et au total, au détriment du Parlement britannique lui-même.

Ce matin, j'ai pris la décision d'ouvrir une « salle de lecture » pour que les délégués des États membres puissent lire le document juridique envoyé par les Britanniques, qui ont demandé expressément qu'il ne soit pas publié. Cette demande est à l'opposé de la transparence que nous pratiquons du côté de l'Union européenne. Hier soir d'ailleurs, Jean-Claude Juncker, dans sa conversation téléphonique avec Boris Johnson, le lui a dit clairement. Mais comme je veux préserver le lien de confiance avec les gouvernements et leurs ambassades, et que de notre côté, personne n'ait le sentiment que je cache quelque chose, j'ai préféré que ce texte puisse être lu.

Dans notre propre lecture de ce document, nous avons découvert des « trous ». Les Britanniques ont amendé le protocole irlandais de l'accord de retrait, mais au passage, ils ont aussi supprimé de notre propre texte, sans le faire apparaître, un certain nombre de paragraphes et de considérants. Mettons cela sur le compte de la précipitation…

Que contiennent ces propositions ?

Quelques éléments positifs d'abord, par exemple l'alignement de l'Irlande du Nord sur les règles de l'Union européenne sur les biens, appuyé sur un système de contrôles — qui reste à définir — pour les biens entrant en Irlande du Nord depuis la Grande-Bretagne ou depuis les pays tiers.

Mais ces propositions nous posent trois problèmes fondamentaux.

D'abord, des trois objectifs que nous avons décidé de poursuivre avec le *backstop*, le seul qui serait atteint — à moitié — est l'absence de frontière dure, bien que nous ne sachions pas comment. La réalisation de cet objectif se ferait potentiellement au détriment des deux autres objectifs, à savoir la préservation du marché intérieur européen et de l'économie de l'ensemble de l'île d'Irlande.

Deuxième point grave : les solutions proposées ne sont nullement opérationnelles. En ce qui concerne la question fondamentale des douanes et du système de contrôles réglementaires en Irlande du Nord, les Britanniques renvoient à des arrangements à définir. Cela contraste très fortement avec l'engagement ferme qu'ils nous demandent de prendre immédiatement pour éviter tout contrôle à la frontière entre l'Irlande et l'Irlande du Nord. Ces deux points sont irréconciliables à nos yeux.

Enfin, toutes les solutions proposées sont conditionnées à une décision positive et unilatérale des institutions d'Irlande du Nord : avant leur entrée en vigueur, puis tous les quatre ans. C'est tout simplement inacceptable. Nous ne discuterons pas d'une solution sur laquelle pèse une telle épée de Damoclès.

Dans le peu de temps qu'il nous reste d'ici au Conseil européen d'octobre — une dizaine de jours — nous avons donc besoin de changements fondamentaux si nous voulons parvenir à un accord.

Mardi 8 octobre 2019
— Dominic Cummings

Le climat se tend.

Hier soir, le journal *The Spectator* a publié la réponse envoyée à l'un de ses journalistes, James Forsyth, par un « contact au 10 Downing Street » qu'il interrogeait sur l'état des négociations.

Dans ce texte assez détonnant, le « contact » en question écrit que « les négociations vont probablement se terminer cette semaine. Varadkar ne veut pas négocier. Varadkar voulait discuter avant le *Benn Act*, quand il pensait que le choix serait "*new deal* ou *no deal*". Depuis que le *Benn Act* a été voté, il est devenu très froid et cette dernière semaine les canaux officiels et non officiels sont devenus froids (...).

« Si cet accord meurt dans les prochains jours, il ne sera pas ressuscité. Pour marginaliser le *Brexit Party*, nous devrons nous battre aux élections sur la base de "pas de nouveau délai, faisons le Brexit immédiatement !" (...)

« Ceux qui ont poussé pour le *Benn Act* voulaient saboter l'accord et ils y sont probablement parvenus. L'effet principal de cela sera probablement de nous aider à gagner une élection en unissant les partisans du vote *Leave*, avant d'aller vers un *no deal*. L'histoire est pleine de ce type d'ironies et de tragédies. »

Il n'est pas très compliqué de voir derrière ces lignes l'influence de Dominic Cummings.

Le conseiller en chef du Premier ministre, au style souvent décontracté, aurait largement inspiré la décision illégale de Boris Johnson de suspendre le Parlement, à ce moment crucial des négociations sur le Brexit, mais aussi l'exclusion du Parti conservateur, le 4 septembre, de vingt et un députés *Tories* qui avaient voté la veille avec les députés *Labour*. Il consacrerait par ailleurs davantage de temps à préparer une sortie du Royaume-Uni sans accord qu'à travailler sur des propositions constructives pour un *deal*…

Toujours est-il que cette tension impulsée au sein du cabinet britannique est ressentie de l'autre côté de la Manche. Dans un tweet, le président désigné du Conseil européen, Charles Michel, va droit au but : « @BorisJohnson, ce qui est en jeu n'est pas de sortir vainqueur d'un stupide *blame game*. L'enjeu est le futur de l'Europe et du Royaume-Uni ainsi que la sécurité et les intérêts de nos peuples. Vous ne voulez pas de *deal*, vous ne voulez pas d'une prolongation, vous ne voulez pas révoquer, *quo vadis* ? »

Vendredi 11 octobre 2019 — Avancées

Boris Johnson et Leo Varadkar se sont retrouvés hier à Liverpool, dans un climat plus positif. Selon le gouvernement irlandais, avec qui nous avions préparé cette réunion, et qui nous en a rendu compte immédiatement après, M. Johnson serait désormais prêt à accepter une absence de contrôles douaniers sur l'île, quitte à renforcer les contrôles entre la Grande-Bretagne et l'Irlande du Nord. C'est un point essentiel pour nous permettre d'avancer.

Leo Varadkar, de son côté, s'est dit prêt à travailler sur un mécanisme qui renforcerait le soutien démocratique à notre solution.

Ce matin, je reçois à nouveau pour le petit déjeuner Steve Barclay, qui me confirme les deux avancées de la veille. Tout en les saluant, je les remets dans leur contexte. S'il est nécessaire de bouger, c'est d'abord parce que le gouvernement britannique est revenu sur des engagements majeurs pris par Theresa May. Supprimer le *backstop* est un énorme pas en arrière. Dès lors, les nouvelles propositions sont loin d'être suffisantes.

Trouver un accord suppose que nous nous entendions sur quatre points fondamentaux.

Sur la procédure de consentement, le *consent*, d'abord : nous ne pouvons pas accepter un mécanisme qui conditionnerait l'entrée en vigueur du protocole à l'accord du DUP et mettrait ensuite en question son existence tous les quatre ans. Comme Leo Varadkar l'a dit hier à Boris Johnson, nous sommes toutefois prêts à travailler sur un mécanisme qui renforcerait le soutien démocratique à notre solution.

Deuxièmement, sur les douanes : nous ne pouvons pas travailler sur la base d'une proposition consistant à créer une frontière douanière sur l'île. Nous ne pouvons accepter aucune ambiguïté sur ce point. Ce qui est en jeu, c'est l'*all-island economy*, qui est capitale pour Leo Varadkar, mais aussi l'intégrité du marché intérieur.

Troisièmement, nous ne pouvons pas accepter que la solution en Irlande ait vocation à être développée par le comité mixte qui serait institué par l'accord de retrait, le *Joint Committee*, avant d'être pleinement opérationnelle.

Enfin, des garanties robustes en matière de *level playing field* sont une condition préalable à un accord de libre-échange large et ambitieux.

Et j'en viens aux aspects opérationnels : « Dans trois heures, je rencontre les 27 ambassadeurs au Coreper. Ils veulent savoir si vous êtes ou non sérieux dans votre volonté de parvenir à un accord. Il y a donc deux options : soit vous me dites que vous êtes prêts à accepter ces quatre points comme base de travail et nous serions prêts avec mon équipe à entrer dans une négociation intensive ce week-end, soit ce n'est pas le cas et je devrai dire aux ambassadeurs que rien n'est à attendre d'ici au Conseil européen de la semaine prochaine, qui pourrait même ne pas avoir le Brexit à l'agenda. »

Steve Barclay me donne alors son accord pour travailler sur la base de ces quatre points. À midi et demi, j'en informe les 27 ambassadeurs qui m'autorisent à enclencher une discussion intensive très vite qualifiée par la presse de « tunnel », terme que je n'ai d'ailleurs pas employé.

Dimanche 13 octobre 2019 — Négociations

Depuis hier matin, les couloirs et salles de réunion de la *task force* ne désemplissent pas. Les deux équipes ont travaillé tard dans la soirée, puis toute la journée aujourd'hui, mais nous sommes loin du compte.

Et ce dimanche à 17 heures, je suis bien obligé de dire aux 27 ambassadeurs, et plus tard dans la soirée aux membres du *Brexit Steering Group* du Parlement européen, qu'il semble très difficile, d'ici au Conseil européen, de trouver un accord, sous la forme de textes juridiques, sur tous les points en suspens. À moins naturellement que la délégation britannique ne reçoive une impulsion politique.

Le point immédiat le plus grave, pour nous tous, est celui des procédures et des contrôles douaniers. Ces deux derniers jours, la délégation britannique, menée par David Frost, n'a pas remis en cause — au niveau des principes — l'ouverture importante faite par le Premier ministre et confirmée par Steve Barclay vendredi, à savoir qu'il n'est plus question d'une frontière douanière entre le nord et le sud de l'île d'Irlande.

Selon nous, toutes les procédures et tous les contrôles douaniers dont nous avons besoin pour protéger le marché intérieur doivent donc se faire autour de l'île. Nous devons donc trouver le moyen de concilier deux objectifs.

D'une part, l'objectif pour nous Européens que toutes les procédures et tous les contrôles douaniers exigés par le droit de l'Union soient effectués d'une manière ou d'une autre sur les biens entrant en Irlande du Nord, avant d'arriver sur l'île.

D'autre part, pour le Premier ministre britannique, l'objectif que l'Irlande du Nord reste partie intégrante du territoire douanier britannique, avec tous les effets qui s'y attachent.

Hier matin, nous avons proposé de repartir de notre première proposition dans cette négociation, spécifique à l'Irlande du Nord, à laquelle nous sommes prêts à apporter des aménagements pour refléter le souhait britannique que l'Irlande du Nord reste — *de jure* — rattachée au territoire douanier britannique.

Cette proposition n'a pas été acceptée, les Britanniques souhaitant développer une nouvelle idée, qui ressemblerait davantage à la proposition de Theresa May en mars 2018, à savoir un système dans lequel une distinction serait établie entre les biens venant en Irlande du Nord depuis la Grande-Bretagne et dont l'Irlande du Nord serait la destination finale et les biens entrant en Irlande du Nord depuis la Grande-Bretagne à destination de l'Union européenne.

Le problème fondamental posé par cette idée est qu'elle repose sur deux espaces douaniers, malgré l'absence d'une frontière douanière entre le nord et le sud de l'île. En Irlande du Nord circuleraient des produits, parfois les mêmes, sous statut britannique ou sous statut européen.

Du coup, ces propositions présentent le risque de détricoter notre code douanier, pour introduire de nouvelles dérogations. Elles comprennent également des risques majeurs de fraude, compte tenu de la difficulté de contrôler la destination finale des biens en cause, notamment lorsqu'ils font l'objet d'une transformation.

Je prends l'exemple d'une cargaison de sucre arrivant en Irlande du Nord via la Grande-Bretagne grâce à un accord bilatéral avec un pays tiers. Ce sucre est transformé en produit alimentaire en Irlande du Nord, lequel produit alimentaire pourrait ensuite être envoyé à Dublin, dans le marché unique...

On voit bien avec cet exemple qu'il est difficile de faire une distinction, pour les biens qui entrent en Irlande du Nord, selon qu'ils restent en Irlande du Nord ou qu'ils sont finalement destinés au marché intérieur.

Nous pourrions dire la même chose de l'acier provenant d'un pays tiers en Irlande du Nord, qui serait ensuite intégré à des produits industriels en Irlande du Nord, lesquels seraient enfin envoyés vers le marché intérieur.

Un tel système n'a tout simplement aucun précédent. Mais nous restons prêts à travailler pour trouver des solutions juridiques et pratiques aux problèmes soulevés par les Britanniques, à condition qu'ils acceptent notre concept d'un régime douanier complet à l'entrée de l'île.

Sur la question sensible de la procédure de consentement, le *consent*, ensuite, je confirme aux 27 ambassadeurs que les Britanniques ont renoncé au fait d'accorder, avant la fin de la transition, un droit de veto unilatéral à une certaine partie des partis politiques d'Irlande du Nord.

Au-delà de ce point, d'autres idées, nous le savons, ont été évoquées entre le *Taoiseach* et le Premier ministre Johnson, pour permettre de s'assurer à échéances régulières du consentement des deux communautés.

Mais certaines questions restent à trancher : s'agit-il d'un vote positif pour maintenir le système ou d'un vote négatif pour l'interrompre ? D'autre part, à quelle majorité serait prise cette décision par l'Assemblée nord-irlandaise ?

Sur tous ces points, je rappelle aux ambassadeurs que je n'ai pas de mandat et que nous n'avons donc pas engagé la discussion.

Enfin, au-delà du protocole sur l'Irlande et l'Irlande du Nord, je rends compte aux ambassadeurs de nos discussions sur la déclaration politique posant le cadre de notre partenariat futur.

Les Britanniques nous ont apporté des précisions, notamment sur le mécanisme de règlement des différends. Mais à ce stade, ils maintiennent leur souhait de supprimer les références précises et agréées avec Theresa May à un *level playing field* robuste, qui tienne compte de notre proximité géographique et de notre interdépendance économique avec le Royaume-Uni.

Nous avons fermement rappelé que toute référence, dans la déclaration politique, à un accord de libre-échange — que les Britanniques souhaitent ardemment — ne serait possible qu'à la condition d'être accompagnée de ces dispositions sur le *level playing field*.

Pour conclure, je fais part aux ambassadeurs de notre impression : si les Britanniques l'avaient vraiment voulu ou s'ils avaient eu un mandat pour le faire, nous aurions pu avancer très substantiellement, sur la base de l'adaptation de notre proposition de février 2018, sauf sur la question du *consent*. Cela n'a pas été le cas. Je propose néanmoins de continuer cette discussion avec les Britanniques demain.

Mardi 15 octobre 2019
— Veillée au Berlaymont

Après un week-end peu concluant, les discussions avec l'équipe britannique ont repris lundi matin et, à l'heure tardive où j'écris ces lignes, elles sont toujours en cours sur les aspects techniques.

À défaut d'avoir des éléments concrets à analyser, plusieurs journalistes, qui se trouvent autour du Berlaymont, notent qu'il est minuit passé et que les lumières du cinquième étage sont toujours allumées. C'est loin d'être la première fois dans cette négociation…

Mercredi 16 octobre 2019
— Percée sur l'Irlande

Les négociations de ces derniers jours et de ces dernières nuits ont porté leurs fruits. Nous avons trouvé une solution en particulier sur le point critique des procédures et contrôles douaniers en Irlande du Nord.

Cette solution permet de respecter les principes de l'Union européenne. Toutes les procédures et tous les contrôles douaniers prévus par le droit de l'Union européenne s'appliqueront aux biens entrant dans l'île d'Irlande. Ces procédures et ces contrôles seront soumis aux pouvoirs de contrôle des agents de l'Union européenne et à la juridiction de la Cour de justice de l'Union européenne.

Pour concilier nos exigences et la demande de Boris Johnson, nous nous sommes mis d'accord sur une exception : ne seront pas soumis aux droits de douane de l'Union les biens qui circulent de la Grande-Bretagne vers l'Irlande du Nord, c'est-à-dire à l'intérieur du territoire douanier britannique, et qui ne posent pas de risque de circulation ultérieure vers le marché unique, selon des critères à définir par le *Joint Committee*.

Avec cette solution, nous évitons les risques pour le marché intérieur, tout en respectant le fait que l'Irlande du Nord reste partie intégrante du territoire douanier britannique.

En raison de son appartenance au territoire douanier britannique, nous reconnaissons aussi que l'Irlande du Nord bénéficiera des accords commerciaux conclus par le Royaume-Uni avec des pays tiers à condition, là aussi, que les biens importés aient pour destination finale l'Irlande du Nord.

Cela signifie que ces biens importés en Irlande du Nord seront, en principe, soumis au tarif extérieur commun de l'Union européenne, sauf s'il s'agit de biens ne présentant aucun risque de circulation ultérieure vers le marché unique. Dans ce cas, ces biens se verront appliquer, non pas le tarif extérieur commun mais le tarif douanier britannique, si tant est qu'il soit différent.

Quant aux biens fabriqués en Irlande du Nord et exportés dans le cadre de ces accords commerciaux conclus par le Royaume-Uni, ils seront exportés aux tarifs conclus par le Royaume-Uni.

Sur la difficile question du *consent*, les discussions des derniers jours, à Bruxelles mais aussi à Londres, entre le gouvernement et le DUP, ont également permis d'aboutir à un accord qui permet de renforcer considérablement l'appropriation démocratique du protocole irlandais.

Concrètement, quatre années après l'entrée en

vigueur du protocole, il reviendra à l'Assemblée d'Irlande du Nord de décider, de manière positive et à la majorité simple des membres présents et votants, si elle doit continuer à l'appliquer.

Si une majorité simple est recueillie, le protocole continuera de s'appliquer pour une durée supplémentaire de quatre années, au terme de laquelle un nouveau vote aura lieu.

Si — au-delà de cette majorité simple — la décision de continuer à appliquer le protocole recueille une majorité « *cross community* », le protocole continuera de s'appliquer pour une durée plus longue de huit années, au terme de laquelle un nouveau vote aura également lieu.

En revanche, si aucune majorité ne se prononce pour continuer à appliquer le protocole, celui-ci cessera d'être appliqué au terme d'une période — dite de « *cooling-off* » ou de préavis — de deux années, durant lesquelles il conviendra de s'accorder sur les mesures nécessaires pour le remplacer.

Enfin, nous avons trouvé un accord sur la question du *level playing field* pour notre futur partenariat, sur lequel Antonio Fernández-Martos et Nicolas von Lingen ont dû batailler jusqu'au bout. Les Britanniques prennent un engagement ferme sur des relations futures assurant une concurrence ouverte et loyale. L'accord de libre-échange sans tarifs ni quotas sera conditionné à des normes élevées en matière d'aides d'État, de concurrence, de standards sociaux et environnementaux, de changement climatique et de transparence fiscale. Nous réitérons également notre engagement à promouvoir l'accord de Paris sur le climat.

Je rentre d'une réunion avec le *Brexit Steering Group*, où j'ai fait un dernier point détaillé avec

Guy Verhofstadt et les autres leaders du Parlement européen. Avec la petite équipe nous mangeons des pizzas dans mon bureau, en nous préparant pour la toute dernière ligne droite.

Un peu plus tôt dans la soirée, alors que la délégation britannique s'était retirée, David Frost et Tim Barrow sont revenus à notre surprise avec une dizaine d'experts de la fiscalité. Leur objectif était clair : arracher, au cours d'une longue séance de négociation, une réécriture du chapitre consacré à la TVA dans le protocole sur l'Irlande et l'Irlande du Nord. Sous couvert de pouvoir démontrer au Royaume-Uni que la maîtrise des services fiscaux reste bien dans la main britannique, ils veulent en réalité créer en Irlande du Nord un avantage fiscal majeur au sein même du marché unique. Il n'en est pas question.

Jeudi 17 octobre 2019 — Deal !

C'est une date que j'aime bien. C'est un 17 octobre, à 11 heures, mais en 1986, que nous avons, avec Jean-Claude Killy et une autre belle équipe, obtenu l'attribution des JO de 1992 pour Albertville et la Savoie.

Hier soir, une fois encore, les bureaux de notre cinquième étage sont restés allumés une bonne partie de la nuit. Après avoir écouté les Britanniques, nous leur avons expliqué l'impossibilité de ce qu'ils demandent. Il n'était plus temps de continuer la discussion. Et nous avons finalement proposé quelques amendements au texte. L'Irlande du Nord restera, s'agissant de la TVA, dans le territoire britannique, et ce sont les services fiscaux britanniques qui seront chargés d'appliquer la législation et de collecter la

TVA, dont le Royaume-Uni gardera le produit. Mais pour éviter une frontière dure sur l'île d'Irlande et protéger l'intégrité du marché unique, les règles de l'UE sur la TVA applicable aux biens continueront de s'appliquer en Irlande du Nord.

Cette dernière nuit montre l'importance dans les moments critiques de garder toutes les expertises mobilisées jusqu'à la fin. Eugenia, Antonio, Stefan, Hannes, Thomas, Philippe, Nina, Nicolas, Georg, Ivo : tous étaient là pour scruter les dernières virgules de l'accord. Au nom de notre équipe, Paulina Dejmek, rejointe par Richard Szostak du cabinet du président de la Commission, a demandé aux Britanniques un accord définitif sur ce texte pour 6 heures ce matin. À 8 heures, comme d'habitude, les Britanniques reviennent à la charge, malgré notre exaspération. David Frost propose un dernier amendement consistant à donner à l'Irlande du Nord la capacité juridique d'harmoniser ses taux de TVA sur un certain nombre de produits de grande consommation avec les exemptions de TVA et les taux réduits pratiqués juste à côté par la République d'Irlande.

Et de remettre sur la table le fameux sujet de la « *tampon tax* », le taux de TVA applicable aux tampons et aux serviettes hygiéniques, source régulière de polémique avec le Royaume-Uni qui a souhaité dans le passé pratiquer un taux de 0 % tandis que le taux minimal en vigueur dans l'Union européenne est de 5 %. L'Irlande, qui ne taxait pas ces produits avant d'entrer dans l'Union européenne, a quant à elle obtenu le droit de maintenir son taux de 0 %, et les Britanniques demandent la même possibilité pour l'Irlande du Nord.

Je peux comprendre cette demande, qui n'est pas totalement conforme aux règles européennes mais qui permettra d'éviter les distorsions sur l'île d'Irlande. Et je ne me vois pas expliquer au Conseil européen l'échec de la négociation en raison d'un désaccord sur la fiscalité applicable à ces produits d'hygiène de première nécessité. Nous donnons donc notre accord pour cette toute dernière modification.

À 9 heures, Boris Johnson appelle Jean-Claude Juncker. Tout en remerciant nos équipes, le Premier ministre essaie encore d'obtenir de nouvelles concessions sur la TVA. Clairement, Jean-Claude Juncker lui dit que ce n'est plus l'heure. J'avais dit au président avant ce coup de fil que la pression du temps était sur le Premier ministre britannique et pas sur nous. De manière toujours courtoise mais ferme, Jean-Claude Juncker fixe un dernier délai à M. Johnson qui doit réunir immédiatement son cabinet. Il est clair que nous n'irons pas plus loin. Les ambassadeurs s'impatientent et exigent d'avoir le texte juridique du projet d'accord quelques heures avant le début du Conseil européen cet après-midi.

Nous avons tant attendu les Britanniques tout au long de ces années ! Notre équipe prend donc son mal en patience et sans attendre le feu vert officiel, prépare les différentes étapes de la journée. Jean-Claude Juncker m'a demandé de tenir une conférence de presse si l'accord est confirmé. Nous préparons donc le texte quand je suis rappelé dans le bureau du président pour ce dernier coup de fil décisif que lui passe Boris Johnson. Le Premier ministre confirme finalement son accord et celui de son cabinet. Il a l'air très heureux. Jean-Claude Juncker aussi, en même temps qu'il est soulagé.

À un moment, il me passe le combiné en disant à Boris Johnson de me parler directement. Je lui demande comment il envisage le processus de ratification du texte. « Nous aurons un *meaningful vote* dès ce samedi, puis lundi et mardi prochains les votes sur l'*exit bill* », répond-il avec une grande confiance. Je sais cependant que ses négociations internes avec le DUP sont très difficiles et que plusieurs membres du très conservateur ERG menacent de le lâcher. Visiblement, le point principal pour lui aujourd'hui, c'est qu'on ne parle pas d'une prolongation de la négociation. Il veut mettre la pression maximale sur les députés : soit vous votez ce *deal*, soit nous sortons sans accord.

Jean-Claude Juncker s'engage à l'aider sur ce point et de mon côté, je lui confirme que notre communication sera équilibrée. Il n'y a aucune raison, pour eux ou pour nous, de crier victoire. Cette négociation a trop duré. Il faut en finir et en ouvrir une autre, bien plus positive, sur l'avenir de notre relation.

Le temps d'organiser une consultation formelle des membres du collège des commissaires sur le texte juridique et, à 11 h 30, le texte du nouveau projet de traité est envoyé au Conseil et au Parlement européen. Il sera rendu public à midi. C'est à cette heure-là précisément que j'entre en salle de presse.

Nous avons choisi un ton sobre, toujours pédagogique : « Aujourd'hui, nous avons trouvé un accord avec le gouvernement britannique sur le retrait ordonné du Royaume-Uni et le cadre de notre relation future.

« C'est le résultat d'un travail intensif des deux équipes de négociateurs, l'équipe britannique et notre propre équipe, que je veux personnellement remercier pour leur ténacité et leur professionnalisme, mais aussi, du côté européen, d'un dialogue permanent avec les 27 États membres et le Parlement européen, avec qui nous avons réellement coconstruit ce nouvel accord.

« Ce texte permet d'apporter de la sécurité

juridique et de la certitude là où le Brexit crée de l'incertitude, en particulier et d'abord pour les citoyens, les porteurs de projets financés par le budget de l'Union européenne, toutes les personnes et entreprises concernées par tous les autres sujets de la séparation, comme Euratom, la protection des droits de propriété intellectuelle existants, la protection des indications géographiques ou la protection des données personnelles.

« Cette proposition comprend aussi la période de transition, qui avait été demandée par le gouvernement britannique et qui durera jusqu'à la fin 2020 — quatorze mois — et peut-être une ou deux années de plus en cas d'accord conjoint du Royaume-Uni et de l'Union européenne. »

J'explique ensuite comment nous sommes parvenus à concilier deux objectifs a priori difficilement conciliables : inclure dans l'accord de retrait une solution juridiquement opérationnelle pour éviter une frontière dure en Irlande, protéger l'*all-island economy* et l'intégrité du marché unique, d'un côté, et de l'autre maintenir l'Irlande du Nord dans le territoire douanier britannique, ce qui était un point clef pour Boris Johnson.

Et j'ajoute qu'évidemment, quand on discute de l'Irlande du Nord, nous parlons de l'économie, de sujets techniques, des biens, mais que pour moi, depuis trois ans, ce qui compte vraiment, ce sont les habitants d'Irlande du Nord et d'Irlande. Ce qui compte vraiment, c'est la paix.

Je veux aussi être clair sur le cadre de notre relation future : « Le gouvernement de Boris Johnson a fait le choix d'un accord de libre-échange. Toute référence à d'autres options, notamment l'option de créer entre nous un territoire douanier unique, a donc été éliminée. Ce qui ne change pas, en revanche, c'est notre proximité géographique et notre interdépendance avec l'économie du Royaume-Uni, et nous nous sommes mis d'accord pour avoir des garanties solides de *level playing field* afin de permettre un accord de libre-échange ambitieux sans tarifs ni quotas.

« Au total, le niveau d'ambition de notre futur accord de libre-échange sera proportionnel au niveau et à la qualité des règles du jeu économique entre nous. »

Et je conclus : « Sur cette base, l'évaluation que nous présenterons tout à l'heure avec le président Juncker au Conseil européen est que nous avons aujourd'hui une base juste et raisonnable pour un retrait ordonné du Royaume-Uni et surtout pour commencer — nous le souhaitons le plus tôt possible, dès le 1er novembre — à travailler à un nouveau partenariat avec le Royaume-Uni. »

À la fin de cet exercice, un certain nombre de journalistes applaudissent, de manière très inhabituelle, mais peut-être sont-ils fatigués du feuilleton du Brexit !

Je retrouve ensuite une nouvelle fois Jean-Claude Juncker, qui accueille symboliquement Boris Johnson pour une photo.

Comme à son habitude, le Premier ministre britannique cherche à détendre l'atmosphère et à créer des complicités. Il est néanmoins clairement et depuis longtemps en campagne électorale et son seul objectif, c'est de gagner les prochaines élections générales dans quelques semaines.

Et puis nous traversons la rue de la Loi où commence avec retard le Conseil européen. Une fois encore, les chefs d'État ou de gouvernement européens m'accueillent de manière chaleureuse et je sens bien leur soulagement, même si tous savent que nous ne sommes pas au bout du chemin.

Sur le Brexit, c'est Boris Johnson qui ouvre la discussion. Il tente la corde sensible en évoquant l'une de ses filles née à Bruxelles et évoque assez franchement « les deux aspects du cœur britannique ». Lucidement, il rappelle que, après ce bon accord, il lui faudra obtenir le vote à la Chambre des communes, ensuite de quoi nous aurons à reconstruire notre relation. En souriant, il ajoute : « Je suis là pour la première fois, et j'espère la dernière fois. »

Autour de la table, les visages sont plutôt graves. L'un des Premiers ministres dit que « tout cela a un air de déjà-vu ». Tous posent à Boris Johnson la question de ce qui va se passer samedi à la Chambre des communes et de sa capacité à faire adopter ce *deal*. Les chefs d'État ou de gouvernement en ont visiblement assez de cette longue négociation et je les comprends. Ils ont perdu leurs illusions et ont du mal à donner du crédit à son discours.

L'accord que nous avons trouvé ce matin donne la possibilité de tourner la page en bon ordre et en bonne intelligence et je sens que tous ont envie désormais de le faire sans tarder.

Un peu plus tard, quand Boris Johnson a quitté la pièce, Donald Tusk salue le travail de négociation qui a abouti à ce nouvel accord. Les 27 chefs d'État et de gouvernement applaudissent et je me promets de partager ces applaudissements avec mon équipe.

Donald Tusk me donne immédiatement la parole pour présenter l'accord, et je rappelle, comme devant les journalistes ce midi, que l'élément déclencheur de cet accord a été la rencontre quelques jours plus tôt à Liverpool entre Boris Johnson et Leo Varadkar. C'est là que Boris Johnson a bougé sur deux points : d'abord en acceptant *de facto* que les procédures douanières soient mises en œuvre autour de l'île, c'est-à-dire à l'entrée des produits en Irlande du

Nord. Ensuite, en renonçant au droit de veto qu'il avait imprudemment accordé dans ses propositions à un seul parti nord-irlandais, le DUP.

Je rappelle que, si tout va bien, nous pourrons débuter très vite la nouvelle et grande négociation sur l'avenir avec les Britanniques. Mais j'alerte : cette négociation sera complexe, politiquement sensible et contrainte par la durée de la transition.

Pendant le tour de table qui suit, j'ai l'occasion de répondre précisément à plusieurs des questions sur les engagements financiers, notre nouvelle approche pour les douanes, le mécanisme de consultation démocratique en Irlande du Nord. Et puis Donald Tusk conclut en vérifiant que les 27 sont tous d'accord pour endosser à l'unanimité ce nouveau projet d'accord. Une dernière fois, puisqu'il s'apprête à quitter ses fonctions, je constate la contribution de Donald Tusk à cette unité des Européens. Tout au long de ces années, j'ai développé une profonde estime pour cet homme politique polonais courageux, qui a fait ses débuts dans la mouvance étudiante de Solidarność et qui, après avoir été Premier ministre de son pays, est venu à Bruxelles et a su y imprimer sa marque.

Je ne sais pas à cet instant si les députés britanniques assumeront enfin les conséquences du référendum sur le Brexit. Mais je suis sûr, grâce à cet accord, que la balle est désormais bien dans leur camp et que nous avons écarté les risques du *blame game* que les Britanniques ont voulu jouer en permanence contre nous. S'il y a un nouvel échec, un retard, des problèmes, ce sera la responsabilité des Britanniques.

Vendredi 18 octobre 2019 — Nigel Farage

Nigel Farage a pris hier la parole devant les membres de son *Brexit Party*, réunis à Londres.

Sans surprise, il critique notre accord, qui serait selon lui « une version réchauffée de celui trouvé avec Mme May, une tentative de mettre du rouge à lèvres à un cochon ».

Mais, contrairement à son habitude, il le fait en semblant rejeter la faute sur les négociateurs britanniques, ce qui le conduirait presque à faire nos louanges. Il affirme ainsi que je serais « bien meilleur » que les négociateurs britanniques « l'ont été au cours des dernières années... j'aimerais que nous puissions l'embaucher ».

Malheureusement, je ne suis pas disponible !

Samedi 19 octobre 2019
— Les yeux braqués sur Westminster

Journée clef à Londres ! Ce samedi, Boris Johnson entend bien faire voter les députés sur le nouvel accord. C'est aussi la date limite prévue par le *Benn Act* pour demander une nouvelle prolongation jusqu'au 31 janvier, dans le cas où aucun accord de retrait ne serait approuvé.

Alors que plusieurs signaux montrent que l'accord pourrait obtenir une majorité intervient un nouveau coup de tonnerre : la Chambre des communes, y compris plusieurs députés favorables à l'accord, vote l'amendement Letwin qui, pour éviter le risque du *no deal,* contraint le Premier ministre à demander un report du Brexit le temps que soit adopté le *Withdrawal Agreement Bill,* c'est-à-dire la législation nécessaire à la mise en œuvre de l'accord.

Tout en affirmant qu'il ne négociera pas de prolongation avec Bruxelles, Boris Johnson est contraint d'envoyer, en toute fin de soirée, à Donald Tusk la lettre prévue par le *Benn Act*, qui demande une prolongation jusqu'au 31 janvier. Le Premier ministre prend cependant soin de ne pas la signer… et d'y ajouter une lettre, celle-ci signée, où, après avoir remercié les membres de notre équipe pour « leur imagination et leur diplomatie », il estime qu'« une nouvelle prolongation irait contre les intérêts du Royaume-Uni et de ses partenaires de l'Union européenne ».

Mardi 22 octobre 2019 — Nouvel essai

Dans sa lettre à Donald Tusk samedi, Boris Johnson écrivait son intention de continuer à pousser pour la ratification de notre accord en introduisant la législation nécessaire en début de semaine, se disant confiant sur les chances d'une sortie ordonnée avant le 31 octobre.

Et ce mardi est en effet un jour historique : pour la première fois depuis le référendum de 2016, la Chambre des communes, en soutenant le *Withdrawal Agreement Bill* à 329 voix contre 299, vote en faveur d'une forme de retrait ordonné du Royaume-Uni.

La joie du Premier ministre est cependant de courte durée, puisque, quelques minutes plus tard, les députés rejettent, par 322 voix contre 308 le calendrier accéléré proposé par le Premier ministre, et nécessaire pour que le texte soit adopté avant le 31 octobre. Comme le dira le *speaker* John Bercow, le projet de loi est maintenant « dans les limbes ».

Le Premier ministre décide alors de mettre le processus d'examen du texte en « pause », le temps de discuter avec les 27 de la demande de prolongation envoyée samedi, se disant toutefois confiant sur les chances de ratification de l'accord de retrait : « D'une manière ou d'une autre, nous quitterons l'Union européenne avec cet accord. »

Mercredi 23 octobre 2019 — Prolongation ?

Donald Tusk réagit par un tweet à la demande de prolongation de Boris Johnson : « Suite à la décision du Premier ministre @BorisJohnson de mettre en pause le processus de ratification de l'accord de retrait, et pour éviter un *no deal*, je recommanderai à l'UE27 d'accepter la demande de prolongation du Royaume-Uni. Pour cela, je proposerai une procédure écrite. »

Jeudi 24 octobre 2019 — Thierry Breton

Deux semaines après le rejet par le Parlement européen de la candidature de Sylvie Goulard, Emmanuel Macron propose Thierry Breton au poste de commissaire européen chargé du marché intérieur, mais aussi de l'industrie numérique et de la défense.

Nous entretenons, Thierry Breton et moi, une relation d'amitié depuis les années 1980. À l'époque, Thierry Breton était collaborateur de René Monory, et travaillait à la création du Futuroscope de Poitiers. Il venait de publier *Softwar — La guerre douce* et *Netwar — La guerre des réseaux*, deux ouvrages qui avaient connu un certain succès.

Je sais qu'au sein de la Commission, et en s'appuyant sur son expérience de chef d'entreprise et de ministre de l'Économie, des Finances et de l'Industrie, il saura dire aussi que le marché intérieur européen ne doit pas être une variable d'ajustement dans cette négociation avec les Britanniques.

Dans ce grand mouvement au sein de la Commission européenne, mon assistante Claire Saelens rejoint le cabinet de Thierry Breton. Elle est remplacée auprès de moi par Blanca Huergo Gonzalo, une jeune assistante espagnole chaleureuse et efficace.

Vendredi 25 octobre 2019 — 31 janvier !

Ce matin, les ambassadeurs des 27 discutent à nouveau de la demande de prolongation reçue du Premier ministre britannique.

Le souci de la France, et d'autres, c'est qu'une telle prolongation soit justifiée par une « bonne raison ». Depuis toujours, nous entendons par là soit des élections générales, soit un référendum.

À l'évidence, Boris Johnson, qui est bloqué par la fameuse loi Benn, a fait le choix de provoquer des élections générales avec le soutien du SNP écossais, puis, bon gré mal gré, du Parti travailliste et des libéraux-démocrates. Pour tous les ambassadeurs, il est clair qu'une prolongation « flexible » jusqu'au 31 janvier est maintenant inévitable.

Lundi 28 octobre 2019
— Une lettre du Premier ministre

Dans une lettre adressée au président du Conseil européen Donald Tusk, Boris Johnson prend note de la proposition d'étendre la période de l'article 50 jusqu'au 31 janvier 2020.

Le Premier ministre estime que cette prolongation « non désirée » (mais formellement demandée) de l'appartenance du Royaume-Uni à l'Union européenne est dommageable à la démocratie britannique et à la relation entre le Royaume-Uni et ses amis européens. Avant de confirmer son souhait d'élections générales en décembre « pour permettre l'élection d'un nouveau Parlement qui soit capable de résoudre la question conformément à nos normes constitutionnelles ». Il y aura donc de nouvelles élections générales avant la fin de l'année.

Mercredi 6 novembre 2019 — John Bercow

John Bercow qui, depuis le 1er novembre, a laissé son poste de *speaker* à son adjoint, Lindsay Hoyle, n'est plus tenu par son devoir d'impartialité.

Devant l'association de la presse étrangère, il estime avoir été « toujours juste » envers les députés, qu'ils soient *Remainers* ou *Brexiters*. Face aux journalistes qui lui demandent si le Brexit sera positif pour la place du Royaume-Uni dans le monde, M. Bercow est laconique : « la réponse honnête est non », avant de déclarer que « le Brexit est la plus grande erreur de politique étrangère dans la période d'après-guerre ».

Samedi 7 décembre 2019
— Fonctionnaires britanniques

Ce matin dans le *Financial Times*, Jonathan Faull lance un appel à se souvenir avec respect des membres britanniques de la Commission européenne : « Des politiques efficaces pour la concurrence et pour le commerce, un marché unique basé sur des normes communes et sur l'État de droit, des politiques intégrées pour nos transports et une administration publique de calibre mondial, pour n'en nommer que quelques-uns : beaucoup de domaines politiques portent la marque d'un leadership politique venant du Royaume-Uni et dévoué à l'intérêt européen le plus large. »

Je peux en effet témoigner de la place et du rôle tenu par les commissaires britanniques, et en particulier depuis trois ans par Jonathan Hill, chargé des services financiers, puis Julian King, actif commissaire chargé de la sécurité intérieure.

Tout au long de mon parcours européen, j'ai souvent fait le choix de travailler avec des Britanniques. Dans mon tout premier mandat de commissaire européen se trouvait à mes côtés Ronnie Hall, qui venait d'Irlande du Nord. Durant le même mandat, j'avais choisi un autre Britannique, Graham Meadows, comme directeur général de la Politique régionale. Et puis, autour de la table du collège présidé par Romano Prodi, se trouvaient deux Britanniques de haut niveau, le travailliste Neil Kinnock et évidemment Chris Patten, dernier gouverneur de Hong Kong, dont je n'oublie pas les exposés magistraux sur la situation internationale.

Enfin, durant mon deuxième mandat de commissaire, c'est Cathy Ashton, alors haute représentante pour les affaires étrangères et la politique de sécurité, qui s'est attelée avec Pierre Vimont, diplomate hors pair, à bâtir de toutes pièces le service diplomatique européen. Elle en a d'ailleurs montré l'utilité dans la gestion de deux dossiers infiniment complexes : celui du Kosovo et celui du nucléaire iranien.

À cette époque, commissaire au Marché intérieur et aux Services financiers, j'ai éprouvé un vrai plaisir à travailler avec David Wright, alors directeur général adjoint chargé des services financiers. Évidemment, cela a été aussi mon choix de proposer à Jonathan Faull de devenir directeur général pour le Marché intérieur et les Services financiers.

Je n'ai jamais eu aucun doute sur le fait que tous ces hommes et toutes ces femmes, hauts fonctionnaires européens de nationalité britannique, étaient loyaux à l'institution. Ils n'ont jamais cessé d'être à la fois patriotes et européens, comme je le revendique moi-même. C'est aussi pour cela que Jean-Claude Juncker, très tôt, a pris l'engagement de préserver leur place au sein de la Commission.

Cela n'a pas dissipé chez ces fonctionnaires une inquiétude, parfois un désarroi, qui a conduit un grand nombre d'entre eux à solliciter une autre nationalité.

Dimanche 8 décembre 2019 — Baby-boom

La campagne au Royaume-Uni touche à sa fin, et Boris Johnson n'est jamais à court d'arguments.

Dans une interview au *Sunday Times*, le Premier ministre prédit un baby-boom une fois le Brexit achevé : « Les flèches de Cupidon voleront une fois que nous aurons achevé le Brexit. L'amour fleurira dans toute la nation. »

Comme le relève le *Huffington Post*, « Boris Johnson n'a de son côté pas détaillé ni expliqué pourquoi le feuilleton sans fin du Brexit aurait un impact sur la libido de ses administrés »...

Mercredi 11 décembre 2019
— Veille d'élections

En ce dernier jour de campagne électorale, Boris Johnson, qui fait du porte-à-porte dans le Yorkshire, est invité à entrer par un couple et prépare avec eux un *pie* au bœuf et à la bière. Je lis dans *Le Figaro* que cette activité culinaire inspire au Premier ministre une belle métaphore : « Vous avez vu comme c'est facile, on le met au four, on ferme la porte, on le sort, et voilà, on a fait le Brexit ! »

Le Premier ministre, pour tenter de déminer le terrain, déclare aussi qu'il n'y aura pas de contrôles sur les biens entre la Grande-Bretagne et l'Irlande du Nord, ce qui ne correspond pas au contenu de l'accord de retrait...

Vendredi 13 décembre 2019
— Conseil européen

Contrairement à la fameuse nuit du référendum le 23 juin 2016, ce matin, le verdict des urnes est conforme aux sondages. Boris Johnson l'emporte haut la main avec 365 sièges. Le Parti travailliste mené par Jeremy Corbyn est défait avec 203 sièges. Les libéraux-démocrates perdent près de la moitié de leurs voix et leur cheffe de file Jo Swinson.

Je note deux résultats spécifiques qui sont porteurs de conséquences potentielles pour l'unité du Royaume-Uni. En Irlande du Nord, pour la première fois, les nationalistes du Sinn Féin, associés au SDLP créé par John Hume, auront plus de sièges que les unionistes du DUP. Et surtout, en Écosse, la Première ministre Nicola Sturgeon, avec sa compétence et son parler franc et simple, proche des gens, rafle 48 sièges sur les 59 dont sa nation dispose à Westminster. Elle considère aussitôt que mandat lui est donné d'organiser un nouveau référendum sur l'indépendance de l'Écosse.

À Bruxelles, c'est un jour de Conseil européen. Celui-ci soutient la décision de la Commission de me renommer comme chef de la future négociation. Et décrit le cadre du nouveau mandat dont j'aurai besoin dès le mois de février.

De manière claire et précise, Ursula von der Leyen tire les leçons de l'élection de cette nuit. Désormais, la ratification de l'accord de retrait est certaine au Royaume-Uni et nous devons être prêts pour la future négociation. « Attention, dit-elle, aux contraintes du temps. Nous ne pourrons pas tout faire en onze mois. »

Une dizaine de chefs d'État ou de gouvernement prennent alors la parole, à la fois pour souhaiter que notre méthode de transparence et de dialogue soit maintenue et pour insister sur le nécessaire équilibre de nos relations économiques avec ce grand pays, bientôt hors de l'Union et concurrent.

En répondant à chacun, je fais observer que l'accord signé le 17 octobre avec Boris Johnson a permis, pour la première fois depuis longtemps, qu'une campagne électorale au Royaume-Uni se déroule pratiquement sans aucun *blame game* contre Bruxelles.

Vendredi 20 décembre 2019
— Enquête sur l'article 50

Depuis le début de cette longue négociation, je me suis souvent demandé qui, précisément, avait eu l'idée, au moment de la convention de 2002 sur l'avenir de l'Europe, de prévoir le cas d'un État membre qui souhaiterait quitter l'Union européenne. En d'autres termes, qui est à l'origine de ce qui deviendra en 2009 l'article 50 du traité sur l'Union européenne ?

Ces dernières semaines, j'ai enfin pris le temps de « mener l'enquête », en interrogeant ceux qui avaient été comme moi associés aux travaux de la convention.

Avec l'aide de Pieter Van Nuffel et Clemens Ladenburger, deux excellents juristes qui ont depuis gravi les échelons du service juridique de la Commission européenne, ainsi que de collègues du secrétariat général, je reconstitue le fil des événements.

Les choses sont assez claires : l'idée est venue en 2002 de Sir John Kerr, le secrétaire général britannique de la convention, lors de ses discussions avec notamment Nikolaus Meyer-Landrut, actuel ambassadeur d'Allemagne en France, et Valéry Giscard d'Estaing.

D'autres participants à la convention, comme les Français Robert Badinter et Alain Lamassoure et le Britannique Peter Hain, avaient également mentionné cette hypothèse dans leurs contributions respectives. Celle de Robert Badinter prévoit une période de négociation entre l'Union et l'État sortant pour définir les modalités d'exercice du retrait et ses conséquences éventuelles sur les intérêts de l'Union. Avant de préciser : « Les dommages causés éventuellement à l'Union par le retrait devront être assumés par l'État sortant »...

Dans un premier temps réticent, le président Giscard d'Estaing s'était ensuite laissé convaincre, avec l'argument que cet article était nécessaire pour faire taire les eurosceptiques, notamment britanniques, qui propageaient sans cesse l'idée que l'Union européenne était une prison de laquelle on ne pourrait jamais sortir.

Cette proposition reçut ensuite un fort soutien des membres de la convention lors du débat en session plénière du 5 avril 2003, et notamment parmi eux des observateurs venant des pays d'Europe centrale et orientale qui s'apprêtaient à rejoindre l'Union européenne et qui y voyaient un symbole de liberté pour leurs peuples.

À bien y réfléchir, cet article était en réalité assez novateur. Comme le note Pieter Van Nuffel dans un ouvrage sur notre projet de Constitution européenne[1], il n'y avait auparavant « jamais eu de

1. Contribution à l'ouvrage *Genèse et destinée de la Constitution européenne*, de Giuliano Amato, Hervé Bribosia et Bruno De Witte, éditions Bruylant, 2017.

réponse juridique claire à la question de savoir si un État membre a le droit ou non de quitter l'Union ; en même temps, il [était] clair pour tout le monde que si un État membre avait la ferme intention de quitter l'Union, il n'y aurait pas de moyens de l'en empêcher ».

Ce qui deviendra l'article 50 a dès lors fait l'objet d'un grand intérêt des membres de la convention, qui en ont précisé le cadre et la procédure, notamment en prévoyant le rôle du Conseil européen et de la Commission, en tant que négociatrice de l'accord de retrait.

Le délai de deux ans à l'issue duquel l'État membre concerné quitte l'Union, même sans accord, est la « conséquence logique du principe que le droit de retrait relève du libre choix de l'État membre : il ne peut pas être forcé de rester dans l'Union lorsque les négociations sont dans l'impasse ; il ne peut pas être forcé à accepter les modalités que lui propose l'Union ».

Enfin, Pieter Van Nuffel insiste dans sa contribution sur la disposition qui précise que l'Union négocie le retrait d'un État membre « en tenant compte du cadre de ses relations futures avec l'Union ». Et d'envisager différentes hypothèses comme le maintien d'une union douanière ou d'une zone de libre-échange. Je reste toujours étonné par la rapidité avec laquelle Theresa May a exclu ces différentes options, dès janvier 2017…

Quant à Valéry Giscard d'Estaing, il m'a dit plus tard, avec cette intonation qui le caractérise, que l'idée venait de lui : « Il y avait à cette époque des campagnes de presse, notamment aux États-Unis, présentant l'Union européenne comme une prison. J'ai pensé que c'était assez juste. Et j'ai rédigé moi-même ce projet d'article qui a été ensuite affiné par le secrétaire général de la convention John Kerr. Aujourd'hui, je ne comprends toujours pas pourquoi c'est si compliqué de quitter l'Union. Ils veulent partir, donc qu'ils partent ! »

Ce n'est pas la première fois que je dois reprendre le fil de cette discussion pour expliquer au président Giscard d'Estaing chacune des conséquences de ce départ, pour tant de citoyens, inquiets de leurs droits, pour le budget européen, et même pour la protection de certains fromages auvergnats !

Lundi 23 décembre 2019 — Droits des citoyens

Veille de Noël. Steve Barclay cherche à me joindre depuis deux jours et nous parvenons enfin à nous parler. Je le félicite pour le résultat du Parti conservateur et je lui demande aussi comment il voit son propre avenir puisque Boris Johnson a annoncé symboliquement la suppression de son ministère ! Nous savons tous qu'en devenant ministre, on doit se préparer immédiatement à être un jour un ancien ministre. Avec simplicité, il me répond qu'il consacrera le mois de janvier à la bonne ratification du traité par la Chambre des communes et la Chambre des lords, puis qu'il restera à la disposition du Premier ministre dans le cadre du remaniement du gouvernement britannique qui suivra le Brexit.

Au cours de cette brève conversation, je lui reparle de la nécessité d'une bonne mise en œuvre de l'accord de retrait s'agissant des droits des citoyens, qui sera une priorité absolue pour le Parlement européen, comme pour la Commission et les États membres, dans les mois qui viennent.

En particulier, la Commission surveillera le fonctionnement de l'autorité britannique chargée de traiter rapidement et en toute indépendance les plaintes venant de citoyens de l'Union, mais aussi les conditions d'attribution du *settled status*, en particulier aux personnes les plus vulnérables.

Dans sa réponse, Steve Barclay se veut rassurant : l'*EU (Withdrawal Agreement) Bill* adopté en deuxième lecture à la Chambre des communes le 20 décembre établit une autorité de surveillance indépendante et la dote de tous les pouvoirs de suivi de la mise en œuvre des dispositions de l'accord de retrait sur les droits des citoyens. Les citoyens de l'UE se voient aussi octroyer une « période de grâce » qui leur donne tout le temps nécessaire pour demander leur statut de résident au Royaume-Uni dans le cadre de l'*EU settlement scheme*. Selon M. Barclay, sur les 2,6 millions de demandes reçues de citoyens de l'Union, seules cinq auraient été rejetées pour des motifs de condamnation pénale.

En guise de conclusion, Steve Barclay estime important de continuer à discuter de l'application de l'accord de retrait pour tous les citoyens couverts : « Beaucoup des questions que vous soulevez dans votre lettre concerneront aussi les citoyens britanniques dans l'UE et je note que certains États membres doivent encore fixer les détails de ce que les Britanniques devront faire pour protéger leurs droits. » C'est en effet un sujet à suivre de près des deux côtés !

2020

Mercredi 1er janvier 2020 — Bonne année !

Ce matin, pour souhaiter à tous mes *followers*, et à d'autres sans doute, une belle année 2020, j'ai choisi une photo poétique de mon village de

Saint-Martin-de-Belleville en Savoie. Cette photo a été prise par mon gendre Augustin et illustre parfaitement le paysage contrasté dans lequel se trouve notre relation avec le Royaume-Uni. On y voit ce beau village, dans la brume matinale. Le clocher de l'église baroque émerge à peine et pointe vers le ciel bleu.

J'accompagne la photo de ce message : « Bonne année depuis mon coin de Savoie ! 2020 sera une année de défis : nous Européens devons nous appuyer sur notre unité et travailler ensemble pour atteindre nos objectifs et défendre les intérêts européens dans le monde. Nous voulons bâtir un partenariat nouveau, fort et juste avec le Royaume-Uni, notre ami proche et allié. Meilleurs vœux à tous ! »

Lundi 6 janvier 2020 — Au complet !

Très tôt en ce lundi matin de rentrée, je retrouve au bureau Clara Martínez Alberola, qui rejoint notre équipe comme mon adjointe. J'avais en tête ce choix depuis plusieurs semaines. Clara a été longtemps la cheffe adjointe du cabinet de Jean-Claude Juncker, cabinet dont elle a pris la tête au départ de Martin Selmayr. C'est une juriste espagnole, très expérimentée. Elle a une autorité naturelle et ne perd jamais son calme, ce qui est un atout certain dans des journées de négociation souvent longues et difficiles. Sous une apparence parfois un peu stricte, elle sera une cheffe d'équipe attentive, humaine et très appréciée. Au sein de l'équipe Juncker, elle a travaillé avec Paulina Dejmek Hack. Toutes les deux sauront s'épauler, se compléter.

C'est une équipe solide, dont je suis sûr. Elle est maintenant très expérimentée en négociations. Plusieurs piliers de la première *task force* ont fait le choix de rester. Antonio FernándezMartos, ancien directeur général espagnol du Commerce, conduira les négociations *trade*, avec son adjoint Nicolas von Lingen pour les questions de *level playing field* et l'expert Mariano Fernandez-Salas sur les services. Stefan Fuehring, avec sa force de travail et son sens du détail, suivra les questions réglementaires et les transports. Marie Simonsen, juriste danoise qui avait rédigé l'accord sur les droits des citoyens, sera chargée de la gouvernance. Luca Rossi, lui aussi fin juriste, italien, s'occupera des questions de coopération policière et judiciaire. Quant à Philippe Bertrand, il continuera à veiller sur les questions budgétaires à travers la participation du Royaume-Uni aux programmes de l'Union.

J'ai aussi demandé à Stefaan De Rynck de prendre en charge la préparation dans les États membres des conséquences du Brexit, que nous ayons ou non un accord sur la future relation. Enfin, la grande expertise juridique d'Hannes Kraemer nous sera très utile pour la rédaction de l'accord que nous souhaitons. Celle de Dan Ferrie, promu porte-parole, nous le sera tout autant en matière de communication, en équipe avec Matthieu. Enfin, j'ai demandé à Georg de prendre en charge la stratégie de négociation auprès de Clara et moi. Il a choisi Ivo, lui aussi un vétéran de la première négociation pour l'accompagner. Ensemble, ils rédigeront toutes les semaines la note de stratégie que j'adresse à la présidente.

Mercredi 8 janvier 2020
— Retour au 10 Downing Street

Ursula von der Leyen et Boris Johnson ont choisi de se retrouver dès ce début d'année au 10 Downing Street et j'accompagne la présidente de la Commission.

Ils ne se connaissent pas, et en allant elle-même à Londres pour cette première rencontre, Ursula von der Leyen fait un geste de bonne volonté. Je sais la réticence de l'équipe Johnson à l'égard de tout ce qui concerne Bruxelles et sa bureaucratie. Je trouve néanmoins curieux que, de son côté, le Premier ministre britannique n'ait pas fait le geste d'organiser un déjeuner comme l'avait fait Theresa May pour Jean-Claude Juncker.

La rencontre aura lieu cet après-midi pendant une petite heure. Elle donnera lieu à une simple photo et il n'y aura pas de point presse, ni même de déclaration commune. Bref, le strict minimum.

Ursula von der Leyen, qui veut s'exprimer sur le Brexit et ses suites, a choisi de faire une conférence dans son ancienne université, la *London School of Economics*. Elle y retrouve beaucoup d'amis et même une partie de sa famille. Elle a choisi un beau titre pour son discours : « *Old friends, new beginnings*[1]. » C'est notre état d'esprit.

Au début de son propos, elle reconnaît avoir à l'époque passé plus de temps dans les bars de Soho et chez les disquaires de Camden qu'à la bibliothèque de l'université. Après avoir rappelé son attachement personnel au Royaume-Uni, elle délivre un message clair : elle avertit les Britanniques que, dans un délai de onze mois, le délai que veut imposer Boris Johnson pour la négociation, on ne pourra pas tout faire et qu'il faudra choisir des priorités.

« Au moment où nous embarquons dans ce nouveau partenariat avec le Royaume-Uni, l'Union européenne doit aussi continuer à se forger son propre destin dans le monde. Une conséquence du vote pour le Brexit a été de renforcer l'unité et la foi

1. « Vieux amis, nouveaux départs. »

dans l'Europe comme un projet de bien commun. La vérité est que le Brexit a souligné l'importance d'être ensemble dans le monde d'aujourd'hui, de plus en plus instable. »

Vient le temps des questions et l'une d'entre elles porte sur le sujet précis des accords commerciaux que les Britanniques doivent renégocier pour leur propre compte après avoir quitté l'Union européenne. Spontanément, la présidente me demande d'y répondre. Je vais alors m'asseoir sur le côté de l'estrade, où se trouve un micro, encouragé par la salle. Tout cela donne l'image d'une complicité entre nous et d'une Commission européenne simple et réactive.

Un peu plus tard, nous gagnons le 10 Downing Street où Boris Johnson accueille Ursula von der Leyen sur le pas de la porte. Le Premier ministre me fait alors un salut cordial avant que je ne les rejoigne. L'entretien consacré au Brexit prend une quarantaine de minutes.

Comme toujours, Boris Johnson est direct, peut-être un peu trop. Il a l'assurance de quelqu'un qui a remporté les élections. « *No more Brexit ! Finito !* Les gens veulent qu'on passe à autre chose. » Après cette entrée en matière détonnante, lui qui a gagné son élection sur le « *Get Brexit done !* » ajoute : « La discussion sera difficile, mais nous l'abordons avec un bon état d'esprit positif. Nous voulons réaliser ce qui est dans le manifeste du Parti conservateur. On ne reviendra pas sur les idées de Chequers. »

Je ne suis pas surpris par sa détermination. Les Britanniques veulent diverger des règles européennes. Chequers, dont il ne veut plus entendre parler, c'était l'idée que le Royaume-Uni garde un pied à l'intérieur, un pied à l'extérieur du marché unique. Et que nous aurions des règles assez proches et peut-être même une union douanière. Aujourd'hui, nous sommes avertis que la demande du nouveau gouvernement sera celle d'un simple accord de libre-échange, comme celui que nous avons signé avec le Canada.

Le Premier ministre ajoute : « On a compris ce que vous dites sur le dumping, mais je ne vois pas de problème. On va continuer à échanger, nous voulons le maximum d'accès. Souvent les normes de l'UE sont plus faibles que les nôtres, comme c'est le cas pour l'élevage des porcs au Danemark. Aujourd'hui nous sommes alignés. Nos produits sont parmi les meilleurs du monde. »

Dans sa longue tirade, il évoque les lignes rouges britanniques, notamment la pêche : « Nous allons reprendre le contrôle de nos eaux, maîtriser l'immigration, refuser toute incursion de la Cour de justice européenne. »

Après cette intervention, Ursula von der Leyen, sur un ton très calme, lui confirme que nous devons pour l'avenir travailler ensemble, parce que nous sommes amis, et parce que nous avons des valeurs et des expériences communes : « Nous allons faire tout notre possible, mais c'est votre décision de quitter l'Union, le marché unique, de mettre de la distance entre nous. Il ne peut pas y avoir la liberté de circulation des biens ou des services s'il n'y a pas la liberté de circulation des personnes. Le temps est très court. »

Boris Johnson, toujours avec le même aplomb, lui répond qu'« un accord est faisable. C'est une question de volonté politique ».

J'interviens alors dans le débat, d'abord pour remercier le Premier ministre et son équipe pour la bonne coopération qui a abouti le 17 octobre à un accord sur le retrait ordonné. « Dans cette salle, nous sommes des hommes et femmes politiques, et non pas des super-technocrates. Ce dont il est question, c'est de traduire la volonté politique dans le texte juridique d'un traité. Pour nous, la question du *level playing field* est majeure. Ce qui nous préoccupe, ce n'est pas la qualité des produits britanniques qui entreront sur le marché unique, puisque nos normes et nos règles doivent être respectées pour toute importation, mais bien la manière dont les produits britanniques sont fabriqués. La question des aides d'État est essentielle pour nous aussi. »

Cet entretien est cordial. Il n'y a pas de surprise. À l'évidence, Boris Johnson veut se débarrasser du Brexit le plus vite possible. Et je sens qu'il ne demandera jamais une prolongation de la transition. Il ne peut pas se permettre que deux ou trois années de son mandat de cinq ans soient des années où son gouvernement serait contraint d'appliquer les règles européennes.

Jeudi 9 janvier 2020 — Stockholm

En cette nouvelle année, ma première visite est pour Stockholm, belle ville froide et ensoleillée, au cœur de cette Suède traditionnellement proche du Royaume-Uni, et qui redoute l'impact du Brexit.

Ce matin, la salle de la représentation de la Commission européenne est pleine à craquer pour un exposé que je consacre à notre future relation avec le Royaume-Uni.

Je suis bien conscient de la relation d'amitié entre la Suède et le Royaume-Uni. La première alliance anglo-suédoise remonte à 365 ans, quand la reine Christine de Suède signa un traité commercial avec le Commonwealth d'Angleterre. À cette époque, l'ambassadeur britannique en Suède, Bulstrode

Whitelocke, déclara que la Suède et l'Angleterre étaient des nations faites pour s'entendre, « à une distance parfaite (...), ni trop proches, pour éviter les jalousies, ni trop éloignées pour pouvoir se prêter assistance en temps opportun ». Au fil des ans, cette amitié a grandi, de manière bilatérale mais aussi au sein de l'Union européenne, où la Suède et le Royaume-Uni ont partagé beaucoup de vues, par exemple sur le commerce, l'élargissement, l'innovation ou le marché unique numérique.

Ici encore plus qu'ailleurs, je veux d'abord rassurer : l'accord de retrait que nous avons conclu avec le Royaume-Uni protégera les intérêts fondamentaux de l'UE et de la Suède. Il nous donne aussi onze mois de continuité pendant lesquels nous allons tout mettre en œuvre pour préparer notre relation future : « Ce ne sera jamais l'UE qui sera prise à défaut d'ambition commune. » Nous voulons un partenariat qui aille bien au-delà du commerce et qui soit sans précédent par son champ, en couvrant tout, depuis les services jusqu'à la pêche, l'action climatique, l'énergie, les transports, l'espace et la sécurité et la défense.

Bien sûr, nous ne pourrons pas tout faire en moins d'un an, et j'insiste sur trois priorités pour cette année 2020.

D'abord, nous devons construire une nouvelle capacité qui nous permette de travailler ensemble, de manière bilatérale et dans les enceintes globales. Nous devons unir nos forces pour relever de grands défis comme le changement climatique, la promotion du multilatéralisme, ou la recherche de solutions pacifiques au Proche-Orient.

Deuxièmement, nous devons construire un partenariat très étroit pour notre sécurité. Il ne peut pas y avoir de compromis sur notre sécurité mutuelle.

Même si nous ne pourrons plus coopérer avec le Royaume-Uni comme nous le faisons entre États membres, nous devons pouvoir compter l'un sur l'autre.

Troisièmement, nous devons construire un partenariat économique fondé sur un *level playing field*. La concurrence est positive. L'Union européenne n'en a pas peur. Mais cette concurrence ne peut pas porter sur les normes sociales et environnementales, car cela mènerait à une course au moins-disant qui mettrait les travailleurs, les consommateurs et la planète du côté des perdants. Voilà pourquoi nous insisterons sur un partenariat économique avec zéro tarif, zéro quota, mais aussi zéro dumping.

À la fin de mon propos, je suis touché par l'attention de la cheffe de représentation, Katarina Areskoug, qui me fait souffler une bougie. J'avais prévenu l'auditoire : « Je suis disponible pour prendre vos questions, mais soyez sympas, c'est mon anniversaire. »

Vendredi 10 janvier 2020 — Qui décevoir ?

Dans sa chronique parue dans *Le Monde* du 8 janvier (« Brexit : qui Boris Johnson va-t-il trahir ? »), Éric Albert met bien en évidence le dilemme que devra trancher le Premier ministre britannique dans les semaines à venir.

Soit il confirme l'orientation voulue par certains de ses conseillers, notamment Dominic Cummings, en faveur d'un Brexit dur, au risque de décevoir très fortement ses nouveaux électeurs des régions défavorisées du nord de l'Angleterre, qui seront parmi les premières à souffrir des conséquences économiques d'une « rupture nette » avec l'Union.

Soit il fait le choix d'un accord ambitieux, qui

limite les conséquences économiques négatives du Brexit, au risque d'aliéner les *Brexiters* les plus durs qui l'ont soutenu depuis la première heure.

De la réponse à cette question dépendra la dynamique de la négociation qui s'engagera dans quelques semaines…

Lundi 27 janvier 2020
— De Dublin à Belfast

Retour à Dublin. Je me sens bien dans cette ville et en Irlande.

La matinée débute avec Leo Varadkar. Dans son bureau, j'insiste sur la vigilance dont nous devons faire preuve pour que l'accord de retrait soit correctement mis en œuvre. Il faut aussi que l'Irlande, qui a été constamment soutenue depuis trois ans par les 26 autres États membres, reste solidaire dans la négociation qui vient, notamment sur la question du *level playing field*.

Après une réunion très utile avec tous les responsables économiques d'Irlande, nous prenons la route vers Belfast. Il y a une heure et demie de trajet entre les deux villes et évidemment nous traversons une frontière qui ne se voit pas. J'ai tenu à aller signer le registre de condoléances à l'hôtel de ville de Belfast à la mémoire de Séamus Mallon. Cet homme courageux a été le compagnon de route du leader nationaliste John Hume, et l'un des artisans du *Good Friday Agreement*.

Nous gravissons ensuite la colline de Stormont, où siège le Parlement nord-irlandais et où travaille le nouvel exécutif enfin reconstitué après trois ans d'incertitude. La *First Minister*, Arlene Foster, n'est pas là. C'est son choix. Son adjointe Michelle O'Neill, qui appartient au Sinn Féin, m'accueille chaleureusement. Se trouve à ses côtés, si je puis dire, Diane Dodds, nouvelle ministre de l'Intérieur d'Irlande du Nord, ardente militante du DUP, qui représente la *First Minister*. Elles s'attachent soigneusement, tout au long de notre rencontre, pour les photos et autour de la table, à m'entourer, l'une à gauche, l'autre à droite, pour ne pas apparaître côte à côte. J'espère tout de même qu'elles parviendront à prendre des décisions communes.

Sans surprise, Diane Dodds m'interpelle sur la mise en œuvre de l'accord qui prévoit formellement des *checks* et contrôles pour les produits qui entreront à Belfast, à l'aéroport ou dans le port, d'où qu'ils viennent. Habilement, elle évoque le besoin d'éviter des « barrières ». Je lui dis que notre intention n'est pas, en effet, d'ériger des barrières, mais de contrôler des produits ou des animaux, comme cela s'est d'ailleurs toujours fait à Belfast pour des contrôles sanitaires et phytosanitaires sur une partie des produits ou des animaux arrivant de Grande-Bretagne. Au total, leur accueil est très cordial.

Je me rends aussitôt après à Queen's University où m'attendent 300 personnes parmi lesquelles les principaux responsables politiques et économiques d'Irlande du Nord, mais aussi, assis au premier rang, l'ancien *Taoiseach* d'Irlande et l'un des signataires du *Good Friday Agreement*, Bertie Ahern.

Nous avons travaillé avec mon équipe sur un texte respectueux pour le Royaume-Uni mais clair et ferme sur les principes et sur les conséquences du Brexit, en particulier pour l'Irlande du Nord, qui sera sans doute la partie du Royaume-Uni la plus durement touchée.

À la fin du discours, la première salve vient des journalistes qui cherchent à me mettre en contradiction avec Boris Johnson sur les fameux *checks* et contrôles entre la Grande-Bretagne et l'Irlande du Nord. Il y a évidemment une divergence entre le Premier ministre britannique et nous, mais le traité est le traité, et il n'y a pas d'ambiguïté sur ce sujet. À trois reprises, je confirme qu'il y aura bien des contrôles pour les marchandises qui entrent en Irlande du Nord et donc dans le marché unique.

Et puis, à la fin, un étudiant, assez ému, me demande : « Que pouvez-vous dire, monsieur Barnier, à des jeunes Irlandais aujourd'hui, à la veille du Brexit ? » Spontanément, je lui réponds : « Prenez la parole, utilisez votre pouvoir de vote, engagez-vous. Personne ne peut vous empêcher d'être européen. »

Mercredi 29 janvier 2020
— Ce n'est qu'un au revoir

C'est aujourd'hui au Parlement européen à Bruxelles la conclusion de trois années de travail.

Avec le vote de l'accord de retrait, c'est aussi, quarante-huit heures avant le Brexit, le dernier jour de session pour les 73 députés européens britanniques. Pour eux comme pour nous, c'est un moment émouvant. Tout en haut de l'hémicycle, le carré des *Brexiters* triomphe, encadrant Nigel Farage et agitant avec fierté le drapeau britannique.

Et puis il y a tous les autres, travaillistes, libéraux-démocrates, verts, deux conservateurs qui sont restés au PPE. Ils font aujourd'hui leur baroud d'honneur, et beaucoup d'entre eux s'exprimeront avec dignité et parfois avec une grande émotion.

Après Ursula von der Leyen, et à ses côtés, je suis invité à conclure cette session plénière. Le vote va avoir lieu et je tiens à rappeler la qualité du travail de beaucoup de députés britanniques qui ont contribué à la construction du projet européen depuis quarante-sept ans, sans pouvoir évidemment tous les citer. Je veux saluer en particulier Andrew Duff et Richard Corbett, avec qui j'ai travaillé au sein de la convention sur l'avenir de l'Europe. Et puis, comme commissaire européen, j'ai eu à travailler très étroitement avec trois présidents de commission parlementaire, Malcolm Harbour puis Vicky Ford pour le marché intérieur, Sharon Bowles pour les services financiers.

Enfin, je fais trois points pour prendre date, à la toute fin de mon intervention.

D'abord, tout au long de cette négociation et dans l'année qui vient, notre tâche va être de traiter les conséquences du Brexit. Mais je recommande aussi que nous prenions du temps pour écouter le sentiment populaire qui s'est exprimé à l'occasion du Brexit, et qui s'exprime aussi dans beaucoup de nos régions. Nous devons prendre le temps de tirer les leçons du Brexit.

Ensuite, je rappelle la question soulevée par Chris Patten, qui fut notamment commissaire européen, en conclusion d'une conférence à Dublin : « La défense de l'intérêt national peut-elle être seulement nationale ? » On pourrait poser la question d'une autre manière : « Ne faut-il pas être européen en plus d'être patriote ? » Pour ma part, j'ai la conviction que l'on peut, que l'on doit être patriote et en même temps européen, et que cette dimension européenne donne davantage de force à notre patriotisme.

Enfin, au moment de ce nouveau départ, je conclus en souhaitant, avec sincérité, le meilleur au Royaume-Uni.

Et puis le vote électronique sanctionne finalement cette longue négociation. Le résultat est sans appel : 621 voix pour, 49 contre et 13 abstentions. J'observe avec un certain amusement que les *Brexiters*, Farage en tête, auront finalement voté pour ratifier l'accord alors qu'ils n'ont jamais cessé de le critiquer pendant ces trois années.

Aussitôt après ce vote, on aurait pu s'attendre à

ce que retentissent dans l'hémicycle l'hymne européen ainsi que le *God Save the Queen*. Mais ce n'est pas un moment solennel qui suit. C'est l'émotion. La quasi-totalité des députés qui composent le Parlement européen se lève pour entonner *Auld Lang Syne*, le chant écossais connu en France sous le titre *Ce n'est qu'un au revoir*. Pays et groupes politiques confondus, chacun se tient par la main.

Vendredi 31 janvier 2020 — Un jour d'émotion

C'est le jour ! Tant attendu et espéré par certains, tant redouté par d'autres. D'une certaine manière un jour historique, puisque c'est la première fois, j'espère la dernière, qu'un État membre de l'Union européenne la quitte. Ce matin, je suis partagé entre plusieurs sentiments. Évidemment de la tristesse. Le Brexit est un échec pour l'Union européenne. C'est aussi un gâchis pour le Royaume-Uni et pour nous. Je n'en comprends toujours pas l'utilité, même du point de vue de l'intérêt national britannique. Mais les messages de tristesse se multiplient, et quel que soit mon sentiment personnel, je n'ai pas envie de participer à ce concert de lamentations.

Je m'en tiens aujourd'hui à un seul tweet : « Un jour d'émotion. Unité. Transparence. Respect. Notre travail continue », accompagné de quatre photographies symboliques.

D'abord, celle des trois nouveaux présidents des institutions européennes. Ursula von der Leyen, Charles Michel et David Sassoli ont tenu ce matin à être ensemble pour exprimer à la fois leur regret face au départ des Britanniques et leur espoir d'une relation future forte et respectueuse.

Ensuite, la conférence de presse du 19 mars 2018

où, en toute franchise, j'ai présenté, aux côtés de David Davis, l'état d'avancement des négociations sur le projet de traité, soulignant en vert derrière nous les articles déjà agréés.

Et puis ce bref dialogue avec un groupe d'écoliers à l'hôtel de ville de Derry-Londonderry, le 1er mai 2018.

Et enfin ma visite à la City, le 5 février 2018, où était affichée sur un immeuble cette phrase qui reste toujours d'actualité : « L'UE dit au Royaume-Uni : c'est le moment de faire un choix à propos du Brexit. »

Un peu plus tard cet après-midi, Emmanuel Macron m'a proposé un rendez-vous. Le moment n'est pas neutre. Aussitôt après la fin de cet entretien, il fera diffuser une brève déclaration par toutes les chaînes de télévision. Son ton est grave et solennel. Il met l'accent sur les leçons que l'Europe doit tirer du Brexit.

Au cours de notre entretien, je le trouve fatigué. On le serait à moins. Beaucoup de soucis s'amoncellent avec le débat sur les retraites qui n'en finit pas et d'autres polémiques qui auraient pu être évitées. Néanmoins, il prend le temps d'écouter, de questionner, de fixer la ligne de la France. Il va de soi que la France veut poursuivre sa coopération avec le Royaume-Uni, mais elle n'est pas prête à un détricotage du marché unique ni à une concurrence déloyale. Il demande des explications à Paulina sur les services financiers, et à Georg sur l'impact des négociations entre les États-Unis et le Royaume-Uni. Il insiste sur le dossier de la pêche que je connais bien.

Ce soir, je suis touché par beaucoup de messages, mais aussi par l'expression à Londres et à Bruxelles de tant de tristesse, de colère, de nostalgie.

Parmi tous ces messages, le plus émouvant et le plus digne est sans doute celui de deux vétérans de la

Seconde Guerre mondiale, Stephen Goodall, 98 ans, et Sidney « Sid » Daw, 95 ans, dont la déclaration est projetée sur les falaises de Douvres, à destination de qui veut l'entendre aux Pays-Bas, en Allemagne, en France ou en Belgique : « Je me sens déprimé, dit Stephen Goodall, à l'idée que le Royaume-Uni quitte l'Europe, parce que l'Europe signifiait tellement pour moi. J'aime être vu comme un Européen. Et le sentiment de camaraderie qu'on a en visitant l'Europe, c'est vraiment quelque chose. » À la fin de leur message, les étoiles du drapeau européen s'effacent peu à peu jusqu'à ce qu'il n'en reste qu'une : « Voici notre étoile, prenez-en soin pour nous. »

Encore une fois, mon sentiment est mélangé. En faisant cet accord avec Boris Johnson, nous rendons possible le Brexit. Mais il est ordonné, autant qu'un divorce puisse être ordonné. Même s'il y a une rupture, il n'y a pas de drame ce soir et j'ai le sentiment que mon équipe a accompli sa tâche.

Je me demande simplement ce qui serait advenu si nous n'avions pas conclu cet accord le 17 octobre. Boris Johnson serait tout de même allé aux élections. Il les aurait gagnées au terme d'une nouvelle campagne antieuropéenne, contre ces « technocrates de Bruxelles » qui ne comprennent rien. Ensuite, de deux choses l'une : soit le Brexit aurait eu lieu aujourd'hui sans accord, avec de vraies turbulences et une crise. Soit nous aurions bâclé, sous la pression de certains gouvernements et des milieux économiques, un accord imparfait, en sacrifiant certains des intérêts de l'Union pour éviter le *no deal*.

Au total donc, puisque le Brexit était devenu inéluctable, il valait mieux que le Brexit se passe comme il se passe aujourd'hui. Sans chaos. Simplement avec beaucoup de tristesse.

UNE SECONDE NÉGOCIATION

Lundi 3 février 2020
— Nouvelle négociation, nouveau mandat

Au lendemain d'un week-end un peu triste, le premier pour l'Union européenne sans le Royaume-Uni, je suis l'invité de la matinale de France Inter. Après avoir répondu aux questions de Nicolas Demorand et Léa Salamé, un premier auditeur, Pierre, m'interpelle : « Ça fait trois ans qu'on nous dit "on négocie, on négocie, on négocie". Ça y est, c'est bon, on peut signer le divorce, et maintenant on nous dit "on va négocier". Alors j'avoue, je suis un peu perdu : qu'a-t-on négocié depuis trois ans, et que reste-t-il ? »

Bonne question, qui montre que cette seconde négociation ne va pas de soi ! J'y réponds en expliquant qu'il s'agissait d'abord, lorsque les Britanniques nous ont dit leur intention de divorcer, de traiter toutes les questions d'insécurité juridique que crée un divorce. Mais une fois qu'on a divorcé, il faut tout reconstruire : quel type de relations voulons-nous avoir avec l'autre partie ? Voilà l'objet de la nouvelle négociation.

Pour cette nouvelle négociation, il fallait évidemment à la Commission européenne, et en son sein à notre équipe de négociation, un nouveau mandat des 27 États membres, avec le soutien du Parlement européen.

Et nous avions besoin de ce mandat rapidement. Selon l'accord de retrait, la période de transition s'achève le 31 décembre 2020, à moins que les deux parties ne se mettent d'accord, avant le 30 juin 2020, pour la prolonger d'un ou deux ans. Pendant cette transition, rien ne change pour les citoyens et les entreprises puisque le Royaume-Uni, qui a quitté les institutions de l'Union, reste dans le marché intérieur et dans l'union douanière.

Nous savons en tout cas que la nouvelle négociation sera une course contre la montre. Et que les Britanniques chercheront certainement à imposer le tempo, et même à nous accuser de lenteur.

Voilà pourquoi j'ai demandé ces dernières semaines à mes équipes de préparer un projet de texte juridique complet de l'accord final, que nous pourrons mettre sur la table le moment venu. Sous la houlette de Clara et Paulina, la *task force* a travaillé tout le mois de janvier, souvent de nuit, pour garder cette longueur d'avance.

Et c'est aussi pourquoi la Commission européenne adopte sans tarder, dès aujourd'hui, le projet de directives de négociation sur la future relation, sur lequel les 27 États membres devront se prononcer.

Pas de surprises dans ce projet de mandat, que je présente ce matin à la presse, car il s'inscrit dans le cadre de deux documents essentiels. D'abord, les orientations fixées par le Conseil européen dès le 29 avril 2017. Ensuite, la déclaration politique sur le cadre de notre relation future, agréée avec le gouvernement de Boris Johnson le 17 octobre 2019 et approuvée par le Conseil européen.

Notre but est de conclure un partenariat ambitieux

avec le Royaume-Uni. Mais nous devons être lucides : le partenariat le plus ambitieux, nous l'avions !

Nous devons maintenant tirer les conséquences des choix du Royaume-Uni : quitter l'Union européenne, c'est fait. Quitter le marché unique et l'union douanière, ce sera fait, si j'entends bien Boris Johnson, le 31 décembre prochain. Le Royaume-Uni ne sera alors plus lié par la liberté de circulation des personnes. Il quittera notre écosystème commun constitué de règles, de normes, de droits, et de supervision. Et il ne pourra plus bénéficier des droits et des avantages économiques qui sont ceux d'un État membre.

Voilà le cadre qui nous contraint et dans lequel nous devons négocier la meilleure relation possible. Nous proposons de travailler sur trois chapitres.

Premier chapitre : un partenariat économique très ambitieux. Pas de tarifs douaniers, ni de quotas sur tous les biens entrant dans notre marché unique de 450 millions d'habitants. Un accord de libre-échange ambitieux aussi sur les services, le commerce numérique, les questions de propriété intellectuelle et l'accès à nos marchés publics respectifs.

Mais un accord à deux conditions. D'abord, la concurrence, ouverte, doit aussi être juste. Dans la déclaration politique, nous nous sommes mis d'accord avec Boris Johnson pour éviter les « avantages concurrentiels injustifiés ». Nous devons maintenant trouver les moyens de garantir une concurrence équitable, un *level playing field*, sur le long terme. Pour cela, nous avons besoin de mécanismes qui maintiennent les normes strictes que nous partageons aujourd'hui, en matière sociale, environnementale, climatique, fiscale ou d'aide d'État.

La deuxième condition que nous posons concerne

la pêche. Car nous savons bien que c'est notre talon d'Achille. En sortant de l'Union européenne et de la politique commune de la pêche, les Britanniques reprennent la souveraineté sur leurs eaux territoriales et leur zone économique exclusive. Pour nous Européens, plusieurs milliers d'emplois sont concernés. Il n'y a pas de raison que les pêcheurs européens soient les sacrifiés du Brexit. Nous exigerons donc un accès continu aux eaux britanniques si les Britanniques veulent accéder à nos marchés, où ils exportent d'ailleurs près des deux tiers de leurs produits de la pêche.

Tout accord de libre-échange devra donc comprendre des conditions de concurrence équitables et cet accord sur la pêche. Et au-delà de ce socle, nous proposons de coopérer dans d'autres domaines, comme les transports, l'énergie ou encore les programmes de l'Union européenne, comme Erasmus et Horizon Europe sur la recherche et l'innovation. Reste enfin la difficile question de la mobilité des personnes, une des raisons pour certains, Farage et autres, du vote *Leave*. De notre côté, nous voulons être ambitieux, comme c'est l'espoir de tant de gens, et de jeunes en particulier.

Un deuxième chapitre est consacré à la sécurité intérieure. Début février, à nouveau, une attaque au couteau a eu lieu dans le quartier londonien de Streatham. Dans mon point presse, je redis la solidarité européenne à l'égard des victimes et des autorités britanniques. Cette solidarité ne se marchande et ne se marchandera pas.

La lutte contre le terrorisme, mais aussi contre le crime organisé ou la cybercriminalité, nécessite une étroite coopération entre l'Union européenne et le Royaume-Uni. La même coopération est nécessaire sur le front extérieur, face à des groupes qui cherchent à déstabiliser nos démocraties.

Il ne serait pas normal, dans le monde dangereux où nous sommes, de ne plus pouvoir échanger des empreintes digitales, des données ADN, ou encore des numéros de plaques d'immatriculation dans le cadre d'enquêtes. Ou de ne plus pouvoir extrader des criminels. Nous devons donc reconstruire un cadre juridique et opérationnel. Ce n'est pas facile, puisque le Royaume-Uni quitte nos agences, comme Europol et Eurojust, n'appartient pas à l'espace Schengen, et est désormais un pays tiers.

Nous posons aussi trois conditions. Le Royaume-Uni devra s'engager à appliquer la Convention européenne de sauvegarde des droits de l'homme, sujet délicat pour une partie des *Brexiters*. Le gouvernement britannique devra nous garantir des normes adéquates de protection des données. Toute coopération devra aussi être soumise à un mécanisme de règlement des différends efficace, et à la Cour de justice européenne là où le droit européen est en cause.

Enfin, nous proposons dans notre mandat une coopération durable sur la politique étrangère, la défense et l'aide au développement. Avec Josep Borrell, haut représentant de l'Union pour les affaires étrangères et la politique de sécurité, cela nous semble une évidence. Nous avons un intérêt commun à maintenir un dialogue politique étroit sur les grandes crises de ce monde, les défis globaux comme le climat ou encore les « nouveaux terrains » comme les réseaux, l'Arctique ou l'espace. Et aussi à pouvoir agir de concert à travers des opérations extérieures ou des sanctions.

Enfin, le partenariat ambitieux que nous envisageons nécessitera un cadre institutionnel robuste pour garantir sa mise en œuvre correcte par les deux parties dans le temps.

Au-delà des mécanismes de dialogue et de consultation politiques, nous avons besoin d'une boîte à outils composée de mécanismes efficaces de « règlement des différends » et de leur mise en application. Ce cadre de gouvernance doit couvrir tous les domaines de coopération économique et sécuritaire.

Si certaines obligations ne sont pas respectées ou même violées par une partie, l'autre partie doit pouvoir réagir rapidement et efficacement, y compris par des mesures autonomes.

Lundi 10 février 2020 — Méthode gagnante

Dans la voiture pour Luxembourg, où se tient trois mois par an le conseil « affaires générales », nous passons en revue avec Clara ma présentation du mandat aux ministres des 27.

Je sais que la discussion va porter non seulement sur le fond, mais aussi sur la méthode pour réussir dans les temps.

C'est une discussion que nous avons aussi eue en interne. Au treizième étage du Berlaymont, la volonté a été de dégager des priorités fortes pour les neuf prochains mois. Se concentrer sur les sujets où la fin de la période de transition créera l'impact négatif le plus fort et où des mesures de contingence ne sont pas possibles : la question des tarifs douaniers, la pêche, le *level playing field*, la gouvernance.

L'idée est louable, mais je sais que cela ne marchera pas. Aucun des sujets spécifiques auxquels tient un État membre ou un autre ne doit être laissé de côté. Qu'il s'agisse de l'aviation pour la Finlande et l'Espagne, du transport routier pour la Pologne ou la Slovaquie, de la mobilité pour la Roumanie ou la Bulgarie ou des biens culturels pour la Grèce.

Ma proposition aux ministres est donc de progresser sur tous les sujets en parallèle. Concrètement, nous allons ouvrir une douzaine de tables de négociation thématiques avec le Royaume-Uni.

En quittant les ministres, nous prenons la route de Strasbourg, pour rejoindre la session plénière du Parlement européen. C'est l'occasion d'annoncer publiquement la méthode et l'attitude qui resteront les miennes à l'égard des Britanniques : patience, respect, fermeté. Depuis le premier jour, j'ai choisi de ne montrer aucune émotion ni aucune passion dans cette négociation. Les tabloïds britanniques en seraient trop friands. Je ne changerai pas maintenant.

Réussir cette seconde négociation, c'est avant tout un travail d'équipe. Au sein de la Commission européenne, avec la présidente Ursula von der Leyen et chacun des 26 commissaires, leur cabinet et leurs services. En particulier avec le commissaire chargé du commerce, Phil Hogan, dont Sabine Weyand est désormais la directrice générale. Avec le Conseil européen, son président Charles Michel et chaque État membre. La clef est ici dans le groupe de travail du Conseil sur les relations avec le Royaume-Uni, qu'anime Didier Seeuws. Et, évidemment, avec les membres du Parlement européen, son président David Sassoli, et en lien avec le groupe de coordination pour le Royaume-Uni présidé par David McAllister. Je suis leur négociateur et je continuerai à agir comme tel, au service de toutes les institutions et de l'unité des Européens.

Je veux également dialoguer avec les Parlements nationaux dans chacun des 27 pays de l'Union, et écouter les parties prenantes — syndicats, entreprises, associations et organisations non gouvernementales. À nouveau, une telle négociation ne peut pas être secrète.

Lundi 17 février 2020
— Écart philosophique

David Frost, conseiller Europe du Premier ministre et désormais négociateur en chef du Royaume-Uni, est de retour à Bruxelles. C'est un homme courtois, pas très expansif, définitivement fidèle à Boris Johnson, qui a été choisi pour diriger les équipes britanniques. Il est venu avec un autre fidèle, l'ambassadeur du Royaume-Uni à Bruxelles, Tim Barrow, que nous connaissons bien désormais, et un adjoint que je ne connaissais pas, Oliver Lewis, dont je comprends qu'il est proche de Dominic Cummings et qu'il a travaillé sur le scénario d'un *no deal*. En tout cas, il arbore fièrement l'Union Jack, le drapeau du Royaume-Uni, au revers de sa veste.

Je tiens à saluer David Frost dans son nouveau rôle et je lui dis très clairement d'emblée ma préoccupation : « Si nous voulons réussir dans le temps très contraint que vous avez choisi pour cette négociation, alors il faut faire attention à tous les points qui constituent des risques d'échec. Le premier, c'est le respect ou le non-respect de la déclaration politique sur le cadre de notre relation future que nous avons agréée avec Boris Johnson le 17 octobre dernier. Plus vous vous éloignerez de cette déclaration politique, plus ce sera difficile.

« Le deuxième est la question du *level playing field* : tout accord de commerce large, ouvert, sans tarifs ni quotas avec le Royaume-Uni s'accompagnera d'un cadre de règles du jeu communes. Il s'agit bien d'éliminer entre nous les risques d'avantages concurrentiels injustifiés. Là encore, nous étions d'accord avec Boris Johnson pour faire nos meilleurs efforts dans ce sens.

« Le troisième risque concerne la mise en œuvre de l'accord de retrait ratifié par la Chambre des communes et par le Parlement européen. La mise en œuvre correcte de ce traité, notamment en Irlande et en Irlande du Nord, est intimement liée au bon déroulement de notre nouvelle négociation. Et je rapporterai très régulièrement au Conseil et au Parlement la préparation de cette mise en œuvre. »

Après un premier échange d'amabilités très *British*, premier coup de tonnerre : David Frost, sans en faire grand cas, dit simplement que le gouvernement de Boris Johnson ne se sent pas lié par la déclaration politique, qu'il a pourtant signée le 17 octobre, il y a à peine quatre mois. « Nous pouvons reprendre certains éléments mais pas tous. Il y a, me dit-il, un écart philosophique entre nous à propos du soi-disant *level playing field* »... Comme si c'était une question de philosophie !

La suite n'est pas moins détonnante. David Frost nous dit qu'il n'entend pas négocier sur les questions de défense et de politique étrangère. « Nous aurons pour cela, dit-il, des outils de diplomatie traditionnelle, des accords bilatéraux, des coopérations *ad hoc.* »

Le décor est posé. Sans doute y a-t-il là une grande part de tactique, pour nous mettre en position de demandeurs partout où ils le jugent opportun. Je lui réponds : « Tu connais mon mandat. Évidemment, si tu ne veux pas parler de politique étrangère et de défense, c'est ton choix. Nous n'en parlerons pas. Je ne peux pas te forcer. »

Il reste que de tels arrangements administratifs se révéleront un jour utiles s'il s'agit pour eux de participer à une opération extérieure de l'Union européenne, de coopérer avec l'Agence européenne de défense, d'utiliser les services de Galileo ou de lutter avec nous contre les cyberattaques.

Je dois ensuite quitter la réunion, et je laisse Clara et Paulina poursuivre la discussion, qui sera aussi difficile, sur l'agenda, les sujets de la négociation, le calendrier. David Frost me suit dans le couloir et veut me prévenir qu'il parle ce soir à l'Université libre de Bruxelles. Cela ne m'avait pas échappé ! Je le félicite de prendre cette initiative et de participer ainsi au débat public. Je l'informe d'ailleurs que je compte faire la même chose quand j'irai au Royaume-Uni. Il ajoute, comme s'il avait besoin de se justifier : « Je vais surtout expliquer dans cette conférence mon cheminement personnel. »

Le soir même, dans un discours intitulé « Réflexion sur les révolutions en Europe », dans une référence pour le moins osée aux *Réflexions sur la révolution de France* publiées par le philosophe et homme politique Edmund Burke en 1790, David Frost cherche à expliquer pourquoi, lui qui soutenait une première grande révolution, celle de la construction européenne, en est venu à soutenir une seconde révolution, en faveur de la résurgence de l'État-nation et de la prise de décision nationale.

Il dépeint une Europe abstraite et distante, qui était à l'origine un « accord de partenariat commercial », et qui tend à devenir un « objet de révérence », sans l'assentiment des Britanniques qui ont toujours eu des objectifs radicalement différents, comme ils l'ont montré en refusant Schengen, avec l'*opt-out* en matière de justice et d'affaires intérieures et leur « attitude ambivalente envers le traité de Lisbonne ».

David Frost vient ensuite sur le terrain de l'économie : « Il est clair que beaucoup au Royaume-Uni ont soutenu l'UE, avec plus ou moins d'enthousiasme, pour des raisons principalement économiques plus que politiques. C'est ce groupe qui a maintenant peur des conséquences économiques du départ de l'Union. En effet, pour beaucoup, il semble être un simple fait, plutôt qu'une prédiction, que le Brexit aura des conséquences économiques négatives. Il semble que ce groupe inclue Michel Barnier, qui a dit à Belfast que le Brexit a toujours été une question de limitation des dommages. Je crois que cela est faux et je vais expliquer pourquoi. » Et de se lancer dans une contestation des études économiques menées ces dernières années par le gouvernement britannique et la Banque d'Angleterre qui exagéreraient l'impact des barrières non tarifaires et le coût des procédures douanières, relèveraient d'une conception fausse de la relation entre commerce et productivité et sous-estimeraient les effets positifs du Brexit, comme « l'augmentation du commerce avec le reste du monde ou le changement réglementaire ».

Et puis il y a dans ce discours éloquent et bien construit quelques curiosités.

Sur la question du *level playing field*, David Frost rappelle l'engagement de Boris Johnson. Il y a quelques semaines, ce dernier a déclaré que le Royaume-Uni ne deviendrait pas une « économie à faibles normes ». Selon M. Frost, « il est parfaitement possible d'avoir des normes rigoureuses, et même similaires ou meilleures que celles qui prévalent dans l'UE, sans que nos lois et nos règlements prévoient nécessairement la même chose ». Et de prendre l'exemple de la « capacité à soutenir notre propre agriculture pour promouvoir des biens environnementaux pertinents pour nos campagnes, et produire des récoltes qui reflètent notre propre climat, plutôt que d'être forcés de travailler avec des règles adaptées aux conditions de culture du centre de la France ». En tant qu'ancien ministre de l'Agriculture, j'ai du mal à voir en quoi l'Union européenne imposerait aux agriculteurs britanniques de produire sur le modèle de leurs collègues du Massif central...

David Frost va plus loin et, pour montrer l'absurdité à ses yeux de nos demandes sur le *level playing field*, imagine ce que dirait l'UE si le Royaume-Uni, ainsi doté de réglementations plus ambitieuses, lui demandait d'harmoniser, de manière dynamique, ses règles sur celles décidées à Westminster. Cette construction intellectuelle a ses limites : ce n'est pas l'Union européenne qui quitte le Royaume-Uni...

Enfin, David Frost termine sur une référence au général de Gaulle, dont il se dit lui aussi un grand admirateur, et qu'il présente comme « l'homme qui croyait en l'Europe des nations ». Je suis touché par la référence. Mais de Gaulle est aussi l'homme qui, revenant au pouvoir en 1958, ne s'opposa pas au traité de Rome, et ancra la France dans la construction européenne.

Mercredi 19 février 2020 — Slide wars

Dans son discours à l'ULB, David Frost a expliqué clairement la stratégie du gouvernement britannique pour ce qui est de cette négociation commerciale.

Cette stratégie consiste selon lui à demander « une relation du type de l'accord de libre-échange avec le Canada, dont l'Union européenne a si souvent dit qu'il était sur la table, même si l'UE elle-même semble maintenant avoir quelques doutes sur cela, malheureusement ».

En écho à cette déclaration, le service de presse du gouvernement britannique, poussé d'après ce que j'entends par Dominic Cummings, nous fait l'honneur de publier sur Twitter notre fameuse slide « escalier », qu'il compte utiliser contre nous : « En 2017, l'UE a montré dans ses propres *slides* qu'un accord de libre-échange de type Canada était la seule relation disponible pour le Royaume-Uni. Maintenant, ils disent qu'après tout, cette offre n'est pas sur la table. @Michel Barnier qu'est-ce qui a changé ? »

En réalité, rien n'a changé !

Et notre « escalier » montre bien qu'il est possible pour un pays tiers d'avoir avec l'Union une relation plus ambitieuse qu'un accord de libre-échange, par exemple en étant dans le marché intérieur, comme la Norvège, ou dans l'union douanière, comme la Turquie.

C'est le Royaume-Uni, à travers ses lignes rouges (autonomie réglementaire, pas de contribution financière substantielle au budget de l'UE, fin de la libre circulation des personnes, pas de compétence de la Cour de justice de l'UE, politique commerciale indépendante), qui a fermé ces portes, une à une. Et c'est donc le Royaume-Uni qui a fait le choix d'un accord de libre-échange, comme l'Union en a conclu avec la Corée du Sud, le Canada ou encore le Japon.

Mais, comme les dirigeants britanniques le savent bien, et comme nous l'avons toujours précisé, ces différents accords de libre-échange ne sont pas identiques. Il n'y a pas une « taille unique ». Notre accord avec le Canada, le CETA, ne ressemble pas à notre accord avec la Corée. Nous devons évidemment nous adapter à chacun de nos partenaires.

Et pour le Royaume-Uni, il y a tant de particularités. Notre proximité géographique : 5 000 kilomètres nous séparent du Canada alors que, sur l'île d'Irlande, nous sommes à zéro kilomètre du Royaume-Uni. L'intensité de nos échanges commerciaux : 516 milliards d'euros en 2018, contre 54 milliards pour nos échanges avec le Canada.

En réalité, cette sortie britannique tombe à point. Car depuis quelques semaines déjà, nous nous étions préparés à cette joute. Nous savions qu'il fallait gagner la bataille des idées à travers un « visuel ». Rebelote, donc. Comme pour l'escalier, un mini-concours interne, remporté cette fois-ci par Rachel Smit, qui est venue renforcer notre équipe communication après avoir travaillé au think tank interne de la Commission.

Sa *slide* illustre objectivement la proximité géographique et économique du Royaume-Uni, incomparable avec la situation de tout autre pays partenaire de l'Union européenne. Voilà pourquoi notre accord ne pourra être celui des autres et pourquoi nous insisterons jusqu'au bout sur un cadre crédible de *level playing field*.

Dans le contexte de grande fébrilité qui règne à Londres, ce graphique est interprété comme une réponse au tweet du 10 Downing Street. Nick Gutteridge, correspondant du *Sun* à Bruxelles, va jusqu'à déclarer ouverte la guerre des *slides* : *Slide Wars !*

Des règles du jeu équitables pour une concurrence loyale

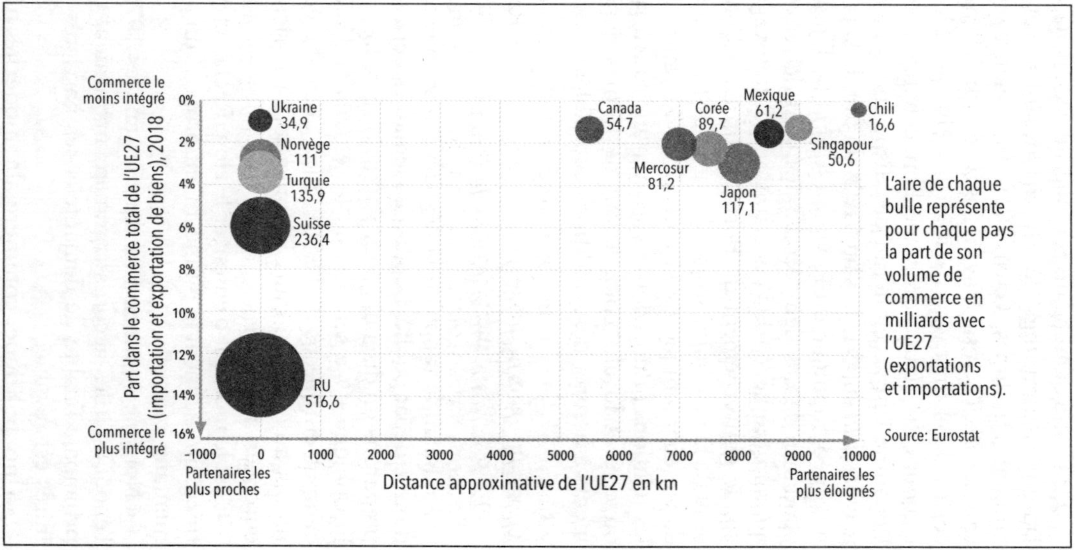

Dans cette querelle un peu puérile déclenchée par Dominic Cummings, la plupart des observateurs ne sont pas dupes. Gavin Barwell, ancien chef de cabinet de Theresa May, qui sait de quoi il parle, écrira dans un tweet : « Rien n'a changé. L'UE a toujours dit qu'un accord de libre-échange avec le Royaume-Uni nécessiterait des dispositions de *level playing field* supérieures au CETA du fait de la proximité géographique du Royaume-Uni et de l'interdépendance de nos deux économies. » Et de renvoyer au paragraphe 77 de la déclaration politique agréée par le gouvernement de Boris Johnson : « Compte tenu de la proximité géographique et de l'interdépendance économique de l'Union et du Royaume-Uni, les relations futures doivent assurer une concurrence ouverte et loyale, comprenant de fermes engagements à assurer des conditions équitables. »

Mercredi 26 février 2020
— Le Royaume-Uni n'est pas le Canada

S'il fallait le rappeler, la négociation se joue aussi dans le débat public. Depuis des semaines déjà, nous préparons un discours pour poser notre cadre « philosophique ». Ce sera devant les étudiants des cinq campus européens de l'ESCP, mon ancienne école, réunis aujourd'hui dans l'hémicycle du Parlement européen à Bruxelles.

C'est le moment d'enfoncer le clou. Rachel et Matthieu, qui tiennent la plume, m'ont proposé un argumentaire offensif.

« Nous ne sommes plus dans les années 1970, et l'époque où les accords commerciaux avaient pour principale finalité de démanteler les barrières tarifaires est révolue.

« Une politique commerciale moderne ne se

résume pas à favoriser les échanges économiques et à promouvoir les débouchés commerciaux. Le commerce moderne doit être un commerce durable.

« Elle consiste aussi à garantir des normes élevées, dans des domaines aussi divers que la protection sociale, l'environnement, la santé et la sécurité. Cela est d'autant plus vrai dans le cas d'un partenaire aussi proche que le Royaume-Uni, avec lequel il convient que nous élaborions une ambition commune.

« Lorsque le Royaume-Uni était membre de l'UE, ce pays a joué un rôle de premier plan s'agissant de redéfinir notre politique commerciale et de la transformer en un instrument permettant de sortir des millions de personnes de la pauvreté et de promouvoir la durabilité et l'équité à travers le monde.

« Comment pourrions-nous expliquer le fait que notre futur partenariat avec le Royaume-Uni ne s'inscrive pas dans la même philosophie ?

« Quelle serait notre crédibilité au sein de la COP26, à Glasgow, si notre futur accord permettait aux entreprises de piétiner les droits environnementaux et sociaux afin de gagner des parts de marché ? »

Bien sûr, nous avons entendu le Premier ministre Johnson nous garantir que le Royaume-Uni ne se livrerait jamais à un nivellement par le bas. Et nous sommes prêts à le croire. Le Royaume-Uni ne deviendra sans doute pas un « Singapour sur Tamise ». Mais il ne devrait donc pas avoir de difficultés à accepter un certain nombre de règles du jeu communes.

Lundi 2 mars 2020 — Lever de rideau

C'est avec la sérénité d'une équipe soudée et bien préparée que nous abordons le premier round de négociation.

Un nouveau rituel s'installe : après des consultations intenses avec les États membres et le Parlement européen, la semaine commence par une réunion de préparation entre les membres de la *task force* et nos correspondants dans chacune des 22 directions générales de la Commission concernées par les négociations ainsi que le Service européen pour l'action extérieure.

Au total, une centaine de personnes, à qui j'ai demandé de laisser leurs téléphones portables à la porte et de respecter de strictes règles de confidentialité. Pour chacune des onze tables de négociation, nous passons en revue nos positions, les difficultés probables, et nous affinons notre stratégie pour la semaine. Je veux aussi dire à chacune et à chacun qu'ils sont utiles, que leur rôle est important et que j'ai confiance en eux.

David Frost arrive au Berlaymont dans l'après-midi. Lors de notre premier contact, il est aimable et sa pensée est structurée, même si derrière le ton poli et amical affleurent des positions de négociation très dures.

Le rideau se lève ensuite sur la négociation. 44 négociateurs, 22 de chaque côté, se retrouvent dans la grande salle Schuman, au premier étage.

Face aux nouvelles inquiétantes de la propagation d'un nouveau virus, le Covid-19, nous prenons soin de ne pas nous serrer la main et de garder, autant que faire se peut, une certaine distance entre nous. Avec David Frost, nous prenons rapidement une photo pour l'histoire, en fond de salle, avant quelques mots d'introduction.

Table par table, les membres de la *task force* et leurs correspondants au sein des directions générales de la Commission expliquent avec beaucoup de clarté et de compétence les positions de l'Union européenne et nos attentes pour ce premier round. Les Britanniques se plient au même exercice. Le ton est courtois et un peu solennel. Du côté britannique, je constate que chaque négociateur s'efforce de plaquer sur sa présentation technique des mots-clefs : « État souverain », « indépendance », « reprendre le contrôle ». Ainsi, le Royaume-Uni cherche à montrer sa détermination, ce dont personne ne doutait d'ailleurs...

Après ce lundi d'ouverture commencent les négociations proprement dites. Marco Abate, Urška Grahek et l'équipe d'assistantes ont fait un formidable travail pour donner à cette négociation un cadre fonctionnel. C'est le bâtiment du Square, au Mont des Arts, dans le cœur de Bruxelles, qui nous accueille pour cette première session. Les salles sont claires et bien équipées. Un étage pour les Britanniques, un étage pour l'Union européenne, un étage commun pour partager café et buffet. Au total, une quinzaine de salles sont réservées pour les différentes tables de négociation.

Mercredi 4 mars 2020
— Plus de questions que de réponses

Ce premier round est d'abord un exercice d'écoute, de respect et de confrontation des positions. Nous constatons certaines convergences mais aussi des désaccords fondamentaux, table de négociation après table de négociation. Et au total, les divergences sont bien plus nombreuses que les convergences.

Une chose se confirme : les Britanniques n'acceptent pas comme point de départ la déclaration politique négociée et signée par Boris Johnson lui-même il y a quelques mois à peine.

Je dois voir David Frost pour un café au Square ce mercredi. Dans une négociation, les échanges informels, directs, et la confiance qu'ils créent, comptent autant que les séances plénières. Je me rends à cette réunion avec Clara, Paulina et Georg. Du côté britannique, en plus de David Frost, ses principaux adjoints Tim Barrow, Oliver Lewis et Lindsay Appleby sont là.

Je lui pose la question : « David, dans ce temps très court, comment veux-tu progresser en faisant des pas en arrière ? » Il répond simplement que nos positions de départ sont différentes, ce qui est normal. Et aussi que nous n'avons pas la même lecture de la déclaration politique.

Jeudi 5 mars 2020
— « Comme des jésuites »

En conclusion du round, j'insiste sur le respect de la parole donnée et sur la bonne mise en œuvre de l'accord de retrait. Sans cela il n'y aura pas de base de confiance entre nous pour un partenariat futur. David Frost saisit la balle au bond. Il nous confirme l'engagement britannique sur ce plan. Je l'en remercie, même si nous restons préoccupés par la mise en œuvre du protocole sur l'Irlande et l'Irlande du Nord.

Mon deuxième point est celui de l'accord de libre-échange, qui doit être le pilier de notre partenariat économique. Sans doute y a-t-il une convergence sur l'ambition, mais je rappelle qu'il y a pour nous une condition préalable : celle du *level playing field* avec un mécanisme robuste de mise en œuvre. Un accord équilibré sur la pêche doit aussi trouver sa place dans ce partenariat économique. Cela forme un tout.

Mon troisième point est celui de la gouvernance générale de notre accord. Le Royaume-Uni souhaite une « suite d'accords ». Or, nous nous sommes engagés dans la déclaration politique à trouver un cadre unique de gouvernance. C'est pour nous un point fondamental pour la crédibilité et l'efficacité de notre partenariat futur.

Enfin, j'en viens à la sécurité. Je prends acte que le Royaume-Uni ne souhaite pas négocier maintenant sur la politique étrangère et la défense : « La table reste ouverte. » Sur la sécurité intérieure, j'insiste sur le besoin de garanties communes en matière de droits fondamentaux et de protection des données. Et aussi de mécanismes de règlement des différends conformes à l'ordre juridique de l'Union européenne. En clair, la Cour de justice européenne qui est la seule qui puisse interpréter le droit de l'Union dans ce domaine.

« Je note, dis-je aux négociateurs britanniques, que même si vous ne partagez pas ces garanties, vous avez l'ambition de participer à plusieurs systèmes européens : PNR pour la sécurité des passagers aériens et Prüm pour les échanges de données ADN, en mettant en avant votre proximité géographique et le niveau de nos échanges. Ainsi, dans ces domaines, la distance compte ! »

À son tour, David Frost prend la parole en commençant par lister ce qu'il estime être nos points de convergence : le commerce des biens, les services, l'aviation, le nucléaire et les programmes de l'Union : « en somme, tous les domaines où l'on a des précédents ».

Il ajoute, en écho à mon diagnostic : « je ne suis pas aussi pessimiste que toi », tout en listant néanmoins certains défis : le « soi-disant » (*sic*) *level playing field*, la pêche, la gouvernance. « Le but du

Brexit est le changement, et dans tous ces domaines, l'Union propose la continuité. » Et sans craindre de se contredire, il s'étonne qu'en matière de sécurité intérieure le Royaume-Uni ne puisse pas rester connecté à l'Union pour ce qui est des systèmes d'information relatifs à Schengen (SIS II) et aux casiers judiciaires (ECRIS)...

En matière économique, il rappelle ensuite le souhait britannique d'un simple accord de libre-échange, accompagné d'un petit nombre d'accords sectoriels. Et de terminer en mentionnant les négociations qui s'annoncent avec les États-Unis : « Dans certains domaines, comme le cumul des règles d'origine, il nous paraît possible d'être plus ambitieux avec les Américains qu'avec vous. »

Sur ce dernier point, je lui réponds que j'ai lu avec beaucoup d'intérêt leur mandat de négociation avec les États-Unis : « Je vous souhaite bonne chance ! »

Lors du tour de table qui suit, j'observe que, dans chacune des interventions britanniques, revient comme un élément de langage le mot « ambition », tout comme lundi, dans notre première séance plénière, chacun des Britanniques avait pris soin de rappeler l'exigence d'indépendance.

La session se termine sur une mise en garde de ma part contre la tentation du *cherry-picking* : « Vous voulez les arrangements standards d'un pays tiers quand ces arrangements vous conviennent, mais sur la coopération judiciaire, Europol, Eurojust, Prüm, SIS II, sur les services et en particulier les services financiers, vous nous demandez un accord sans précédent. Je veux simplement constater que votre ambition est parfois sélective. »

Tout au long de cette semaine, les Britanniques sont restés structurés, coordonnés, opportunistes, chantant tous « *from the same hymn sheet*[1] ». On ne s'attendait pas à moins.

Au début de ce premier round, David Frost m'a dit son souci que l'on reste très prudents dans notre communication extérieure : « Vis-à-vis de la presse, nous devons nous comporter comme des jésuites. » Je suis naturellement d'accord pour demander aux négociateurs, de part et d'autre, d'éviter pendant les rounds les « petites phrases » ou les briefings informels, toujours un peu partiaux et jamais très productifs. Mais je tiens, au terme de chaque round, à rendre compte à la presse, et donc au public, de l'avancée des discussions.

Ce jeudi, après la session plénière de clôture, je suis donc heureux de retrouver les journalistes dans la grande salle de presse de la Commission européenne. C'est un exercice utile pour enregistrer les avancées — sur certains de nos objectifs et quelques points spécifiques, par exemple la coopération en matière de nucléaire civil ou la participation du Royaume-Uni à certains programmes de l'Union — mais surtout pour alerter en matière de divergences. J'en mentionne quatre : le *level playing field*, la coopération judiciaire et policière en matière pénale, la gouvernance de notre futur accord et enfin la pêche.

Je termine en mentionnant publiquement deux clefs pour le succès de ces négociations : d'abord, ne pas revenir sur les engagements pris, et ensuite, faire preuve de respect mutuel. Pendant ce round, le Royaume-Uni a beaucoup insisté sur son indépendance. Cette indépendance, personne ne la conteste ! Et de notre côté, nous demandons au Royaume-Uni de respecter notre propre indépendance. Tout

1. « De la même partition. »

comme le Royaume-Uni entend fixer ses conditions pour ouvrir son marché, l'Union européenne fixe ses propres conditions pour ouvrir ses marchés des biens et des services. La vraie question est : que faisons-nous de nos indépendances respectives ?

En posant cette question, j'ai en tête plusieurs éditoriaux, comme celui de Wolfgang Münchau, paru le 1er mars dans le *Financial Times*[1] et intitulé « La menace du Royaume-Uni de quitter la table des négociations commerciales est réelle ». Je pense en effet qu'une partie de l'équipe de Boris Johnson a cette stratégie en tête, celle de la « libération totale », d'une indépendance sans condition. C'est la ligne de Dominic Cummings, bien qu'elle soit évidemment contraire aux intérêts économiques britanniques, à court et moyen termes.

Le débat qui se prépare au Royaume-Uni se trouve précisément entre ce réalisme économique et l'idéologie politique. Et Wolfgang Münchau a raison de dire : « Le succès ou l'échec dépendra de ce que le Royaume-Uni fait avec sa nouvelle liberté. »

Je crois — et je le dis aux journalistes — qu'en tant qu'entités indépendantes, notre défi commun est bien de nous mettre d'accord sur des règles de base qui nous permettent de coopérer. Et aussi sur des normes rigoureuses, d'un niveau comparable, sur le long terme, pour protéger nos citoyens, nos consommateurs, nos travailleurs et notre planète.

Je conclus par un message d'espoir : si nous travaillons dans le respect mutuel, sans revenir sur les engagements pris, alors je pense qu'un accord est possible, même s'il est difficile.

1. https://www.ft.com/content/c49c986e-5a42-11ea-a528-dd0f971febbc

Dimanche 8 mars 2020 — Au grand jour

Après quelques jours de débats internes, nous avons décidé de publier mercredi le texte juridique complet préfigurant un accord avec le Royaume-Uni. Il y avait du pour et du contre. Pour : être à l'initiative en proposant un texte autour duquel les discussions pourront se structurer — et éviter de laisser l'avantage aux Britanniques. Contre : nous courons le risque que les Britanniques rejettent d'emblée nos positions, proposent un texte concurrent et que les positions soient ainsi figées.

Marie Simonsen, cheffe de notre unité juridique, fait un travail formidable avec ses adjoints Liana Bratusca et Felix Ronkes Agerbeek pour pousser ce texte jusqu'à la ligne d'arrivée, avec les autres collègues de la *task force*, le service juridique et l'ensemble des directions générales de la Commission.

Un vrai travail d'équipe. Il ne s'agissait de rien de moins que de traduire en termes juridiques et dans le format d'un accord final, dès maintenant, les principes et le contenu de notre mandat. Plus de 800 pages au total. Cette équipe passe le week-end au bureau, et en ce dimanche matin, je viens les remercier et les encourager en leur apportant des *pastéis de nata*.

La semaine prochaine, les commissaires et leurs cabinets seront invités à lire ce document, puis nous le soumettrons aux États membres. Ce texte pourra ensuite évoluer. C'est aussi un instrument de négociation et je sais que les Britanniques s'efforceront de le contredire ou de le banaliser. Mais au moins la preuve sera faite qu'un traité ambitieux et complet est faisable même en un temps limité, s'il y a une volonté des deux côtés.

Vendredi 20 mars 2020 — Patient zéro ?

Depuis deux semaines, les nouvelles de la pandémie de Covid-19 sont de plus en plus préoccupantes. À Bruxelles, comme ailleurs en Europe, le télétravail est généralisé et on apprend que les écoles ne rouvriront pas après les vacances d'hiver. Les membres de mon équipe, comme les autres fonctionnaires de la Commission, ont pris l'habitude de rapporter leur ordinateur portable chez eux en fin de journée, pour le cas où ils ne pourraient plus accéder à leur bureau.

Vendredi dernier, le 13 mars, j'ai réuni toute la *task force* pour nous préparer ensemble aux nouvelles règles de travail de la Commission. Je suis parti ensuite comme prévu prendre quelques jours de repos en famille, dans notre maison de Sologne. Dans la soirée, un membre de mon équipe m'informe qu'il ne se sent pas bien et que ses symptômes correspondent à ceux du coronavirus. Par précaution, il est resté chez lui depuis mardi 10 mars et a prévenu ses collègues. Le dimanche, je me sens à mon tour fiévreux et, pour ne pas mettre en danger mon équipe, je décide de ne pas rentrer à Bruxelles. Je consulte un médecin qui me prescrit un test PCR.

Le résultat est rapide : avant-hier, en fin de journée, j'ai donc été diagnostiqué positif au Covid-19.

Je veux être sincère et informer tous ceux que j'ai pu croiser les jours précédents. Dire les choses simplement, dans la responsabilité que je porte pour les négociations. Mon fils aîné, Nicolas, lui aussi passionné par la politique même s'il a ses propres idées, est de bon conseil. C'est lui qui me suggère de dire cette vérité dans une courte vidéo postée sur mon compte Twitter. Je dis un mot de solidarité et de soutien à toutes les familles, très nombreuses, déjà touchées par ce virus, parfois gravement. Un mot aussi de reconnaissance et de respect à l'égard de tous les personnels soignants, qui font un travail formidable dont je peux témoigner.

Dans ma bibliothèque, j'ai retrouvé un livre que j'ai écrit il y a quelques années, sur l'urgence écologique, et dont le titre est *Chacun pour tous*. C'est précisément l'exigence que nous avons aujourd'hui à respecter : chaque citoyen, chacun d'entre nous a un rôle à jouer pour tous. Pour gagner cette bataille collective et cette guerre contre le virus. Chacun chez soi, chacun pour tous. Chacun pour tous, nous devons aussi ajouter une dimension personnelle : celle de la solidarité, de l'unité, de la bienveillance. Et avec tout cela, je pense que l'on pourra sortir de cette crise plus forts qu'avant.

Aujourd'hui, c'est au tour de David Frost de ressentir des symptômes du Covid-19 et de s'isoler. Nous ne nous sommes pas vus depuis plus de deux semaines, mais cela n'empêche pas certains tabloïds britanniques de faire le lien entre le Covid et notre négociation. Et lorsque, quelques jours plus tard, le Premier ministre lui-même est touché par le virus, le *Mail on Sunday* ira jusqu'à titrer « Est-ce que Barnier a infecté BoJo ? », estimant que « Le négociateur de l'UE pourrait être le "patient zéro" qui a amené le virus au 10 Downing Street ». Décidément, les tabloïds anglais ont encore des réserves de cynisme !

Lundi 30 mars 2020
— Deuxième grand chantier pour 2020

Pendant deux semaines, à l'écart dans la maison, j'éprouve une grande fatigue et, aux huitième et neuvième jours, des crises de toux si violentes que je ne sais pas sur quelle route cette maladie va me conduire. Finalement, les symptômes s'éloignent. Et je sais gré à mon épouse Isabelle de sa présence attentive et solidaire.

En ces temps de confinement, la grande majorité de notre équipe reste à la maison, mais la distance ne nous empêche pas de travailler. Comme l'ensemble de la planète, nous nous habituons à la visioconférence.

Ainsi, aujourd'hui se tient la première réunion du *Joint Committee*, le comité mixte prévu dans l'accord de retrait pour veiller à sa bonne mise en œuvre et composé de représentants du Royaume-Uni, avec à leur tête le ministre d'État Michael Gove, et de l'Union européenne, sous l'égide du vice-président Maroš Šefčovič. Ancien diplomate et candidat à l'élection présidentielle slovaque, il a repris le flambeau sur la mise en œuvre de l'accord de retrait. Ce n'est pas une tâche facile, mais il a l'énergie et la solidité qui lui permettront de réussir.

Sur les droits des citoyens, le Royaume-Uni confirme son engagement vis-à-vis des citoyens européens, qui peuvent s'inscrire comme résidents réguliers dans le pays et bénéficier ainsi des droits garantis par l'accord de retrait. De notre côté, nous nous attacherons avec les États membres à garantir les mêmes droits aux citoyens britanniques vivant dans l'Union.

Sur l'Irlande et l'Irlande du Nord, les Britanniques doivent mettre en place les procédures douanières, réglementaires et phytosanitaires pour tous les produits qui arriveront d'un pays tiers ou de Grande-Bretagne dans les ports et aéroports d'Irlande du Nord. Tout cela ne s'improvise pas. Il faut des hommes et des femmes pour les contrôles, et des infrastructures. Il ne s'agit pas de renégocier l'accord de retrait mais, en pratique, de le rendre opérationnel le 31 décembre.

Lundi 20 avril 2020 — Rounds *virtuels*

Le deuxième round, prévu dans la semaine du 18 mars, a dû être annulé. Le troisième, dans la semaine du 6 avril, également en raison des conditions sanitaires. Non seulement les deux négociateurs sont touchés, mais plusieurs membres de nos équipes aussi. Néanmoins pendant toutes ces semaines nous maintenons le contact à distance.

Mais le temps court. Pour reprendre les échanges formels entre nous, nous avons annoncé une semaine de négociation virtuelle, à partir du 20 avril. Au milieu de la crise qui touche de plein fouet l'Europe, et notamment le Royaume-Uni qui n'a pas encore voulu de confinement strict comme l'Italie, l'Espagne, la France ou la Belgique, il est clair que ces négociations ne sont désormais plus en haut de l'agenda politique. La correspondante respectée du journal *Le Monde* à Londres, Cécile Ducourtieux, juge même cette négociation « surréaliste[1] ».

Paradoxal sans doute, au milieu d'une telle crise, mais certainement pas surréaliste. Au contraire, nous avons le devoir d'être réalistes face à deux échéances fixées juridiquement. Le 30 juin, d'abord. C'est à cette date que nous devons décider, avec les Britanniques, si la période de transition est prolongée ou pas, et avec elle les négociations. Et puis évidemment le 31 décembre, jour fixé pour le Brexit économique après le Brexit politique du 31 janvier dernier. Le

1. https://www.lemonde.fr/international/article/2020/04/20/brexit-reprise-surrealiste-des-negociations-entre-londres-et-bruxelles_6037228_3210.html

Royaume-Uni quittera-t-il à cette date le marché unique et l'union douanière avec un accord ou sans accord ? Voulons-nous prendre le risque d'ajouter à la crise sanitaire un autre choc économique provoqué par un *no deal* ? Il n'est pas « surréaliste » de poser cette question.

Nous inaugurons donc une formule inédite, avec un round composé de 40 réunions virtuelles. Grâce à notre équipe d'assistants, ces négociations à distance se passent aussi bien que possible, même si la qualité des discussions s'en ressent.

David Frost me confirme que Boris Johnson devrait refuser toute prolongation de la période de transition. Le Royaume-Uni quitterait donc le marché unique et l'union douanière au 31 décembre 2020, dans huit mois.

Nous prenons acte de ce choix. Et je recommande simplement à David Frost de bien réfléchir avant la conférence de haut niveau qui devra formellement en décider. C'est en effet avant la fin du mois de juin que la présidente de la Commission et sans doute les présidents du Conseil européen et du Parlement européen doivent faire le point de la négociation avec Boris Johnson.

Dans les jours qui suivent, malgré notre proposition d'un texte juridique complet, les discussions ne dépassent pas le stade des clarifications. Je rends compte de ces progrès très limités lors d'une conférence de presse d'un genre nouveau pour moi, puisque la grande salle de presse de la Commission européenne est vide, à l'exception de deux caméras et d'un écran à travers lequel les journalistes, restés chez eux, me questionnent. Malgré ce côté très impersonnel, je suis heureux de retrouver les correspondants à Bruxelles, leur regard attentif et leurs questions précises. Je choisis de conclure ce point presse sur une note optimiste : « Je vous ai dit avec franchise les difficultés qui sont devant nous. Je pense toujours que nous pouvons les surmonter dans les mois qui viennent. J'ajouterais que la crise sanitaire, économique et sociale nous crée, me semble-t-il, une responsabilité supplémentaire pour bâtir dans les mois qui viennent un partenariat ambitieux entre nous. »

Lundi 27 avril 2020 — Un temps de réflexion

Note optimiste devant les journalistes, mais en réalité je suis préoccupé. Le temps passe, et une sorte de guerre de tranchées s'installe. Durant le week-end j'ai parlé à Clara et nous avons décidé de faire un point stratégique avec les responsables des différentes tables de négociation.

Comment dépasser les oppositions stériles ? Comment aborder le *High Level Meeting*, cette conférence de haut niveau qui non seulement est la date limite pour décider d'une éventuelle prolongation de la transition, mais qui marque aussi un inévitable bilan d'étape à l'échelon politique et à mi-chemin dans ces négociations ? Quelles seront l'attitude et la stratégie des Britanniques pour préparer cette échéance, en vue d'une conclusion des négociations à l'automne ?

Clara brosse le tableau des prochains rounds — un calendrier serré mais sans grandes percées en perspective. Les Britanniques ont certes fixé dans leur mandat de début d'année une date butoir en juin : sans résultats à ce moment-là, ils se disaient prêts à quitter la table. Mais le Covid a tout bousculé. Dans ses contacts réguliers, parfois quotidiens avec David Frost, elle ne sent que très peu d'initiative ou de volonté de faire bouger les choses.

Paulina fait état du même manque d'engagement du côté des États membres. La priorité est ailleurs. Le *High Level Meeting* sera certainement un non-événement. À moins, interpelle Ivo, que les Britanniques ne cherchent à utiliser cette échéance — et la confirmation de la non-prolongation de la transition — pour rendre les 27 nerveux.

Il y a en réalité deux trajectoires possibles pour cette négociation. Un dénouement rationnel, dans le cadre de positions qui se rejoignent graduellement par la volonté et des efforts des deux parties. Ou bien le scénario, plus chaotique, d'une guerre des nerfs, avec la menace permanente d'un *no deal* qui ne se lèverait qu'au tout dernier moment. N'est pas non plus à exclure, suggère Georg dans une note qu'il a préparée, une « *madman strategy* ». Dans les coulisses, Dominic Cummings pilote les négociations à Londres. Le gouvernement britannique pourrait ainsi jouer la carte d'une « stratégie du fou », cherchant à obtenir gain de cause à coups de surprises, d'imprévisibilité et de menaces.

De notre côté, nous devons rester calmes, confiants et solides. Montrer que nous sommes fidèles à nos principes tout en cherchant des solutions pour débloquer les discussions. Antonio et Nicolas, qui animent deux des tables les plus lourdes, sur le commerce et le *level playing field*, suggèrent une méthode en vue de la conférence de haut niveau : fixer des objectifs pour juin et des points d'étape pour chaque round d'ici là. Nous sommes tous d'accord. Voilà qui nous donne une feuille de route. C'est notre responsabilité de chercher une construction rationnelle.

Mardi 5 mai 2020
— Le fair-play n'est pas à vendre !

Mouvement du côté britannique : Michael Gove déclare que, pour éviter un *level playing field*, le Royaume-Uni pourrait renoncer à l'objectif de « zéro tarif, zéro quota ».

Cette proposition reviendrait à remettre entre nous des tarifs et des quotas qui n'existent plus depuis des décennies, anachronisme dont l'Union ne veut pas. Elle exigerait aussi une négociation détaillée — et extrêmement sensible — sur chaque ligne tarifaire. Nous avons vu récemment, avec le Japon ou le Canada, que cela peut durer des années.

Mais surtout, même en conservant certains tarifs, l'Union européenne continuerait d'exiger des garanties fortes de *level playing field*. La concurrence équitable, indispensable pour protéger les consommateurs, sera au cœur de tout nouvel accord commercial pour l'Union européenne. Nous n'allons pas marchander nos valeurs européennes au bénéfice de l'économie britannique. Le fair-play économique et commercial n'est pas à vendre !

Aujourd'hui encore, les ambassadeurs que je retrouve à la réunion du Coreper le réaffirment clairement : sans *level playing field*, et sans un accord sur la pêche, il n'y aura pas d'accord sur notre partenariat économique et commercial.

Et ces conditions de concurrence loyale devront même être précisées dans certains domaines, comme les transports routiers, par exemple en détaillant les conditions de travail des conducteurs.

Tout le paradoxe de cette discussion, c'est que le gouvernement britannique nous dit qu'il se contenterait bien d'un accord du type Canada et en même temps nous demande dans d'innombrables domaines de maintenir les avantages du marché intérieur : prestataires de services, interconnexion électrique, cabinets d'audit, avocats, services financiers.

Il y a encore aujourd'hui au Royaume-Uni une réelle incompréhension des conséquences objectives et parfois mécaniques du choix britannique de quitter le marché unique et l'union douanière.

Pour progresser dans cette négociation, il faudra que le Royaume-Uni soit plus réaliste, qu'il dépasse cette incompréhension et, sans doute, qu'il change de stratégie.

Comme on le dit en anglais, « *you cannot have the best of both worlds*[1]. » La version allemande est encore plus visuelle : « *Man kann nicht auf zwei Hochzeiten gleichzeitig tanzen*[2] *!* »

Vendredi 15 mai 2020
— Échanges décevants

Troisième round. Sur chacune de nos tables, nos négociateurs expriment nos attentes pour juin et cherchent à définir avec les Britanniques un chemin pour y parvenir.

Nos discussions sont nourries de nouvelles propositions de texte envoyées par le Royaume-Uni mais je regrette que les Britanniques ne souhaitent pas rendre ces textes publics, ce qui nous empêche de les communiquer aux États membres et au Parlement européen.

Ces textes apportent des clarifications utiles sur plusieurs sujets comme le commerce des biens, les

1. « Vous ne pouvez pas avoir le meilleur des deux mondes. »
2. « Vous ne pouvez pas danser dans deux mariages à la fois ! »

transports ou la participation du Royaume-Uni aux futurs programmes de l'Union. Mais toujours aucun progrès sur les sujets les plus difficiles. Et en particulier sur la question du *level playing field*.

Quant à la pêche, dont nous commençons enfin à discuter cette semaine, nos positions sont fortement divergentes. Le Royaume-Uni exige de récupérer la « souveraineté sur ses eaux ». Et d'en contrôler l'accès par des décisions annuelles. Il étend cette souveraineté aux poissons qui sont dans ses eaux, et veut imposer pour répartir les quotas de pêche le principe de l'« attachement zonal ». Chacun sait pourtant que les poissons pélagiques sont aussi de grands migrateurs qui naissent dans une mer, se déplacent et grandissent dans une autre. Comme je l'explique à David Frost, « vouloir compter les poissons chez soi ne fait aucun sens ». Nous avons la responsabilité de gérer ces ressources — une centaine d'espèces de poissons — ensemble.

Nous n'avons pas non plus pu progresser sur le cadre de la gouvernance unique et nous sommes déçus par le manque d'ambition du Royaume-Uni dans d'autres domaines, qui ne sont pas symboliques, comme la lutte contre le blanchiment d'argent ou les rôles respectifs du Parlement européen, du Parlement britannique et de la société civile dans la mise en œuvre de notre relation future.

Enfin, sur la coopération policière et judiciaire en matière pénale, le Royaume-Uni refuse de s'engager sur des garanties de protection des droits fondamentaux et des libertés individuelles découlant de la Convention européenne de sauvegarde des droits de l'homme. Il insiste pour abaisser les normes actuelles et dévier des mécanismes agréés de protection des données. Il voudrait même que l'Union ignore son propre droit sur les données des dossiers passagers aériens, le PNR. C'est évidemment impossible.

La réciprocité dans les échanges de données entre les autorités britanniques et les États membres est aussi importante. Le Parlement européen y est très vigilant, en particulier sur les échanges de données biométriques, couvertes par le programme Prüm.

À l'occasion de ma conférence de presse en fin de round, je décide de répondre publiquement à Michael Gove et à sa suggestion de réintroduction de tarifs pour se dispenser d'un *level playing field* : « Une telle négociation, beaucoup plus longue, ne serait donc possible qu'avec une prolongation de la transition. Est-ce bien cela que nous devons comprendre des propos de M. Gove ? »

Vendredi 29 mai 2020 — Théodore !

Avancées ou pas, les négociations doivent être expliquées. Comme je l'ai fait avec la Confédération européenne des syndicats (ETUC), je retrouve ce matin l'association patronale Business Europe, efficacement dirigée par Markus Beyrer.

C'est au beau milieu de mon exposé que je reçois un SMS m'annonçant la naissance de notre petit-fils Théodore, fils de ma fille Laetitia et de son mari Augustin. C'est une vraie joie que je partage spontanément avec la centaine de participants, qui applaudissent, donnant à cette réunion une atmosphère plus chaleureuse que les négociations.

Vendredi 5 juin 2020 — Bis repetita

Ce scénario d'une négociation à distance, aseptisée, et ne menant à aucun résultat vraiment tangible se répète lors de notre quatrième round.

Sur tous les points, et le *level playing field* en particulier, les négociateurs britanniques continuent à faire fi de la déclaration politique, pourtant négociée et approuvée par Boris Johnson, puis votée par le Parlement britannique il y a à peine six mois.

Ainsi, dans le paragraphe 77 de cette déclaration, Boris Johnson s'engageait notamment à « maintenir les normes élevées communes applicables dans l'Union et au Royaume-Uni au terme de la période de transition dans les domaines des aides d'État, de la concurrence, des normes sociales et en matière d'emploi, de l'environnement et du changement climatique, ainsi qu'en ce qui concerne les questions fiscales pertinentes ». Après quatre rounds de négociation, nous en sommes loin !

Sans parler de la pêche, domaine sur lequel nous nous engagions de part et d'autre à faire nos « meilleurs efforts » pour conclure et ratifier un nouvel accord avant le 1er juillet 2020...

Vendredi 12 juin 2020
— Frontières à sens unique ?

Annonce du gouvernement britannique : le Royaume-Uni n'imposera pas à la fin de l'année de contrôle systématique des camions entrant sur son territoire par le port de Douvres ou le tunnel sous la Manche. Le gouvernement optera pour un contrôle plus léger, « probablement pas très différent de ce qui existe aujourd'hui ».

Selon Denis MacShane, c'est un revirement par rapport à la volonté du gouvernement britannique de « reprendre le contrôle ». Pour l'ancien ministre de Tony Blair, c'est aussi un « signe que le camp du Brexit dur au sein du gouvernement pourrait ne pas être si dur qu'on le pensait ».

D'autres ne le voient pas ainsi. Je note l'analyse de Katya Adler de la BBC qui y voit simplement une réalité qui s'impose au gouvernement britannique : ils ne seront pas prêts. Le gouvernement ne prendra donc pas le risque de perturber l'approvisionnement, notamment agroalimentaire, du Royaume-Uni.

L'enjeu est de taille. À eux seuls, les magasins Lidl font venir chaque jour 1 300 camions de l'Union européenne. Mais cette solution est par nature bancale, d'une part parce qu'elle n'exempte pas des contrôles les exportations britanniques, comme les produits frais ou ceux qui sont livrés en temps réel. D'autre part, on ne voit pas comment le Royaume-Uni pourrait durablement tolérer une frontière poreuse.

Denis MacShane y fait allusion, en indiquant que, dans ces camions non contrôlés, pourraient se trouver des produits alimentaires et d'autres biens, mais aussi des migrants clandestins. Selon lui, cela explique peut-être pourquoi, alors que ce n'était pas prévu dans la déclaration politique, les Britanniques insistent pour traiter dans notre accord la question des mineurs non accompagnés.

Lundi 15 juin 2020 — High Level Meeting

Enfin arrive le moment du point d'étape politique. La présidente de la Commission est dans le studio audiovisuel, au sous-sol du Berlaymont. Je suis resté dans mon bureau du cinquième étage. La connexion est établie. Sur l'écran divisé en quatre, Boris Johnson et les trois présidents des institutions européennes, David Sassoli, Ursula von der Leyen et Charles Michel.

Les propos introductifs sont plutôt convenus. Pas de surprise. Tout à coup résonne la voix de Boris

Johnson : « *Where is Michel ?* » « Je suis ici », répond le président du Conseil européen, Charles Michel. « *No, the other Michel !* » réplique Johnson. « *I'm here !* » dis-je. Isabelle Misrachi allume ma caméra, imposant ainsi ma présence…

Sur le calendrier, la messe est dite : Boris Johnson confirme qu'il ne demandera pas de prolongation de la période de transition. Le Royaume-Uni quittera donc le marché unique et l'union douanière le 31 décembre, et nous n'avons guère plus de quatre mois utiles pour trouver un accord. Puis le Premier ministre nous fait part de trois lignes rouges : pas de rôle pour la Cour de justice de l'Union européenne au Royaume-Uni ; le droit pour son pays de décider de ses propres lois sans contraintes ; et un accord sur la pêche qui marque une réelle différence. « *We need to double the value of what we fish in our waters*[1] », s'exclame-t-il.

Et d'ajouter : « *We need to speed up, instruct our teams to intensify these negotiations. To put a tiger in the tank, Ursula*[2] *!* »

Et ainsi « l'intensification » des négociations est décidée. David Sassoli, avec qui nous avons soigneusement préparé la conférence, y ajoute son grain de sel, en rappelant au Premier ministre Johnson son latin : « *Pacta sunt servanda, Boris. We need you to honour your commitments on level playing field*[3]. » Et Charles Michel, qui n'est pas en reste, de sortir ses souvenirs de banc d'école : « *Yes, Boris, we are*

1. « Nous devons doubler la valeur de ce que nous pêchons dans nos eaux. »

2. « On doit accélérer, donner instruction à nos équipes d'intensifier ces négociations. De mettre un tigre dans le moteur, Ursula ! »

3. « Les pactes doivent être respectés. Nous avons besoin que vous respectiez vos engagements sur le *level playing field*. »

ready to put a tiger in the tank but not to buy a pig in a poke[1] *!* »

Décidément, une journée très inspirée…

Lundi 29 juin 2020
— « A missive from a free country »

En ce début d'été, je reçois une lettre assez curieuse de Mark Francois, président du fameux *European Research Group* (ERG), ce groupe de députés *brexiters* convaincus, qui se sont illustrés à plusieurs moments dans les négociations sur le retrait, notamment en prônant une solution purement technologique à la question de la frontière en Irlande du Nord.

Dans ce courrier daté du 26 juin et intitulé « *A Missive from a Free Country*[2] », Mark Francois me présente l'ERG comme si j'étais né de la dernière pluie : « *It is possible that you may have heard of us*[3] »…

M. Francois dit ensuite sa préoccupation face aux demandes de l'Union, qu'il s'agisse du « soi-disant *level playing field* », qui « ressemble à une demande que le Royaume-Uni continue à suivre les lois et les jugements de l'UE, même s'il a formellement quitté l'Union européenne ». Sur la pêche, M. Francois fait référence à la « politique commune de la pêche extrêmement dommageable, […] un anathème pour nous et pour beaucoup de nos concitoyens ». Enfin, « dans un esprit d'honnêteté entre amis », M. Francois estime qu'« il est hors de question que la Cour

1. « Oui, Boris, nous sommes prêts à mettre un tigre dans le moteur, mais pas à acheter un cochon dans un sac. »
2. « Une missive d'un pays libre ».
3. « Il est possible que vous ayez entendu parler de nous. »

de justice de l'Union européenne puisse avoir un rôle dans la vie nationale du Royaume-Uni après la fin de l'année ».

Dans ma réponse, je rappelle que, ayant été moi-même parlementaire, je reste toujours intéressé par le point de vue des parlementaires britanniques, et que j'ai rencontré ces dernières années des responsables politiques britanniques de toutes sensibilités, y compris les membres de l'ERG.

Je veux ensuite dissiper tout malentendu : « Même si personne n'a été capable de me démontrer la valeur ajoutée d'un départ de l'espace économique et de libre-échange le plus intégré du monde, j'ai toujours respecté la décision du Royaume-Uni de se retirer de l'Union européenne. Dans cet esprit, l'Union européenne a négocié l'accord de retrait avec votre gouvernement. Dans le même esprit, nous avons abordé les négociations en cours avec votre grand — et, en effet, libre — pays, qui restera un voisin, ami et allié de l'Union européenne. »

Je réponds enfin à tous les points évoqués par M. Francois, en rappelant les termes de la déclaration politique votée par la Chambre des communes, y compris par lui-même.

Mardi 30 juin 2020 — Retrouvailles

Cette semaine, les discussions reprennent physiquement, avec un round à Bruxelles, avant deux semaines de discussions techniques à Londres, puis à nouveau à Bruxelles.

Je suis plutôt soulagé de cette reprise face à face, qui rend la communication plus facile, et permet de gagner du temps. Nous allons en avoir besoin !

Nous poursuivons notre stratégie d'un engagement constructif. Boris Johnson a fixé ses trois lignes rouges. Nous ne pouvons pas tout prendre au mot, mais nous allons chercher à les prendre en compte dans la mesure du possible. Je décide de faire une ouverture sur la question de la Cour de justice. Il ne s'agit pas d'une position idéologique pour l'Union mais d'un principe constitutionnel. La Cour doit rester l'ultime arbitre du droit européen. Si les Britanniques n'en veulent pas, nous sommes prêts à réduire le champ de notre coopération pour que notre droit et notre Cour ne soient pas obligés d'intervenir.

Mais si nous faisons un geste vers le Royaume-Uni, nous attendons également un engagement de la part des Britanniques. Je répète donc à David Frost qu'il n'y aura pas de partenariat économique sans des garanties robustes de *level playing field* ; une solution équilibrée, soutenable et de long terme pour la pêche et un cadre institutionnel unique comprenant des mécanismes de règlement des différends efficaces.

La journée se termine par une conversation téléphonique avec Micheál Martin, nouveau *Taoiseach* irlandais, déjà bien au courant des enjeux de cette négociation. Nous convenons de rester en contact étroit pour suivre aussi bien la négociation que la situation en Irlande et en Irlande du Nord.

Mardi 7 juillet 2020 — London calling

Direction la gare du Midi. Je dois prendre mon train pour Londres où nous dînerons à quelques-uns, avec David Frost, au 10 Downing Street, après un entretien avec Boris Johnson.

Dans la voiture, le téléphone sonne. C'est Angela Merkel qui veut me rendre compte précisément de l'entretien téléphonique qu'elle a eu à l'instant avec Boris Johnson. « J'ai exposé clairement nos positions, et dit que nous étions tous derrière toi. »

Quelques paroles seulement, mais des messages qui comptent. Les Britanniques pensaient peut-être que nous commencerions à flancher sous la pression de leur inflexibilité, des intérêts nationaux et du temps qui passe. Aller à Londres avec un message fort d'unité des 27 est d'une valeur inestimable pour moi.

Nous ne sommes qu'une petite délégation à partir, mais il y a comme un goût de liberté dans ce voyage après des mois de confinement. Marco et son équipe étudieront la possibilité de nouveaux rounds de négociation à Londres dès la fin du mois.

Clara, Paulina, Georg et moi rejoignons Downing Street. David Frost nous reçoit d'abord dans l'étude de Margaret Thatcher, autour de la grande table de chêne utilisée pour le sommet du G8 à Lough Erne, en Irlande du Nord, en 2013.

Les Britanniques, hôtes pour la première fois, engagent une discussion vive, mais qui se veut constructive sur le *level playing field*. Oliver Lewis, adjoint de David Frost et de Dominic Cummings, fait état de « différences philosophiques » que nous devrions dépasser. Pour lui, la souveraineté est le principe premier. Le Royaume-Uni ne pourra s'engager sur la non-régression des normes, notamment environnementales, si cela a pour conséquence de lier les mains de son Parlement à l'avenir. Nous cherchons à comprendre ses arguments. Paulina explique que nous n'imposons rien aux Britanniques puisque nos normes à ce jour sont communes. Et que la non-régression est un concept standard des accords de libre-échange.

Et voilà que Boris Johnson fait irruption dans la salle, suivi de Mark Sedwill, secrétaire du cabinet. Quelques poignées de main franches, une ou deux boutades — « Vous avez réussi à traverser la

Manche ? » — avant que David Frost ne suggère un entretien en tête à tête dans le bureau du Premier Ministre.

« Donc, si je lis bien les journaux, c'est toi qui nous as filé le Covid ? » enchaîne Boris Johnson en souriant. Ce à quoi je réponds, du tac au tac : « Ou peut-être est-ce le contraire... »

Je sais que je dois choisir mon sujet, nous ne pourrons pas parler de tout. J'engage donc la conversation sur les aides d'État. « Nous pouvons avoir des marchés totalement ouverts, mais pas si vous faites du dumping ou de la concurrence déloyale contre nous. On aime bien les voitures produites en Angleterre, mais nous n'aimerons pas vos subventions davantage que vous n'aimerez les nôtres. Comment peut-on coopérer ouvertement si nous ne connaissons pas votre nouveau système national de contrôle des aides d'État ? »

« *Good point ! Let's work on that !* » me répond-il.

Vendredi 17 juillet 2020 — Souveraineté politique

Ces dix derniers jours sont consacrés à une séquence restreinte à Londres, puis une à Bruxelles. Les « écarts philosophiques » que nous avons constatés au 10 Downing Street se traduisent sujet par sujet, table par table.

Dans son éditorial[1], le *Financial Times* fait d'ailleurs une analyse lucide de la situation : « En vérité, le Brexit n'a jamais été une question économique pour ceux qui en faisaient leur grande cause. Il s'agissait d'une question de souveraineté politique.

1. « Reality punctures Britain's Brexit balloon », *Financial Times*, 17 juillet 2020.

En tant que tel, il apportera des résultats à ceux qui voulaient un nouveau système d'immigration contrôlé par le gouvernement britannique. Il pourrait aussi — même si c'est moins certain — apporter des résultats aux communautés de pêcheurs auxquelles on avait promis un nouveau départ en dehors de la politique commune de la pêche. Mais même si ces gains, pour ceux qui les voient comme cela, pourraient être réalisés, le gouvernement a pour l'instant échoué à donner le début d'une démonstration de comment le Brexit pourrait renforcer l'économie nationale. »

Jeudi 23 juillet 2020 — Live in the pub

La dernière semaine de juillet, c'est au tour de l'ensemble de la *task force*, et des représentants des directions générales de la Commission qui négocient à nos côtés, de partir pour Londres.

Dans notre équipe, Isabelle Misrachi, Julie François et Giovanna Di Ruberti ont fait un travail d'organisation impressionnant. En cette période où le Covid-19 est toujours très présent outre-Manche, nous avons pratiquement l'Eurostar pour nous, et le personnel très sympathique de l'hôtel Conrad, à proximité immédiate du centre du gouvernement britannique où se tiennent les négociations, nous dit son bonheur de nous accueillir.

C'est un lieu pratique et confortable, peut-être un peu sombre dans les salles de réunion en sous-sol. Les parlementaires britanniques y ont leurs habitudes, notamment au pub, où l'on trouve non seulement une galerie de portraits des anciens Premiers ministres mais aussi une sonnerie annonçant aux députés la reprise des débats à la Chambre.

En pleine crise sanitaire, l'ambiance est évidemment

très calme, et nous prenons vite nos habitudes dans ce lieu où nous passerons désormais beaucoup de temps.

Les discussions proprement dites ont lieu à cinq minutes à pied de l'hôtel, dans le centre de conférences du BEIS, le ministère britannique des Entreprises, de l'Énergie et des Stratégies industrielles. Là aussi, nous sommes installés dans un sous-sol, toutefois assez grand et bien éclairé.

Malheureusement, ce changement de cadre n'a pas d'effet tangible sur le fond des négociations. Nous continuons à engager la discussion de manière sincère et constructive, à chercher des solutions en tenant compte des lignes rouges fixées par Boris Johnson. En retour, nous n'avons pas le sentiment que le Royaume-Uni s'engage à respecter nos propres principes et intérêts.

Le round se termine cependant sur une petite lueur d'espoir. En nous recevant pour dîner au 1 Carlton Gardens, David Frost a tenu à me montrer la statue du général de Gaulle devant les bureaux qu'il occupait au nom de la France libre pendant la guerre. J'apprécie ce geste, et la conversation commence donc sur un point d'intérêt commun, ce qui n'est pas un mauvais début.

Et ce soir, même sur la pêche, David Frost se veut un peu plus conciliant : « Nous devons avoir une pleine souveraineté sur l'accès à nos eaux, mais nous comprenons votre préoccupation : les volets ne doivent pas se fermer chaque année. » On met un pied dans la porte. « Pas de volets, pas de guillotine annuelle », lance Georg.

Comme après chaque round, je choisis de rendre compte précisément des discussions dans le cadre d'une conférence de presse. C'est une première sur le sol britannique et cet exercice est important pour moi. Hier soir, à l'hôtel, nous en avons revu attentivement le texte avec Matthieu et la petite équipe, autour d'un dîner studieux mais comme toujours convivial. Stephanie Fromm, qui a rejoint notre équipe depuis le service du porte-parole de la Commission, ne ménage pas sa peine pour organiser l'événement à la délégation de la Commission européenne à Londres. Ce bâtiment, qui a abrité le siège du Parti conservateur à l'époque de Margaret Thatcher, ne dispose pas des moyens techniques de la salle de presse de la Commission. Mais rien d'impossible pour Stephanie et Dan quand il s'agit de communiquer à la presse. *In fine,* Dan lira les questions des journalistes au pupitre, et j'y répondrai en direct. Plusieurs membres de l'équipe suivent la conférence de presse depuis le pub d'à côté, grâce à la BBC qui la diffuse en direct. C'est la première, et sans doute la dernière fois que cela m'arrive !

Je veux conclure cette conférence de presse sur une note positive : « Je continue de croire que le Premier ministre Boris Johnson et le gouvernement du Royaume-Uni veulent trouver un accord avec l'Union européenne. Parce que c'est dans notre intérêt commun de coopérer et de répondre aux nombreux et sérieux défis d'aujourd'hui : le changement climatique et la biodiversité, la santé et la sécurité, la recherche et l'innovation, la démocratie et les droits fondamentaux, la lutte contre la pauvreté et la stabilité financière. » Et je termine en adaptant la phrase célèbre de Saint-Exupéry : « Négocier n'est pas juste se regarder l'un l'autre. C'est regarder ensemble dans la même direction. »

Samedi 1er août 2020
— Londres veut réfléchir

Après les discussions intenses de ce mois de juillet, les Britanniques ont demandé que les deux premières semaines d'août soient consacrées à une « période de réflexion » qui permet en réalité aux équipes, des deux côtés, de prendre quelques jours de repos, même si nous devons déjà préparer le septième round, prévu à Bruxelles dès le 17 août.

Nous avons quelque espoir que les Britanniques mettent cette période à profit pour faire évoluer leurs positions, comme nous l'avons fait en travaillant sur les trois lignes rouges de Boris Johnson. Nous réfléchissons même à la possibilité de quelques avancées de plus. Si les circonstances le justifient, nous pourrions faire un pas supplémentaire vers eux pour trouver un accord sur le régime d'accès aux eaux, et ainsi débloquer une des deux grandes difficultés en matière de pêche. Stefan Fuehring et sa coéquipière Viktória Varga-Lencsés y réfléchissent donc. Mais le doute sur la sincérité des négociateurs britanniques est permis. Il n'est pas à exclure que leur objectif consiste toujours à nous faire sortir du bois, tout en gardant leurs propres marges jusqu'au dernier moment.

Jeudi 6 août 2020
— Des changements inévitables

Nous profitons aussi de l'été pour faire un travail d'explication à destination des citoyens, entreprises et administrations. Nous voulons les alerter sur les changements qui auront lieu, dans tous les cas, au 1er janvier 2021. Nous aurons alors deux marchés séparés, avec toutes les conséquences, mécaniques, que cela implique.

Par exemple, des règles d'origine s'appliqueront pour vérifier que les produits importés chez nous du Royaume-Uni sont véritablement des produits britanniques (ou tout du moins ont un contenu britannique suffisant). Il y aura inévitablement de nouvelles formalités douanières, ne serait-ce que pour vérifier la bonne application de ces règles d'origine.

Toutes les importations de biens, qu'il s'agisse de jouets, de dispositifs médicaux, de produits alimentaires, et tous les services fournis dans l'Union devront être conformes à nos règles sur la sécurité, la santé ou les autres normes de politiques publiques. Il y aura donc également des contrôles réglementaires pour les biens entrant dans l'Union.

Et évidemment, il n'y aura plus d'harmonisation ni de reconnaissance mutuelle des règles. Cela signifie, par exemple, que les fournisseurs britanniques de services financiers perdront le « passeport » qui leur permettait jusqu'à présent de proposer leurs services dans toute l'Union, sur la base de leur établissement à la City de Londres. Les conséquences ne se font pas attendre… Plusieurs banques britanniques informent dès maintenant leurs clients expatriés dans l'Union qu'elles seront contraintes de clôturer leurs comptes avant le 31 décembre.

Tous ces changements pour les citoyens, les entreprises et les administrations, nous les avons détaillés début juillet dans une communication de la Commission intitulée « *Getting ready*[1] *!* ». Nous avons aussi mis à jour la centaine de notices qui détaillent, dans chaque secteur d'activité, les actions à mener pour

1. https://eur-lex.europa.eu/legal-content/FR/TXT/PDF/?uri=CELEX:52020DC0324&from=FR

préparer la fin de la transition. Enfin, je suis heureux que les chefs d'État ou de gouvernement des 27 aient décidé, lors de l'accord historique du 21 juillet sur le plan de relance et le budget de l'Union pour les sept prochaines années, de créer un fonds spécial de 5 milliards d'euros, la « réserve d'ajustement au Brexit », qui permettra d'aider les secteurs économiques et les territoires les plus touchés par le Brexit.

En cette période estivale, je choisis de relayer cette explication à travers une série de tweets, dans chacune des 24 langues de l'Union.

La réponse des Britanniques ne tarde pas. Deux heures après mon premier tweet en anglais, ils diffusent, sur Twitter également, leur propre document de préparation, en indiquant que la fin de la période de transition au 1er janvier « permettra aux entreprises et à l'économie du Royaume-Uni de bénéficier de nouveaux accords commerciaux »...

Mais pour l'instant, bien davantage que de « nouvelles opportunités », la presse se fait l'écho de nouvelles complications pour les entreprises britanniques.

Ainsi, selon un document officiel présenté par Michael Gove, les entreprises britanniques devront remplir 215 millions de déclarations douanières additionnelles, pour un coût annuel estimé à 7 milliards de livres sterling. Comme le font remarquer certains commentateurs, le temps où les *Brexiters* promettaient de fantastiques économies grâce au Brexit paraît déjà bien loin...

La conséquence de ces nouveaux contrôles douaniers, c'est un risque d'embouteillages massifs au sud du Royaume-Uni. Le gouvernement britannique prévoit même le stationnement de 2 000 camions sur une bretelle de l'autoroute M20, avant leur arrivée aux ports de Douvres et de Folkestone. Un autre parking de 2 000 places est prévu à Ashford, dans le Kent. Ces mesures montrent aussi ce que veut dire le Brexit.

Vendredi 21 août 2020 — Illusions perdues

Lundi, près de 200 négociateurs des deux côtés ont mis fin à leurs vacances — certains n'en ont quasiment pas eu — pour préparer la reprise des négociations. Comme pour nous encourager, David Frost avait tweeté la semaine dernière : « *Our assessment is that agreement can be reached in September and we will work to achieve this if we can*[1]. » Or, dès notre dîner de mardi soir, David Frost m'a prévenu qu'il ne fallait rien attendre de ce round. La « pause de réflexion » voulue par les Britanniques n'a pas tenu ses promesses.

J'annonce donc aux équipes la nécessité de tenir une ligne la plus ferme possible, dans le strict respect du parallélisme. Si les Britanniques ne s'engagent pas sur la gouvernance, le *level playing field* et la pêche, il n'y a pas de raison que nous leur donnions de notre côté satisfaction sur l'énergie ou les transports.

Il n'en est que plus nécessaire de nous préparer au risque d'un *no deal*, qui emporterait des conséquences bien plus dramatiques encore que les changements inévitables du Brexit.

Au moment de la négociation sur le retrait du Royaume-Uni, déjà, nous avions prévu des « mesures de contingence ». Elles permettaient d'atténuer les

1. « D'après nos estimations, un accord peut être trouvé en septembre, et nous allons travailler à atteindre cet objectif si nous le pouvons. »

conséquences les plus graves d'une éventuelle sortie des Britanniques sans accord.

Cette fois-ci, la situation est un peu différente. Nous pouvons nous appuyer sur l'accord de retrait, qui reste acquis et qui règle de nombreux points. La période de transition, depuis le 1er février 2020, donne aussi le temps nécessaire aux entreprises et aux administrations de se préparer à tous les scénarios. Enfin, certaines mesures que l'Union a adoptées en 2019 vont rester en vigueur ou devenir applicables à la fin de la période de transition. Par exemple, le Royaume-Uni sera listé parmi les pays tiers dont les citoyens sont exempts de visas pour les séjours de courte durée dans l'Union européenne.

Les mesures de contingence dont nous aurions besoin en cas de *no deal* seraient donc beaucoup plus limitées que celles imaginées à la fin 2019, mais nous devons nous concentrer sur les effets les plus graves d'un *no deal*. Ceux qu'aucune préparation ne peut éviter, dans les secteurs où aucun accord international n'offre un « filet de sécurité » satisfaisant. C'est le cas de l'aviation, où la négociation d'accords bilatéraux entre le Royaume-Uni et chaque État membre aurait pour effet de fragmenter le ciel unique européen.

Ainsi, nous proposerons d'assurer une connectivité aérienne minimale en autorisant, pendant une période limitée, le temps de trouver un accord spécifique avec le Royaume-Uni, les compagnies aériennes britanniques à survoler le territoire de l'Union, à y faire des arrêts techniques et à transporter des passagers et du fret, entre le Royaume-Uni et un aéroport dans l'Union. Mais ces compagnies ne pourront pas déposer ou récupérer ensuite des passagers dans un autre aéroport de l'Union. Un vol de Londres à Madrid devra ensuite retourner au Royaume-Uni, sans pouvoir faire escale à Paris pour déposer ou reprendre des passagers. Naturellement, ces mesures de contingence seront conditionnées à des mesures réciproques du Royaume-Uni pour les compagnies aériennes européennes.

Je demande à mon équipe, et en particulier à Noura Rouissi et Guido Dolara, de préparer dès maintenant ces mesures de contingence, pour la connectivité aérienne, mais aussi pour la sécurité aérienne et le transport routier, même s'il est trop tôt pour les rendre publiques.

Mercredi 2 septembre 2020
— Réunion aux « Chequers »

Depuis la reprise des négociations en avril, les rounds se suivent... et se ressemblent. Après le round frustrant de la mi-août, nous sommes revenus à Londres en comité restreint hier.

Je ressens le besoin de faire un point stratégique avec l'équipe rapprochée. Je réunis Clara, Paulina, Antonio, Stefan, Georg, Marie, Nicolas, Luca dans la petite salle « Chequers » au sous-sol de l'hôtel. Chacun prend la parole, tour à tour. Les bilans se ressemblent sur ce que nous avons accompli : pas grand-chose. Clara et Paulina rappellent toutes les deux que nous devons rester réalistes. Les Britanniques n'ont pas peur du *no deal*. Il faut y être prêt. Antonio et Stefan nuancent : les Britanniques veulent nous faire *croire* qu'ils n'ont pas peur du *no deal*. Sur un point nous sommes tous d'accord, les Britanniques n'ont pas fait le choix de la construction rationnelle et constructive d'un accord.

Georg utilise une image saisissante : nous sommes dans le « jeu du poulet » — de l'anglais *chicken game*. Deux pilotes se rapprochent l'un de l'autre sur une trajectoire de collision : l'un doit dévier sa course pour éviter l'accident. Sur les 1 000 mètres de négociation, au 1er septembre nous n'en avons fait que 600. Il faut garder son calme. L'accord pourrait très bien n'intervenir qu'en décembre…

Nous ne sommes pas d'accord entre nous sur le calendrier. Marie rappelle les délais incompressibles pour la ratification et juge qu'il faut arriver à une conclusion bien avant décembre. Je pense pour ma part qu'on peut aller jusqu'en novembre au plus tard. Mais, oui, les Britanniques jouent la montre et l'épuisement. Il faut donc se préparer à la guerre des nerfs et y préparer également les États membres.

D'emblée, nos intuitions se confirment. En tête à tête, David Frost me prévient que le moment de faire des progrès substantiels n'est pas venu. Je lui dis que nous avons de notre côté de grandes réserves de calme et de sérénité !

Nous nous préparons donc à tirer le meilleur parti possible la semaine prochaine d'un nouveau round de négociation dont nous savons par avance qu'il sera infructueux.

Lundi 7 septembre 2020
— Coup de semonce

Hier, le *Financial Times* titrait « Le plan du Royaume-Uni visant à saper le traité de retrait met les discussions du Brexit en danger — l'*Internal Market Bill* reviendrait sur certaines parties du protocole nord-irlandais alors que Johnson affirme la nécessité de bouger en cas d'absence d'accord d'ici au 15 octobre ».

L'annonce d'une possible remise en cause de l'accord de retrait est un vrai choc. Pris de court par ce qui est sans doute une fuite, les Britanniques passent à l'attaque. Dans une déclaration sur « la phase finale de nos négociations avec l'Union européenne », Boris Johnson fait monter la pression : « Si nous ne pouvons pas nous mettre d'accord d'ici au 15 octobre, je ne vois pas la possibilité d'un accord de libre-échange entre nous, et nous devrions de part et d'autre accepter cela et aller de l'avant. Nous aurons alors un arrangement commercial avec l'Union européenne comme avec l'Australie. Je veux être absolument clair que, comme nous l'avons dit depuis le début, ce serait un bon résultat pour le Royaume-Uni. En tant que gouvernement, nous travaillons, à nos frontières et à nos ports, à être prêts pour cela. Nous aurons le plein contrôle de nos lois, de nos règles et de nos eaux pour la pêche. Nous aurons la liberté de faire des accords commerciaux avec tous les pays du monde. Et nous prospérerons puissamment en conséquence. »

Le Premier ministre reprend le calendrier que nous avions envisagé. Il fait sien le souhait d'un accord avant le 15 octobre, ce qui laisserait tout le temps de la ratification avant la fin de l'année.

Mais surtout, je suis surpris d'entendre le Premier ministre présenter comme un « bon résultat » ce qui serait en réalité l'échec de nos négociations. Ce qu'il appelle le « modèle australien » n'est autre qu'un *no deal* ! Un retour en arrière de plusieurs décennies, qui nous verrait commercer entre nous selon les règles et avec les droits de douane de l'Organisation mondiale du commerce...

À travers ses déclarations, le Premier ministre cherche sans doute à montrer que le Royaume-Uni n'a rien à perdre dans cette négociation, et à obtenir de l'Union qu'elle renonce à ses principes : « Il y a toujours un accord à conclure. Nous allons continuer à travailler dur en septembre pour y parvenir. Il est basé sur notre proposition raisonnable d'un accord de libre-échange standard comme celui que l'Union européenne a conclu avec le Canada et beaucoup d'autres. Même à ce moment tardif, si l'Union européenne est prête à repenser ses positions actuelles et à accepter cela, j'en serai ravi. Mais pour obtenir cela, nous ne pouvons pas faire de compromis, et nous ne ferons pas de compromis sur les fondamentaux de ce que signifie être un pays indépendant. »

Bonne entrée en matière pour une semaine de négociation !

Mardi 8 septembre 2020 — Flibusterie politique

Le deuxième coup de tonnerre ne se fait pas attendre. Dès le lendemain, nous obtenons une copie du « projet de loi sur le marché intérieur britannique », l'*Internal Market Bill,* qui revient en effet sur certains points de l'accord de retrait, et notamment du protocole irlandais. Le gouvernement britannique pourrait, en cas d'absence d'accord sur la future relation, décider unilatéralement de modifier ou même de ne pas appliquer certaines règles sur les aides d'État et la circulation des biens entre la Grande-Bretagne et l'Irlande du Nord.

Ce projet est même plus grave que les fuites ne le laissaient entendre. S'il était adopté, il romprait l'équilibre délicat trouvé il y a à peine un an avec Boris Johnson lui-même pour garantir l'absence de frontière physique sur l'île d'Irlande, protéger le *Good Friday Agreement* dans toutes ses dimensions et préserver le marché intérieur de l'Union. Nous n'aurions plus de moyen de nous assurer que les biens qui entrent en Irlande du Nord respectent les règles de l'Union. Or, une fois en Irlande du Nord, ces biens peuvent circuler librement dans toute l'île d'Irlande, et dans le reste de l'Union.

Puisque l'accord de retrait est entré en vigueur, il s'agirait d'une violation du droit international, venant d'un pays qui a construit pendant des siècles sa réputation sur la qualité de sa signature. Brandon Lewis, secrétaire d'État britannique chargé de l'Irlande du Nord, reconnaît en pleine Chambre des communes qu'il s'agit bien d'une violation du droit international, mais « de manière très spécifique et limitée »...

En vérité, le gouvernement britannique, en agissant ainsi, fait ni plus ni moins de la flibusterie politique. À cet instant, je ressens cette menace comme une trahison de la parole donnée. Décidément, ils sont prêts à tout. Plus grave peut-être encore pour moi, à titre personnel, je trouve que l'équipe qui est actuellement au 10 Downing Street n'est pas à la hauteur des enjeux et des défis du Brexit, ni de la responsabilité qui est la sienne pour avoir voulu ce Brexit. Je n'ai simplement plus confiance. Or, nous avons besoin de confiance pour conclure un accord sur notre future relation.

Mercredi 9 septembre 2020
— Tenir la ligne

Voilà dans quelle ambiance commence cette semaine à Londres. Clara et Paulina ont fait part à David Frost de nos interrogations profondes sur la conduite du gouvernement britannique lors d'un dîner glacial mardi soir à Londres. Maroš Šefčovič fait de même dans un appel téléphonique avec Michael Gove.

Pour ma part, je prends l'Eurostar pour Londres

ce mercredi matin après une journée de consultations au Berlaymont, avec des États membres et le Parlement européen. Nous aurions pu suspendre immédiatement la négociation, au motif que l'on ne négocie pas sous la menace. Mais suspendre nous-mêmes la négociation pour ce motif grave, sans doute comme les Britanniques le cherchaient, aurait fait peser sur nous la responsabilité d'un échec probable. Nous ne voulons pas céder à cette provocation. Avec la présidente de la Commission Ursula von der Leyen, nous avons donc décidé d'éviter la rupture tout en gardant une ligne ferme.

La présidente l'exprime dans un tweet : « Très inquiète des annonces par le gouvernement britannique de ses intentions de violer l'accord de retrait. Cela irait à l'encontre du droit international et saperait la confiance. *Pacta sunt servanda*[1] = la fondation de relations futures prospères. »

Nous mettons ainsi le gouvernement britannique devant ses responsabilités. Ni le Parlement européen, ni le Conseil n'approuveront un quelconque traité sur notre future relation sous la menace d'une violation de l'accord de retrait.

Réuni en urgence à Londres à notre demande, le comité conjoint chargé de l'application de cet accord permet à Maroš Šefčovič de mettre les points sur les *i*. Et de rappeler à Michael Gove les objectifs du protocole irlandais, juridiquement opérationnel, que nous ayons ou non un accord sur notre future relation. Il insiste : « La paix sur l'île d'Irlande ne devrait jamais être utilisée comme une monnaie d'échange. » Et il demande au Royaume-Uni de retirer les dispositions litigieuses de son projet de loi.

1. « Les conventions doivent être respectées. »

Jeudi 10 septembre 2020
— « Jeter un chat mort sur la table »

Paradoxalement, après ces offensives britanniques de grande ampleur, la réunion de clôture du round de cette semaine est plutôt constructive. Les négociateurs britanniques sont à l'écoute, laissent entendre qu'ils vont chercher des solutions : « Nous nous engageons dans ce processus, me dit David Frost, et nous travaillons pour un accord. » Toujours la même tactique de souffler le chaud et le froid et de jouer avec le temps. Tout cela ne nous impressionne pas beaucoup.

Cette attitude plus ouverte, au moins en apparence, est traduite avec plus ou moins de force aux différentes tables de négociation. Ainsi, sur le commerce des biens et des services, David Frost note que nous voulons une discussion plus détaillée, et que nous demandons un équilibre : « Dans l'ensemble, je suis d'accord avec ce que vous dites. » Même tonalité sur les douanes (« nous devons trouver un équilibre intérieur »), les indications géographiques (« il est possible d'aller de l'avant, il nous faut un texte juridique, il y a un chemin »), et même les marchés publics. Sur ce dernier point, David Frost commence par estimer qu'« un chapitre dédié ne serait tout simplement pas dans l'intérêt du Royaume-Uni ». Je lui réponds de manière très déterminée : « C'est un domaine sur lequel le travail doit commencer maintenant si nous voulons aller de l'avant sur les biens et les services dans leur ensemble. » Ce à quoi David Frost répond : « J'entends ce que tu dis et je le prends sérieusement. Nous gardons notre position mais nous allons y réfléchir. »

Comment expliquer cette différence de tonalité ?

De deux choses l'une : soit David Frost montre une bonne volonté de façade, essayant de compenser par une attitude constructive l'ambiance désastreuse créée cette semaine.

Soit les Britanniques veulent vraiment négocier, et ont simplement cherché cette semaine à créer des perturbations sur la ligne, à nous impressionner et à se donner un levier de négociation supplémentaire, quitte à l'abandonner plus tard. Bref, une « *madman strategy* », comme l'écrit un article dans l'*Irish Times*.

S'ajoute sans doute à cela une dimension de politique intérieure. Un texte publié en 2013 par Boris Johnson[1] semble à certains égards prémonitoire : « Supposons que vous perdez un argument. Les faits sont massivement contre vous, et plus les gens se concentrent sur la réalité, moins bonne paraît l'issue pour vous et votre point de vue. Votre meilleur pari dans ces circonstances est de réaliser une manœuvre qu'un grand stratège décrit comme "jette un chat mort sur la table, mon pote !". Car il y a une chose absolument certaine quand on jette un chat mort sur la table du dîner — et ce n'est pas que les gens vont être énervés, alarmés, dégoûtés. C'est vrai, mais ce n'est pas pertinent. Le point clef, dit mon ami australien, est que tout le monde va crier : "Mon Dieu, les gars, il y a un chat mort sur la table !" ; en d'autres termes, ils vont parler du chat mort, la chose dont vous voulez qu'ils parlent, et ils ne vont pas parler de la chose qui vous a causé tant de tort. »

Suivant cette théorie, la menace de violer l'accord de retrait serait une manière de faire diversion. De détourner l'attention des difficultés que Boris Johnson a sur le plan domestique, dans la gestion de la crise sanitaire. Et aussi du refus britannique

1. Boris Johnson, *The Telegraph*, 3 mars 2013.

de trouver des solutions raisonnables, notamment sur les aides d'État. Refus d'autant moins justifiable qu'au même moment, le Royaume-Uni signe avec le Japon un accord commercial et s'engage sur un contrôle des aides d'État beaucoup plus strict que celui qu'il est prêt à accepter avec nous...

Comme en octobre 2019, j'ai la conviction que Boris Johnson, qui est un homme politique pragmatique, voudra trouver un accord avec nous parce qu'il en aura besoin.

Dimanche 13 septembre 2020
— « Blocus alimentaire » en mer d'Irlande

À la fin de la semaine, les Britanniques choisissent de lancer une troisième offensive. Ils se saisissent pour cela d'un sujet d'apparence technique : l'inscription du Royaume-Uni parmi les pays tiers qui peuvent importer des produits agroalimentaires dans l'Union européenne. Ils présentent cette procédure standard comme une menace de notre part. Nous chercherions à interdire la circulation des produits agroalimentaires de Grande-Bretagne vers l'Irlande du Nord.

Cette accusation, d'abord reprise par quelques journalistes « briefés » à Londres par des représentants britanniques, a de plus en plus d'échos, jusqu'à être formulée sous la plume du Premier ministre lui-même. Dans une tribune publiée par le *Telegraph*, Boris Johnson accuse l'Union européenne de menacer le Royaume-Uni d'un « blocus » alimentaire en mer d'Irlande qui détruirait « l'intégrité économique et territoriale du Royaume-Uni ». Rien que ça !

C'est le prétexte qu'a trouvé le Premier ministre pour tenter de justifier la violation de l'accord de retrait. La réalité est tout autre. Je l'explique dans deux tweets : « Le protocole sur l'Irlande et l'Irlande du Nord n'est pas une menace pour l'intégrité du Royaume-Uni. Nous avons agréé ce compromis délicat avec Boris Johnson et son gouvernement pour protéger la paix et la stabilité sur l'île d'Irlande. Nous ne pourrions pas avoir été plus clairs sur les conséquences du Brexit » ; « S'en tenir aux faits est aussi essentiel. Une illustration : l'Union européenne ne refuse pas de lister le Royaume-Uni en tant que pays tiers pour l'importation de produits alimentaires (règles sanitaires et phytosanitaires). Pour être listé, nous devons connaître pleinement ce que sont les règles d'un pays, y compris pour les importations. Le même processus objectif s'applique à tous les pays listés. »

David Frost se sent obligé de répondre dans une série de sept tweets, dans lesquels il nous accuse de mauvaise foi. « L'UE connaît parfaitement tous les détails de nos normes alimentaires puisque nous appliquons les règles de l'UE. » Certes ! Mais ce dont nous avons besoin n'est pas de connaître la situation actuelle. Nous avons besoin de connaître précisément les règles que le Royaume-Uni appliquera à la fin de la période de transition, le 1er janvier 2021. Je choisis de ne pas répondre, pour éviter la surenchère.

Ce qui est certain, c'est que le projet de loi britannique a créé beaucoup d'indignation, y compris au Royaume-Uni. Dans une tribune conjointe publiée dans le *Sunday Times*, deux anciens Premiers ministres de partis opposés, John Major et Tony Blair, le qualifient d'« irresponsable, mauvais sur le principe et dangereux en pratique », allant jusqu'à juger qu'il menacerait « l'intégrité même de notre nation ». Avec Gordon Brown, David Cameron et Theresa May, tous les anciens Premiers ministres vivants rejettent désormais ce texte. Quant à Geoffrey Cox, l'ancien *Attorney General*, qui s'était opposé en son temps à l'accord de retrait, il estime que le projet de loi met en danger « le statut et la réputation du Royaume-Uni dans le monde ».

Lundi 14 septembre 2020 — Revolver

En ouvrant le débat sur l'*Internal Market Bill* à la Chambre des communes, le Premier ministre accuse à nouveau l'Union européenne de vouloir imposer un blocus alimentaire en mer d'Irlande. Boris Johnson va jusqu'à dire que « l'Union n'a toujours pas retiré ce revolver de la table » et que « ces menaces révèlent l'esprit dans lequel certains de nos amis ont l'intention de conduire les négociations ». « L'Irlande du Nord fait partie du territoire douanier du Royaume-Uni. Nous ne pouvons pas avoir une situation dans laquelle les frontières mêmes de notre pays pourraient être dictées par une puissance étrangère ou une organisation internationale. »

Sic.

Mercredi 16 septembre 2020 — Washington

Dominic Raab, ancien négociateur britannique et aujourd'hui ministre des Affaires étrangères, est depuis hier en visite à Wa- shington pour soutenir les négociations de libre-échange entre le Royaume-Uni et les États-Unis. Dans une conférence de presse très commentée, aux côtés du secrétaire d'État américain Mike Pompeo, il cherche à rassurer les Américains sur l'*Internal Market Bill* en rejetant la faute sur l'Union européenne : « La menace envers le *Good Friday Agreement* vient de la politisation que l'Union européenne fait du sujet (...). Le Royaume-Uni, en réalité, agit en défensive, face à ce que l'Union européenne fait ; il prend ses précautions [...] et il réagit de manière proportionnée. Ce que nous ne pouvons pas avoir, car cela serait contraire au protocole sur l'Irlande du Nord (*sic*) et comporterait un risque pour le *Good Friday Agreement*, serait pour l'Union européenne de chercher à ériger une frontière réglementaire en mer d'Irlande entre l'Irlande du Nord et la Grande-Bretagne. »

Beaucoup de parlementaires et de responsables politiques des États-Unis ont un lien ancien, presque affectif avec l'Irlande. Et ils ne sont pas dupes. Ils savent que l'Union européenne ne cherche qu'à mettre en œuvre l'accord de retrait, que nous avons précisément négocié avec Dominic Raab.

J'ai eu ces derniers jours plusieurs échanges avec Simon Coveney, désormais ministre des Affaires étrangères irlandais. Toujours perspicace, méthodique et bien informé, il m'a assuré qu'à Washington, les messages du gouvernement britannique provoquent de vives réactions.

C'est ce que me confirme Richard Neal, représentant démocrate du Massachusetts et président des « *Friends of Ireland* », qui m'appelle aujourd'hui. Il connaît bien le contexte des négociations. Nous avions déjà échangé au moment où nous cherchions à éviter le retour d'une frontière physique sur l'île d'Irlande.

Peu de temps après, le candidat démocrate Joe Biden résume bien la situation dans un tweet : « Nous ne pouvons pas laisser le *Good Friday Agreement*, qui a apporté la paix en Irlande du Nord, devenir une victime du Brexit. Tout accord de commerce entre les États-Unis et le Royaume-Uni devra dépendre du respect de l'accord et de la prévention du retour à une frontière dure. Point final. »

Mercredi 16 septembre 2020 —
Les mots de Margaret Thatcher

De notre côté de l'Atlantique, ce mercredi est un jour important : la présidente de la Commission européenne, Ursula von der Leyen, prononce son premier discours sur l'état de l'Union européenne. Les défis ne manquent pas : la réponse à la crise sanitaire, économique et sociale, bien sûr, avec la mise en œuvre du plan de relance, de nouveaux objectifs ambitieux pour le climat, la question de la migration, les initiatives en matière de numérique, le rôle de l'Union dans le monde, face à la Russie, aux tensions en Méditerranée orientale ou dans sa relation avec les États-Unis.

Sur le Brexit, la présidente choisit de garder la main tendue tout en étant très ferme : « Nous devons prendre un nouveau départ avec de vieux amis [...]. En revanche, chaque jour qui passe voit vraiment faiblir les chances de conclure un accord à temps. Les négociations sont toujours difficiles. Nous y sommes habitués. Et la Commission a, en la personne de Michel Barnier, le négociateur le plus compétent et le plus expérimenté, pour nous guider parmi ces écueils. Cependant, les négociations n'ont pas progressé comme nous l'aurions souhaité. Il nous reste désormais très peu de temps. [...]

« Les négociations sur cet accord ont duré trois ans et nous y avons travaillé sans relâche. Ligne après ligne, mot après mot. Et ensemble, nous avons réussi. [...] Cet accord a été ratifié par cette assemblée et par la Chambre des communes. Il est impossible de le modifier unilatéralement, de l'ignorer ou de cesser d'en appliquer les dispositions. C'est une question de droit, de confiance et de bonne foi. »

Pour marteler ce point, Ursula von der Leyen rappelle les mots de Margaret Thatcher elle-même : « Le Royaume-Uni ne viole pas les traités. Ce serait mauvais pour la Grande-Bretagne, mauvais pour les relations avec le reste du monde et mauvais pour tout futur traité commercial. » Et de conclure : « Ce qui était vrai à l'époque l'est toujours aujourd'hui. La confiance est le fondement de tout partenariat solide. »

La ligne est ainsi fixée pour les discussions des prochaines semaines. Si les Britanniques sont constructifs, nous le serons aussi. Mais nous resterons sur nos gardes. Un exemple parmi d'autres : celui des indications géographiques qui protègent des produits agricoles de qualité. La feta grecque autant que le whisky écossais ou le beaufort savoyard. Le stock des 3 000 indications existantes est protégé par l'accord de retrait. Les négociateurs britanniques souhaitent rouvrir ce point et se donner plus de liberté dans leurs futures négociations commerciales, notamment avec les États-Unis. Bien sûr, cela pourrait faciliter entre nous un accord pour la protection des futures indications géographiques.

Mais désormais, nous sommes avertis, et donc très prudents. Je demande à notre équipe de tenir une ligne ferme. Nous dirons aux Britanniques que la manière dont leur gouvernement a provoqué l'Union européenne et attaqué l'accord de retrait s'oppose à ce que nous acceptions de le rouvrir.

Jeudi 17 septembre 2020
— Recoller les morceaux

Les membres de la *task force* continuent les discussions malgré tout. Ce jeudi, je parle franchement à David Frost : « Je ne peux que noter que les polémiques et provocations inutiles ne se sont pas tues. Au contraire, elles ont même été accentuées par la voix de votre Premier ministre et de votre secrétaire d'État Dominic Raab. Ce style de négociation n'est pas le nôtre. Et nous n'accepterons pas non plus de négocier sous des menaces ou de fausses accusations. Nous sommes engagés dans ce processus de bonne foi, de manière calme, sérieuse, constructive et transparente, selon la ligne de notre mandat et la déclaration politique agréée entre nous. Chaque mot compte. L'Union européenne ne menace pas l'intégrité territoriale du Royaume-Uni, et fait encore moins une menace de "blocus alimentaire". Ce qui crée des problèmes en Irlande et en Irlande du Nord, c'est le Brexit. »

« Ce n'est pas le Brexit, répond David Frost, qui crée un problème en Irlande. C'est plus compliqué que cela. L'Irlande du Nord fait partie de notre pays. Ces questions remontent des siècles en arrière. »

Je lui réponds que je connais bien l'histoire irlandaise : « J'aime beaucoup ce pays et les gens qui y vivent. »

Après cet échange un peu tendu, nous faisons le point sur l'état des négociations. Sur la question des aides d'État, après un début de discussion plutôt constructif, les négociateurs britanniques nous indiquent être uniquement prêts à envisager des « principes de haut niveau », simples orientations non contraignantes. C'est évidemment hors de question !

De même, lorsque nous abordons la mise en œuvre de ces règles, les Britanniques refusent de préjuger dans un accord international avec l'Union européenne de ce que sera leur régime propre sur les aides d'État. « Notre accord, me dit David Frost, doit trouver un espace délicat qui indique une direction tout en laissant de la place pour les choix du Parlement britannique. »

Nous avons pourtant besoin d'une mise en œuvre effective de nos futurs engagements. Le Royaume-Uni refuse toujours de trouver des solutions qui tiennent compte des lignes rouges de l'Union européenne. Alors même que nous avons fait des efforts significatifs pour prendre en compte leurs propres lignes rouges.

Vendredi 18 septembre 2020
— Timides avancées

Dans les discussions des derniers jours, il y a malgré tout quelques timides avancées. Par exemple pour définir ce qui constituerait une régression par rapport aux normes sociales ou environnementales existantes. Timides avancées aussi sur la pêche : même si nos positions restent très éloignées, nous sommes maintenant d'accord sur la liste des 109 stocks de poissons sur lesquels nous établirons le partage des quotas. Cette liste vient un peu tard, mais c'est déjà ça ! Les discussions ont été aussi constructives sur le commerce des biens et des services. Mais je redis à David Frost que nous devons désormais progresser en parallèle sur tous les sujets. Cela restera notre exigence jusqu'au bout.

Je note durant cette semaine de septembre deux « micro-signes » plus positifs venus de Londres. L'opposition de Westminster au projet d'*Internal Market Bill* ne faiblit pas. Et mercredi, Boris Johnson fait une concession aux députés conservateurs modérés. La possibilité de déroger au protocole irlandais ne serait activée qu'avec l'accord de la Chambre des communes. Ce « verrou parlementaire » réduit un peu le risque, d'autant que le gouvernement devrait prouver que l'Union européenne est « engagée dans une violation matérielle de ses devoirs de bonne foi, affaiblissant ainsi l'objectif fondamental du protocole ».

Mais le projet de loi reste sur la table. Quelques jours plus tard, Theresa May, qui connaît bien le sujet, le critique à nouveau. Elle rappelle qu'il est inutile puisque l'accord de retrait prévoit le règlement d'éventuels différends par des arbitres. Selon l'ancienne Première ministre, la violation du droit international qu'il implique est « imprudente et irresponsable ». Le tout aura pour effet que certaines communautés en Irlande du Nord auront moins confiance dans le gouvernement britannique, ce qui pourrait poser un risque pour l'intégrité du Royaume-Uni.

Second signe cette semaine : après avoir répondu au député travailliste Hilary Benn qu'il ne croyait pas que l'Union européenne négocie de bonne foi, Boris Johnson a ajouté : « Il est toujours possible que je me trompe. » Certains commentaires y ont vu une manière pour le Premier ministre de se ménager une porte de sortie pour conclure *in fine* un accord avec nous. Mais l'espoir reste bien mince.

Mardi 22 septembre 2020
— Méga-embouteillage

À quelques jours du neuvième round, je fais le point devant les ministres des 27 réunis en conseil « affaires générales ». Lors du tour de table, je suis une nouvelle fois frappé par l'unité des 27. Tous les ministres expriment leur soutien à la Commission et à notre stratégie.

Cette unité est notre meilleur atout vis-à-vis des

Britanniques, qui commencent à adopter une attitude plus constructive. Peut-être ce changement de ton est-il le reflet de l'ambiance qui s'installe à Londres, où de nombreuses voix appellent à un accord avec l'Union européenne. Ainsi, un rapport[1] de la *London School of Economics* et du groupe de réflexion *UK in a Changing Europe* décrit le choc d'un *no deal*, qui représenterait sur le long terme un coût économique (8 % du PIB) deux à trois fois supérieur à celui du Covid-19, tel qu'estimé par la Banque d'Angleterre. Dans un autre registre, je lis sur le blog de l'*European Centre for International Political Economy* (ECIPE), sous la plume d'Oscar Guinea[2], que le Royaume-Uni achète plus de 604 produits exclusivement à l'Union européenne, tandis que l'Union achète un seul produit, une forme spécifique de bois, exclusivement au Royaume-Uni.

Enfin, cent jours avant la sortie du Royaume-Uni du marché unique et de l'union douanière, Michael Gove présente devant la Chambre des communes ce qu'il appelle le « pire scénario raisonnable » à la fin de la transition. Selon ce scénario, seuls 30 à 60 % des camions arrivant à Douvres seraient préparés aux nouvelles formalités. Cela pourrait créer des embouteillages de 7 000 camions dans le Kent, et des délais d'attente allant jusqu'à deux jours. Pour éviter cela, les camions devront obtenir un « permis d'accès au Kent »... ce que certains commentateurs interprètent comme une nouvelle frontière intérieure liée au Brexit !

1. https://ukandeu.ac.uk/the-uk-economy-brexit-vs-covid-19/
2. https://ecipe.org/blog/deal-with-no-deal-eu-uk/

Mercredi 23 septembre 2020
— « Zones d'atterrissage »

À la veille de notre neuvième round, David Frost se veut optimiste. « Le Royaume-Uni, me dit-il lors d'une réunion à Londres, veut un accord. Je vois des zones d'atterrissage sur tous les sujets. » Il me dit aussi sa préoccupation face au temps qui passe et à l'évolution de la situation sanitaire. Le Conseil européen prévu les 24 et 25 septembre vient d'être reporté à la semaine prochaine puisque son président, Charles Michel, est à l'isolement après avoir été cas contact. David Frost craint que cette situation ne se reproduise et ne mette en danger la tenue du Conseil européen du 15 octobre. Tout juste rappelle-t-il la menace britannique de quitter les négociations en l'absence d'accord d'ici là, mais sans grande conviction.

Je quitte Londres pour Paris, où je retrouve le président de la République pour un long entretien, qui nous permet d'aborder avec précision et rigueur de nombreux sujets de la négociation. Comme les autres chefs d'État ou de gouvernement de l'Union, Emmanuel Macron exprime une certaine lassitude face aux dernières initiatives et déclarations du Royaume-Uni, et en particulier les dispositions de l'*Internal Market Bill* qui menacent le protocole irlandais. Son message est relayé avec force par Clément Beaune, son ancien conseiller Europe devenu ministre des Affaires européennes dans le gouvernement de Jean Castex. Jeune haut fonctionnaire compétent, animé par une ambition politique, il s'exprime clairement et n'hésite pas à affirmer ses convictions européennes.

En m'entretenant avec le président, j'ai une nouvelle confirmation que ce projet de loi a pour effet d'excéder les 27, et de les ressouder fortement autour des positions communes de l'Union. Cet après-midi, le président français ne manifeste aucune fébrilité face à l'hypothèse d'un *no deal*, et aucune disposition à faire des compromis sur les intérêts essentiels de l'Union, en particulier le *level playing field*, sujet sur lequel il y aura, me dit-il, une position commune entre la France et l'Allemagne. Et évidemment sur la pêche.

Vendredi 25 septembre 2020
— Pas de plongée
avec les écoutilles ouvertes !

À la veille d'un nouveau round formel, je réunis les directeurs généraux de la Commission européenne qui m'accompagnent depuis le tout début de cette négociation.

La tactique du Royaume-Uni est claire. À la fin de ce neuvième round, les Britanniques veulent nous entraîner dans une négociation continue, un « tunnel » qui ne déboucherait qu'à la veille du Conseil européen du 15 octobre, alors même que trop de sujets graves, notamment sur nos priorités, restent ouverts. Ils espèrent ainsi empocher de nouvelles concessions, et mettre la pression sur les chefs d'État ou de gouvernement, au moment du Conseil européen, pour obtenir encore plus.

Pour décrire cette stratégie à mon équipe et aux directions générales de la Commission, j'utilise l'image d'un sous-marin qui entrerait en plongée sans avoir fermé toutes les écoutilles. Danger ! La négociation n'est pas mûre pour tenter une telle plongée. Et les membres du Conseil européen ont toujours refusé d'être instrumentalisés dans cette négociation.

À quelques jours de ce Conseil européen, et sans un effort parallèle des Britanniques sur nos priorités, il n'est pas question de se précipiter, de céder à une quelconque fébrilité, et encore moins de travailler sur des textes juridiques sur les seuls sujets d'intérêt britannique.

Vendredi 2 octobre 2020
— Lumière au bout du tunnel ?

Cette semaine a enfin débuté ce neuvième round, sur lequel beaucoup de monde, et en particulier la presse britannique, fonde tant d'espoirs. Et il faut reconnaître que les 11 tables de négociation se tiennent dans un état d'esprit constructif et respectueux.

Ainsi, nous confirmons des points de convergence, notamment sur certains aspects du commerce des biens, des services et des investissements, la coopération nucléaire civile ou la participation aux programmes de l'Union. Nous enregistrons aussi des évolutions positives nouvelles sur des sujets comme la sécurité aérienne, la coordination de la sécurité sociale, ou le respect des droits fondamentaux et des libertés individuelles qui est une condition préalable à la coopération policière et judiciaire en matière pénale.

En revanche, toujours pas de réels progrès sur la protection des données personnelles, la lutte contre le changement climatique ou la tarification du carbone. Surtout, de graves divergences persistent sur des sujets essentiels pour l'Union européenne. Une nouvelle fois, je rappelle dans un communiqué de presse que tout accord de partenariat économique passe par trois conditions. Des garanties solides de concurrence ouverte et équitable dans la durée, ce qui est possible dans le respect de l'autonomie réglementaire et de la souveraineté des deux parties. Une gouvernance efficace, qui repose sur un accord global et des mécanismes robustes pour régler les différends. Cette exigence est évidemment renforcée par les menaces de l'*Internal Market Bill*. Enfin, un accord stable et équitable pour la pêche, permettant au Royaume-Uni de développer son économie de la pêche, tout en garantissant la durabilité des ressources et en protégeant l'activité des pêcheurs européens.

À la fin de cette semaine de round, nous constatons que les conditions d'un « tunnel » de négociation ne sont pas réunies. On ne peut entrer dans un tel tunnel qu'en voyant une lumière au bout, c'est-à-dire des « zones d'atterrissage » possibles sur chacun des sujets.

Au cours de l'une des longues réunions de débriefing que je tiens chaque soir de round avec mon équipe, un des experts européens aura ce mot : « Et même s'il y a en effet de la lumière au bout du tunnel, prenons garde à ce que ce ne soit pas celle d'un train qui arrive à toute vitesse en sens contraire sur la même voie ! »

Cette semaine, le débat au Royaume-Uni sur les conséquences de la sortie du marché unique s'est aussi intensifié. À trois mois de l'échéance, ce n'est pas trop tôt !

Ainsi, dans une lettre à l'industrie automobile britannique révélée par la BBC et le *Financial Times*, David Frost reconnaît que l'Union européenne n'accordera pas de traitement préférentiel aux exportateurs britanniques de voitures et camions.

L'Union européenne, explique David Frost, refuse de considérer les pièces de véhicules fabriquées dans des pays tiers avec lesquels le Royaume-Uni et l'UE ont des accords de libre-échange, comme le Japon ou la Turquie, comme du contenu britannique.

C'est le point essentiel des règles d'origine et de toutes les barrières non tarifaires. Un véhicule ou tout autre bien devra incorporer une bonne part de contenu britannique pour pouvoir être exporté dans l'Union européenne sans droit de douane ni quota. De notre point de vue, il n'est pas question d'aller au-delà du cumul bilatéral, selon lequel chacun des deux partenaires, le Royaume-Uni et l'Union européenne, peut considérer les pièces provenant de l'autre partenaire comme du contenu local. Aller plus loin avec le Royaume-Uni irait à l'encontre de nos intérêts. Cela nous obligerait à accorder ce traitement à d'autres pays tiers, en vertu de la « clause de la nation la plus favorisée » qui figure dans nos accords de libre-échange.

Dans la presse, la fuite de cette lettre de David Frost, attribuée au 10 Downing Street, est interprétée comme le signe que les choses sont en train de bouger. Certains y voient une volonté du gouvernement de Boris Johnson de préparer le monde de l'entreprise et l'opinion publique aux concessions qui seront nécessaires pour parvenir à un accord. D'autres, plus sceptiques, y voient une offensive britannique visant à faire porter par l'Union européenne la responsabilité d'un échec des négociations…

Samedi 3 octobre 2020 —
La « revanche » des pêcheurs écossais

Ursula von der Leyen et Boris Johnson sont convenus de se parler au téléphone. La présidente de la Commission m'a demandé d'assister à cet entretien qu'elle a soigneusement préparé, comme toujours. Boris Johnson n'a visiblement qu'un seul but : celui de faire monter les enchères sur la pêche. D'emblée, il peint un tableau très noir de la situation des pêcheurs britanniques, et écossais en particulier, des sacrifices qu'ils auraient consentis lorsque leur pays a rejoint l'Union en 1973, de la revanche qui leur est due...

Cette ligne d'attaque est plus que discutable. Lorsque le Royaume-Uni a adhéré à l'Union européenne, tout ce qui se trouvait au-delà de 12 milles marins de la côte était considéré comme la « haute mer », des eaux internationales dans lesquelles les navires des autres pays pouvaient pêcher librement. C'est bien après l'adhésion du Royaume-Uni à l'Union européenne que le régime juridique international a instauré une « zone économique exclusive » jusqu'à 200 milles marins. Les eaux situées au-delà de 12 milles marins n'ont donc jamais été exclusivement britanniques. Elles ont toujours été soit des eaux internationales, soit des eaux de l'Union. Avec la sortie du Royaume-Uni de la politique commune de la pêche, c'est donc la première fois que les pêcheurs de l'Union n'auront pas librement accès à ces eaux. Voilà pourquoi le gouvernement belge et la Flandre ont exhumé un privilège datant de 1666, et signé de la main du roi d'Angleterre Charles II, qui donne à cinquante bateaux de pêche de Bruges le droit de pêcher éternellement dans les eaux britanniques...

Dans la conversation, Ursula von der Leyen choisit de ne pas contrer les arguments de Boris Johnson sur la pêche, malgré les préparations que nous avions faites. Évidemment, lorsqu'il parle de sacrifice, Boris Johnson passe sous silence les débouchés que le marché unique a apportés aux produits de pêche britanniques. Et aussi les résultats de la politique commune de la pêche, qui a largement facilité la reconstitution des stocks de poisson dans les eaux britanniques. Grâce à la politique commune de la pêche, et à l'effort conjoint de tous les pays concernés, la biomasse dans l'Atlantique du Nord-Est a augmenté de 50 % entre 2003 et 2018. Et puis, dans cette négociation, les pêcheurs britanniques s'en sortiront de toute façon mieux que les pêcheurs européens.

La présidente tente en revanche d'amener la discussion sur d'autres sujets, en particulier le *level playing field* et la gouvernance. Mais à chaque fois le Premier ministre élude le point en le renvoyant aux négociateurs. Elle insiste aussi beaucoup, et à plusieurs reprises, sur le respect des engagements pris dans l'accord de retrait concernant l'Irlande et l'Irlande du Nord, et donc le nécessaire retrait des dispositions de l'*Internal Market Bill*.

Là non plus, Boris Johnson ne prend pas vraiment la peine de répondre. Il sait naturellement qu'il va devoir régler ce point s'il veut un accord sur la relation future. Et il sait aussi que ses relations avec une éventuelle nouvelle administration Biden aux États-Unis sont en jeu.

Boris Johnson s'attarde en revanche sur la date du 15 octobre. « Je dois savoir d'ici là si un accord est possible », dit-il. Ce à quoi la présidente répond que cette date limite britannique n'est pas la nôtre. Nous sommes prêts à travailler tout le mois d'octobre. Et même au-delà.

Au terme de cette conversation qui, de manière étonnante, aura été interrompue trois fois par des coupures techniques, tous deux conviennent d'intensifier la négociation. Mais cette accélération n'a pas le même sens pour nous que pour les Britanniques. Quelques minutes plus tard, David Frost soumet à Clara un agenda pour la semaine prochaine sur tous les sujets. Cela ne nous convient pas. Nous voulons accélérer, concentrer et intensifier les négociations d'abord sur les sujets de divergence. En tout cas, il n'est plus question d'un tunnel ou d'une négociation en continu. Les conditions ne sont pas réunies pour finaliser un quelconque accord alors que tant de points importants ou essentiels pour l'Union restent ouverts ou bloqués.

Dimanche 4 octobre 2020 — Contrer Boris

Ce dimanche, la petite équipe est au travail comme souvent. Nous réfléchissons à la suite de l'entretien que la présidente a eu avec le Premier ministre britannique, ainsi qu'aux messages à faire passer à Berlin demain.

Il est clair que nous devons contrer l'offensive de Boris Johnson sur la pêche en insistant fortement sur le lien avec le partenariat économique dans son ensemble. Pas d'accès aux marchés sans accès aux eaux pour les pêcheurs européens. Georg propose de faire un travail de chiffrage avec les équipes techniques pour mettre en évidence ce que vaut pour les Britanniques l'accès à nos marchés, secteur par secteur, par rapport aux 650 millions d'euros de poissons que pêchent les Européens dans les eaux britanniques.

Dimanche soir, je rejoins Berlin. Délégation réduite cette fois-ci en raison de la situation sanitaire. Les aéroports sont vides. Avec Paulina, c'est notre premier vol depuis le début de la crise du coronavirus en mars. Les précautions liées à la situation sanitaire sont partout très rigoureuses, et nous avons dû faire un test, négatif, avant d'arriver en Allemagne.

Lundi 5 octobre 2020
— La chancelière et le Brexit

Au milieu d'une série d'entretiens avec le ministre allemand des Affaires étrangères Heiko Maas puis avec les puissants dirigeants de l'économie allemande, réunis au sein du BDI et du BDA, Angela Merkel m'a fixé un rendez-vous à la chancellerie.

Angela Merkel est très amicale et attentive, comme toujours. Elle prend le temps, pendant une heure, autour d'une très grande table ronde, d'écouter, de comprendre le détail des négociations, de poser des questions précises sur les points de blocage, et en particulier sur le *level playing field* qui l'inquiète, à juste titre !

Si le Royaume-Uni obtient un accès « zéro tarif, zéro quota » à notre marché de 450 millions de citoyens et consommateurs, il ne doit pas pouvoir fausser la concurrence en accordant des aides publiques trop importantes, par exemple à ses constructeurs automobiles. Il doit aussi s'engager à ne pas régresser par rapport à nos normes en matière de pollution de l'air, nos objectifs d'émissions de CO2, nos règles de sécurité au travail ou contre l'évasion fiscale.

Nous abordons ensuite les prochaines étapes et les perspectives d'un accord. « Boris Johnson, dis-je à la chancelière, fait face à une pression interne pour conclure un accord rapidement. Il s'est lui-même fixé la date limite du 15 octobre. Cette date limite n'est pas la nôtre. Nous pouvons aller jusqu'au 1er novembre, ou même au 15 novembre, qui reste compatible avec une ratification par le Conseil et le Parlement européen.

« C'est pourquoi nous devons rester très calmes, fermes et déterminés sur nos exigences fondamentales. Mon analyse reste que Boris Johnson voudra un accord à la fin, que ceci n'interviendra pas avant fin octobre, début novembre, peut-être à travers une offre de dernière minute, à prendre ou à laisser, de l'Union européenne. »

Je sens bien que la chancelière souhaite un accord raisonnable avec le Royaume-Uni et qu'elle reste très soucieuse d'une concurrence juste. Elle sait aussi que les Européens doivent rester unis sur tous les sujets, en particulier la pêche, qui intéresse moins l'Allemagne que les Pays-Bas, la France ou le Danemark.

J'ai aussi un entretien avec Uwe Corsepius, le sherpa d'Angela Merkel. Nous discutons dans les détails des problèmes que nous avons sur le *level playing field*, la gouvernance et la pêche, que les Britanniques souhaitent isoler à la fin des négociations. Uwe Corsepius comprend d'emblée le problème politique que poserait un mauvais accord sur la pêche pour les pays concernés. Il est clair que le téléphone a fonctionné, en particulier entre Paris et Berlin. Il suggère, dans le cas où l'on devrait atterrir sur un régime d'accès annuel aux eaux britanniques, d'imposer le même régime annuel pour l'interconnexion électrique du Royaume-Uni au grand marché de l'énergie de l'Union européenne.

En passant les grilles de la *Bundeskanzleramt*, je me dis que je garderai pour cette grande dirigeante allemande et européenne qu'est Angela Merkel un profond respect. Au fond, Angela Merkel a perpétué l'héritage européen d'Helmut Kohl, considérant la construction européenne comme l'intérêt fondamental de l'Allemagne. De mon côté, j'ai toujours pensé que la France est plus grande quand elle est européenne, et qu'elle doit se garder de l'arrogance de vouloir une Europe française.

Mardi 13 octobre 2020
— Pas de « tigre dans le moteur »

De manière assez curieuse, alors que des sources gouvernementales britanniques insistent dans la presse sur l'échéance du 15 octobre fixée par le Premier ministre, les négociateurs britanniques, que nous retrouvons à Londres puis à Bruxelles depuis la semaine dernière, ne semblent vraiment pas disposés à mettre « un tigre dans le moteur », pour reprendre l'expression de Boris Johnson.

Le climat est certes plus constructif. Nous faisons de nouveaux progrès sur la coopération en matière d'extradition, le transport routier ou la coordination de la sécurité sociale. Mais, même sur ces sujets, il reste des conditions à remplir. Ainsi, tout accord en matière de mobilité, par exemple pour nous dispenser mutuellement de visas, ou de coordination de la sécurité sociale exigera de respecter l'égalité de traitement et la non-discrimination entre États membres de l'Union.

Sur une série d'autres sujets, comme les douanes, les normes sanitaires et phytosanitaires, les indications géographiques et les marchés publics, l'Union européenne a fait des propositions auxquelles le Royaume-Uni tarde à répondre.

Enfin, des questions importantes demeurent sur les trois grands points de blocage dans cette négociation, et en particulier sur la pêche. En ce début octobre, je prends une nouvelle fois le temps d'appeler, pendant 30 à 45 minutes chacun, les ministres de la pêche des onze États membres concernés au premier chef. Tous me disent leur grande préoccupation et soulignent qu'il ne saurait y avoir d'accord global sans un accord stable, équitable et soutenable sur la pêche.

L'une de nos discussions régulières avec David Frost est l'occasion de mener la contre-attaque, suite à l'offensive de Boris Johnson : « L'écart ne se réduit pas, il se creuse. Il y a deux conditions pour un accord sur la pêche, et donc pour un accord général : un accès aux eaux, sans "guillotine annuelle", et une répartition stable des quotas — je ne peux pas le dire plus clairement. »

Nous avons proposé des augmentations très importantes des quotas britanniques sur les stocks prioritaires pour le Royaume-Uni, comme la morue (+ 25 %), l'églefin (+ 100 %), la sole (+ 135 %), le merlu (+ 200 %) et les lançons (+ 400 %). Nous sommes donc d'accord pour augmenter « la part du gâteau » des Britanniques, mais pas pour leur laisser « tout le gâteau ». Ce qu'ils demandent exclurait les pêcheurs européens de zones où ils pêchent depuis des centaines d'années.

Je le redis à David Frost : « Les idées que vous avez en tête pour l'instant sont totalement inacceptables. Je peux le dire d'autant plus clairement que j'en ai discuté personnellement avec plusieurs chefs d'État et avec tous les ministres de la Pêche concernés cette semaine. Leur incompréhension est grande, voire totale. »

Je choisis ensuite, à l'aide des chiffres soigneusement préparés par mes équipes, de démontrer comment et pourquoi notre proposition sur la pêche s'inscrit dans l'accord global : « L'interconnexion électrique avec le continent que nous vous proposons a une valeur économique qui se situe entre 700 millions et 2 milliards d'euros par an. C'est bien plus que la valeur de ce que pêchent les Européens dans vos eaux… Il n'y a aucune raison que vous obteniez un accès à notre marché de l'électricité, et que vous refusiez en même temps à nos pêcheurs d'accéder à vos eaux…

« L'accès à notre marché sans droits de douane dans le cadre d'un accord de libre-échange a aussi une valeur relativement importante, pour utiliser un euphémisme, par rapport à ce que nous demandons sur la pêche. Pour vos seules exportations de camions, en évitant les droits de douane, l'accord de libre-échange vaut un milliard par an par rapport au *no deal*, sans parler des voitures, de la chimie, du plastique où vos exportations atteignent des dizaines de milliards par an.

« Pour vos exportations de produits laitiers, l'accord de libre-échange vaut également un milliard par an par rapport au *no deal*. Pour les aliments préparés, 500 millions. Pour la viande bovine et ovine, entre 300 et 400 millions. »

Le Conseil européen est proche. Je dis à David Frost mon intention d'informer les chefs d'État ou de gouvernement de manière précise et factuelle. J'enfonce le clou : « Et cette comparaison des chiffres entre la pêche et le reste, entre l'activité de pêche que vous nous refusez et ce que vous demandez par ailleurs, c'est précisément ce que je vais devoir leur exposer. Pour être tout à fait honnête, cette explication, c'est même ce que certains leaders m'ont demandé… »

Ma petite démonstration produit un effet certain. La force de la Commission dans ces négociations, c'est toute l'expertise qu'elle peut mobiliser. Dans notre équipe, Nicolas Kuen, João Pereira, Mariano Fernandez-Salas, Arnaud Rohmer ont travaillé avec Georg et Ivo pour chiffrer notre argumentation. Rien n'est improvisé.

À la veille du Conseil européen, nous reprenons donc l'avantage. Ce qui n'empêche pas les Britanniques de camper sur leurs positions. Lors d'une nouvelle visioconférence entre Boris Johnson, Ursula von der Leyen et Charles Michel, à laquelle j'assiste, le Premier ministre se dit déçu de l'état des négociations. « On aurait pu aller plus vite, nous dit-il, mon ami David Frost me dit que, si cela continue, on va plutôt vers un *no deal.* »

En face, Ursula von der Leyen et Charles Michel restent très calmes : « Si c'est un *no deal,* ce sera votre choix. De notre côté, nous sommes prêts à continuer à travailler pour un accord. » Boris Johnson semble s'apercevoir que ses menaces ne produisent pas l'effet souhaité et fait deux pas en arrière. « On va continuer », nous dit-il.

Jeudi 15 octobre 2020 — Rendez-vous avec les « grands chefs »

C'est un jour important : pour la première fois en un an, le Conseil européen a le Brexit à son agenda, et j'y suis invité, aux côtés d'Ursula von der Leyen, pour faire un point sur la négociation. Alors que j'attends dans l'antichambre pendant le traditionnel débat entre les chefs d'État ou de gouvernement et le président du Parlement européen, David Sassoli, je vois la présidente de la Commission sortir précipitamment de la salle et s'enfermer dans un des bureaux réservés à la Commission. Quelques minutes plus tard, Stéphanie Riso, tendue, m'informe en aparté que la présidente va devoir quitter la réunion car sa secrétaire a été testée positive au Covid-19.

J'entre donc seul dans la salle du Conseil européen, où tous les chefs d'État ou de gouvernement marquent leur unité et leur confiance dans le travail de notre équipe en adoptant d'emblée leurs conclusions sur les négociations. Dans ce texte, le Conseil européen commence par constater « avec préoccupation que les progrès réalisés sur les questions essentielles présentant un intérêt pour l'Union ne sont toujours pas suffisants pour parvenir à un accord ». Il réaffirme ensuite que « l'Union est déterminée à avoir un partenariat aussi étroit que possible avec le Royaume-Uni [...] dans le respect des orientations sur les conditions équitables, la gouvernance et la pêche ». Les chefs d'État ou de gouvernement m'invitent à poursuivre les négociations dans les semaines à venir. Ils demandent aussi au Royaume-Uni de « faire le nécessaire pour rendre possible un accord ».

Enfin, le Conseil européen rappelle que l'accord de retrait et ses protocoles doivent être mis en œuvre intégralement et en temps voulu. Il appelle les États membres, les institutions de l'Union et toutes les parties prenantes à « intensifier leurs travaux pour se préparer, à tous les niveaux, à tout ce qui adviendra, y compris à l'éventualité d'une absence d'accord, et invite la Commission, en particulier, à envisager en temps utile des mesures d'urgence unilatérales et limitées dans le temps qui soient dans l'intérêt de l'UE ».

Dans mon intervention initiale, je veux faire preuve de détermination. « Naturellement, dis-je aux chefs d'État ou de gouvernement, nous ne pouvons pas exclure le scénario d'un *no deal*. Mais je pense toujours qu'un accord est possible. L'Union européenne veut un accord. Un bon accord. Et pas à n'importe quel prix.

« Que ce soit sur la pêche, ou sur les autres questions économiques, il n'y a aucune raison de se laisser impressionner. » Et j'insiste sur la nécessité de mettre les choses en perspective et de montrer, sur chacun des sujets, qu'il existe des marges de manœuvre pour protéger nos intérêts fondamentaux. Ainsi, sur les règles d'origine, nous devons faire attention à ne pas permettre au Royaume-Uni de devenir un « hub d'assemblage » à nos portes, incorporant de l'aluminium, de l'acier et d'autres composants de pays tiers pour les faire ensuite entrer, sans tarifs, sans quotas, dans le marché unique. C'est pourquoi nous avons insisté sur des règles d'origine générales suffisamment strictes. Mais d'un autre côté, nous sommes prêts à trouver des solutions spécifiques sur certains produits, qui présentent un réel intérêt économique pour le Royaume-Uni mais aussi pour nous.

Je termine par un mot plus personnel, qui me permet de relever la ligne d'horizon : « Depuis quatre ans, j'ai toujours gardé trois points de perspective dans cette négociation : la paix en Irlande ; l'intégrité du marché intérieur et les intérêts de chacun de vos pays ; et évidemment, dans le moyen et le long terme, la nécessité d'un partenariat durable et fort avec ce grand pays qu'est le Royaume-Uni, pour mieux faire face ensemble à un certain nombre de défis globaux comme le changement climatique, le terrorisme ou la pauvreté. »

Après mon intervention, une quinzaine de chefs d'État ou de gouvernement prennent la parole. Ce qui me frappe, c'est leur exigence d'un accord véritable sur les règles du jeu économique avec les Britanniques. Tous sont soucieux que la liberté réglementaire que les Britanniques gagnent avec le Brexit ne se transforme pas en un outil de dumping.

Je note aussi une grande unité sur la pêche, y compris de pays qui n'ont pas de côtes mais veulent être solidaires.

Plusieurs d'entre eux évoquent la menace de quitter la table des négociations qu'agite régulièrement Boris Johnson. Nous savons tous qu'il peut dès demain refaire ce coup de l'ultimatum. La ligne qui sera encore la nôtre, c'est rester calmes et laisser la porte ouverte.

Après deux heures et demie de débat commence une conférence de presse, à laquelle Charles Michel m'a demandé de participer. C'est pour moi l'occasion de redire que nous sommes absolument déterminés à conclure un accord juste avec le Royaume-Uni, en faisant tout notre possible, mais pas à n'importe quel prix. Dans ce bref point presse, je dis à trois reprises que nous sommes prêts à négocier intensivement dans les quelques semaines qui nous restent, et s'il le faut les week-ends.

Les choses sont claires. Pourtant, dans un tweet surprenant, au beau milieu de la conférence de presse où je dis le contraire, David Frost se dit « déçu par les conclusions du Conseil européen : surpris que l'Union européenne ne soit plus engagée à travailler "intensivement" pour conclure un futur partenariat comme agréé avec Ursula von der Leyen le 3 octobre. Surpris également par la suggestion que, pour obtenir un accord, tous les futurs mouvements doivent venir du Royaume-Uni. C'est une approche inhabituelle dans la conduite d'une négociation. »

Que signifient ces déclarations à contretemps ? Sans doute le gouvernement britannique cherche-t-il un prétexte. Tout au long des dernières semaines,

Boris Johnson a fait monter les enchères en présentant le 15 octobre comme l'ultime limite des négociations, sans pour autant lever les blocages qui s'opposent à une bonne conclusion… Le Premier ministre ne veut sans doute pas se déjuger en acceptant d'intensifier les négociations au lendemain du Conseil européen. Ce serait reconnaître que l'échéance qu'il s'est imposée à lui-même ne valait rien. Boris Johnson cherche ainsi à justifier toute décision de poursuivre les négociations par des éléments nouveaux.

Vendredi 16 octobre 2020
— Cinéma politique britannique

Dans une déclaration au ton martial, le Premier ministre confirme cette interprétation : « Puisque [l'Union européenne] a refusé de négocier sérieusement pendant la plus grande partie des derniers mois et puisque [le Conseil européen] semble explicitement exclure un accord de type Canada, j'en conclus que nous devons nous préparer au 1er janvier avec des arrangements qui s'apparentent davantage au modèle de l'Australie, basés sur les simples principes de la liberté du commerce dans le monde. »

Boris Johnson, Michael Gove et David Frost se relaient pour demander des négociations intenses sur la base d'un texte juridique complet et un « changement fondamental d'approche de la part de l'Union européenne ». Ainsi, alors que notre équipe est préparée à des négociations intenses à partir du lundi 19 octobre, David Frost m'annonce que les conditions ne sont pas réunies pour que nous venions à Londres…

Quant à Michael Gove, qui est auditionné au Parlement britannique, il affirme que le refus de l'Union européenne d'intensifier les négociations a « dans les faits mis fin aux négociations commerciales »... avant de prendre connaissance d'un de mes tweets, où je confirme que l'Union européenne reste disponible pour intensifier les discussions à Londres cette semaine, sur tous les sujets, sur la base de textes juridiques. Michael Gove, toujours devant les parlementaires britanniques, se reprend et affirme alors que mes déclarations « reflètent la force et la résolution » dont Boris Johnson a fait preuve en menaçant de quitter la table des négociations...

Plus tard dans la journée, j'ai une visioconférence avec David Frost. J'y associe Stéphanie Riso, du cabinet de la présidente. David Frost est dans une salle de Downing Street avec ses deux adjoints Matthew Taylor et Oliver Lewis. Sans véhémence, et de manière assez théâtrale, il ouvre le bal avec son réquisitoire : « Nous étions d'accord pour chercher un *deal* pour la mi-octobre. Vous n'avez pas joué le jeu. Au Conseil européen, l'Union européenne nous a fait un mauvais coup. Les conclusions demandent au Royaume-Uni d'ajuster ses positions. Vous nous faites la leçon, avec une menace de *no deal*. C'est inacceptable. D'autant que c'est une demande de quelques États membres seulement. »

Avec Clara, Paulina, Georg et Stéphanie, nous nous regardons avec incrédulité. C'est presque enfantin. Je réponds calmement : « David, l'Union européenne a toujours exprimé ses positions et continuera à le faire. Sur le fond, tu les connais, elles ne changeront pas. Si cela vous choque, il n'y a pas grand-chose d'autre à vous dire. » J'ai failli ajouter : « Si l'Union européenne passait son temps à prendre ombrage de tout ce qui se dit et se raconte à Londres... », mais je me retiens.

« Vous avez entendu ce que le Premier ministre a dit, relance-t-il. Si vous voulez que ces négociations continuent, l'Union doit fondamentalement changer d'approche, sur la forme et la substance. Un, nous devons passer tout de suite à la consolidation d'un texte juridique. Sinon, il n'y a pas d'espoir de réussir dans les temps. Deux, l'Union doit reconnaître qu'elle est prête à changer d'approche également sur le fond. »

De manière spontanée, je lui dis : « Pas de problème, David, pour les textes juridiques. Nous avons toujours été prêts à cela. Comme tu le sais, dès mars, nous avons mis un texte juridique complet sur la table. Notre position est simplement que, si on doit travailler sur un texte juridique, cela doit se faire sur toutes les tables. Sur ton deuxième point, je ne comprends pas ce que tu cherches à obtenir. C'est la position du Conseil européen. Vous devez respecter le fait que l'Union définisse ses positions, comme nous vous respectons quand vous le faites aussi. »

La discussion s'arrête là. Nous convenons toutefois de nous reparler lundi. Pour tout dire, cet épisode me paraît assez dérisoire. Nous aurions eu beaucoup de raisons, au cours des semaines et des mois passés, en réaction à telle ou telle déclaration ou attitude britannique, de perdre patience et de dramatiser les négociations. Mais une fois encore, et jusqu'au bout, nous maîtriserons nos nerfs.

Samedi 17 octobre 2020 — Quo vadis ?

Les Britanniques ont donc quitté la table de négociation — pour être précis, ils ne veulent pas que nous revenions à Londres. La crise que nous avons anticipée à plusieurs reprises est donc là. *Quo vadis ?*

Ce samedi matin nous échangeons avec Clara,

Paulina et Georg. Sur ce qui se trame à Londres, les avis diffèrent. Clara, toujours directe, réaliste, succincte : « Je pense qu'ils ont écrit le chapitre final. Comme nous le disions, plus ils montent haut, plus il sera difficile pour eux de redescendre. Et maintenant, ils montent très haut… »

Georg prend le contre-pied : « Haut les cœurs ! Nous avons toujours su que nous arriverions à une forme de crise. Maintenant que nous y sommes, nous devrions faire ce que nous avons toujours dit que nous ferions : être les *adults in the room*, calmes, unis, prêts à tous les scénarios. En se donnant le temps nécessaire. Tactiquement, le but de leur crise est de présenter le *no deal* comme une issue crédible. Leur retour à la table est très probable. Ce qui compte pour nous est que cela arrive selon nos termes, en gardant nos positions intactes. »

Il semble que David Frost ait sous-estimé la dynamique du Conseil européen, et mal conseillé son Premier ministre en lui disant que les chefs d'État seraient plus flexibles que la *task force*. Pour sauver la face, il crée donc le drame.

Paulina renchérit : « Les conclusions du Conseil européen, c'est le prétexte. Je suis d'accord, comme avec l'*Internal Market Bill*, nous devons rester les adultes. Le débat interne britannique va commencer à jouer. L'Australie, personne n'y croit. »

Stefaan donne aussi son avis : « Difficile de donner une interprétation. Maintenant, on est de retour au Canada, quelques jours à peine après que David Frost a dit à la Chambre des lords que le Royaume-Uni était prêt à plus. Leur posture, tout en haut au sommet de la colline, pourrait bien devenir auto-réalisatrice. Nous avons intérêt à la désescalade. »

Et Clara de conclure : « De toute façon, il nous restera une dernière cartouche, une offre "*take it or leave it"*, à un moment plus proche de l'échéance finale. »

Tous ces avis sont valables, utiles. C'est en mutualisant que l'on trouve le juste chemin. Lundi, nous avons à nouveau rendez-vous par visioconférence avec David Frost. Il nous dira ce qu'il en est. De notre côté, on fera comme on a dit : on restera calme, et on travaillera à l'unité des 27. Boris Johnson et David Frost ont pris pour cible les conclusions du Conseil européen, pas la *task force*. Cela nous aide.

Lundi 19, mardi 20 octobre 2020 — Deux jours, deux appels

Ce lundi, deuxième appel avec David Frost depuis l'interruption des négociations. Toujours dans la même salle, il revient sur notre échange et répète ses conditions : « Nous sommes d'accord pour commencer à travailler sur des textes juridiques mais le problème de fond reste le même. Nous avons maintenant besoin qu'une voix qui fasse autorité dise que la position de l'Union a changé. On ne peut pas en rester aux conclusions du Conseil européen. L'Union européenne doit respecter notre souveraineté et nos droits en tant que pays tiers. »

Stéphanie Riso prend la parole. « Une voix qui fasse autorité ? C'est quoi cette invention ? » s'insurge-t-elle. Je reprends aussi mon argumentation de vendredi — et j'ajoute que nous avons toujours respecté le Brexit, les choix du gouvernement britannique. Mais que nous avons le droit de définir nos propres positions s'agissant de l'avenir de notre partenariat : « Respecter la souveraineté du Royaume-Uni, oui, contredire les conclusions du Conseil européen, c'est évidemment impossible. »

Nous en restons là, avec un nouveau rendez-vous le lendemain.

Nous restons quelques instants dans la salle S5 du Berlaymont. Georg donne son analyse : « Ce n'est pas sérieux. Ils cherchent un prétexte pour descendre du cocotier, une échelle. À vous de juger de l'opportunité de faire durer ce blocage, mais la solution semble à portée de main. Il suffira sans doute de quelques mots dans votre débat au Parlement européen sur le respect de la souveraineté britannique, comme vous l'avez si souvent dit. »

Le lendemain, troisième *call* à David Frost, qui juge à nouveau que les conditions pour que nous venions à Londres ne sont pas remplies. Le gouvernement britannique a besoin d'une déclaration de notre part affirmant notre respect de la souveraineté britannique.

Je lui réponds : « C'est ce que je répète dans la plupart de mes discours depuis trois ans ! Vous n'avez qu'à vérifier. Je tiendrai cette même ligne demain au Parlement européen. »

Aux Britanniques de juger si cela est suffisant pour « scénariser politiquement » la reprise des négociations. Ce qui est clair, c'est que tous ces jours qui nous manquent sont des jours qui ont un prix. Lorsque nous reprendrons les négociations, il faudra vraiment qu'ils soient prêts à avancer.

Mercredi 21 octobre 2020
— À bon entendeur…

Finalement, la séance plénière du Parlement européen me donne l'occasion de clarifier les choses, s'il en était besoin, dans le sens qu'attendent les Britanniques.

Je redis que l'Union européenne veut un accord.

Un accord qui soit au bénéfice mutuel, dans le respect de l'autonomie, de la souveraineté, de chaque partie, et qui reflète un compromis équilibré. Mais pas à n'importe quel prix.

Pour trouver cet accord, nous resterons calmes, constructifs, respectueux, mais aussi fermes et déterminés dans la défense des principes et intérêts qui sont les nôtres. Nous chercherons les compromis nécessaires, de chaque côté, jusqu'au dernier jour utile. Notre porte restera toujours ouverte. Nous sommes prêts à intensifier les discussions sur tous les sujets sur la base de textes juridiques.

Les principes de l'Union européenne ont été clairement affirmés dès le moment où le Royaume-Uni a choisi de quitter l'Union il y a plus de quatre ans. Et, j'insiste, ces principes sont naturellement compatibles avec le respect de la souveraineté britannique, préoccupation légitime du gouvernement de Boris Johnson. Ce qui est en jeu aujourd'hui dans ces négociations, ce n'est pas la souveraineté de l'une ou l'autre des parties, c'est la bonne organisation de nos relations futures après le divorce, qui est maintenant acquis.

Ce discours, qui n'a pas pu surprendre les députés européens puisqu'il ne contient pas d'élément nouveau, produit un effet instantané de l'autre côté de la Manche. « Nous avons étudié attentivement la déclaration de Michel Barnier au Parlement européen ce matin, dit un porte-parole du 10 Downing Street. En tant que chef négociateur de l'Union européenne, ses paroles font autorité. » Je suis très touché que ma légitimité à m'exprimer sur ce sujet soit reconnue…

Au total, le porte-parole décerne un satisfecit à mon discours. Le gouvernement britannique se dit « prêt à accueillir l'équipe de l'Union européenne à Londres pour reprendre les négociations plus tard cette semaine ». Comme le dira sans sourire de son côté David Frost, « une base pour les négociations a été rétablie ».

Tout ça pour ça ! Franchement, nous aurions pu nous passer de ce psychodrame orchestré par Londres, qui nous a fait perdre des jours de négociation. Mais il fallait sans doute en passer par là, créer cet « écran de fumée » pour que les Britanniques acceptent enfin de négocier sur le fond des sujets les plus difficiles. Le *Daily Express* titre « L'Union européenne accepte de respecter notre souveraineté », comme si ce n'avait pas été notre intention jusque-là… Plus personne ne parle de la date limite du 15 octobre fixée par le Premier ministre, qui a en quelque sorte sauvé la face.

Une chose est claire pour moi, en acceptant de reprendre les négociations à la suite de cet épisode, le gouvernement britannique nous prouve qu'il veut un accord.

Nous convenons donc immédiatement avec David Frost des principes d'organisation pour la suite. Dès le lendemain, des discussions intensives auront lieu chaque jour, week-ends inclus, sur l'ensemble de nos onze tables de négociation. Ces négociations auront lieu sur la base des textes juridiques des deux parties. Nous n'avons pas du côté européen d'amour-propre d'auteurs. Ce qui compte, c'est que le meilleur texte soit choisi sur chaque sujet.

Un petit secrétariat commun, constitué de juristes des deux parties, aura la tâche de mettre à jour un texte consolidé. Les discussions devront porter en particulier sur les questions les plus sensibles, des réunions régulières au niveau des négociateurs en chef permettant de lever les éventuels points de blocage.

Jeudi 22 octobre 2020
— Dernière ligne droite ?

Avant de prendre ensemble l'Eurostar de 14 h 52, le seul de la journée en cette période de Covid-19, je réunis à nouveau mon équipe pour que tout le monde soit sur la même longueur d'onde. Sans m'attarder sur le cinéma des derniers jours, je rappelle à nos négociateurs que nous partons pour Londres sur la base d'une position extrêmement claire du Conseil européen.

La position de l'Union n'a pas changé, ni sur le *level playing field*, ni sur la pêche. Si les Britanniques veulent un accord de commerce sans tarifs ni quotas, ils doivent accepter un accord de pêche.

Je donne aussi mon accord pour que chaque responsable de table de négociation envoie à son homologue britannique un ou plusieurs textes juridiques, en prenant soin de mettre en évidence les concessions que nous proposons de faire, comme l'abandon de notre demande d'un alignement dynamique du Royaume-Uni sur la réglementation de l'Union en matière d'aides d'État. Mais aussi de garder des leviers pour la fin des négociations, par exemple sur le rôle de la Cour de justice de l'Union européenne, que nous sommes prêts à réduire.

Avec Clara, nous recommandons aux membres de notre délégation de prendre toutes les précautions nécessaires, et même plus, pour faire face au risque sanitaire. Il ne nous reste plus beaucoup de temps, et nous ne pouvons pas nous permettre que toute notre équipe soit placée en quarantaine. Nous travaillerons donc « en brigades », sans nous mélanger, sauf lorsque ce sera strictement nécessaire, et en gardant bien entendu nos masques.

Enfin, je veux donner à tous une perspective commune : nous sommes dans la dernière ligne droite d'une mission historique. Comme l'ont rappelé les chefs d'État ou de gouvernement, cette mission ne concerne pas seulement l'avenir de nos relations bilatérales avec le Royaume-Uni, mais aussi l'avenir de l'Union européenne elle-même. Nous devons garder cet objectif en tête, tenir bon et être à la hauteur de notre responsabilité.

À la sortie de l'Eurostar en gare de Saint-Pancras, de nombreux journalistes, photographes et cameramen m'attendent puis encerclent ma voiture, jusqu'à ce que la police leur demande poliment de libérer le passage. « Je pense qu'il est très important d'être de retour à la table des négociations, leur dis-je en anglais. Chaque jour compte. L'Union européenne et le Royaume-Uni ont une très grande responsabilité commune. »

Toute l'équipe retrouve ses habitudes à l'hôtel Conrad. Après une journée de travail des onze tables, les Britanniques nous ont proposé un dîner en format « 1 + 5 » à Lancaster House. Ils ont mis les petits plats dans les grands, et sorti de la cave quelques bons crus français.

Nous nous mettons d'accord sur le calendrier des prochains jours. Pour éviter de déplacer trop souvent nos équipes, je propose que nous restions jusqu'à mercredi prochain, week-end inclus, et qu'ensuite eux viennent à Bruxelles, en y restant pour le week-end de la Toussaint.

Ce dîner n'est évidemment pas une session de travail, mais il doit être utile et j'interroge précisément David Frost sur deux points : « Si vous voulez un accord comme nous-mêmes, à quel moment est-il opportun de le conclure ? Est-ce que ce moment dépend pour vous de l'élection américaine le 3 novembre ? » Le négociateur en chef britannique est catégorique, sans doute trop pour que ce soit vrai : « L'élection américaine n'a aucun effet sur cette négociation. »

Beaucoup d'analystes estiment pourtant que Boris Johnson lui-même serait tenté d'attendre le verdict des urnes américaines avant de décider de conclure ou non un accord avec nous. La réélection de Donald Trump, à tort ou à raison, constituerait pour lui un soulagement. Il a d'ailleurs souvent affiché sa complicité avec le président américain. Au contraire, Joe Biden aura à cœur de rétablir une relation plus équilibrée avec l'Union européenne qu'il considérera sans doute comme le partenaire principal des États-Unis. Et surtout, Joe Biden sera très vigilant sur le respect du *Good Friday Agreement*, menacé par le projet britannique d'*Internal Market Bill*.

C'est le sens de ma deuxième question à David Frost : ce projet de loi est en discussion à la Chambre des lords qui l'a déjà rejeté une fois. Il y reviendra autour du 12 novembre puis ira à nouveau à la Chambre des communes. Ce calendrier législatif peut-il avoir un lien avec le moment de notre accord ? Les Britanniques savent en effet que tout accord sur notre relation future ne sera ratifié au Parlement européen que si les dispositions litigieuses sont retirées de cette loi.

David Frost est tout aussi, et à nouveau trop, catégorique : « Cela n'a aucun lien. » Et il croit bon d'ajouter que le gouvernement britannique présentera autour du 15 novembre sa loi budgétaire et que celle-ci comprendra une troisième disposition remettant en cause le protocole irlandais, cette fois-ci sur la TVA. Je note ce point et lui réponds sèchement : « Vous connaissez vos responsabilités et vous devrez les prendre sur cette question. »

Au-delà de cet échange, j'explique à l'équipe britannique ce qui s'est passé au Conseil européen et l'interroge sur la situation au Royaume-Uni. Les réponses sont désarmantes. Selon mes interlocuteurs, le dernier discours de Boris Johnson a rassuré tout le monde. Chacun accepterait désormais tranquillement l'hypothèse d'un *no deal*. Le secteur privé y serait prêt. Le conseiller Oliver Lewis ajoute : « Tous les députés que j'ai rencontrés sont désormais très informés et très sereins. » Bref, tout va très bien, madame la marquise ! « Le Brexit n'est plus en haut de l'affiche », ajoute David Frost. Mais pour qui nous prennent-ils ?

Je lui réponds sur un ton très sérieux que nous sommes très impressionnés par cette nouvelle situation, que nous les félicitons, que nous ne sommes pas aussi sereins du côté européen.

Est-ce de l'autopersuasion, du « *wishful thinking* » comme disent les Britanniques ? Le Premier ministre est-il entretenu dans l'idée que, *deal* ou *no deal*, tout ira bien, ou pas plus mal ? Nous savons bien de notre côté qu'un *no deal* serait très grave, pour l'Union européenne et davantage encore pour le Royaume-Uni.

Au moment des fromages, qui servent souvent de dessert au Royaume-Uni, je jette délibérément un froid en disant la vérité de cette première journée à Londres entre nos équipes. Sur chacune des onze tables, nous avons posé des textes. Immédiatement, les Britanniques ont enclenché une négociation à deux vitesses, poussant la discussion juridique sur tous les sujets qui les intéressent, comme les biens et les services, revenant sur certains accords passés, par exemple sur les contrôles sanitaires et phytosanitaires qui ne peuvent faire l'objet d'aucune discrimination entre les États membres de l'Union. Essayant de retrouver des leviers un peu partout dans les tables de négociation. Et refusant tout engagement sur les sujets clefs pour l'Union européenne. Aucune avancée sur le *level playing field* et la gouvernance. Encore moins sur la pêche.

« Votre technique de négociation aujourd'hui, c'est une mascarade, dis-je aux négociateurs britanniques. Vous essayez de jouer avec nous. Je ne vais pas accepter cette attitude très longtemps. Si vous voulez un accord, il faut que vous bougiez sur les points importants pour nous. »

David Frost feint l'étonnement devant un jugement aussi sévère. Je lui propose d'en reparler demain matin à 8 h 30 quand nous ferons l'examen table par table et je me lève.

Lundi 26 octobre 2020 — Créativité requise

Au cours du week-end, je fais un bref aller-retour à Bruxelles. J'en profite pour débriefer le cabinet de la présidente. Ces derniers jours, Ursula von der Leyen a rencontré tour à tour les Premiers ministres français, Jean Castex, et néerlandais, Mark Rutte. Tous deux ont réaffirmé leur détermination sur un point essentiel : si les Britanniques veulent un accord, il faut un cadre crédible de *level playing field*.

À mon retour à Londres lundi, la situation n'a pas changé : après cinq jours de discussions intenses, c'est toujours une négociation à deux vitesses. Je le dis à David Frost : les négociations ne pourront pas continuer ainsi très longtemps. En l'absence d'une conclusion des discussions au début de la semaine prochaine, au début du mois de novembre, je vais devoir rendre compte au Conseil et au Parlement européen, et dire publiquement les raisons de l'absence de progrès.

Pour avancer, je propose donc à David Frost de consacrer la journée de mercredi, notre dernier jour à Londres cette semaine, à une série de discussions approfondies, au niveau des négociateurs en chef, sur trois sujets clefs : la pêche, la gouvernance de notre futur accord et le commerce des biens et des services, en indiquant que nous sommes prêts à faire preuve de créativité, mais que la créativité ne peut pas être à sens unique.

Mardi 27 octobre 2020
— Hareng et merlan bleu

Sur la pêche, nous faisons face à deux principaux points de blocage : la question de l'accès aux eaux et celle des quotas. Sur l'accès aux eaux, les Britanniques n'ont pas renoncé à leur idée d'une « guillotine annuelle ». Ils proposent toujours d'attendre le résultat des négociations annuelles sur les opportunités totales de pêche, pour déterminer ensuite les quotas de chaque partie et accorder l'accès aux eaux.

Pour débloquer la situation, nous proposons de lier l'accès aux eaux non pas à une négociation annuelle sur les possibilités totales de pêche, mais au niveau de pêche considéré comme scientifiquement soutenable. Tant que ce niveau de pêche scientifiquement soutenable ne serait pas dépassé, l'accès aux eaux serait maintenu.

Sur l'épineuse question des quotas, nous avons déjà proposé d'augmenter les quotas sur 28 stocks identifiés par le Royaume-Uni comme prioritaires. C'est une offre importante, que nous sommes prêts à retravailler, notamment en y incluant des stocks pélagiques, comme le maquereau, le hareng ou le merlan bleu.

Mais je veux être clair : en termes d'ordre de magnitude, aucun des chefs d'État ou de gouvernement concernés ne pourra expliquer dans ses ports de pêche — à Boulogne-sur-Mer, à Zeebrugge, à Killybegs, à Thyborøn — une baisse trop importante des possibilités de pêche. « 15 à 18 % maximum. C'est une réalité politique simple, incontournable, qui je crois est explicable à votre Premier ministre. Donc il faut trouver les moyens de travailler autour de cela. »

Je propose alors à David Frost une « boîte à outils » qui pourrait nous aider à trouver des solutions pragmatiques, par exemple en introduisant un mécanisme de « surplus ». En effet, grâce à notre politique commune des pêches, nous avons observé une augmentation de certains stocks. Sur ces stocks, nous pourrions prévoir, pendant une période limitée, que l'augmentation future des possibilités totales de pêche annuelles soit distribuée davantage en faveur du Royaume-Uni que de l'Union européenne.

Enfin, nous pouvons bien entendu travailler sur une période de transition, à condition d'avoir une perspective claire sur la distribution des quotas à la fin de cette période.

« De toute façon, dis-je à David Frost, il y aura sur la pêche un bénéfice pour vous et une perte pour nous, mais il faut que cette perte soit justifiable et explicable. Aucun dirigeant européen ne pourrait justifier qu'on ouvre nos marchés aux entreprises britanniques et que les eaux britanniques soient fermées à nos pêcheurs. Et ils auront le dernier mot sur l'accord, à l'unanimité. »

Dans sa réponse, David Frost est calme et courtois, comme à son habitude, mais peu constructif :

« Votre boîte à outils est utile, me dit-il, mais vous devez comprendre que vous ne pouvez pas avoir accès aux eaux sans un grand changement sur les quotas existants. »

Vendredi 30 octobre 2020
— Un malentendu

Après une rare journée sans négociation, nous reprenons les discussions, cette fois-ci à Bruxelles. Les conditions sanitaires se tendent, avec l'arrivée dans une grande partie de l'Europe d'une deuxième vague de Covid-19. Les Britanniques, qui ont prévu de rester une semaine, pourraient devoir prendre plus tôt que prévu le chemin de Londres. Raison de plus pour accélérer les discussions !

Pourtant, après deux jours intenses au centre Albert-Borschette de la Commission européenne, les avancées sont maigres. Comme le dira l'une des membres de notre équipe, c'est comme si les Britanniques se projetaient dans une négociation d'une année et non pas d'une semaine…

Au cœur de cette semaine bruxelloise, les Britanniques ont souhaité rencontrer Stéphanie Riso, qui continue à suivre de près la négociation en tant que cheffe adjointe du cabinet d'Ursula von der Leyen. Le lendemain, faisant le point des discussions chapitre par chapitre, je comprends qu'un malentendu grave est né de ce rendez-vous. Comme ils s'y sont efforcés depuis quatre ans, les Britanniques ont le sentiment d'avoir ouvert une deuxième ligne de négociation.

J'ai invité David Frost à déjeuner ce vendredi dans la salle à manger au treizième étage du Berlaymont. Rien de fastueux. Il est normal de rendre les nombreuses invitations reçues à Londres et d'essayer de renouer le contact de manière plus informelle.

Mais David Frost et Tim Barrow tardent à arriver. Les quelques membres de l'équipe de David Frost qui sont eux pourtant bien là, Oliver Lewis et Matthew Taylor, sont ravis du tour que Clara leur fait faire du treizième étage et de la salle du collège des commissaires. Mais toujours pas de David Frost. Nous l'attendons depuis quarante-cinq minutes quand il arrive enfin.

Le déjeuner commence mal et sans explications. Sur le fond, David Frost, sur un ton un peu arrogant, me fait comprendre que tous les sujets importants de la négociation seront traités désormais au niveau de la présidente de la Commission européenne et du Premier ministre britannique. Cette méthode est clairement contraire à ma mission et à la responsabilité qui est la mienne. Elle n'est d'ailleurs pas la plus efficace car il est inimaginable de faire remonter toutes ces questions au niveau d'Ursula von der Leyen et de Boris Johnson sans les défricher et les faire mûrir.

Je réponds à David Frost que, en effet, il y a un certain nombre de désaccords qui devront remonter pour un dernier arbitrage de mon côté au niveau de la présidente de la Commission et, j'ajoute, également au niveau du président du Conseil européen, qui m'a donné un mandat.

Je vois bien que cette dernière indication jette le trouble du côté britannique, en particulier chez Tim Barrow, qui n'avait évidemment pas inclus le Conseil européen dans cette ligne parallèle de négociation.

J'informerai dans l'après-midi Stéphanie Riso de cette situation : « Je ne sais pas ce qui s'est dit dans votre bureau, mais la négociation est en train de dérailler. » Elle comprend très vite que je n'accepterai pas ces méthodes. Elle me promet de dire clairement aux Britanniques qu'ils se sont mal compris, et que dorénavant elle associera Clara ou Paulina à l'ensemble de ses rencontres avec les Britanniques.

Et de fait, le lendemain, le coup de chaud est passé. David Frost me propose de faire le maximum d'arbitrages au niveau de nos équipes de négociation, d'abord entre nos adjoints, Clara et Paulina de notre côté, Tim Barrow et Lindsay Appleby du côté britannique, et si nécessaire à notre niveau. Seuls quelques points, les plus sensibles, pourraient être soumis en dernière instance à la présidente de la Commission et au Premier ministre britannique. Et je continue à penser que le Conseil européen et ses membres, comme le Parlement européen, doivent être associés à ce dernier compromis.

Mardi 3 novembre 2020 — Gouvernance

Ces derniers jours, deux progrès importants ont été enregistrés dans la négociation : d'abord, sur un certain nombre de principes essentiels de notre accord. Par exemple, les deux parties s'engagent à respecter l'accord de Paris sur le climat. Ensuite, nous avons désormais des textes stables sur le cadre institutionnel de notre accord.

Ce qui bloque, c'est que nous ne savons pas à ce stade à quels domaines ce cadre va s'appliquer. Les Britanniques insistent pour avoir, à côté du texte principal, des accords séparés sur la pêche, la coopération en matière de sécurité intérieure, la sécurité de l'information et le nucléaire civil. De notre côté, nous voulons au moins une cohérence de tout le paquet économique. Et il n'est pas question d'isoler la pêche de ce paquet. S'il arrivait que les Britanniques veuillent un jour dénoncer l'accord de pêche, c'est l'ensemble de nos relations économiques qui devrait être du coup remis en cause.

Enfin, si les Britanniques persistent à vouloir construire ce « paquet final sur la gouvernance » sans un rôle pour la Cour de justice de l'Union européenne, nous avons besoin d'un mécanisme clair de règlement des différends et de la possibilité de suspensions croisées en cas de non-respect de notre accord.

Dans la même logique, nous devons établir un lien avec l'accord de retrait : en cas de violation de l'accord de retrait par l'une des parties, l'autre partie doit pouvoir prendre des mesures de suspension de notre accord futur.

Dimanche 8 novembre 2020
— And the winner is…

Après deux jours consacrés à des réunions par visioconférence, nous retrouvons ce dimanche soir le terminal Eurostar de la gare de Bruxelles Midi pour un nouveau départ groupé vers Londres. L'équipe, même en format réduit, occupe, avec la distanciation sociale requise, trois voitures du train. C'est l'occasion d'un moment sympathique, où chacun se détend un peu avant les longues journées de négociation qui nous attendent.

La veille, le monde a appris, après une longue attente des résultats définitifs, l'élection aux États-Unis de Joe Biden. La BBC passe en boucle une séquence montrant le président élu passant devant les journalistes. L'un d'entre eux l'interpelle : « Monsieur le Président, une question pour la BBC. » Et Joe Biden de répondre du tac au tac, en souriant : « *BBC… I'm Irish*[1] *!* » Au lendemain de cette longue campagne, beaucoup de commentaires

1. « La BBC… Je suis irlandais ! »

sur les chaînes britanniques portent sur ce que va devenir cette fameuse « relation spéciale » entre le Royaume-Uni et les États-Unis.

Il est clair que Boris Johnson s'est trop engagé aux côtés de Donald Trump, et parfois maladroitement. De même, Donald Trump a trop souvent affiché, y compris aux côtés de Nigel Farage, son soutien au Brexit. Tout cela laissera des traces. Les États-Unis et le Royaume-Uni auront toujours une relation spéciale que les autres Européens doivent comprendre. Je ne crois pas que Joe Biden aura une relation privilégiée avec Boris Johnson.

Ce qui est sûr, c'est que cette élection fait perdre à court terme au gouvernement de Londres le levier qu'il a voulu se donner sur notre négociation en prenant l'Irlande en otage. Il est désormais certain que ce fameux projet d'*Internal Market Bill* devra être abandonné en rase campagne à un moment ou à un autre.

Est-ce que cette nouvelle donne encouragera Boris Johnson à trouver un accord avec nous ? Je le pense depuis longtemps, même si je ne crois pas, comme l'affirment certains médias, que cet accord soit imminent. Hier, Boris Johnson et Ursula von der Leyen se sont à nouveau parlé, et il a bien fallu constater la persistance de divergences, qui rendent encore cet accord improbable.

Lundi 9 novembre 2020 —
Le concours de M. Churchill

En ce lundi matin, je reprends d'ailleurs le message d'Ursula von der Leyen, lors d'une discussion bilatérale avec David Frost : « Nous sommes prêts à redoubler d'efforts pour trouver un accord, et nous pensons qu'un accord est possible cette semaine.

Mais pour cela, nous devons voir de votre part un vrai engagement pour trouver des solutions sur les lignes rouges européennes.

— Je pense aussi qu'un accord est possible cette semaine, me répond David Frost, même si cela sera difficile.

— Dans ce cas, David, nous prendrons plus de temps. »

Je vois bien que les Britanniques, qui savent que nos procédures de ratification sont plus complexes que les leurs, veulent désormais nous mettre sur le dos cette pression du temps. Mon objectif est de leur montrer que nous ne conclurons pas d'accord à tout prix.

Comme mon assistant Barthélemy me l'a rappelé, ce lundi 9 novembre est un jour particulier. Cela fait cinquante ans que les Français ont appris au petit matin la mort du général de Gaulle. J'avais alors 19 ans et mon engagement quelques années plus tôt dans le mouvement des jeunes gaullistes reste une de mes principales fiertés.

Grâce à l'amicale intervention de Catherine Colonna, l'ambassadrice de France à Londres, les portes du 4, Carlton Gardens nous ont été ouvertes à 13 heures. C'est dans cet immeuble, au deuxième étage, que le général de Gaulle avait installé quelques mois après son arrivée à Londres les modestes bureaux des Français libres.

Nous visitons avec beaucoup d'émotion ces pièces qui, malheureusement, n'ont pas été conservées dans leur état initial, sauf une grande horloge qui se trouvait à l'époque dans la salle de réunion. En redescendant, j'ai en mémoire une photo prise à cet endroit précis de jeunes Français attendant dans l'escalier de se faire inscrire et reconnaître.

Au-delà des polémiques et des turbulences du

Brexit, il reste la solidarité immédiate des Britanniques face à ce général qui venait représenter la France. Et je reprends dans un tweet ce passage des *Mémoires de guerre* du Général que m'a retrouvé Barthélemy : « Dès l'après-midi du 17 juin, j'exposai mes intentions à M. Winston Churchill. Naufragé de la désolation sur les rivages de l'Angleterre, qu'aurais-je pu faire sans son concours ? Il me le donna tout de suite. »

Mercredi 11 novembre 2020 — Nouvelles idées

Nouvelle discussion sur la pêche. Je redis à David Frost que l'Union européenne serait prête à diminuer ses possibilités de pêche dans les eaux britanniques de 15 %, peut-être même 18 %. De leur côté, les Britanniques demandent une diminution de... 80 %. « On ne peut pas trouver, me dit David Frost, une solution permanente sur les bases actuelles de notre discussion. »

Derrière cette réflexion, il y a, me semble-t-il, l'idée d'une clause de revue, voire ce qu'on appelle en anglais une *sunset clause*, qui mettrait automatiquement fin à notre accord au terme d'une période définie à l'avance.

Je dis simplement à David Frost que toute limitation dans le temps de nos accords sur la pêche entraînera la même limitation sur l'ensemble de notre accord économique. « Je le comprends », me répond-il sobrement.

Sur le *level playing field*, c'est une vraie douche froide. Les Britanniques bloquent tout, à la fois sur le contrôle réciproque des aides publiques et sur la non-régression par rapport aux normes et aux standards que nous partageons aujourd'hui. Ces règles de *fair-play* économique sont pourtant la condition fondamentale posée par l'Union européenne depuis plus de quatre ans. Une condition à l'application de laquelle chacun des 27 pays membres de l'Union a un intérêt direct, qui explique leur unité indéfectible sur ce sujet.

Mais les Britanniques s'abritent derrière leur nouvelle souveraineté pour refuser tout engagement sérieux. On voit bien que leur idée est d'utiliser cette autonomie réglementaire, acquise avec le Brexit, comme un outil de dumping contre nous.

Je sais à cet instant que s'ils ne bougent pas, il n'y aura pas d'accord. En fait, ils font une double erreur : en bloquant la négociation sur cette question, le sujet de la pêche, qui concerne directement huit pays sur vingt-sept, ne sera plus isolé à la toute fin de la négociation. Et surtout ils se trompent en pensant que, même sans cette règle du jeu commune, les 27 États membres seront intéressés par un accord de commerce.

Je dis à David Frost que ce désaccord, s'il persiste, conduira à un *no deal*. J'ajoute qu'il serait pour nous facile d'expliquer que les Britanniques refusent le *fair-play* économique, veulent créer du dumping et que, dans ces conditions, nous n'allons pas ouvrir le marché unique sans tarifs et sans quotas aux produits britanniques.

Je pose alors neuf questions précises à David Frost. Ses réponses sont plus aimables, mais néanmoins très floues. S'il veut donner une dernière chance à cette négociation de réussir, je lui propose d'intensifier les réunions à notre niveau, en restant jusqu'à vendredi à Londres, puis en nous retrouvant dimanche à Bruxelles. Sans hésiter, il accepte ce nouveau calendrier, ce qui est pour moi le signe qu'il veut un accord.

David Frost m'indique aussi en aparté que, sur cette question des aides d'État, son gouvernement serait intéressé par une période de « *phasing in* » de deux ans. Pendant cette période, les nouvelles règles ne s'appliqueraient pas et les Britanniques pourraient aider leurs entreprises sans contrôles de notre part. Ce serait, selon David Frost, le temps nécessaire pour faire face à la situation exceptionnelle du Covid-19 par des investissements publics massifs. Il s'agit sans doute aussi de préparer les prochaines élections générales, où Boris Johnson devra rendre des comptes aux citoyens. Il y a derrière cette demande le risque que certaines entreprises britanniques soient massivement soutenues par des fonds publics et viennent concurrencer nos propres entreprises avant l'entrée en vigueur d'un nouveau régime d'aides d'État. Mais cette proposition a le mérite d'être formulée.

En ce 11 novembre, à 11 heures précises, comme tous les Britanniques, nous respectons avec l'équipe de David Frost deux minutes de silence à la mémoire des millions de soldats morts au champ d'honneur depuis 1914. Parmi eux, tant de jeunes Britanniques qui ont perdu la vie pour libérer l'Europe. Aujourd'hui, ces « guerres civiles » entre Européens paraissent bien lointaines. C'est aussi cela, la réussite de l'Union européenne.

Samedi 14 novembre 2020 — Pari risqué

David Frost et son équipe reviennent à Bruxelles demain. Au treizième étage, nous faisons un point avec la présidente. Face à l'impasse d'hier et au temps qui passe, comment réagir ? Je présente à la présidente l'état des lieux. Sur le *level playing field*, la pêche, la gouvernance : blocages. « Et les autres sujets ? me demande-t-elle.

— Nous voyons les zones d'atterrissage sur les autres grands domaines de la négociation. Mais nous devons garder des cartes pour l'étape finale. Sur les transports, nous n'avons pas encore dit aux Britanniques jusqu'où nous pourrons aller en matière d'accès à nos marchés. Le cabotage pour les camions. La "cinquième liberté" pour l'aviation. De même, sur les services, nous n'avons pas encore mis sur la table toute notre offre. Ils sont très demandeurs. Enfin, sur les biens, il reste les règles d'origine, question clef pour eux. Ils veulent savoir exactement quels biens produits au Royaume-Uni entreront sans tarif sur notre marché. »

La présidente répond : « L'idée de Stéphanie est de mettre maintenant tout cela sur la table. »

Il y a clairement du pour et du contre. Je vois bien l'intérêt de créer un électrochoc. Dans une négociation, il faut bien que quelqu'un « saute en premier ». D'un autre côté, le risque est bien là que les Britanniques empochent nos concessions sans rien nous céder en retour. C'est d'ailleurs leur attitude depuis le début de cette négociation. Je pense aussi, au fond, que ce n'est pas nos offres à la table de négociation qui débloqueront le processus, mais bien le contexte politique à Londres qui déterminera si et quand un accord se fera.

Mais je me laisse convaincre sur cette prise de risque. Dans une négociation il ne faut jamais avoir de regrets. *Deal* ou *no deal*, nous pourrons montrer les pas que nous avons faits en direction du Royaume-Uni.

Avec Clara, nous quittons les bureaux de la présidente avec l'espoir d'une dynamique nouvelle. En posant des offres définitives sur toutes les tables de négociation, si les Britanniques jouent le jeu, nous pourrons peut-être conclure le week-end prochain.

Vendredi 20 novembre 2020 —
Quarantaine

Dimanche, c'était donc au tour des Britanniques de prendre l'Eurostar. L'échéance de la fin octobre, que nous nous étions fixée pour donner le temps à la ratification, est largement dépassée. David Frost continue d'accueillir chacune de mes réflexions par un « *Very useful, Michel*[1] *!* ». Mais, à chaque fois, il nous dit que le moment n'est pas venu, qu'il faut consulter son Premier ministre, qu'il a besoin de plus de temps.

Hier, je me suis dit qu'on était loin du compte. À vrai dire, la stratégie n'a pas fonctionné. Les Britanniques ont empoché l'ensemble des ouvertures que nous avons faites, sans rendre la moindre monnaie. Il va falloir revenir à la bonne vieille méthode de résistance. David Frost nous dit qu'il a besoin de nouvelles consultations à Londres. L'espoir de conclure rapidement s'éloigne.

C'est précisément à cet instant qu'une membre de ma délégation, assise à mes côtés, reçoit un appel sur son portable, sort de la pièce pour répondre, revient quelques secondes plus tard et ramasse ses papiers en nous disant : « Je suis positive au Covid-19. »

Une fois de plus, le Covid-19 a frappé cette négociation. Il nous faut interrompre, parler à toute l'équipe, et organiser en urgence un test de dépistage pour tous, y compris les Britanniques. Mais à coup sûr, la négociation physique est interrompue, au moins pour une semaine, afin de respecter les règles de quarantaine qui s'imposent en Belgique.

1. « Très utile, Michel ! »

Mercredi 25 novembre 2020 —
Cloîtrés à domicile

Cette semaine est forcément chaotique, sur tous les plans. Cloîtrés, nous tentons tant bien que mal de négocier par écrans interposés. À titre personnel, je trouve fatigant de passer la journée à lire des textes juridiques et à en discuter devant un écran, tour à tour avec les Britanniques, mon équipe rapprochée de négociation et, chaque soir, l'ensemble des collègues des directions générales.

J'ai souvent eu le sentiment au cours de ces derniers mois que les Britanniques jouaient la montre. Pour le coup, cette semaine de négociation virtuelle leur donne un prétexte réel, incontestable, pour faire durer la négociation. Nous devons faire de même. Plus aucune ouverture sur nos positions.

Samedi 28 novembre 2020 —
Étudiants européens au Royaume-Uni

Après un nouveau test négatif pour toute l'équipe, nous avons repris vendredi la route de Londres. Malgré la fatigue et les tensions, tous les membres de notre équipe ont été à leur poste pendant toute cette dernière semaine de négociations virtuelles.

À Londres, où nous retrouvons notre hôtel, sans doute pour la dernière fois, l'ambiance est très concentrée. Dans mon message à l'ensemble des négociateurs, j'insiste sur la nécessité de rester confiants, soudés et bien coordonnés entre la *task force*, menée par Clara et Paulina, les directions générales et Stéphanie Riso, qui fait le lien quotidien avec la présidente. Une seule équipe.

Une fois encore, nous passons par des hauts et

des bas. Chacune des tables de négociation avance. Luca Rossi et son équipe, chargés à la *task force* des questions de sécurité, relations extérieures, climat et énergie, closent avec leurs homologues tout le chapitre sur la coopération judiciaire et policière.

Mais le lendemain matin, alors que nous cherchons à conclure la coopération en matière de sécurité sociale, les Britanniques exigent que les étudiants européens qui viendront au Royaume-Uni paient un supplément pour leurs frais de santé. C'est injustifiable, sauf à discriminer délibérément les étudiants étrangers par rapport aux étudiants britanniques. Nous en faisons une question de principe. Les Britanniques essaient de marchander pour obtenir l'ouverture du marché européen à leurs entreprises de prestations de services. À mes côtés, Stéphanie Riso les menace : « Si vous ne réglez pas cette question pour les étudiants, c'est tout le chapitre de coordination sociale qui tombera. » Deux jours plus tard, une solution sera trouvée.

Lundi 30 novembre 2020 —
Au bout de la route

Début de journée consacré à la question du transport routier. Avec David Frost, nous trouvons un accord sur les droits et obligations des opérateurs. Le Royaume-Uni accepte des règles de concurrence loyale spécifiques à ce secteur, notamment le temps de travail des conducteurs. Notre accord prévoit un accès réciproque aux marchés, mais limité à deux opérations pour les camions britanniques sur le continent. Un peu plus tard dans la journée, les chapitres sur les programmes de l'Union et la coopération en matière de sûreté nucléaire sont eux aussi conclus.

Mercredi 2 décembre 2020 — Le chaud et le froid

Lundi, un vote à la Chambre des communes sur les mesures de lutte contre le Covid-19 a révélé une première faille sérieuse dans la majorité de Boris Johnson. 56 députés *Tories* ont voté contre le gouvernement. C'est une alerte. Il s'agit des députés les plus radicaux, *Brexiters* durs. Boris Johnson sait bien ce que cela veut dire puisque, pendant un an et demi, c'est lui qui a mené ce genre de charge contre Theresa May et finalement l'a fait tomber.

Comment analyser ce vote ? Boris Johnson pourrait vouloir accélérer la négociation et la conclure, et ainsi « délivrer » le Brexit, en prenant de vitesse son aile droite. Mais à l'inverse, il pourrait courir après cette aile droite et chercher à la rattraper en la mobilisant contre toute forme d'accord avec l'Union européenne.

En arrivant, ce mercredi, David Frost nous dit pour la première fois qu'il a « un mandat pour conclure ». Ces mots résonnent dans la grande salle que nous occupons pour pouvoir garder la distanciation physique.

Boris Johnson aurait-il choisi la première option ? Il y a dans notre équipe un soulagement, et l'impression que le temps européen et le temps britannique pourraient se rejoindre pour terminer cette semaine. La négociation retrouve une dynamique qui conduit à clore les différents chapitres.

Mais elle avance difficilement sur le *level playing field*. On continue à tourner en rond sur la pêche. Les Britanniques sont toujours bloqués sur la gouvernance, mais l'ensemble des sujets économiques, à l'évidence comme ils le souhaitent, avance.

En soufflant le chaud et le froid, les Britanniques cherchent peut-être à nous « vider les poches » tout en refusant d'avancer sur nos priorités. Je suis conscient de cette possible stratégie. Néanmoins, tout le travail juridique sur chacun des sujets de ce traité de 1 200 pages est de toute façon nécessaire et nous ne lâchons rien qui ne soit conforme aux intérêts de l'Union européenne.

Samedi 5 décembre 2020 —
Blocage définitif ?

Vendredi nous avons constaté avec David Frost que le compte n'y était pas. Ce n'est pas eux qui quittent la table, ni nous. Simplement les divergences restent trop importantes sur les trois principaux points de blocage. Le Royaume-Uni continue par ailleurs d'insister sur des points qui sont hors de notre mandat sur les règles d'origine et les services financiers, en exigeant notamment que l'Union s'engage à autoriser les opérations financières transfrontalières par des gestionnaires d'actifs établis au Royaume-Uni.

C'est sur un constat de blocage que nous quittons Londres, ce samedi 5 décembre au matin. La fatigue liée à ces dix jours, et longues soirées, de négociation à Londres est durement ressentie par les équipes. Il y a aussi une certaine lassitude née du sentiment que le résultat de tous les efforts que nous pouvons faire dans ces négociations dépend en réalité de circonstances politiques britanniques, qui nous échappent largement. Plusieurs de mes proches collaborateurs me disent qu'ils pensent qu'un accord ne sera pas possible. Et qu'il va sans doute falloir passer par le *no deal* pour que les esprits se concentrent et que des solutions s'imposent.

Néanmoins, les contacts avec Boris Johnson se sont accélérés, ce qui est un signe. À notre retour de Londres, Ursula von der Leyen et lui se parlent. Ils constatent eux-mêmes le blocage mais nous demandent de reprendre la discussion dès le lendemain.

Lundi 7 décembre 2020 — Guerre des nerfs

Du côté européen, nous entrons dans une semaine clef, puisque le Conseil européen se réunit pour arracher un accord sur le budget des sept prochaines années et sur les 750 milliards d'euros du plan de relance. À l'évidence, les 27, Charles Michel, Angela Merkel et la présidence allemande veulent se concentrer, pendant ces deux jours, sur d'autres sujets que le Brexit, et c'est bien ainsi.

Du côté des négociations, les Britanniques jouent le bras de fer. Au cours d'une nouvelle conversation téléphonique, Boris Johnson et Ursula von der Leyen entrent un peu plus dans les détails. Le Premier ministre la commente sur un ton fataliste : « On a essayé, mais les divergences sont trop importantes. Il faut maintenant penser à ce qu'on peut faire pour protéger les citoyens, les pauvres gens qui vont souffrir d'un *no deal*. Pourquoi ne pas prendre les morceaux de l'accord qui sont déjà au point et les mettre en œuvre tout de suite, sur l'énergie, les transports, la sécurité sociale, la sécurité ? »

Nous savons que c'est une stratégie poursuivie par certains à Londres depuis le début : négocier des accords séparés, uniquement sur les points qui intéressent le Royaume-Uni.

Boris Johnson, de manière assez maladroite,

évoque une rencontre qu'il souhaite avec Emmanuel Macron pour parler de la pêche et avec Angela Merkel pour discuter *level playing field*. Ce sont là deux compétences communautaires qui doivent être traitées par la Commission européenne. Ursula von der Leyen le lui dit. On apprendra quelques heures plus tard que le président français comme la chancelière allemande ont refusé de prendre Boris Johnson au téléphone, afin de préserver une ligne unique de négociation.

Le Premier ministre, me semble-t-il, commence à mesurer les conséquences d'un *no deal*. Je suis sûr qu'il veut l'éviter, mais en même temps il reste dépendant des 70 députés *Tories* les plus extrémistes. Il se dit néanmoins ouvert à une rencontre en personne avec Ursula von der Leyen, qui l'invite aussitôt à Bruxelles. J'entends son hésitation. Il garde un mauvais souvenir des visites successives de Theresa May au siège de la Commission européenne dont elle repartait bredouille. Mais il finit par accepter, et rendez-vous est pris pour un dîner mercredi soir.

Mercredi 9 décembre 2020 —
Le retour de Boris Johnson

Avant ce dîner, les Britanniques donnent un signe de bonne volonté. Avec Maroš Šefčovič, mon équipe a cherché et trouvé des solutions techniques pour la bonne mise en œuvre de l'accord de retrait en Irlande du Nord. Ce travail, sur les questions des contrôles sanitaires et phytosanitaires, de la TVA, des aides d'État et des produits à risque, a porté ses fruits. Le gouvernement britannique accepte enfin de mettre fin à la crise déclenchée par son projet d'*Internal Market Bill*. Michael Gove accepte finalement une solution pratique pour que les contrôles et les échanges en Irlande du Nord se fassent dans le respect du droit européen. Juste à temps, le gouvernement britannique annonce le retrait des dispositions litigieuses de son projet de loi. Beaucoup de temps perdu et de polémiques pour finalement et simplement honorer sa signature et appliquer ce qui a été décidé et ratifié.

Ce mercredi soir, en montant dans l'avion pour Bruxelles, Boris Johnson tweete : « *A good deal is still there to be done. But whether we agree trading arrangements resembling those of Australia or Canada, the United Kingdom will prosper mightily as an independent nation*[1]. »

Cette rencontre, au Berlaymont, ressemble un peu à celle de Luxembourg avec Jean-Claude Juncker en septembre 2019. Dans les deux cas, je pense que Boris Johnson n'a pas pris le temps d'aller dans le détail lui-même, avec ses équipes, avant de rencontrer le président de la Commission européenne. Ursula von der Leyen est quant à elle bien préparée. Elle m'a d'ailleurs appelé à 16 heures pour vérifier un point important sur les quotas de pêche.

Avant de passer à table, Ursula von der Leyen et Boris Johnson ont un long tête-à-tête. C'est alors une discussion de trois heures qui commence et permet à chacun d'expliquer ses points durs et d'évoquer quelques marges de flexibilité. À plusieurs reprises, sur le dossier de la pêche, Boris Johnson claironne : « Je veux être extrêmement généreux avec les pêcheurs. Je peux être flexible. Mais j'ai besoin de montrer un vrai changement au plus tard dans trois

1. « Un accord est toujours possible. Mais que nous nous mettions d'accord sur des arrangements commerciaux ressemblant à ceux de l'Australie ou du Canada, le Royaume-Uni prospérera fortement en tant que nation indépendante. »

ans, au moment des élections. Nous devons retrouver notre souveraineté, sans condition, le plus vite possible. » Je lui réponds : « Personne ne conteste votre souveraineté sur vos eaux. Pour la pêche, si nous avons un accord, vous allez gagner et nous allons perdre. C'est plus facile à expliquer dans un sens que dans l'autre. Mais si nous perdons trop, c'est injustifiable et inexplicable. Comment expliquer que les seules personnes qui perdraient leur emploi immédiatement à cause du Brexit seraient les pêcheurs européens ? »

Nous passons au *level playing field* où sa grande exigence est, là encore, la souveraineté. « Je ne peux pas accepter, dit-il, le cadre que vous nous imposez sur les aides d'État. Je suis prêt à être généreux sur les poissons. On a bien réfléchi à une équivalence sur le *level playing field*. On pourrait avancer dans votre direction, mais nous ne voulons pas de mécanismes d'alignement qui ne dit pas son nom. »

Boris Johnson tente une fois encore d'obtenir des accords séparés sur les sujets qui sont déjà négociés. La présidente lui répond que ce ne sera pas possible de faire un accord à la découpe. Boris Johnson insiste : « On pourrait même, en cas de désaccord, montrer une volonté de coopération avec un traité sur la politique étrangère et la défense. » La stupeur est générale de notre côté, puisque, il y a moins d'un an, c'est le Royaume-Uni qui s'est brutalement opposé à toute discussion sur ce sujet. Je le lui fais observer : « Mais, Boris, c'est vous qui avez refusé d'ouvrir un chapitre défense, coopération et politique étrangère dans la négociation. » Et lui de répondre : « Comment, moi ? Qui a donné cette instruction ? » en regardant ses collaborateurs. La mise en scène continue.

Ce soir, néanmoins, n'est pas une soirée de rupture. Ursula von der Leyen veut encore se montrer constructive : « On doit demander à nos équipes de travailler encore sur ces grands sujets. Il y a peut-être encore des solutions. J'aimerais que vous reveniez dimanche pour faire un bilan définitif. » Boris Johnson ne s'engage pas à revenir. Cela dépendra du résultat des tout derniers jours de discussion.

Franchement, avec Clara et Stéphanie Riso, qui participent à ce dîner, nous sommes fatigués de ces allers-retours permanents et de ces discussions interminables sur les mêmes sujets. S'il reste un chemin, je veux bien le parcourir dans les jours qui viennent, mais ce chemin est vraiment très étroit.

Jeudi 10 décembre 2020 —
Prendre la mesure du no deal

Au lendemain de ce dîner, la Commission publie la série de mesures d'urgence ciblées que nous avions envisagées pour nous préparer au scénario du *no deal*. Ces mesures sont limitées, temporaires, sujettes à réciprocité et ne peuvent en aucun cas répliquer les avantages du marché unique. Elles permettent néanmoins d'éviter les perturbations les plus radicales au 1er janvier, en garantissant une connectivité routière et aérienne réciproque de base entre l'Union européenne et le Royaume-Uni et en accordant aux navires de l'UE et du Royaume-Uni la possibilité d'un accès réciproque aux eaux de l'autre partie.

Dimanche 13 décembre 2020 —
Un « accord politique »…

La suite du dîner bruxellois a été très décevante. Malgré une nouvelle série de discussions avec David Frost, nous sommes presque au point mort, à nouveau. Comme fin octobre, David Frost refuse d'engager le dialogue sur plusieurs points substantiels. Le maintien d'un *level playing field* dans le temps notamment. Et sur la pêche les Britanniques font même de sérieux pas en arrière. Un « accord politique » a été passé, me répète-t-il à plusieurs reprises, se justifiant et évitant ainsi de répondre sur le fond.

Une nouvelle mise au point est nécessaire : il n'y a qu'une seule ligne de négociation. À mes côtés, dans une réunion à quatre avec David Frost et Tim Barrow, Stéphanie Riso fait donc passer à ma demande un message clair : « Le champ de cet accord global est connu depuis le début. La pêche en fait partie. Vous ne pouvez pas vous réfugier derrière les accords traditionnels de pêche. Nous sommes dans un contexte totalement nouveau, à travers cette négociation avec un pays qui quitte l'Union européenne. On ne conclura cet accord qu'avec un *level playing field* correct et un accord de pêche acceptable. »

Pour la première fois, dans une discussion avec Boris Johnson ce dimanche 13 décembre, Ursula von der Leyen fixe une date limite pour cette négociation. Compte tenu des exigences du Conseil et du Parlement européen, tout doit être bouclé mercredi prochain. Pour un accord d'une telle importance, travailler dans l'urgence, au dernier moment, n'est évidemment pas de bonne pratique, du point de vue du respect de la coopération interinstitutionnelle et des exigences démocratiques. Mais ce calendrier de négociation est le choix des Britanniques, pas le nôtre. David McAllister, chef du groupe de coordination du Parlement européen, parmi les nombreux ministres et députés européens que je débriefe régulièrement, m'assure du soutien continu du Parlement européen. David est allemand, comme son nom ne l'indique pas. Il préside avec énergie et compétence la commission des affaires étrangères du Parlement. Il a une parfaite connaissance du jeu politique allemand et européen. La confiance est fondée sur quatre années de transparence.

Mercredi 16 décembre 2020 —
« L'affaire de quelques maquereaux »

Les négociateurs britanniques sont toujours à Bruxelles, mais il leur faut de plus en plus de temps pour prendre position, pour réagir à nos demandes, et le temps continue à filer.

Ce mercredi, Boris Johnson choisit de jouer l'arrogance : « Michel Barnier a proposé sept ans de transition et 22 % pour les quotas sur la pêche. On ne peut pas l'accepter. On ne peut pas récupérer la souveraineté après sept ans. Le mandat qui est le vôtre n'est pas délivrable. Et si ça continue, nous reviendrons sur l'équivalence en matière de *level playing field.* »

Sans doute les Britanniques ont-ils fait un pas vers nous en acceptant qu'une distorsion de concurrence à travers des aides publiques massives ou une dérégulation permette à l'autre partie de se protéger et de répliquer. C'est ce que nous appelons le rééquilibrage, ou *rebalancing*. Mais depuis, ils s'efforcent de mettre sur ce dispositif « ceintures et bretelles », des contraintes et des délais pour que, dans la réalité, ce mécanisme ne fonctionne pas.

« Il faut un vent frais dans cette négociation, continue Boris Johnson. Les États membres doivent donner davantage de flexibilité. Si ce n'est pas le cas, nous irons vers un modèle australien. » Décidément, l'Australie a bon dos. Son Premier ministre, Scott

Morrison, vient pourtant de dire que le modèle australien est égal à zéro…

Ursula von der Leyen ne veut pas être celle qui ferme la porte. Elle sait que le *blame game* peut jouer contre nous. Quoi qu'il arrive, la Commission restera disponible pour dialoguer et pour négocier avec les Britanniques, jusqu'au 31 décembre et après. Mais elle comprend mieux aujourd'hui ce que je lui ai souvent dit, parfois sans être compris par son cabinet.

Les derniers jours ont donné lieu à des échanges intenses avec les sherpas des principaux pays intéressés par la pêche. Je les ai moi-même alertés mardi sur l'état de la négociation. Pour éviter des surprises. Au cœur de la position de l'Union, la confiance est fondée sur la prise en compte de tous les intérêts des États membres.

La question de la pêche est une des conditions pour l'accord économique au même titre que les règles de concurrence équitable. Ce n'est pas un sujet secondaire, ni « l'affaire de quelques maquereaux » comme je l'ai entendu un jour. Ce sont des hommes et des femmes qui travaillent dur et dangereusement. Des communautés courageuses, qui font vivre des territoires entiers, le long des côtes. Je le dirai publiquement ce vendredi devant le Parlement européen en session plénière : « Il ne serait ni juste ni équitable que les pêcheurs européens n'aient dans les eaux britanniques que des droits transitoires, qui s'évaporeraient un jour, alors que tout le reste de l'accord — notamment pour les entreprises britanniques — resterait stable. »

Samedi 19 décembre 2020 —
Une proposition sur la pêche

Toute l'équipe est à nouveau au bureau. Grâce à nos assistantes, l'intendance suit et chacun dispose pour le déjeuner et le dîner d'un panier-repas avec une salade. Maigre consolation pour un septième week-end consécutif volé à nos familles.

Je mesure l'effort, parfois les sacrifices, consentis par chacune et par chacun. J'espère que ceux qui liront ces lignes ne comprendront pas cette négociation comme une suite de réunions à mon niveau avec mes homologues britanniques et les responsables européens. Cela ne serait pas juste, ni vrai. Il y a eu entre ces moments officiels des journées interminables de discussions, de négociations, de tensions, animées avec une immense ténacité et aussi beaucoup de patience par Clara et Paulina, et avant elles Sabine Weyand et Stéphanie Riso, avec les membres de la *task force*.

En ce samedi, nos échanges sont nombreux avec les capitales et l'on bute désormais clairement sur la pêche que les Britanniques ont toujours voulu isoler au bout de la négociation.

Hier, j'ai pris le risque de mettre une nouvelle proposition sur la table. Une transition de six ans avec un accès garanti pour les pêcheurs européens, après quoi aurait lieu une négociation annuelle, avec des compensations en faveur de l'Union européenne en cas de changement du niveau d'accès. Quant à la question des quotas, les pêcheurs européens rendraient aux Britanniques 25 % de leurs contingents de pêche dans les eaux du Royaume-Uni, soit 162 millions d'euros sur 650. L'accès actuel de nos bateaux aux eaux territoriales britanniques entre 6 et 12 milles nautiques serait globalement préservé.

Emmanuel Macron et la Première ministre danoise, Mette Frederiksen, font connaître leur surprise devant cette proposition, qui leur paraît excessive. Il s'agit bien à mes yeux d'une ultime proposition. Je sais qu'elle est à la limite de ce qui est acceptable. Je pense que les pêcheurs européens peuvent la comprendre, si ces quotas sont stables par la suite, et que nous gardons dans notre main, au-delà de ces six années, une capacité de réagir ou de répliquer à toute fermeture excessive de l'accès par les Britanniques.

J'introduis pour cela dans cette offre une « clause miroir » dans le chapitre énergie, au titre de notre propre souveraineté. L'interconnectivité électrique et la coopération en mer du Nord représentent pour les Britanniques un gain annuel allant de 700 millions à plusieurs milliards d'euros. Il faut comparer ce chiffre aux 650 millions de notre activité de pêche dans les eaux britanniques. Cette clause miroir permet donc une transition de six ans, et au-delà, une discussion annuelle avec les Britanniques pour maintenir ou arrêter l'interconnectivité électrique.

À 19 h 34 ce samedi, j'envoie un SMS à David Frost : « Cher David, 27 heures sont passées depuis notre dernière rencontre, dans un moment critique de négociation, sur la question essentielle des pêches, et 24 heures depuis que nous vous avons envoyé un texte reflétant l'offre de l'Union européenne. Nous attendons toujours une réponse formelle de votre part. »

Finalement, à 21 h 30, la présidente me demande d'être dans son bureau pour recevoir avec elle une enveloppe dont elle connaît en réalité le contenu. Il s'agit de la réponse des Britanniques à notre proposition sur la pêche. « Je n'ai pas un bon pressentiment », me dit-elle, aux côtés de son chef de cabinet Bjoern Seibert, avant d'ouvrir l'enveloppe.

La proposition britannique est inacceptable. Elle se traduirait par la destruction de la moitié des flottes européennes qui pêchent dans les eaux britanniques. Mieux vaut un *no deal*, dans ce cas. Un mauvais *deal* serait en effet définitif pour les pêcheurs européens. Une absence d'accord ne le serait pas. Ursula von der Leyen sait que cette proposition n'est pas recevable, notamment par les Danois, les Néerlandais, les Irlandais, les Belges et les Français.

Elle imagine alors un autre scénario, qui consisterait à adopter l'ensemble du paquet économique déjà finalisé pour deux ans, à demander le statu quo pour la pêche aux Britanniques, et dans deux ans, à tout faire tomber s'il n'y a pas d'accord sur la pêche. Je lui dis que cette idée a sans doute l'intérêt de préserver l'acquis de notre travail, d'éviter une crise immédiate, mais qu'elle a l'inconvénient sérieux de priver les investisseurs de visibilité à moyen et long terme. Et surtout, de remettre la pression, dans deux ans, sur les seuls États côtiers, en ayant perdu en réalité le levier des négociations globales. Emmanuel Macron, qu'elle consulte sur cette idée, ne veut pas en entendre parler, et je peux le comprendre. Il est désormais clair qu'on ne pourra pas aller bien au-delà de la proposition que j'ai faite vendredi.

Ursula von der Leyen évoque aussi l'idée d'organiser une visioconférence avec les 27 pour leur faire part de la situation. Je comprends l'intérêt de consulter les chefs d'État ou de gouvernement, mais il y a, là aussi, le vrai risque d'isoler les dirigeants des pays côtiers. « Depuis quatre ans, lui dis-je, nous avons bâti l'unité des 27 par le dialogue, la transparence, une attention égale pour chaque pays, quelle que soit sa taille. Et nous avons aussi construit la solidarité entre les 27. Nous avons trouvé des solutions pour protéger les intérêts de chacun. Chypre quand il s'agissait des bases militaires britanniques. L'Espagne quand il s'agit de Gibraltar, la Finlande quand il s'agit des dessertes aériennes, et évidemment l'Irlande quand il s'agit de la paix et du *Good Friday Agreement*. Aujourd'hui, cinq ou huit pays ont un intérêt majeur à un bon accord sur la pêche. Nous devons avoir envers eux la même solidarité. » La présidente me répond qu'elle est consciente de cela et que c'est une ligne juste.

Dimanche 20 décembre 2020 — Chaos au Royaume-Uni

À 15 heures, je monte au onzième étage avec Georg retrouver le trio britannique, David Frost, Tim Barrow et Lindsay Appleby. Stéphanie Riso nous a rejoints. Je leur confirme que l'offre européenne sur la durée de la transition et sur les parts de quotas est la dernière qui puisse réunir l'unanimité des 27 dirigeants européens. Pour la première fois depuis longtemps, j'ai le sentiment qu'il m'écoute sur ce sujet.

Entre-temps, la situation à Londres est devenue très sérieuse sur le plan économique, sanitaire et social. L'apparition d'un variant du Covid-19, encore plus contagieux, vient de contraindre Boris Johnson, dans un revirement soudain, à introduire de nouvelles restrictions qui reviennent, pour beaucoup de Britanniques, à « annuler Noël ».

Les pays de l'Union européenne ferment tour à tour leurs frontières aux Britanniques, y compris la France, qui décide d'une fermeture totale du tunnel sous la Manche pendant 24 heures, dans l'attente d'une réaction coordonnée au niveau européen. Un gigantesque amas de camions se forme dans le Kent, et beaucoup de conducteurs sont contraints de passer des jours et des nuits dans des conditions précaires, sans savoir s'ils pourront retrouver leur famille pour Noël.

Personne ne peut se réjouir d'une telle situation mais elle crée à l'évidence pour Boris Johnson un contexte très grave. Rationnellement, le Premier ministre britannique ne devrait pas prendre le risque d'ajouter un *no deal* à la crise sanitaire.

Au contraire, Boris Johnson a besoin d'une bonne nouvelle à annoncer pour réchauffer l'atmosphère de ce Noël bien particulier. Et c'est sans doute ce qui pousse les Britanniques à continuer la négociation, tout en cherchant à la faire durer dans le temps pour obtenir des concessions de dernière minute. Je connais bien cette tactique. C'est celle qu'employait George Osborne, alors chancelier de l'Échiquier, sur la régulation financière, dont j'étais chargé comme commissaire européen de 2009 à 2014. La délégation britannique attendait qu'un accord soit péniblement trouvé, vers deux ou trois heures du matin, pour annoncer qu'ils avaient juste un dernier détail à régler… sur un point qui se révélait bien souvent être beaucoup plus qu'un détail.

Au passage, toutes les dates limites sont dépassées, y compris celle qu'ont fixée les principaux groupes du Parlement européen en indiquant que leur assemblée ne pourrait pas examiner un accord si la négociation s'étendait au-delà du dimanche 20 décembre. Nous y sommes ! Si accord il y a, la Commission devra donc en proposer aux États membres l'application provisoire, en attendant la confirmation de cet accord par un vote du Parlement européen, sans doute dans les premiers mois de 2021.

Lundi 21 décembre 2020 —
Rumeurs d'accord

Longue journée marquée par l'attente et les incertitudes. Le moulin à rumeurs tourne à plein régime. Nous serions très proches d'un accord sur la pêche. L'Union accepterait une réduction de 35 % de ses possibilités de pêche dans les eaux britanniques et une période de transition de cinq ans. Évidemment, il n'en est pas question. Les Britanniques cherchent sans doute à créer un état de fait dans les négociations.

En revanche, il est vrai que les sujets en discussion se sont considérablement réduits. Sur le *level playing field*, grâce à la compétence et à la ténacité de Nicolas von Lingen, Teresa Vecchi et bien d'autres, nous y sommes presque. Restent simplement deux points importants pour préserver l'efficacité et la crédibilité de notre approche sur les aides d'État : des garanties de récupération des aides d'État illégales et des principes contraignants dans le secteur de l'énergie.

Nous devons aussi rester vigilants sur certaines demandes britanniques, notamment sur les services financiers, où les Britanniques veulent obtenir un accès libre à notre marché pour leurs gestionnaires de portefeuilles.

Enfin, il n'est pas question non plus que les Britanniques participent de manière partielle à certains programmes de l'Union, ni qu'ils traitent différemment les citoyens de l'Union européenne en fonction de leur nationalité.

Mardi 22 décembre 2020 —
Discussions finales au treizième étage

À trois jours de Noël, et du moment final de vérité sur le *deal* ou le *no deal*, la tension est palpable sur les sujets les plus difficiles.

Clara a tenu une réunion avec l'ambassadeur britannique Tim Barrow, qui aura tout au long de cette négociation cherché à trouver des solutions là où elles étaient difficilement trouvables. Sur le *level playing field*, nous sommes en passe d'obtenir gain de cause. Il ne reste plus qu'une poignée de demandes britanniques ouvertes, d'apparence technique mais de valeur considérable : les services financiers, sujet sur lequel nous pouvons au mieux nous engager dans une déclaration à avoir un dialogue réglementaire avec le Royaume-Uni ; les règles d'origine pour quelques produits spécifiques comme les voitures électriques, pour lesquelles les Britanniques demandent une période de transition de six ans ; enfin, la possibilité de rétrocession des droits de douane, que le Royaume-Uni souhaite mettre en œuvre dans les ports francs.

Reste, évidemment, aussi la question de la pêche, sur laquelle se concentrent les discussions au sein du cabinet de la présidente qui connaît, comme son cabinet, ma position et les lignes rouges des États membres concernés.

Et c'est désormais au seul niveau de la présidente de la Commission et du Premier ministre britannique, que peuvent se dénouer ces derniers nœuds.

Tout au long de cette négociation, j'ai tenu Ursula von der Leyen régulièrement informée de nos progrès. Et ce mardi, je lui fais pour la dernière fois un point de la situation.

« Compte tenu de la dimension historique et politique de cette négociation, dis-je à Ursula von der Leyen en conclusion de cet état des lieux, j'ai toujours trouvé normal et nécessaire que sa conclusion finale ait lieu directement à votre niveau en tant que présidente, avec le Premier ministre Boris Johnson. »

Mercredi 23 décembre 2020 — Dernier acte

Cette conclusion, nous l'attendons toute la journée du 23 décembre. Les signaux sont bons. Et vers 15 heures, Boris Johnson et Ursula von der Leyen conviennent au téléphone qu'un accord est en principe trouvé. « *I think I have good news !* » me dit la présidente.

Mon équipe retient son souffle, car elle sait que le diable se cache dans les détails. Et en l'occurrence dans le texte juridique et les chiffres des quotas de pêche. Une longue discussion s'engage, et repousse d'heure en heure l'annonce de l'accord, que le porte-parole de la Commission finit par prévoir pour minuit… avant de conseiller aux journalistes en alerte d'aller prendre quelques heures de repos en mettant le réveil tôt le lendemain matin.

Je rentre à la maison vers 2 heures du matin. Mon équipe rapprochée reste au bureau toute la nuit, malgré l'épuisement, à décortiquer le dernier texte juridique que les Britanniques ont mis sur la table sur la pêche et qui nous est parvenu du treizième étage. Texte truffé de pièges, de faux compromis et de retours en arrière. Une telle négociation ne peut pas se conclure sans les experts ! Je suis reconnaissant au commissaire responsable de la pêche, Virginijus Sinkevičius, et aux collègues de la direction générale chargée des pêches, Stijn Billiet et Joost

Paardekooper, qui défendent les positions européennes avec grande ténacité.

Jeudi 24 décembre 2020 —
A day of relief, tinged with sadness

Je suis de retour au Berlaymont à 7 h 30, en cette veille de Noël. Peine perdue !

Les discussions continuent. Les équipes sont au bord de l'épuisement, ce qui explique peut-être certaines tensions.

Ces dernières heures, Ursula von der Leyen a pris personnellement soin, comme je le recommandais, de vérifier avec les États membres les plus concernés leurs lignes rouges en matière de pêche. Et c'est ainsi, en maintenant une position très ferme sur la pêche, qu'elle amène le compromis final avec Boris Johnson sur les positions de l'Union.

Quelques instants plus tard, je retrouve David Frost dans une grande salle du Berlaymont. Il prend place à droite de la présidente. Je suis à sa gauche, pour prendre acte de l'accord avec Boris Johnson, en visioconférence depuis Londres.

C'est la dernière fois, au terme de neuf mois de négociations, que je vois David Frost, et ce dernier échange est professionnel et froid. Il sait que je sais que jusqu'au dernier moment, il a voulu me contourner en cherchant à ouvrir une ligne de négociation parallèle avec le cabinet de la présidente Ursula von der Leyen. Et il sait que cela n'a pas été concluant.

Finalement, vers 15 h 30, j'accompagne la présidente en salle de presse pour annoncer l'accord.

À cet instant, je regrette que les journalistes, si patients tout au long de cette négociation, ne soient pas en face de nous mais connectés par écrans interposés. Pour dire la vérité, j'ai un sentiment mélangé.

Je suis soulagé mais fatigué. Fier du travail accompli par notre équipe, mais un peu surpris de la manière dont se tourne cette page historique, ainsi et maintenant.

Après l'intervention d'Ursula von der Leyen, je choisis de faire un clin d'œil à la phrase répétée tellement de fois devant eux pendant les négociations de l'accord de retrait : « *The clock is no longer ticking.* »

Je rappelle les trois objectifs que j'ai toujours gardés en tête pendant ces trois années : préserver la paix et la stabilité sur l'île d'Irlande, protéger les citoyens et le marché unique et construire un nouveau partenariat avec ce pays voisin, ami et allié qu'est le Royaume-Uni.

Je veux dire que mes sentiments sont partagés : « *Today is a day of relief, but tinged with some sadness as we compare what came before, with what lies ahead*[1]. » Le Royaume-Uni a choisi de quitter l'Union européenne et le marché unique. De renoncer aux droits et avantages d'un État membre. Notre accord ne réplique pas ces droits et avantages. Il y aura donc, malgré cet accord, de vrais changements au 1er janvier pour beaucoup de citoyens et d'entreprises. C'est la conséquence du Brexit. Mais nous avons aussi construit un nouveau partenariat pour l'avenir, autour de quatre piliers.

Premièrement, un accord de libre-échange, ambitieux et équitable, sans tarifs ni quotas. Et au cœur de cet accord, de nouvelles règles du jeu économique, le *level playing field*, qui seront, pour l'Union européenne, la marque d'une nouvelle génération d'accords de libre-échange.

1. « Aujourd'hui est un jour de soulagement, mais teinté de tristesse, quand on compare ce que nous avons vécu avec ce qui est devant nous. »

Deuxièmement, un partenariat économique et social dont le champ est sans précédent puisqu'il couvre les transports aériens et routiers, l'énergie, la lutte contre le changement climatique, et évidemment la pêche.

Le compromis finalement trouvé entre Boris Johnson et Ursula von der Leyen consiste en une période de transition de cinq ans et demi, accompagnée d'une diminution des contingents de pêche dans les eaux britanniques d'environ 25 %. C'est une solution raisonnable qui permet d'assurer globalement une base d'accès réciproque aux eaux et aux ressources. Elle demandera des efforts aux pêcheurs européens, mais je crois que ces efforts sont acceptables, d'autant que l'Union européenne aidera le secteur à travers la nouvelle « réserve d'ajustement au Brexit ».

Notre partenariat comprend aussi une coopération en matière de recherche et d'innovation, de sûreté nucléaire et pour l'espace, dans le cadre des programmes de l'Union. Dans ce domaine, notre accord contient aussi une clause de non-discrimination entre les citoyens européens, qui s'applique également aux visas, aux services et à la coordination de la sécurité sociale. J'exprime simplement deux regrets à propos de cette coopération sociétale. Que le gouvernement britannique ait choisi de ne pas participer au programme d'échanges Erasmus. Et que l'ambition en matière de mobilité des citoyens ne soit pas à la hauteur de nos liens historiques. Et là encore, c'est le choix du gouvernement britannique.

Le troisième pilier de notre accord concerne la sécurité des citoyens. Nous l'avons toujours dit : notre sécurité — celle de nos citoyens — ne se marchande pas. La lutte contre le terrorisme et le crime nécessite une coopération étroite entre l'Union européenne et le Royaume-Uni. Notre travail ensemble sera fondé sur deux préalables : le respect de la protection des droits fondamentaux et le respect des données personnelles. Je regrette simplement que le gouvernement britannique n'ait pas voulu négocier à ce stade un accord sur la politique étrangère, la défense et le développement.

Enfin, le dernier pilier concerne la gouvernance de cet accord, qui sera fondée sur le dialogue et la consultation politique, sur des mécanismes de règlement des différends contraignants, sur une mise en œuvre crédible dans chacun de nos ordres juridiques et sur des remèdes ou des sanctions, y compris unilatérales, rapides et efficaces quand cela est nécessaire.

Voilà la proposition d'accord que nous présentons aux 27 États membres et au Parlement européen.

« Il ne devrait pas y avoir de surprise, dis-je, puisque, comme pour l'accord de retrait, nous avons construit ensemble cet accord, étape par étape, dans la transparence, le respect et le dialogue. »

Tout au long de ces quatre années et demie, la force de l'Union européenne a été l'unité et la solidarité entre tous les États membres et avec le Parlement européen.

Cela a été mon honneur de prendre part à cette unité des Européens.

2021

Paris, dimanche 21 février 2021

Deux mois ont passé depuis la journée « historique » du 24 décembre. Ce jour-là, la conclusion de l'accord, trop tard dans l'après-midi, ne me permettait plus de rejoindre dans le centre de la France mon épouse Isabelle et ma famille.

Tout au long de ces allers-retours incessants entre Bruxelles, Londres et les capitales d'Europe, j'ai pu m'appuyer sur Isabelle, attentive, toujours spontanée et de bon conseil, mais aussi sur la solidarité sans faille de mes enfants, Nicolas, Laetitia, Benjamin, et de leurs conjoints. Cela a compté pour moi bien davantage que je n'ai su le leur dire.

Pour cette fête de Noël, je suis donc seul. Cette solitude, « douce absence de regards[1] », dont j'avais perdu l'habitude pendant ces quatre années rythmées par tant de voyages, de réunions, de débats publics, de négociations. Ce soir, d'un seul coup, la tension est tombée.

Étrangement, mon sentiment premier n'est pas la satisfaction d'une mission accomplie. Encore moins la nostalgie de cette expérience hors du commun. Je me méfie depuis toujours de la nostalgie. J'ai le souvenir, dans les derniers instants de la cérémonie de clôture des Jeux olympiques, le 23 février 1992, après dix ans d'efforts et seize jours de magie, du mot de Jean-Claude Killy : « Maintenant, Michel, on bâche ! » Pas de nostalgie donc, mais certainement des souvenirs. Et en particulier ceux du temps partagé avec une équipe formidable, qui se dispersera bientôt mais qui a si bien incarné cette « morale de l'action » que je crois nécessaire dans la vie publique.

Ce soir, je pense d'abord au chemin qui reste à parcourir. La ratification de notre accord par le Parlement européen, bien sûr, le travail d'explication qui l'accompagne, mais aussi et surtout la mise en œuvre de nos deux traités.

Nous avons passé tant de temps à discuter de

1. Milan Kundera, *L'immortalité.*

chaque détail, sur les règles de concurrence équitable, la pêche, et avant cela sur l'Irlande et l'Irlande du Nord. Pour moi, la bonne mise en œuvre, objective et précise, de ces accords compte autant que leur négociation. Un juste gouvernement doit attacher autant d'importance à l'effet de suivi qu'aux effets d'annonce. Ce n'est ni facile ni hélas si fréquent.

Il y a, pour demain et pour l'histoire, trois sujets de vigilance afin que les choses se passent bien entre le Royaume-Uni et l'Europe.

Le premier est celui de la paix en Irlande, si fragile depuis vingt ans, qui reste à la merci de la moindre étincelle. Voilà pourquoi il fallait absolument que la Commission européenne corrige très vite l'erreur commise le 29 janvier dernier. En voulant contrôler l'exportation des vaccins, un texte, rédigé dans l'urgence, prévoyait d'activer l'article 16 du protocole irlandais qui permet, dans des circonstances exceptionnelles, de prendre des mesures de sauvegarde, et en l'occurrence de remettre en place des contrôles entre l'Irlande et l'Irlande du Nord. Cela allait frontalement à l'encontre de nos efforts et de notre attitude responsable pendant quatre ans et demi, justement pour éviter le retour d'une frontière dure au milieu de l'île d'Irlande souvent face à des provocations britanniques. Et ces provocations continuent, malheureusement ! Je suis sincèrement convaincu que la meilleure garantie de paix et de stabilité se trouve dans la mise en œuvre objective du protocole irlandais, dans le respect par chacune des deux parties de sa signature. Pour tout dire, il faudra bien que le Royaume-Uni assume sur l'île d'Irlande et ailleurs les conséquences du Brexit qu'il a décidé.

Le deuxième point de vigilance, c'est la défense du marché unique. Au Royaume-Uni, les musiciens, les exportateurs de saumon, les conducteurs de camions ou les sociétés de prestation de services ont été les premiers à mesurer la gravité des barrières réglementaires qui sont la conséquence mécanique du Brexit. Pour tenter d'effacer ces conséquences du Brexit qu'il a provoquées, le gouvernement britannique cherchera à rentrer par les fenêtres dans le marché unique dont il s'est lui-même fermé la porte. Nous devons donc rester en alerte face à toute nouvelle forme de *cherry-picking*.

Et puis, il ne faudra pas attendre longtemps avant que le gouvernement britannique ne cherche à utiliser sa nouvelle autonomie législative et réglementaire pour se doter, secteur par secteur, d'un avantage compétitif. Déjà, certains ministres parlent de modifier la durée du temps de travail, d'augmenter l'usage des pesticides ou d'assouplir les règles prudentielles dans les services financiers. Alors se reposera une question bien connue : cette concurrence restera-t-elle loyale et ouverte, *free and fair* ? La compétition réglementaire restera-t-elle maîtrisée ou deviendra-t-elle un outil de dumping social, économique, fiscal, contre l'Europe ? Nous avons mis dans notre accord de commerce et de coopération des outils pour réagir.

Enfin, il y a un troisième sujet de vigilance, davantage pour nous, du côté européen, que pour les Britanniques. Nous devrons être vigilants pour éviter à Bruxelles le retour des habitudes, des certitudes et des arrogances. Commissaire européen, puis négociateur en chef, j'ai parfois rencontré des hauts fonctionnaires qui, forts de leurs connaissances techniques, portent un regard méprisant sur les responsables politiques, qu'ils jugent facilement manipulables, souvent incompétents et forcément de passage, quand eux estiment avoir la maîtrise du temps long. Mais j'ai aussi souvent travaillé avec des fonctionnaires européens ouverts, curieux et motivés, maîtrisant leur sujet, parlant trois ou quatre langues étrangères sans jamais faire étalage de leur savoir. Ils ou elles se reconnaîtront. Dans chacun de nos pays, il faudra se garder de toujours chercher à Bruxelles la raison de nos propres faiblesses. Je l'ai déjà écrit, il y a des leçons à tirer du Brexit. Il y a des raisons d'écouter le sentiment populaire qui s'est exprimé alors et qui s'exprime toujours chez nous, dans tant de régions européennes. Et de lui répondre. Cela exige du temps, beaucoup de respect et du courage politique.

Finalement, à vous qui avez eu la persévérance de lire ce long Journal jusqu'au bout, je veux dire que j'ai toujours placé cette négociation extraordinaire dans une double perspective.

Celle de l'histoire, d'abord, au cours de laquelle le Royaume-Uni a été souvent solidaire des Européens, et en particulier de mon pays. L'histoire aussi de ce grand peuple, qui a apporté à l'Europe et au monde tant de nouveaux droits, d'inventions, d'ouverture culturelle, d'hommes et de femmes d'État.

La perspective de l'avenir, ensuite. Les défis et les risques, pandémies, terrorisme, changement climatique, instabilité financière, seront si nombreux et graves que nous aurons, bien au-delà du Brexit, de nouvelles raisons de coopérer.

UNE RÉSOLUTION

C'est au cours d'un week-end familial dans la maison de mon beau-frère Éric Altmayer et de son épouse Brenda sur les bords de Seine que j'ai commencé à relire et à mettre ensemble toutes mes notes prises presque chaque jour au fil de cette négociation.

Il y a dans la famille de mon épouse Isabelle, chez ses cinq frères et sœur, une complicité étonnante et rassurante qui relie également nos enfants et petits-enfants. Leur mère était d'origine russe. D'Ossétie du Nord pour être précis. Elle était belle et intelligente et ces qualités semblent héréditaires. Elle fut l'âme de ce « clan » où l'on s'engueule, on s'aime, on s'aide. Où l'on reprend des forces et de la sérénité. Je m'y suis souvent ressourcé durant ces quatre années passées.

Je rentre très tôt vers Bruxelles. Dans la rue et à la gare, des Français viennent simplement me dire un mot pour me féliciter d'avoir trouvé un accord avec le Royaume-Uni. Comme si l'on pouvait être félicité d'avoir organisé un divorce ! D'autres m'encouragent à reprendre ma place dans le débat public national, en me dressant parfois la liste de tout ce qu'il faudrait changer, aussi bien en France qu'à Bruxelles…

Il y a dans ces échanges la critique de l'Europe, qui n'est donc pas propre au Royaume-Uni. Mais il y a aussi l'idée que, si l'Europe s'est parfois trompée, les gouvernements nationaux se sont souvent trompés avec elle. L'Union européenne a « bon dos », mais elle n'est pas responsable de tous les doutes et de tous les maux qui traversent nos sociétés.

Depuis trente ou quarante ans désormais, politologues et sociologues relèvent comment nos pays, et la France en particulier, se fragmentent. En 2019, *L'Archipel français* de Jérôme Fourquet fait l'inventaire édifiant des mutations, lignes de fractures et dislocations de notre République, que nous nous complaisons à penser éternellement *une et indivisible*.

Et pourtant les tensions sont là et sont toujours plus vives, et la crise sanitaire actuelle en a aggravé la violence. Entre laïcité et nouveaux faits religieux, quartiers populaires et sécession des élites, idéal républicain et identités communautaires, campagnes désertées et centres urbains hyperconnectés. Entre générations, tout simplement.

Nous devons écouter notre pays, comprendre d'où il vient, et répondre à ces difficultés.

Notre pays a des problèmes, mais aussi tant d'atouts ! Retrouvons les fondements de notre République : l'éducation, le respect de l'autorité, la justice sociale. Faisons confiance aux territoires en leur donnant davantage de libertés. Faisons confiance à ceux qui créent, entreprennent, innovent et produisent. Faisons confiance aux jeunes et aux millions de bénévoles qui animent la vie associative. Travaillons à un nouveau contrat entre les générations. Ensemble, posons les bases d'une nouvelle prospérité, plus économe des ressources et des espaces.

Notre travail commence par la France. Ce que nous, Français, ne ferons pas pour nous-mêmes, personne ne le fera à notre place.

Pour moi, la fraternité reste une idée neuve.

APPENDICES

Remerciements

Tout au long de cette négociation, j'ai eu la chance de pouvoir compter sur une équipe exceptionnelle, menée avec talent par Sabine Weyand et Stéphanie Riso, puis par Clara Martínez Alberola et Paulina Dejmek Hack.

Je tiens à les remercier chaleureusement, ainsi que Marco Abate, Isabelle Alen, Merle Allikvee, François Arbault, Martin Åström, Tristan Aureau, Peter Barany, Adolfo Barberá del Rosal, Ligia Bartkiewicz, Anne Charlotte Becker, Philippe Bertrand, Alexandra Brannigan, Liana Bratusca, Jelena Brejeva, Lieven Brouwers, Raluca-Elena Càlin, Sandra Cavallo, Dorthe Christensen, Sonia Collaco, Randolph De Battista, Stefaan De Rynck, Fabio Della Piazza, Véronique Depovere, Giovanna Di Ruberti, Liliia Dimitrova, Guido Dolara, Elena Dulguerova, Eugenia Dumitriu-Segnana, Antonio Fernández-Martos, Mariano Fernandez-Salas, Maxime Ferrand, Daniel Ferrie, Julie François, Ramunas Freigofas, Stephanie Fromm, Stefan Fuehring, Norbert Gacki, Nicolas Galudec, Urška Grahek, Frédéric Guiot, Matthieu Hébert, Blanca Huergo Gonzalo, Jos Hupperetz, Ivaylo Iaydjiev, Magdalena Jagiełło, Adalbert Jahnz, Tuuli Kainulainen, Jeanne Kindermann, Hannes Kraemer, Christian Krappitz, Arne Kubitza, Nicolas Kuen, Guillaume de La Brosse, Bertrand Lapalus, Justyna Lasik, Thomas Liefländer, Nicolas von Lingen, Martina Lodrant, Sylvie Maudhuit, Michal Meduna, Anne-Laure Mengin, Anouk Mertens de Wilmars, Isabelle Micallef, Emmanuelle

Minne, Isabelle Misrachi, Ward Möhlmann, Aurora Mordonu, Jayne Morris, Nathalie Ndjali Ya Longo, Nina Obermaier, Tadhg O'Briain, Silvana Patat, João Pereira, Nicola Pesaresi, Barthélemy Piche, Sonia Plecita Ridzikova, Félix Poirier, Georg Riekeles, Maximiliano Rodríguez Sánchez, Arnaud Rohmer, Felix Ronkes Agerbeek, Luca Rossi, Noura Rouissi, Fabrizio Sacchetti, Claire Saelens, Joel dos Santos Domingo, Uku Särekanno, Maud Scelo, Sebastian Schneider, Marie Simonsen, Nina Sirbiladze, Rachel Smit, Peter Sørensen, Deša Srsen, Anatoly Subocs, Julie Timon, Bence Tóth, Sabine Tuerck, Daniel Vancampenhout, Maria Luisa Van de Westelaken, Viktória Varga-Lencsés, Teresa Vecchi, AntÓnio Vicente, Yolanda Villar Ruberte.

Cette équipe a fluctué au gré de la négociation. Certains y ont apporté leur expertise pour quelques mois, d'autres en sont restés les piliers indéfectibles. Tous ont fait honneur à la fonction publique européenne.

Je veux aussi remercier l'ensemble des femmes et des hommes des directions générales de la Commission européenne, que je ne peux pas citer individuellement mais qui ont été tant de visages et de voix fortes sur tous les sujets de cette négociation, du commerce à la pêche en passant par le budget, les transports ou encore l'énergie.

Sans oublier les trente interprètes qui se sont relayés pendant ces quatre années. Grâce à leur travail précis et efficace, chacun a pu s'exprimer aussi bien en anglais qu'en français, conservant ainsi l'avantage de parler dans sa langue maternelle.

L'équipe des traducteurs a fait, elle aussi, un travail extraordinaire pour que ces deux traités soient rapidement disponibles dans les 24 langues de l'Union européenne. Bien au-delà de la Commission européenne, ce projet commun a aussi été porté par de nombreux collègues talentueux et déterminés au Parlement européen, au Conseil, au Service européen pour l'action extérieure ainsi que dans chaque État membre.

Qu'ils en soient ici remerciés.

Glossaire

ACCORD D'ASSOCIATION — Accord entre l'Union européenne et un pays tiers créant un cadre de coopération entre eux, susceptible de recouvrir notamment le développement de liens politiques, commerciaux, sociaux, culturels et sécuritaires. La base légale de la conclusion de ce type d'accord est l'article 217 du traité sur le fonctionnement de l'Union européenne.

ACCORD DE LIBRE-ÉCHANGE — Accord conclu entre deux ou plusieurs territoires douaniers en vue d'éliminer les droits de douane et les autres réglementations commerciales restrictives pour l'essentiel des échanges commerciaux portant sur les produits originaires des territoires des parties.

BACKSTOP — Solution de dernier recours juridiquement opérationnelle, négociée avec le gouvernement de Theresa May et prévue dans la première version du protocole sur l'Irlande et l'Irlande du Nord annexé à l'accord de retrait, pour garantir qu'il n'y aura pas de frontière physique entre l'Irlande et l'Irlande du Nord. Dans ce protocole, le Royaume-Uni s'engage également à ne pas réduire les droits énoncés dans l'accord du Vendredi saint de 1998, et à protéger la coopération Nord-Sud.

BREXIT STEERING GROUP — Créé et placé sous l'égide de la conférence des présidents au sein du Parlement européen, le *Brexit Steering Group* a pour mission de coordonner et de préparer les délibérations ainsi que les résolutions du Parlement européen relatives au retrait du Royaume-Uni. Présidé par Guy Verhofstadt de 2016 à 2019, il comprend durant cette période six membres, représentant chacun un groupe politique du Parlement européen.

CHEQUERS — Résidence de villégiature du Premier ministre du Royaume-Uni, située à Ellesborough. C'est dans cette résidence que la Première ministre Theresa May a réuni son gouvernement le 6 juillet 2018, préalablement à la publication le 12 juillet 2018 du livre blanc sur la relation future entre le Royaume-Uni et l'Union européenne. Dans ce document, le gouvernement britannique demandait entre autres la mise en place d'un marché unique pour les biens seulement, qui aurait selon lui permis le maintien d'un commerce sans frictions entre l'Union européenne et le Royaume-Uni, tout en permettant à celui-ci de retrouver l'autonomie de sa politique commerciale et la possibilité de diverger dans sa réglementation applicable aux services.

CONSEIL EUROPÉEN — Le Conseil européen réunit les dirigeants des pays membres de l'Union européenne afin de définir les priorités politiques de l'Union européenne. À ce titre, il représente le plus haut niveau de coopération politique entre les États membres de l'Union. Il est l'une des sept institutions officielles de l'Union européenne et prend la forme de sommets, généralement trimestriels, réunissant l'ensemble des chefs d'État ou de gouvernement. Il est placé sous la direction d'un président permanent.

DUP (*DEMOCRATIC UNIONIST PARTY*) — Le Parti unioniste démocrate est un parti politique britannique présent en Irlande du Nord et dirigé depuis 2015 par Arlene Foster. Créé en 1971, il soutient des orientations conservatrices sur le plan sociétal (contre l'avortement et le mariage homosexuel notamment), prône le maintien de l'Irlande du Nord au sein du Royaume-Uni et défend traditionnellement une ligne politique dure à cet égard, ce qui l'a notamment conduit à faire campagne contre l'accord du Vendredi saint (*Good Friday Agreement*) en 1998.

EUROPOL — Depuis son siège situé à La Haye (Pays-Bas), Europol est une agence soutenant les États membres de l'Union européenne dans leur lutte contre la grande criminalité internationale et le terrorisme.

GOOD FRIDAY AGREEMENT — Appelé aussi « *Belfast Agreement* », l'accord du Vendredi saint, signé le 10 avril 1998 par le Premier ministre du Royaume-Uni Tony Blair, le *Taoiseach* irlandais Bertie Ahern et les principales forces politiques d'Irlande du Nord, nationalistes et unionistes, a mis fin aux troubles qui ont déchiré l'Irlande du Nord pendant trente ans.

LEVEL PLAYING FIELD — Cadre de concurrence juste et équitable. C'est l'une des conditions posées par l'Union européenne, compte tenu de sa proximité géographique et de l'interconnexion économique avec le Royaume-Uni, pour lui donner accès au marché unique sans tarifs douaniers ni quotas.

MARCHÉ UNIQUE — Le marché intérieur de l'Union européenne est un marché unique dans lequel, depuis sa création en 1993, les biens, les services, les capitaux et les personnes circulent librement et à l'intérieur duquel les citoyens européens peuvent vivre, travailler, étudier ou faire des affaires librement.

PASSEPORT FINANCIER — Le passeport européen permet à certains prêteurs ainsi qu'aux intermédiaires en crédit hypothécaire et aux intermédiaires d'assurances et de réassurance d'exercer également leurs activités dans un autre État membre de l'Espace économique européen s'ils disposent d'un agrément ou sont inscrits au registre de l'autorité compétente dans leur État membre d'origine. Il existe deux types de passeport européen : un pour la libre prestation de services, l'autre pour la liberté d'établissement (succursales).

TAOISEACH — Chef du gouvernement de la République d'Irlande. Ce titre est équivalent à celui de Premier ministre dans d'autres États membres.

TRANSITION — Période transitoire prévue par les articles 126 à 132 de l'accord de retrait, durant laquelle le Royaume-Uni continue d'avoir accès au marché unique de l'Union européenne et à bénéficier des politiques communautaires, tout en appliquant l'intégralité des normes applicables aux États membres de l'Union, mais sans être représenté au sein des institutions de l'Union (Conseil, Commission, Parlement, Cour de justice...) ni participer aux mécanismes de prise de décision.

UKIP (*UK INDEPENDENCE PARTY*) — Fondé en 1993, le Parti pour l'indépendance du Royaume-Uni est un parti politique britannique. D'inspiration nationaliste, il soutient des positions hostiles à l'immigration et milite pour le retrait du Royaume-Uni de l'Union européenne.

UNION DOUANIÈRE — Substitution d'un seul territoire douanier à deux ou plusieurs territoires douaniers, ayant pour conséquence l'élimination des droits de douane et des réglementations commerciales restrictives pour l'essentiel des échanges commerciaux portant sur les produits originaires des territoires constitutifs de l'union, ainsi que l'application par chacun des membres de l'union de droits de douane et de réglementations restrictives substantiellement identiques pour les échanges avec les territoires extérieurs à l'union.

Chronologie

25 mars 1957 — Signature du traité de Rome instituant la Communauté économique européenne (CEE) et du traité instituant la Communauté européenne de l'énergie atomique (Euratom) entre six pays fondateurs : la France, la République fédérale d'Allemagne, la Belgique, les Pays-Bas, le Luxembourg et l'Italie.

14 janvier 1963 — Premier veto français à la candidature du Royaume-Uni pour rejoindre la CEE. Dans une conférence de presse, le général de Gaulle évoque l'incompatibilité entre les intérêts économiques continentaux et insulaires.

29 septembre 1967 — La Commission des communautés européennes propose d'ouvrir immédiatement les négociations d'adhésion avec le Royaume-Uni, l'Irlande, le Danemark et la Norvège.

27 novembre 1967 — Le général de Gaulle s'oppose une seconde fois à l'entrée du Royaume-Uni, estimant qu'une adhésion du Royaume-Uni aux Communautés européennes exigerait au préalable une transformation radicale de la Grande-Bretagne, d'un point de vue politique et économique.

10 juillet 1969 — Le nouveau président de la République française, Georges Pompidou, évoque les nouvelles priorités de la CEE par ces trois mots : « achèvement, approfondissement et élargissement », ouvrant la voie au premier élargissement de la CEE.

7 juillet 1971 — Au Royaume-Uni, le gouvernement d'Edward Heath publie *The United Kingdom and the European Communities*, un livre blanc dans lequel il examine point par point les avantages qu'offre l'adhésion du pays à la CEE.

28 octobre 1971 — Au Royaume-Uni, la Chambre des communes vote en faveur de l'adhésion aux Communautés européennes.

23 avril 1972 — En France, un référendum est organisé sur l'adhésion du Royaume-Uni, de l'Irlande, du Danemark et de la Norvège aux Communautés européennes. Le oui l'emporte avec plus de 68 %.

1er janvier 1973 — Le Royaume-Uni, l'Irlande et le Danemark intègrent la CEE. La Norvège y a finalement renoncé.

9 au 12 juin 1979 — Première élection du Parlement européen au suffrage universel. La Française Simone Veil en devient présidente.

1er janvier 1981 — Deuxième élargissement. La Grèce rejoint la CEE.

25 et 26 juin 1984 — Compromis trouvé à Fontainebleau entre les dix chefs d'État ou de gouvernement sur le budget des Communautés, après une période de tensions avec le Royaume-Uni, qui estimait trop contribuer. « *I want my money back* », avait alors déclaré Margaret Thatcher. Depuis cette date, le Royaume-Uni bénéficie d'un rabais pour sa contribution au budget communautaire.

1er janvier 1986 — Troisième élargissement : l'Espagne et le Portugal rejoignent la CEE.

7 février 1992 — Signature du traité de Maastricht, qui entre en vigueur le 1er novembre 1993. Il crée l'Union européenne et pose les fondements de la monnaie unique, sans le Royaume-Uni et le Danemark, qui obtiennent une clause d'exemption (*opt-out*).

1er janvier 1995 — Quatrième élargissement : l'Autriche, la Suède et la Finlande rejoignent l'Union européenne.

2 octobre 1997 — Signature du traité d'Amsterdam, qui entre en vigueur le 1er mai 1999. Il met notamment en place un « espace de liberté, de sécurité et de justice », sur lequel le Royaume-Uni obtient un nouvel *opt-out*.

1er janvier 1999 — Création de l'euro, monnaie unique dont le Royaume-Uni ne fait pas partie.

26 février 2001 — Signature du traité de Nice dont l'objectif est de réformer les institutions afin que l'Union européenne continue à fonctionner efficacement après l'élargissement à dix nouveaux États prévu en 2004.

1er mai 2004 — Cinquième élargissement : Chypre, la République tchèque, l'Estonie, la Hongrie, la Lettonie, la Lituanie, Malte, la Pologne, la Slovaquie et la Slovénie rejoignent l'Union européenne.

29 mai 2005 — Victoire du non au référendum français sur le traité établissant une constitution pour l'Europe. Le traité sera ensuite aussi rejeté par référendum aux Pays-Bas le 1er juin 2005.

1er janvier 2007 — Sixième élargissement : la Bulgarie et la Roumanie rejoignent l'Union européenne.

13 décembre 2007 — Signature du traité de Lisbonne qui entre en vigueur le 1er décembre 2009. Son article 50 prévoit la possibilité pour un État membre de quitter l'Union européenne.

11 mai 2010 — David Cameron devient Premier ministre du Royaume-Uni.

23 janvier 2013 — Dans un discours, David Cameron se dit favorable à la tenue d'un référendum sur l'appartenance du Royaume-Uni à l'Union européenne. Cette promesse est intégrée dans le programme du Parti conservateur aux élections générales de 2015.

1er juillet 2013 — Septième élargissement : la Croatie rejoint l'Union européenne.

1er novembre 2014 — Jean-Claude Juncker devient le douzième président de la Commission européenne. Le mois suivant, Donald Tusk succède à Herman Van Rompuy à la présidence du Conseil européen.

23 juin 2016 — Résultat du référendum au Royaume-Uni : le *Leave* l'emporte à 52 %.

13 juillet 2016 — Theresa May devient Première ministre du Royaume-Uni.

29 mars 2017 — Le Royaume-Uni notifie formellement son intention de quitter l'Union européenne, sur la base de l'article 50 du traité sur l'Union européenne.

29 avril 2017 — Le Conseil européen adopte ses principes et ses lignes directrices pour la négociation.

8 juin 2017 — À l'occasion d'élections générales anticipées, le Parti conservateur perd sa majorité à la Chambre des communes et doit composer avec le DUP, parti unioniste d'Irlande du Nord.

19 juin 2017 — Premier round de négociation avec le Royaume-Uni sur son retrait de l'Union européenne.

8 décembre 2017 — Les 27 chefs d'État ou de gouvernement de l'Union européenne estiment que des progrès suffisants ont été réalisés dans les négociations de retrait, ouvrant la voie à des discussions sur le cadre de la future relation.

23 mars 2018 — Le Conseil européen adopte ses lignes directrices sur le cadre de la relation future avec le Royaume-Uni après le Brexit.

14 novembre 2018 — Accord trouvé avec Theresa May sur l'accord de retrait et sur une déclaration politique posant le cadre de la future relation.

25 novembre 2018 — Les 27 chefs d'État ou de gouvernement de l'Union approuvent l'accord de retrait, qui inclut le protocole sur l'Irlande et l'Irlande du Nord, ainsi que la déclaration politique sur la relation future.

24 juillet 2019 — Boris Johnson succède à Theresa May au poste de Premier ministre du Royaume-Uni. Il demande à renégocier le protocole sur l'Irlande et l'Irlande du Nord.

17 octobre 2019 — Accord trouvé avec Boris Johnson sur l'accord de retrait révisé et sur la déclaration politique. Les 27 chefs d'État ou de gouvernement de l'Union approuvent ces deux textes.

1er décembre 2019 — Ursula von der Leyen devient présidente de la Commission européenne. Charles Michel devient président du Conseil européen.

1er février 2020 — Le Royaume-Uni quitte l'Union européenne. Début de la période de transition durant laquelle les droits et obligations de l'Union européenne continuent de s'appliquer au Royaume-Uni, même s'il ne participe plus à la prise de décision dans l'Union.

25 février 2020 — Le Conseil adopte le mandat de négociation sur le futur partenariat entre l'Union européenne et le Royaume-Uni.

2 mars 2020 — Lancement de la négociation formelle sur le futur partenariat entre l'Union européenne et le Royaume-Uni.

24 décembre 2020 — Accord des négociateurs de l'Union européenne et du Royaume-Uni sur l'accord de commerce et de coopération.

1er janvier 2021 — Fin de la période de transition. Le Royaume-Uni quitte le marché unique et l'union douanière. Le nouvel accord de commerce et de coopération s'applique provisoirement, dans l'attente de sa ratification par le Parlement européen.

APPENDICES

DU MÊME AUTEUR

VIVE LA POLITIQUE, Éditions Stock, 1985

CHACUN POUR TOUS, LE DÉFI ÉCOLOGIQUE, Éditions Stock, 1990

L'ATLAS DES RISQUES MAJEURS, Éditions Plon, 1992

VERS UNE MER INCONNUE, Éditions Hachette, 1994

NOTRE CONTRAT POUR L'ALTERNANCE (avec Jacques Barrot, Dominique Perben et Jean-Pierre Raffarin), Éditions Plon, 2001

SORTIR L'EUROPE DES IDÉES REÇUES, Éditions Perrin, 2005

L'ATLAS POUR UN MONDE DURABLE, Éditions Acropole, 2007

L'EUROPE CARTES SUR TABLE, ATLAS, Éditions Acropole, 2008

QUI VA NOURRIR LE MONDE ?, Éditions Acropole, 2008

SE REPOSER OU ÊTRE LIBRE, Éditions Gallimard, 2014

Tous les papiers utilisés pour les ouvrages des collections Folio sont certifiés et proviennent de forêts gérées durablement.

Composition Nord Compo
Impression Maury Imprimeur
45330 Malesherbes
le 10 février 2022
Dépôt légal : février 2022
Numéro d'imprimeur : 260808

ISBN 978-2-07-298172-2 / Imprimé en France

434759